“十二五”职业教育国家规划教材
经全国职业教育教材审定委员会审定

高等职业院校教学改革创新示范教材·计算机系列规划教材

信息化办公服务基础

第2版

主　编　杨建毅
副主编　那　君　金　山　杨　威
主　审　李明革

電子工業出版社
Publishing House of Electronics Industry
北京·BEIJING

内容简介

本书介绍办公常用设备及办公常用软件应用的基本理论和实用操作。对于具有一定计算机操作基础的读者来说，通过本书的学习，可以进一步提高办公实践操作能力，熟练地使用办公设备及软件来分析和解决实际办公问题。全书共分4个学习情境，每个学习情境采用“任务驱动”，使用“模拟情景实例法”，利用实例模拟的方式进行讲解。学习情境一主要针对办公使用的计算机设备的组装与维护的基本理论知识和实际操作，进行了较全面的介绍；学习情境二主要介绍了常用办公设备的使用与维护的操作和技能；学习情境三主要介绍常用办公软件Office等的操作和技巧；学习情境四介绍网络环境下的办公应用。为了便于学生学习和教师授课，每个任务前都列出了该任务的知识技能点，后面都给出了该任务的总结评价和技能拓展与提高。

本书可作为文秘类、管理类、财经类、信息类、计算机类等专业高职高专层次办公应用课程的教材或教学参考书；也可作为办公应用技术社会培训教材、公务员电子政务和信息化考试的参考教材，以及自学考试相关科目的辅导资料。

图书在版编目（CIP）数据

信息化办公服务基础 / 杨建毅主编. —2 版. —北京：电子工业出版社，2014.9
“十二五”职业教育国家规划教材

ISBN 978-7-121-24247-2

Ⅰ. ①信… Ⅱ. ①杨… Ⅲ. ①办公自动化—高等职业教育—教材 Ⅳ. ①C931.4

中国版本图书馆 CIP 数据核字（2014）第 204022 号

策划编辑：程超群
责任编辑：郝黎明
印　　刷：涿州市京南印刷厂
装　　订：涿州市京南印刷厂
出版发行：电子工业出版社
　　　　　北京市海淀区万寿路 173 信箱　邮编 100036
开　　本：787×1 092　1/16　印张：15.75　字数：403 千字
版　　次：2010 年 10 月第 1 版
　　　　　2014 年 9 月第 2 版
印　　次：2014 年 9 月第 1 次印刷
定　　价：35.00 元

凡所购买电子工业出版社图书有缺损问题，请向购买书店调换。若书店售缺，请与本社发行部联系，联系及邮购电话：（010）88254888。

质量投诉请发邮件至 zlts@phei.com.cn，盗版侵权举报请发邮件至 dbqq@phei.com.cn。

服务热线：（010）88258888。

PREFACE 前言

随着计算机技术的飞速发展，计算机的应用已渗透到社会生活的各个领域，计算机已成为人们学习、工作和日常生活中不可缺少的工具。因此，在日常办公应用中，计算机应用技能是当前大学生毕业时不可缺少的一项基本技能，如何真正提高学生的计算机应用技能，已成为高职院校一直探究和急需解决的问题之一。

教育部在 16 号文件中指出，要“建立突出职业能力培养的课程标准”，要“改革教学方法和手段，融合教、学、做于一体，强化学生职业能力的培养”。因此，本书根据现代办公应用的实际需求，从培养学生的方法能力和专业能力出发，改变以往强调构造完整的知识体系结构为目的、以软件功能分类为序进行计算机应用知识的讲解，创造性地采用“工作任务驱动、工作实例教学”的方法组织教学，打破了传统的知识体系结构的束缚，以完成实际工作任务为主线，在工作任务完成的实践中穿插讲授相关知识。

全书由 21 个完整工作任务组成，每个任务讲解办公应用中的一个实际例子。这些实例都是针对学生在校期间和今后工作时大多数企事业单位工作的实际需求选定的，极具代表性。例如，在 Word 应用中，本书选用制作个人求职信、制作考试试卷、制作毕业论文、制作公司宣传海报 4 个实例。再如，在 Excel 应用中，本书选择了制作员工基本信息表、销售报表管理与分析等实例。这些实例由浅入深，相互关联，每个实例解决了一个实际应用问题，每学完一个实例，学生就可以把在实例中所学到的方法和技巧直接应用到实际工作中，具有很强的实践性和实用性。

本书在编写过程中充分体现了“教、学、做”一体化的思想。其中，任务引入是根据工作中所遇到的实践问题提出具体要求，这部分设置了一个情境，让读者明白实例使用的场合；任务分析中介绍的是为完成工作任务而进行的总体设计思路；任务实施介绍的是完成工作任务的每个细节及技巧，这部分是读者学习时必须进行的操作。每个实例都是按照“任务引入→任务分析→任务实施→任务总结评价→拓展与提高”的方式进行编排的，在任务实施过程中讲解了计算机组装，Word、Excel、PowerPoint 的应用方法，安全与防护，网络办公等的方法和技巧。每个实例讲解过程中都渗透了各操作技能所涉及的基本知识、基本方法，将办公应用的基本技能分解在解决各种任务操作步骤中，使学生在完成每个实际工作任务过程中，不知不觉地掌握实际办公应用所需技能和技巧。

为方便师生教学，本书配有内容丰富的教学资源包。选用本书的教师、学生可登录华信教育资源网（www.hxedu.com.cn）免费注册后下载。

使用本书时，建议采用“教、学、做”一体化的教学方式组织教学，最好是在具有广播教学手段或投影设备的实训室进行教学。教学建议学时见下表。

学习情境	工作任务	教学学时	课外学时
学习情境一 日常信息化办公环境	任务 1　组装计算机	4	2
	任务 2　安装操作系统	4	2
	任务 3　日常维护计算机	4	2
	任务 4　系统快速备份与恢复	4	2
学习情境二 常用工具软件和日常办公设备	任务 5　办公系统管理	4	2
	任务 6　多媒体文件编辑与管理	4	2
	任务 7　压缩文件管理	4	2
	任务 8　常用办公设备的使用与维护	4	2
学习情境三 办公文档	任务 9　求职信和个人简历	4	2
	任务 10　公文模板	4	2
	任务 11　公司宣传海报	4	2
	任务 12　毕业论文	4	2
	任务 13　员工基本信息表	4	2
	任务 14　成绩分析	4	2
	任务 15　销售图表	4	2
	任务 16　汇报演示文稿	4	2
学习情境四 网络办公	任务 17　搭建小型办公网络	8	2
	任务 18　搭建 FTP 服务器	4	2
	任务 19　远程桌面管理	4	2
	任务 20　网络打印	4	2
	任务 21　计算机安全技术	6	2

其中，“教学学时”是指“教、学、做”学时，包括教师讲授和学生课堂上实践操作的学时；“课外学时”为学生自主练习时间，包括“拓展与提高”的实践时间，这部分学时不属于教学学时，越多越好。

本书由杨建毅担任主编，那君、金山、杨威担任副主编，李明革担任主审，参与本书编写的其他老师有郭艳、夏丽荣、任凤娟、王芹、马景伍、李文伦、张立辉。具体分工是：那君、马景伍编写学习情境一；金山、张立辉编写学习情境二；杨威、郭艳、任凤娟、王芹编写学习情境三；杨建毅、夏丽荣、李文伦编写学习情境四；杨建毅负责全书的统稿工作。

尽管在本书的编写方面做了许多努力，但由于作者水平有限，不当之处在所难免，恳请各位读者批评指正，并将意见和建议及时反馈给我们，以便下次修订时改进。

所有意见和建议请发往：yang_jianyi@163.com

联系电话：0431-84602506

编　者

CONTENTS 目录

学习情境一

日常信息化办公环境

任务1　组装计算机

◆ 知识技能点：

（1）全面了解计算机配件的外观与特点。

（2）了解计算机组装前的准备工作。

（3）掌握计算机硬件的组装流程。

任务引入

公司经理找到小王，要求小王采购10台适合办公应用的组装计算机，于是小王开始了组装计算机的工作。

任务分析

在组装计算机之前，应首先了解每个配件的外观与特点，然后按照计算机组装的流程，进行组装并熟练掌握操作过程。随着硬件标准化程度的不断提高，个人计算机的选购与组装过程变得十分简单，一个装机高手往往能在几分钟内就能完成计算机硬件的安装。

任务实施

1.1.1　认识计算机配件

1. CPU

CPU（Central Processing Unit）称为中央处理器，又称为微处理器（Micro-Processor），是计算机系统的核心。其重要性就像人的大脑对于人一样，因为它负责处理、运算计算机内部的所有数据。计算机中所有操作都由CPU负责读取指令，并对指令进行译码，是执行指令的核心部件。CPU主要由运算器、控制器、寄存器和内部总线等构成。如图1.1所示为双核CPU，如图1.2所示为AMD Athlon ×2 CPU的正反两面。

2. 主板

主板（Main Board）又称为系统板（System Board）或母板（Mother Board），是计算机必不可缺的核心部件之一。主板不但是整个计算机系统平台的载体，而且还负担着系统中各种信息的交流。好的主板可让计算机更稳定地发挥系统性能；反之，则系统会变得不稳定。如图 1.3 和图 1.4 所示为两种 ATX 结构主板。

图 1.1　双核 CPU

图 1.2　AMD Athlon ×2 CPU

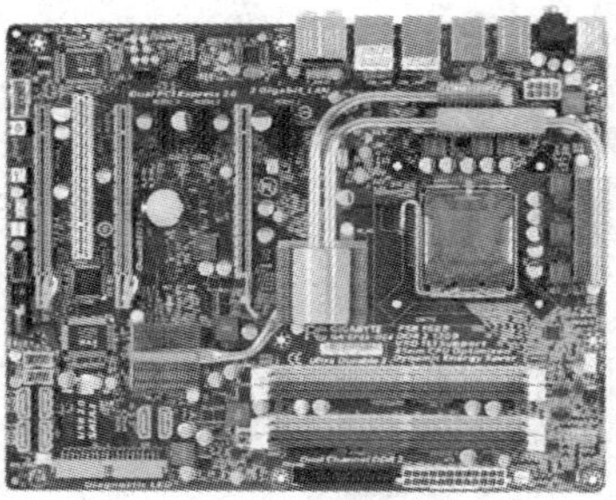

图 1.3　标准 ATX 主板

图 1.4　Micro ATX 主板

3. 内存

内存在计算机中起着临时存放数据的作用，配合 CPU 工作，协调 CPU 的处理速度，从而提高整机性能，其作用举足轻重。内存容量越大，频率越高，数据交换的通道也越宽敞。

动态随机存储器 DRAM（Dynamic Random Access Memory）内存按制造工艺的不同，又可分为同步动态存储器 SDRAM（Synchronous Dynamic RAM）、双倍数据速率同步动态存储器 DDR SDRAM（Double Data Rate SDRAM）、存储器总线式动态随机存储器 RDRAM（Rambus DRAM）、DDR2 SDRAM、DDR3 SDRAM。如图 1.5 和图 1.6 所示分别为 DDR2 SDRAM 内存和 DDR3 SDRAM 内存。

图 1.5　DDR2 SDRAM 内存

图 1.6　DDR3 SDRAM 内存

4. 显卡

显卡即通常所说的图形加速卡，又称为显示适配器，是计算机不可缺少的板卡。显卡工作在 CPU 和显示器之间，负责将 CPU 送来的影像数据处理成显示器可以接收的信号，再送到显示器形成图像。通常显卡是以附加卡的形式，安装在主板的扩展槽中或集成在主板上。如图 1.7 和图 1.8 所示为两种不同类型的显卡。

图 1.7　显卡

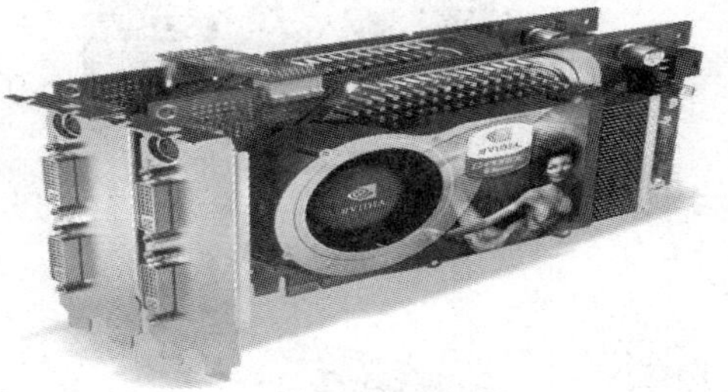

图 1.8　SLI 双显卡

5. 硬盘

硬盘驱动器简称硬盘，它是计算机系统中速度最快、容量最大、最重要的外部存储设备。硬盘将盘片、硬盘驱动器制造成一个整体，一般固定在机箱内。由于计算机中绝大部分常用数据都存储在硬盘上，无论 CPU 或内存的速度多快，如果硬盘的速度不够快，就会形成制约整机运行速度的瓶颈。所以，拥有一块高品质、大容量、高转速的硬盘是一台性能良好的计算机所不可缺少的。硬盘的外观和硬盘的接口分别如图 1.9 和图 1.10 所示。

图 1.9　硬盘的外观

图 1.10　硬盘的接口

6. 显示器

显示器是计算机的灵魂之窗，一台漂亮美观的显示器，能给整台计算机增色不少。显示器是计算机中必不可缺的显示设备，是人—机沟通的主要桥梁，其作用是在屏幕上显示从键盘或鼠标等输入的命令或数据。程序运行时能自动将机内的数据转化为直观的字符、图形通过显示器输出，以便及时观察程序运行的信息和结果。按照制造技术的不同，显示器可分为 LCD（Liquid Crystal Display）显示器（如图 1.11 所示）和 CRT（Cathode Ray Tube）显示器（如图 1.12 所示）。

7. 机箱与电源

机箱作为计算机配件之一，主要作用是放置和固定计算机其他配件，起到一个承托和保护作用。此外，计算机机箱还具有屏蔽电磁辐射的重要作用，如图 1.13 所示为立式机箱。

电源是一种安装在主机箱内的封闭式独立部件，其作用是将交流电转换为主板、硬盘及各种适配器扩展卡等系统配件稳定使用的直流电，如图 1.14 所示。

图 1.11 LCD 显示器

图 1.12 CRT 显示器

图 1.13 立式机箱

图 1.14 电源

8. 光驱

光驱是光盘驱动器的简称，是多媒体计算机中不可缺少的外部设备。光盘的存储空间极大，可使数据和信息长时间保存，现在已成为广泛使用的移动式存储设备。随着刻录技术和 DVD 技术的不断发展，光驱也一步步走向成熟，其功能呈现多样化，如图 1.15 和图 1.16 所示。

图 1.15 DVD 刻录光驱

图 1.16 蓝光 DVD 光驱

1.1.2 计算机组装的流程

1. 组装前的准备工作

① 准备十字螺丝刀、尖嘴钳、六角套筒、器皿等工具。由于计算机上的螺钉全部都是十字形的，所以一般准备一把十字螺丝刀就可以了，而器皿用来盛放小螺钉等。

② 检查计算机硬件，是否有明显的损坏。

③ 检查各类硬件是否有驱动程序。

④ 检查数据线是否配备齐全。

⑤ 检查机箱附送的配件是否齐全。

2. 注意事项

在硬件组装的过程中，经常会出现一些容易犯错误的地方，针对这些问题，有必要向读者重点说明一下，从而让读者可以更顺利地完成整个组装的过程。

（1）为防止人体所带静电对电子器件造成损伤。在安装前，应先消除身上的静电。例如，用手摸一摸能够导电的接地设备或洗手，释放掉身上携带的静电荷。

（2）对各个配件要轻拿轻放，不要碰撞，尤其是硬盘。

（3）安装主板一定要稳固，同时要防止主板变形，不然会对主板的电子线路造成损伤。

（4）硬盘、光驱及软驱的接口不要接反。接反时安装阻力较大，有一些用户会因为没有认真检查而非常用力地硬往接口上插，造成硬件损坏。这里有技巧：一般情况下，接口的大小与数据线的接头大小是对应的，在接插的时候将接口一端的凸起处与主板上对应的接口上凹口部分对应即可。

（5）PS/2 鼠标接口类型与键盘的一样，应通过颜色区分，防止接错。

3. 硬件安装过程

（1）安装电源。首先要确定好电源放入机箱的位置及方向。如果方向不正确，就无法拧紧螺钉。把电源按照确定的方向装入机箱，电源螺孔与机箱的螺孔对应，用螺丝刀将它们拧紧即可，如图 1.17 所示。

图 1.17　安装电源

（2）安装 CPU 和散热风扇。

① 平放主板，把主板用装置垫起来，最好用绝缘的泡沫塑料。处理器是有针脚的，放平主板有利于处理器的垂直安装。寻找主板的处理器插槽，一般新的主板处理器插槽会有一层保护贴纸。安装新主板时记得轻轻去掉保护物质，然后才可以进行处理器安装。注意细节动作，食指拉起主板处理器插槽的杠杆。拉到大约 90° 的位置停止，一般主板都会在杠杆垂直处设置挡片，防止杠杆角度过大。如图 1.18 所示。

图 1.18　安装 CPU

② 现在的主流 AMD 处理器上会有一个醒目的金三角，用户安装 AMD 处理器时可以利用这个小小的金三角与主板处理器卡槽边缘的三角对齐。这样，就可以确保处理器针脚与插槽触点一一对应，AMD 的三角标记还是需要用户们仔细操作的。如出现处理器无法顺利安装在主板的插槽内，此时应取下处理器，仔细检查处理器的针脚与主板的触点。

③ 拉杆复位并卡牢。当处理器被完美安装在主板插槽后，记得将第一步的拉杆拉下，

并将拉杆恢复到 0° 角的原始位置，并将拉杆卡牢。

为达到更好的散热效果，可以在 CPU 核心表面涂抹一层散热硅脂；将卡具的一端固定在 CPU 插槽侧边的塑料卡子上，再放平散热片，使其能完全贴附在 CPU 核心表面；然后再按下卡具的固定锁，使其放在 CPU 插槽另一端的塑料卡子上即可。不同的风扇安装方法可能不同，希望认真观察，如图 1.19 所示。

图 1.19　CPU 的风扇安装

（3）安装内存。扳开插槽两侧卡子，对照内存条金手指的缺口与插槽上的凸起，确认内存条的插入方向。安装时把内存条对准插槽，均匀用力插到底即可，插槽两端的卡子会自动卡住内存条。注意：虽然安装简单，但不要大意，要小心不要太用力，以免折断或挤歪针脚，如图 1.20 所示。

图 1.20　安装内存

（4）将主板装入机箱。根据机箱的具体情况、螺孔的位置，把主板放入机箱中，如图 1.21 所示。主板的螺孔与机箱的螺孔相对应，用螺钉将主板固定到机箱的托架上。找到机箱上的信号线和主板上信号线的接头，根据主板和线头上的标注参考主板说明书，将信号线连接到相应的位置，如图 1.22 所示。

图 1.21　将主板装入机箱中

图 1.22　信号线连接

（5）安装硬盘和光驱。首先需要将硬盘和光驱用螺钉固定在相应的机箱托架上；然后将硬盘专用的螺丝都轻轻拧上去，调整硬盘的位置，使它靠近机箱的前面板，再拧紧螺丝；接着将光驱从机箱前面放入机箱并固定。注意：光驱前面要与机箱前面板平齐，设备的接口放在机箱内部。

最后，连接硬盘和光驱的数据线和电源线。采用 PATA 接口的硬盘采用 4 针的“梯形”电源接口，最新的 SATA 硬盘可以通过专用的电源线进行连接，安装方法同样简单。

安装完电源线后，接下来就是将主板与硬盘通过 IDE 数据线（或是 SATA 数据线）连接起来。硬盘和光驱要使用两条数据线，最好不要共用一根。如果硬盘和光驱要共用一条数据线，要将光驱的跳线设置为从设备。大部分的主板提供两个 IDE 接口（SATA 接口因主板所采用的芯片组不同，提供的接口数量不尽相同），主 IDE 接口连接硬盘，次 IDE 接口连接光驱等其他设备（SATA 硬盘无此规定，但最好也按照顺序连接）。将 IDE 数据线一端连接到主板上（IDE 和 SATA 数据线都采用防呆设计，反方向无法插入），另外一端接入硬盘（为方便安装，IDE 数据线上有红线的一端是对准电源接口方向的）即可，如图 1.23 和图 1.24 所示。

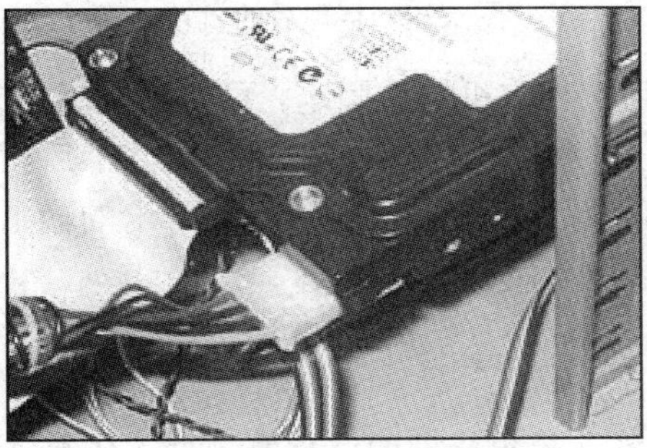

图 1.23　IDE 接口的硬盘连接

图 1.24　SATA 接口的硬盘连接

（6）连接电源线。首先连接 20 芯主板电源线。将电源线插头插入主板电源插槽中，如图 1.25 所示。然后连接电源 4 芯电源线，如图 1.26 所示。

图 1.25　主板 ATX 电源的连接

图 1.26　给 CPU 供电的四相插头

（7）安装插卡（显卡、网卡等）。常见接口类型有 PCI 与 PCI-Express 两种接口，这两种接口卡所使用的插槽虽不同，但安装方式却都一样。先确认接口卡插槽，根据插槽的位置拆除机箱背后相应的挡片。将插槽末尾的白色塑料卡扳下，然后将显卡对准插槽均匀用力垂直插入插卡到底，将卡子拨起固定位置，最后用螺丝固定，如图 1.27 所示。注意：现在有很多主板集成了声卡、网卡的功能，如果对集成的声卡、网卡的性能不满意，可以按需要安装新的板卡，并在 BIOS 中设置屏蔽该集成设备，安装方法相同。

（8）整理机箱。将四处散落的线头、线尾整理好，以便日后保养维修，还有助于机箱内的空气流通。确保安装无误后，将机箱拿起并翻转 180°，即上下方向调换。其目的主要是可迅速发现并清除在安装设备的过程中遗落在机箱内的螺钉，如图 1.28 所示为整理后的机箱内部。

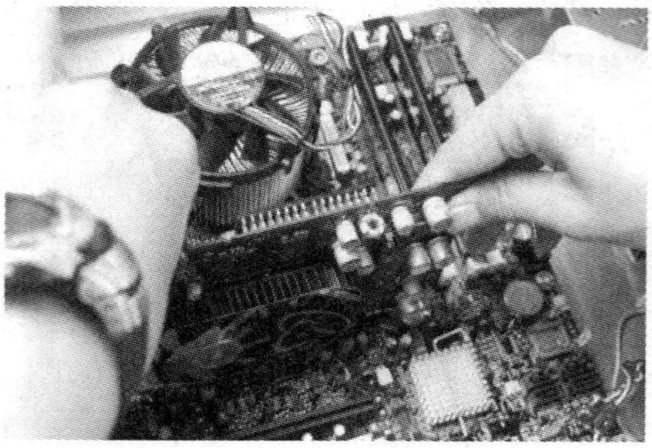

图 1.27　安装显卡

图 1.28　整理后的机箱内部

（9）装机箱及连接外部设备。装上机箱盖，用螺钉将机箱盖固定。再连接鼠标和键盘，按照颜色进行连接，不要接反；把显示器的信号线接到机箱的线卡的接口上，然后用螺钉固定；把电源线连接到机箱和显示器电源插口上；将音箱的信号输入线与声卡的输出孔连接。最后把电源连接到总电源上，再把总电源连到外部电源上即可。

技能链接——硬件组装过程中的注意事项

在计算机组装的过程中，除在前面的硬件安装连接中提到的注意事项外，还要注意做好以下几点。

1. 在安装面板连线时，各指示灯的连接：一是要查看提示或主板说明书，保证位置正确；二是要保证连线的极性正确。因为指示灯是发光二极管，只有在正向导通时才发光，一旦位置连接正确而不能发光，说明连线的极性插反了，可调换两根连线。若调换后仍不亮，说明发光二极管损坏。对于其他按键，只要保证位置正确即可。

2. 各硬件设备安装完毕后，将主机箱翻转 180° ，并稍加晃动，以防止有螺钉不慎落入机箱内，此步骤绝不可省略。

3. 在连接各接口时，一定要首先确保两端的针与孔对准，方可用力插紧，并固定。

4. 在装上机箱盖之前，一定要全面检查各设备的连接情况，发现有误要及时纠正。

任务总结评价

本任务主要介绍了组成计算机的各种主要配件的外观与特点，让读者能够准确识别相应的配件。此外，还介绍了硬件的组装，包括组装前的准备、注意事项与组装计算机的流程。学会安装方法不是目的，最重要的是勤加练习，熟能生巧，加快速度，提高技能，有条件的多了解最新的配件特点与安装，不断丰富知识与技能。

任务 2　安装操作系统

◆ 知识技能点：

（1）会常见 BIOS 的设置方法。

（2）能熟练安装操作系统。

（3）能熟练安装驱动程序。

任务引入

硬件组装完成后，小王要根据经理的要求为计算机安装软件工作的平台——Windows 操作系统，小王选择了最新的 Windows 7 系统。那么，如何安装呢？

任务分析

操作系统是控制其他程序运行，管理系统资源，并为用户提供操作界面的系统软件的集合，是应用程序的运行平台。安装操作系统前，还要对 BIOS 进行设置，保证计算机硬件的使用，为操作系统安装铺平道路，然后再安装 Windows 7 系统。除了新机需要进行系统安装外，当系统出现问题或想重新安装系统时，也需要安装操作系统。对新手来说，掌握计算机操作系统安装还是有必要的。

任务实施

2.1.1　常用 BIOS 设置

1. 什么是 BIOS

BIOS（Basic Input/Output System）是基本输入/输出系统的简称，全称是 ROM-BIOS。它是一组程序，被固化到计算机主板 ROM 芯片中，为计算机提供最底层的、最直接的硬件控制程序，它是连接硬件设备和软件程序的枢纽。

2. 如何设置 BIOS

一般在打开计算机后，屏幕上会出现“Press Del to enter Setup”的字样（不同厂家的设置 BIOS 的进入方法有所不同）。按“Del”键进入 BIOS 设置主菜单，如图 1.29 所示。不同主板的 BIOS 设置主菜单也不尽相同，这里以联想的启天系列为例来进行介绍。

（1）设置日期与时间。在主菜单中选择“Standard CMOS Features”，进入基本 CMOS 功能设置界面，如图 1.30 所示。

Date (mm:dd:yy)

功能说明：设定日期，格式为“星期、月、日、年”，只有月、日、年可设定。

使用说明：用“Tab”键或光标左右移动键移到要设置的项目上，通过“Page Up”或“Page Down”键设置。

Time (hh:mm:ss)

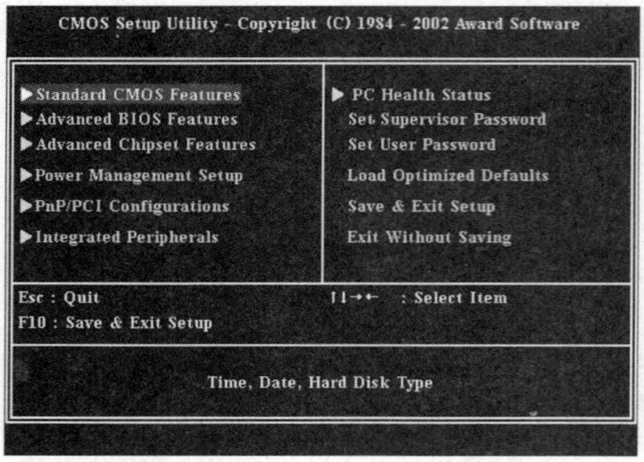

图 1.29　BIOS 设置主菜单

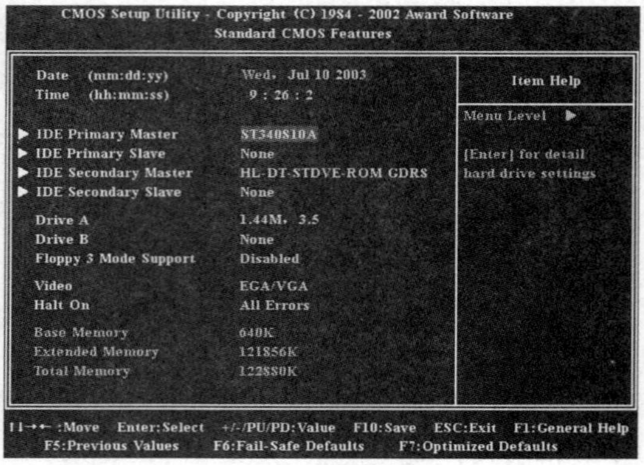

图 1.30　基本 CMOS 功能设置界面

功能说明：设定时间，格式为“时、分、秒”。

使用说明：用“Tab”键或光标左右移动键移到要设置的项目上，通过“Page Up”或“Page Down”键设置。

（2）设置启动设备顺序。在 BIOS 主菜单中选择“Advanced BIOS Features”，进入 BIOS 特性设置，如图 1.31 所示。

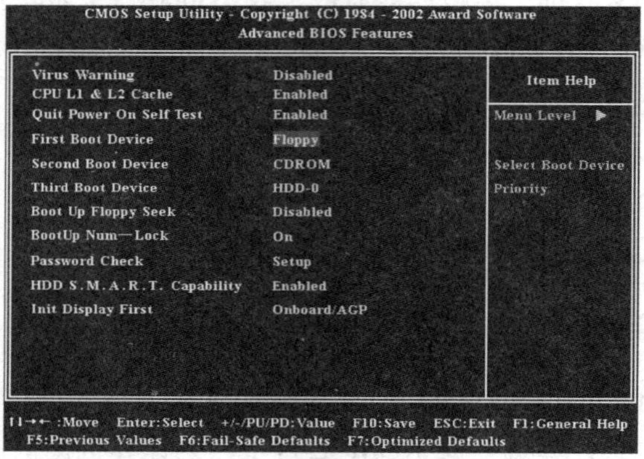

图 1.31　BIOS 特性设置

First Boot Device

Second Boot Device

Third Boot Device

功能说明：这三项都是指定计算机完成开机自检后，由哪项设备来启动操作系统。三者之间有严格的优先次序：只有在第一项指定的设备无法正常开机时，才会尝试第二项设备。同样的道理，只有在第一、第二项设备都无法开机时，才会尝试第三项设备。当然，如果三项指定设备都无法开机，就只能“死机”，出现错误信息了！

（3）设置密码。在 BIOS 主菜单中选择“Advanced BIOS Features”选项，进入 BIOS 特性设置，然后选择如图 1.31 所示的“Password Check”选项。

Password Check

功能说明：设置本计算机密码检查的机制层级。在用户启动计算机后，只有输入正确密码才可以进入 BIOS 设置或完成开机程序来操作计算机。

可设定值："Setup"用于进入 BIOS 特性设置需输入指定密码，否则无法修改 BIOS 设定；"System"是不管是否开机或进入 BIOS 特性设置，都需输入密码才能使用计算机。

使用说明：一般公共计算机或多人使用的计算机，建议将该选项设置为"Setup"。如果计算机是专人使用，仅防止其他人随意使用计算机，建议将该选项设置为"System"。同时需要在主菜单中的"Set Supervisor Password"项目中设置具体密码。如果用户不慎忘记密码，那么只好进行 BIOS 放电，恢复 BIOS 设置的出厂值，再重新设置。

（4）保存退出。为了让所做的设置能够生效，要选择主菜单中的"Save & Exit Setup"选项，保存并且退出，也可以使用快捷键"F10"。建议使用快捷键操作，节约设置时间。

（5）不保存退出。如果不想让所做的设置生效，要选择主菜单中的"Exit Without Saving"选项，只退出而不保存设置。

技能链接——BIOS 设置的几点说明

1. 对于不熟悉 BIOS 设置的读者，在了解 BIOS 各项设置时，一旦设置混乱，可使用快捷键"F5"进行恢复，进入 BIOS 之前的设置。

2. 各品牌主板的 BIOS 设置不尽相同，在学习的过程中要举一反三，不要死记硬背，才能将 BIOS 设置弄通弄精。

3. 一旦设置失败，造成开机黑屏故障，不必惊慌。可打开机箱，根据主板说明书的使用说明，利用跳线对 BIOS 进行放电操作，就可恢复出厂设置的默认值。

2.1.2 Windows 7 系统详细安装过程

（1）安装前要做好准备工作：将 BIOS 设置中第一引导顺序设置为 CD-ROM；然后将 Windows 7 安装光盘放入光驱中，由光盘引导系统。计算机启动后会出现如图 1.32 所示的界面。

（2）当从光盘启动安装程序时，需要按键盘上的任意一个键（如空格键），就会进入光盘的安装程序。如果几秒内没有按键盘，系统会从硬盘等其他启动设备启动，所以要及时按一下键盘。

如果能看到如图 1.33 所示界面，说明已经进入光盘的安装程序，正在加载安装文件。

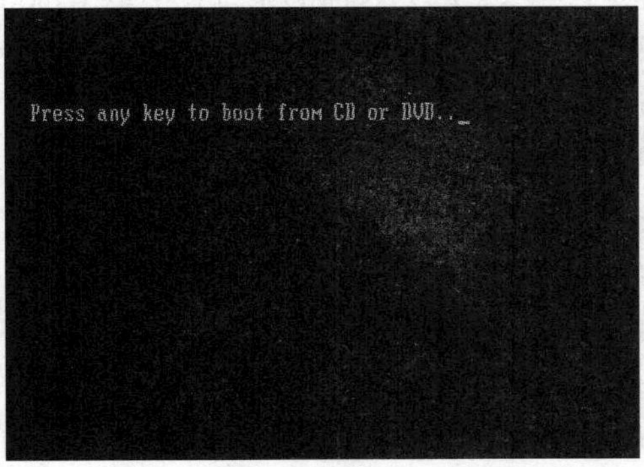

图 1.32 安装系统启动界面

图 1.33 加载安装文件

（3）选择语言界面，默认的就是简体中文，使用默认选项即可，然后单击"下一步"按钮，如图 1.34 所示。

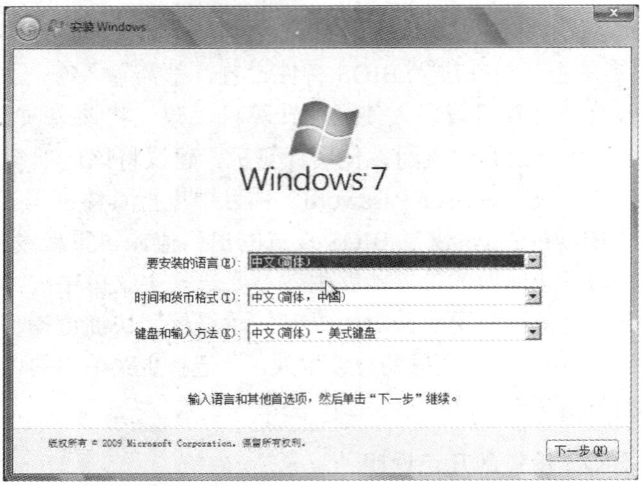

图 1.34　选择语言界面

（4）接下来单击“现在安装”按钮（如图 1.35 所示）。屏幕出现微软的软件许可条款，选中“我接受许可条款”复选框，然后单击“下一步”按钮，如图 1.36 所示。

图 1.35　现在安装界面

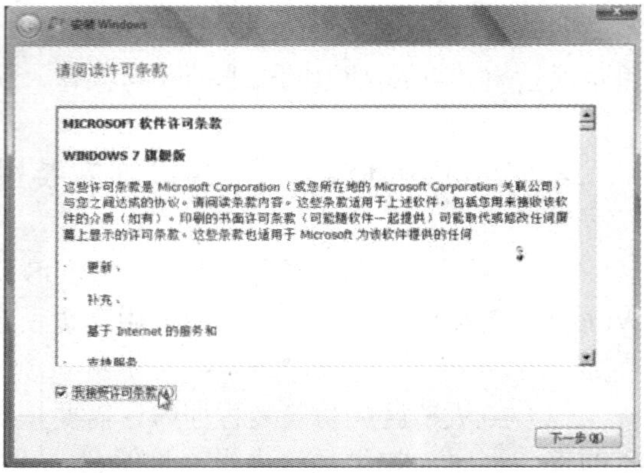

图 1.36　软件许可条款

（5）选择安装类型：一种是直接升级，另一种是自定义。因为之前的系统并不是 Windows 7 系统，所以这里需要选择“自定义（高级）”选项，如图 1.37 所示。然后会出现选择安装位置界面，如图 1.38 所示。

（6）这个界面是要对硬盘进行初始化。硬盘的初始化包括硬盘的分区与格式化。

所谓硬盘分区，简单地说就是将硬盘内部的空间划分为多个区域，以便在不同的区域中存储不同的数据。而格式化硬盘则是将分区好的硬盘，根据操作系统的安装格式需求进行格式化处理，以便在系统安装时，安装程序可以对硬盘进行访问。

需要说明的是：Windows 7 系统提供了一个 100MB 系统保留分区，主要用于备份、还原系统以及系统引导和修复。不过这个功能只在旗舰版、商业版、企业版中才有。如果想要这个功能，就需要用 Windows 7 的安装程序重新建立系统分区，不然就体验不到这个功能（有些人不想多分出来一个 100MB 的分区，因此放弃了这个功能，推荐保留这个功能。当然，如果真的不想要这个功能的话，很简单，直接单击“下一步”按钮即可）。

下面介绍如何重新建立系统分区，首先是单击如图 1.38 所示的“驱动器选项（高级）”项，即可展开驱动器选项，如图 1.39 所示。

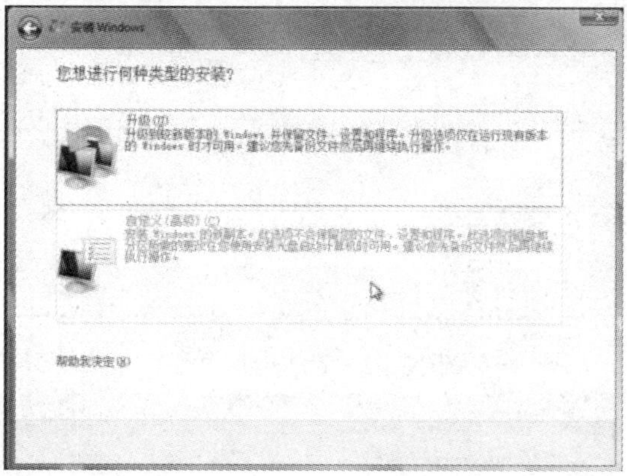

图 1.37　自定义安装界面

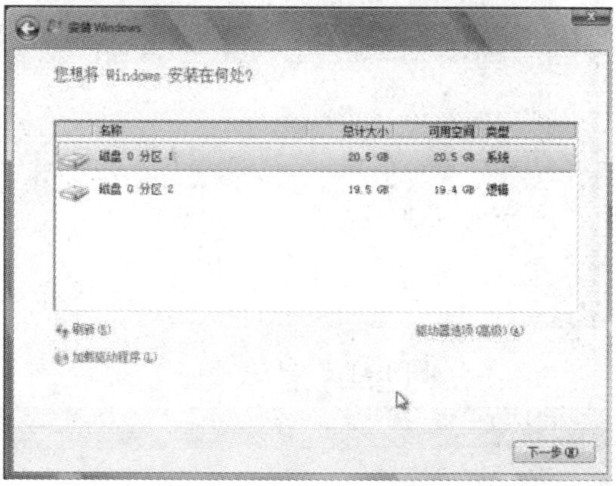

图 1.38　选择安装位置界面

选中磁盘分区 1，单击下面的“删除”按钮（首先需要删除系统分区），会弹出一个提示框，如图 1.40 所示。这里会提示如果删除该分区，则其上存储的所有数据都将丢失，单击“确定”按钮。

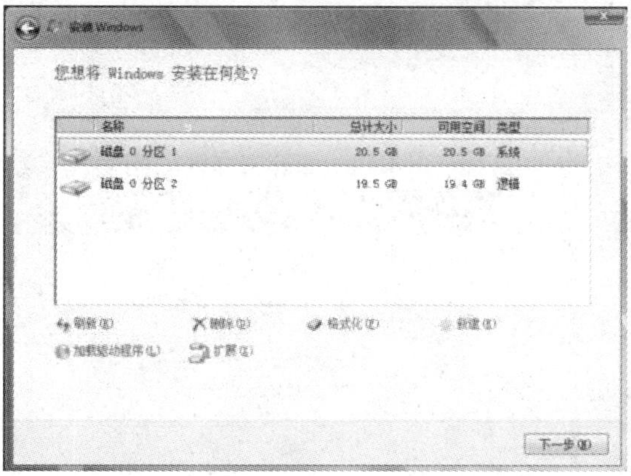

图 1.39　驱动器选项

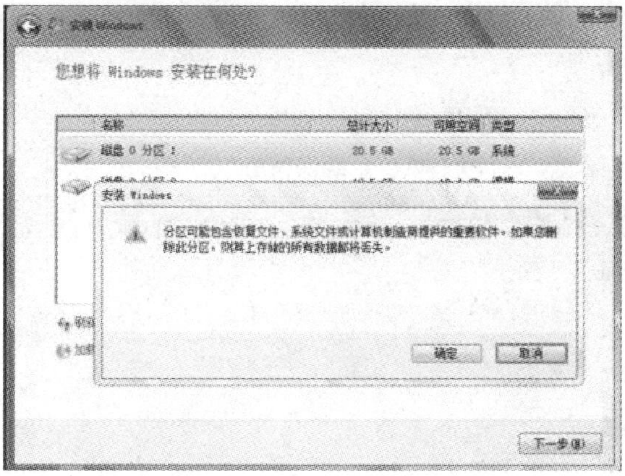

图 1.40　删除分区

这时会出现一个“未分配空间”项，选中它，再单击“新建”按钮，如图 1.41 所示。设置分区大小，默认大小是可用的最大空间，根据需要调整，然后单击“应用”按钮，如图 1.42 所示。

这就是 Windows 7 系统要创建的系统保留分区，单击“确定”按钮创建，如图 1.43 所示。

现在变成了分区 1 是系统保留分区，分区 2 才是主分区，如图 1.44 所示。

（7）然后需要把系统安装到分区 2 中，选中分区 2 并单击“下一步”按钮，开始复制文件，如图 1.45 所示。

进行到这里时会在 10s 后自动重启，如果不想等待可以单击“立即重新启动”按钮，如图 1.46 所示。

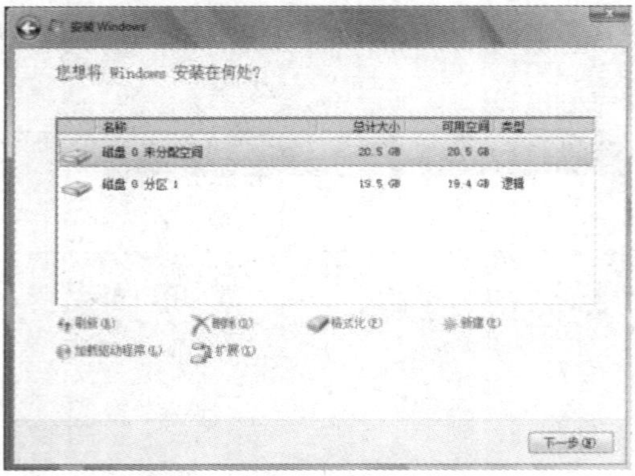

图 1.41　未分配空间

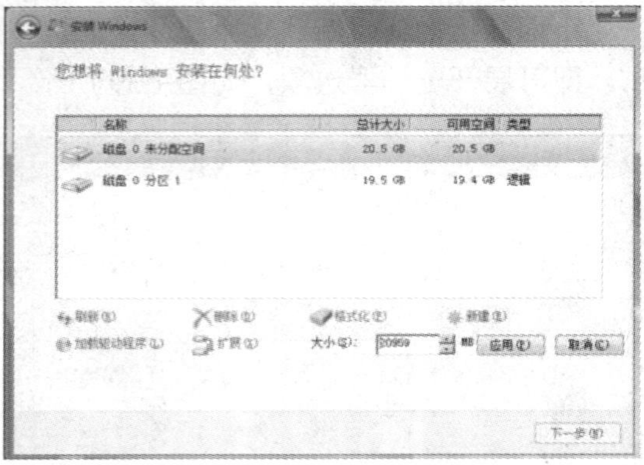

图 1.42　设置分区大小

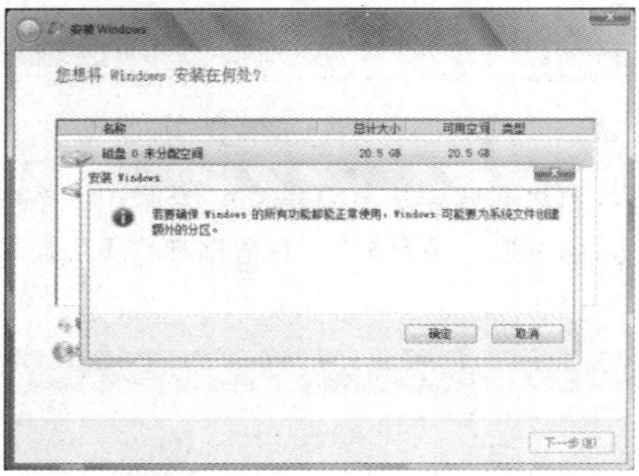

图 1.43　系统保留分区创建

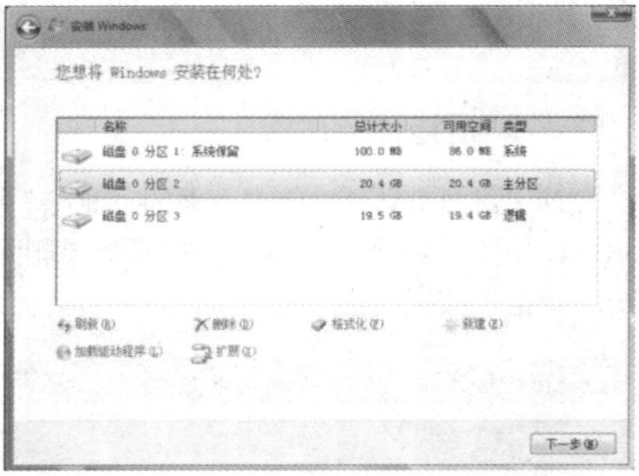

图 1.44　选择主分区

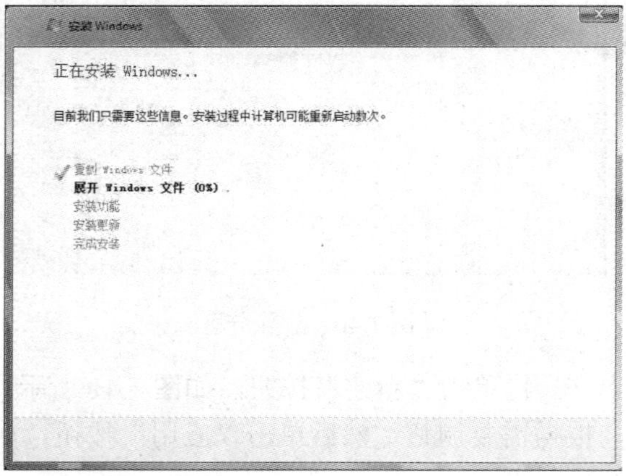

图 1.45　复制文件

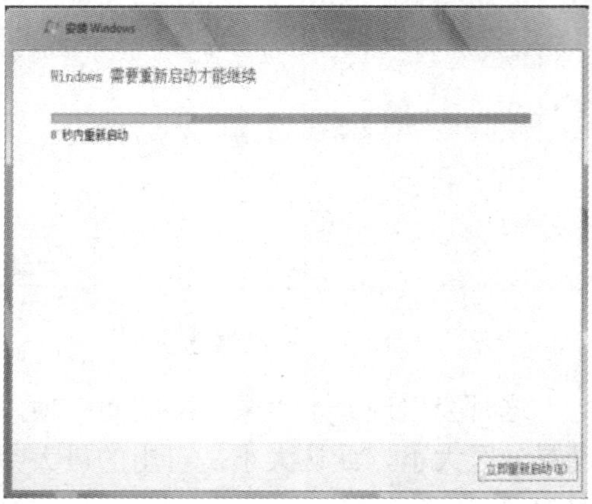

图 1.46　重新启动界面

（8）此时可以将光驱中的光盘取出。如果没有取出光盘，重新启动后又会出现安装系统启动界面（如图 1.32 所示）。千万不要按键盘上的任意键，等待它从硬盘启动；否则就又进入光盘的系统安装程序了。

如图 1.47 所示是正常启动界面。

（9）接下来系统会自动更新注册表设置，如图 1.48 所示。

自动更新注册表设置完成后，安装程序会自动启动服务，如图 1.49 所示。

（10）又回到了重新启动之前的界面，这时还需要继续安装系统，时间的长短与计算性能有关，如图 1.50 所示。

图 1.47　正常启动界面

图 1.48　自动更新注册表设置

图 1.49　自动启动服务

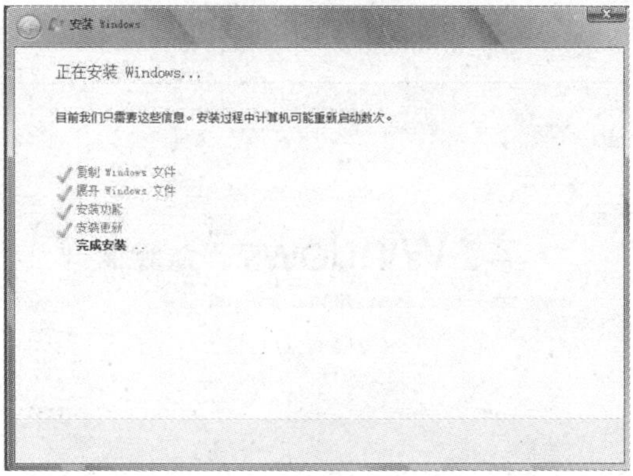

图 1.50　继续安装

（11）上一步完成后，再次重新启动，并自动开始为首次使用计算机做准备、检查视频性能等步骤，如图 1.51 至图 1.54 所示。

（12）按照提示，输入一个用户名，单击“下一步”按钮，如图 1.55 所示。密码可以为空，如想设置密码，可输入具体密码，然后单击“下一步”按钮，如图 1.56 所示。输入产品密钥，然后单击“下一步”按钮，如果此处不输入密钥，可以免费试用系统 30 天，如图 1.57 所示。

图 1.51　再次重启

图 1.52　系统启动界面

接着是选择系统更新的方式，根据用户的需要进行选择，通常选择默认的设置，如图 1.58 所示。

图 1.53　首次使用准备界面

图 1.54　检查视频性能

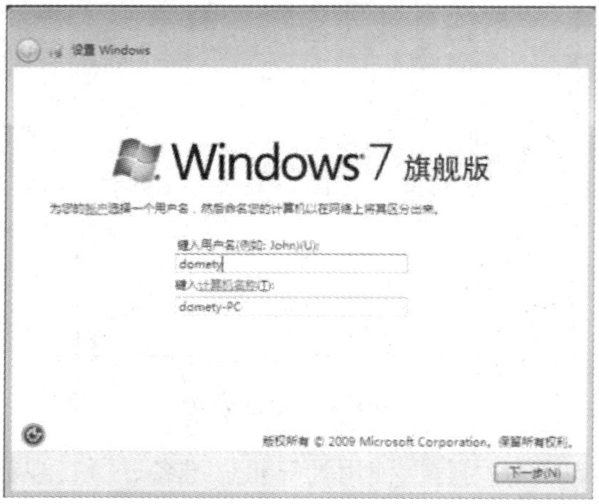

图 1.55　创建用户名

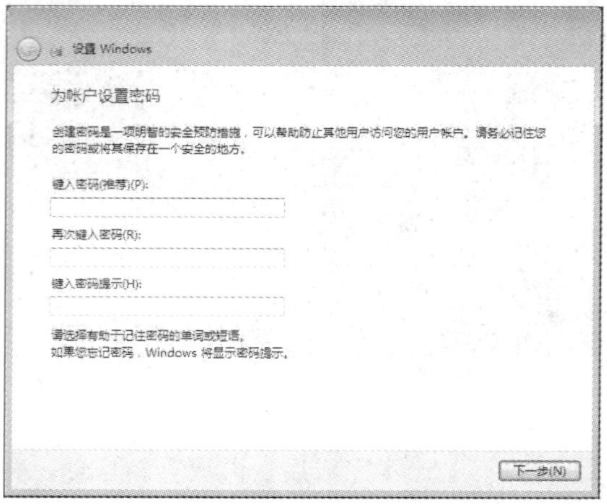

图 1.56　设置密码

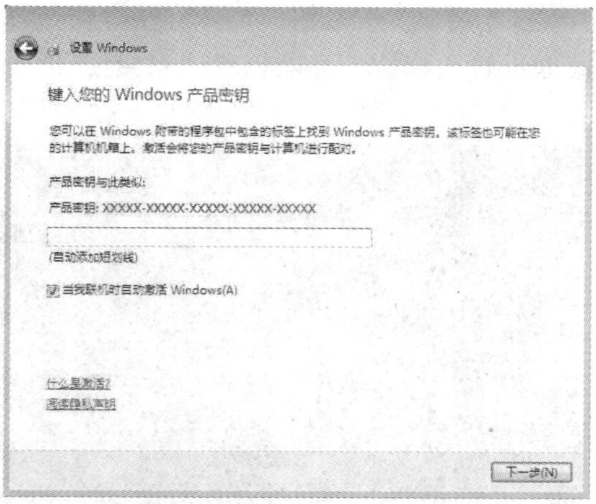

图 1.57　产品密钥输入界面

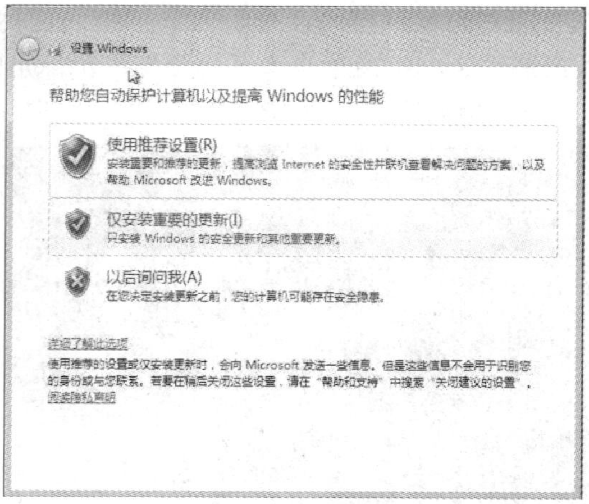

图 1.58　系统更新方式选择

设置日期和时间后单击“下一步”按钮，如图 1.59 所示。

选择网络类型，可根据实际情况选择，也可以完成所有系统安装步骤后再进行修改，如图 1.60 所示。然后就进入了 Windows 7 系统欢迎界面，如图 1.61 所示。

至此 Windows 7 系统就算安装完成了。安装过程比较简单，大部分时间用户都是在等待中度过的。

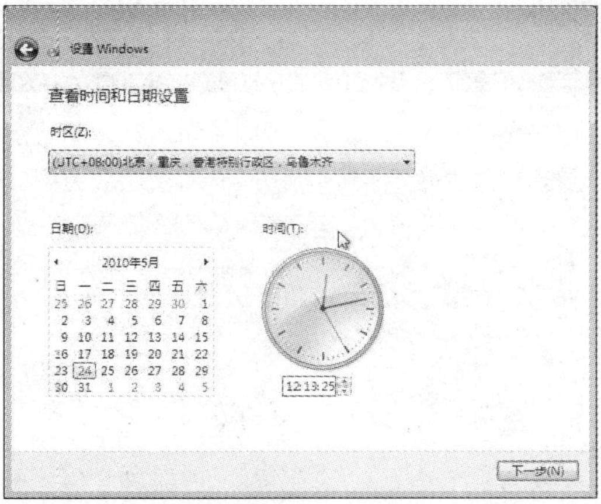

图 1.59　设置日期和时间

图 1.60　选择网络类型

图 1.61　Windows 7 系统欢迎界面

2.1.3　驱动程序的安装

1. 什么是驱动程序

驱动程序是一种可以使计算机和设备通信的特殊程序，相当于硬件的接口。操作系统只有通过这个接口，才能控制硬件设备进行工作。硬件如果缺少了驱动程序的“驱动”，那么即便是性能非常强劲的硬件也无法根据软件发出的指令进行工作，毫无用武之地。因此，驱动程序在计算机使用上起着举足轻重的作用。

驱动程序的安装一般有主板、显卡、网卡和声卡驱动程序安装。在安装驱动的过程中，应首先安装主板驱动，其他的可根据个人的喜好依次进行。一般按提高显示效果、保证网络畅通、保证多媒体效果的顺序进行驱动程序的安装。

2. 主板驱动程序的安装

下面以驱动程序已经备份在硬盘（D:\联想驱动）的情况为例进行说明。

打开主板驱动程序文件夹，用鼠标双击“Setup”图标，弹出如图 1.62 所示的安装界面。

在如图 1.62 所示安装界面中单击“Next”按钮，出现如图 1.63 所示的“是否接受软件安装协议”的窗口，单击“Yes”按钮，表示接受协议。

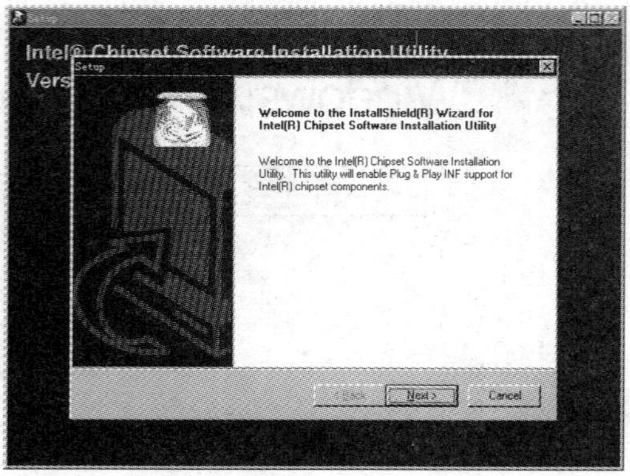

图 1.62　主板驱动程序的安装

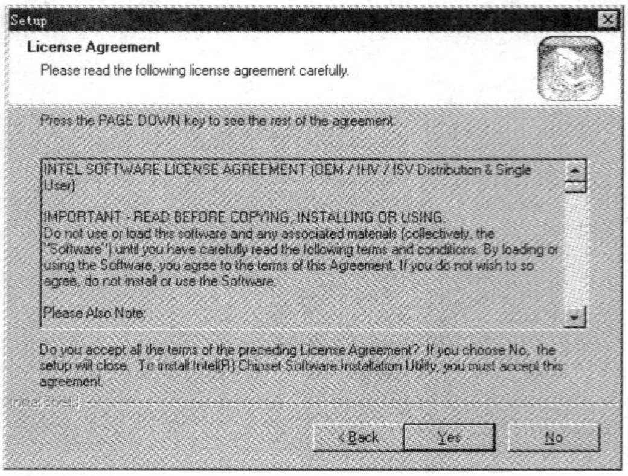

图 1.63　接受软件安装协议

在弹出的如图 1.64 所示窗口中单击“Next”按钮，安装程序开始向系统安装文件。

安装结束时出现如图 1.65 所示窗口，选择重新启动计算机，并单击“Finish”按钮。

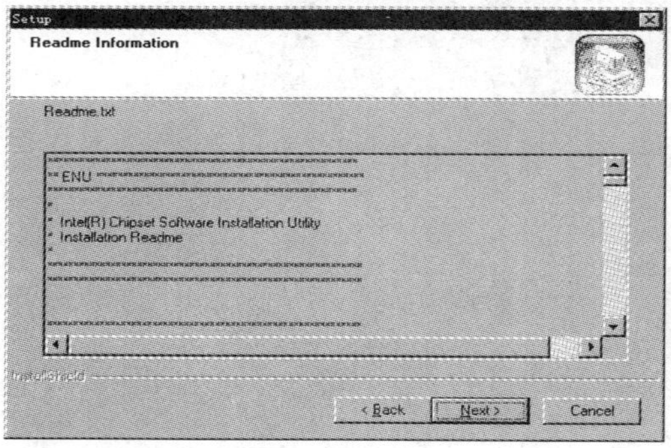

图 1.64　安装信息说明

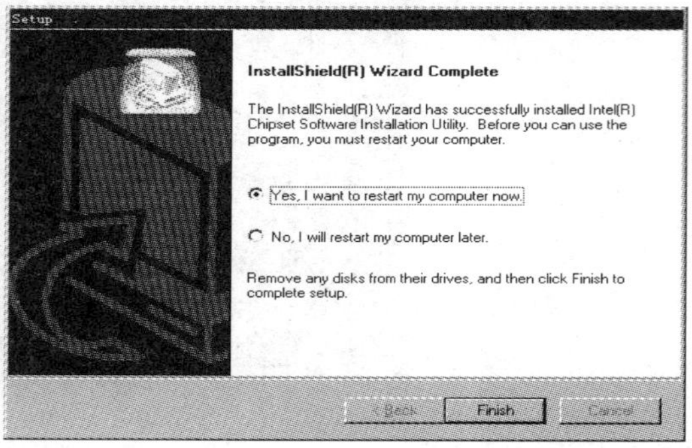

图 1.65　安装结束时选择是否重新启动计算机

重新启动计算机后，主板驱动便生效。其他配件的驱动程序与主板驱动程序的安装方法基本一致，即找到驱动程序文件夹，用双击运行“Setup”，打开驱动程序安装程序，然后按照提示一步步操作即可完成。过程比较简单，这里不再重复。不过一定要找准与硬件型号一致的驱动程序，否则会安装失败。

任务总结评价

本任务主要围绕操作系统安装介绍了 BIOS 的常用设置、操作系统的安装与配件驱动程序的安装方法。虽然介绍的是 Windows 7 系统的安装过程，但是其他版本的 Windows 系统与 Windows 7 系统的安装过程差别不大，完全能够做到举一反三，所以不再介绍。目前操作系统的安装越来越智能化，基本不需要用户有过多的操作，只要耐心等待即可。驱动程序的安装现在也变得越来越简单，特别是品牌机提供的光盘，可以实现自动进行安装，这对品牌机用户来说的确很方便。

任务3　日常维护计算机

◆ 知识技能点：

（1）了解计算机日常维护方法。

（2）会对硬件进行日常维护。

（3）掌握故障排除的原则。

（4）熟练解决常见故障。

任务引入

小王是一名网络管理员，除了维护网络设备外，更多的任务是要对本公司的台式机定期维护，对出现故障的计算机及时修理，这要如何去做呢？

任务分析

计算机在日常工作、生活与学习的使用中，没有严格的特殊要求，在一般的办公室环境下就能正常工作，但要使计算机的运行保持良好状态，最大限度地延长计算机的使用寿命，除了要有良好的使用习惯外，还取决于用户能否很好地维护它。计算机在出现故障时要按照正确的原则与方法去查找故障点，并能独立解决常见故障。本任务主要针对这些内容加以介绍。

任务实施

3.1.1　计算机使用的基本要求

用户对计算机的使用习惯也是非常重要的，特别是必须纠正一些不良习惯，在实际使用中应做到以下几点。

（1）注意开/关机顺序。由于系统在加电和断电的瞬间会产生较大的电流冲击，所以必须先打开外设的电源，然后再打开主机电源。关机时则顺序相反。

（2）避免非法关机。在计算机工作时要避免强行关机（如硬件复位、断电等），因为在计算机正在读/写数据时，驱动器电动机会因高速转动而损坏。另外也容易烧坏主板电路的芯片。

（3）不可带电移动设备。加电后主机设备切不可随意移动、搬动。当然即使是在关机状态，搬动时也要小心轻放。

（4）禁止热插拔除USB设备外的所有设备，否则极易烧毁设备接口或控制芯片。主机内各板卡在插拔时，一定要在断电的前提下进行操作。其他外部设备如显示器、打印机，若在主机通电的情况下连接，必须保证外部设备断电。

3.1.2 计算机的维护

计算机的主机在使用过程中合理进行维护是非常必要的，主要包括主机的定期保养、病毒的防护、硬盘的清理和系统优化维护。

1. 主机的定期保养

主机应每半年左右进行一次清洁。

（1）断开主机与外部电源连接，以保证设备的电路板无电压。

（2）进行除尘。主要包括主板、各适配器卡、电源盒电路板及外设的电路板。打开机箱盖后可看到板卡上积落着的灰尘，用皮老虎（或吹气球）吹拭，如条件不具备也可用软毛刷代替，将灰尘清除干净。

（3）如果风扇转速降低或明显转速不够，在除去灰尘后，可滴入少许润滑油。

2. 病毒的防护

病毒的传播渠道很多，如利用 U 盘、网络进行数据的传输而感染病毒。一台计算机感染后往往又连带感染其他计算机，造成病毒的泛滥。因此，防止计算机病毒的侵入是计算机用户必须重视的，普通计算机用户防止病毒的侵入的主要办法如下。

（1）注意光盘、U 盘、移动硬盘的使用是关键，对于有病毒的存储盘切不可进行操作。那么如何才能得知存储盘有无病毒呢？可在主机系统中安装正版的防病毒软件，如瑞星、金山毒霸等，并且要及时升级。对每次外来的存储盘首先进行查毒，在确认无病毒后再进行操作使用。

（2）对于使用局域网或互联网的用户，在计算机上要安装正版的杀毒软件及防火墙，以确保利用网络传输的数据无病毒。

（3）如果发现计算机已感染病毒，一是不要怕，二是一定要认真治理。选择合适的杀毒软件，往往就能转危为安。

3. 硬盘的清理

合理使用硬盘的空间，发挥计算机的最高效能是非常必要的。

（1）在安装系统时对硬盘的分区要合理。最好是 C 盘只安装操作系统，D 盘安装应用软件，E 盘存放个人创建的文件及作品，F 盘存放一些常用安装文件及计算机驱动程序文件。各分区的大小要根据实际需要进行合理的设计。如果硬盘容量较小，那么分区就不必分得过多，只要各种不同的文件不混乱就可以。

（2）删除无用的文件。计算机使用一段时间后，会在硬盘中产生各类临时文件、衍生文件及一些无效文件。用户可打开“附件→系统工具→磁盘清理程序”将这些文件进行清除。确保每个分区的剩余空间占总空间的 20%，特别是 C 盘剩余空间越大越好。建议 Windows 7 系统 C 盘剩余空间应达到 4GB 以上，Windows XP 系统 C 盘剩余空间应达到 1GB 以上。

4. 系统优化维护

为了保证计算机系统的正常运行，并保持其最高的性能，计算机操作人员应合理地对系统进行优化及维护，可 3 个月左右操作一次。

（1）使用工具软件对 Windows 的 DLL 动态链接库进行扫描，删除多余无用的库文件。如使用 CleanSwap 软件，对于没有把握的文件，不要轻易删除，可以保留。

（2）对注册表进行“减肥”。具体操作为：选择“开始”→“运行”，在命令栏中输入“regedit”

后按回车键。在打开的注册表编辑器中，单击“导出注册表”，然后再执行“引入注册表”。通过这一导出，系统会将多余的内容丢弃。再引入时，注册表的内容就得到了清理。

（3）运行磁盘扫描、修复错误、交叉链接等磁盘错误。具体操作为：选择所要进行操作的磁盘，右击选择“属性”选项，在弹出的对话框中选择“工具”选项，单击“开始检查”按钮，对于扫描发现的错误，选择“自动修复”即可。

（4）运行硬盘的碎片清理工具，实现重新安排程序文件，在系统读取文件时能够连续读取，以使程序启动加快。具体操作：首先进行磁盘扫描检查，检查无误后，单击“碎片清理”按钮即可。此项操作需要的时间较长，但效果非常明显。

对于使用 Windows 的不同版本操作系统，使用的对话框的界面略有差异，但原理和必要性是一样的。

3.1.3　计算机维修原则与常见故障分析

1. 故障的分类

平时在使用计算机时，经常会遇到诸如黑屏、无法开关机、有报警提示等问题。这些让用户无法正常使用计算机的情况，就是常说的计算机故障。

由于计算机系统是个光机电综合的复杂系统，其故障产生的原因也是多种多样，对它的故障加以分类，有利于减少故障和准确及时地排除故障。

由于计算机是由硬件和软件两部分组成的，所以计算机故障又可分为软件故障与硬件故障两大类。

（1）软件故障。其实就是因为软件问题所造成的故障，如病毒、应用程序出错、操作系统损坏等。

（2）硬件故障。一般是因为硬件损坏、接触不良等引起的故障，如果配件出现问题，则只能由专业维修人员进行维修。因此平时所做的主要是对配件的维护。

2. 计算机维修应遵循的基本原则

（1）先想后做。保持头脑清醒，冷静地判断问题。先想好怎样做、从何处入手，再实际动手。也可以说是先分析判断，再进行维修。

（2）先简后繁。所谓简单的事情，一方面是指观察，即计算机周围的环境情况、计算机所表现的现象、计算机内部的环境情况；另一方面是指简洁的环境，包括计算机的最小系统，在判断的环境中，仅包括基本的运行部件/软件。

（3）先软后硬。从整个维修判断的过程看，总是先判断是否为软件故障，先检查软件问题，当可判断软件环境正常时，如果故障仍不能消失，再从硬件方面着手检查。采用“先软后硬”原则，是由于计算机系统的软件部分所引起的故障比硬件部分引起的故障要多得多，而且软件故障的排除相对硬件故障的排除要容易。

总之，在维修时若能遵循以上几点原则，解决故障将更有条理，事半功倍。

3. 计算机常见故障分析

【故障 1】

故障现象：一台计算机配置为：Celeron 2.4GHz CPU、Intel 865PE 主板、512MB DDR SDRAM 内存、120GB 硬盘、操作系统为 Windows XP。近一段时间常出现蓝屏或非法操作，不能恢复，只能重新启动，问题出现的时间没有规律，并且死机越来越频繁。

故障排除：

（1）怀疑可能是病毒问题，用新版杀毒软件检查，结果没有发现病毒。

（2）怀疑可能是启动过程中加载的程序发生冲突，将启动时运行的所有程序关闭，结果故障仍然存在。

（3）怀疑可能是 Windows XP 系统有故障，重新安装系统后，没有改善。

（4）怀疑可能是内存有问题，更换另一台同一配置的运行正常的计算机的内存后，还是没有改善。

（5）怀疑可能是 CPU 有问题，在取下 CPU 时，感觉 CPU 的温度较高，且发现风扇周围积满了灰尘，同时可观察到风扇的转速也不正常，替换一个正常的 Celeron 2.4GHz CPU 后也没有改善。利用清洁法除去风扇周围灰尘后，故障消失。

【故障 2】

故障现象：一台计算机配置为：Pentium4 2.8GHz CPU、Intel 865PE 主板、512MB DDR SDRAM 内存、7300GT 显卡、120GB 硬盘、操作系统为 Windows XP。开机后显示器显示为无视频信号、电源指示灯亮，无其他任何显示信息或声响报警信息。

故障排除：根据计算机开机自检过程中 POST 的执行过程可知，计算机可能是没有自检或自检过程中的 Test1 尚未完成，本着“先简后繁”的原则处理。

（1）打开机箱检查，首先拔掉 RESET 连线，开机后故障依旧。

（2）利用 CMOS 跳线进行放电，清空 CMOS 设置，开机后故障依旧。

（3）用替换法更换 CPU，故障依旧。

（4）再利用替换法更换 BIOS 芯片，故障依旧。

（5）在完成了以上的操作并确认安装在主板上的 CPU、BIOS 芯片均没有损坏，可基本认为主板损坏，更换主板后，开机后计算机正常运行。

总结：计算机的黑屏故障，是一种非常常见的计算机故障，在排除时一定要本着先简单后复杂的原则，不可以轻易下结论。

步骤 1　确认 POST 是否启动。

步骤 2　确认 CMOS 设置的合理性。例如，由于超频不成功可采用此步骤排除。

步骤 3　确认 CPU 是否损坏。

步骤 4　确认 BIOS 芯片内容是否被改写。例如，CIH 发作改写 BIOS、刷新 BIOS 过程中出现意外性失误或 BIOS 芯片被烧毁的故障现象就和本例一样。如果芯片被烧毁，就只能更换了，否则可采用热插拔刷新 BIOS 的方法。

判断主板损坏应当是在确认步骤 1～步骤 4 均无误的前提下方可得出的结论。

> **提示：**以上两个是计算机经常能见到的典型故障，把这两个故障拿出来分析，总结出合理的处理流程，目的不是要强调故障点的位置，关键是让读者以后再遇到类似故障的时候，有可以参考的操作思路，供读者借鉴。

技能链接——关于计算机维修的说明

1. 最好能了解故障发生前后的情况，进行初步的判断。如果能详细地了解到故障发生前后的情况，将使现场维修效率及判断的准确性大大提高。

2. 在进行故障现象复现、维修判断的过程中，应避免故障范围扩大，要小心操作，如是软件故障，需要重新安装操作系统时，一定要向相关使用者说明情况，防止重要数据丢失。

3. 最好每次能对维修过的故障进行总结，以积累经验。

任务总结评价

本任务主要介绍了计算机维护与维修的知识。其中计算机维护包括了计算机的正确使用习惯与常用的维护方法，从软件到硬件对每个用户来说都是非常重要的，因为这些做法可以保证计算机运行的稳定，延长使用寿命。不但自己要学会、做到，还要让更多的人知道。计算机维修只简单介绍了维修的原则与最典型的两个案例，只是把维修道路上的一道门开启了，更多的还要靠大家深入学习。

任务 4　系统快速备份与恢复

◆ **知识技能点：**

（1）了解 Ghost 软件。

（2）掌握 Ghost 软件的使用方法。

（3）学会备份与恢复系统的方法。

任务引入

大刘找到小王，说他使用的计算机无法进入 Windows 操作系统，想重新安装，但是他的计算机配件的驱动程序和大量的应用软件没有安装光盘，让小王帮助想想办法，尽快将系统修复。小王告诉大刘，不要担心，公司的计算机都定期做系统备份，只要恢复一下，很快就能回到备份前的状态。

任务分析

当计算机系统出现系统崩溃或遇到恶性病毒时，如果用户事先备份了系统，那么就能轻而易举地恢复系统，同时还能避免再次安装各种驱动程序、软件，做到事半功倍。这个任务就来介绍常用工具 Norton Ghost 的使用方法。

任务实施

4.1.1　Norton Ghost 简介

Ghost 是最著名的硬盘复制备份工具，因为它可以将一个硬盘中的数据完全复制到另一个硬盘中，也可以将整个硬盘或某些分区做成映像保存，还可以将映像文件还原到硬盘上，恢复到映像前的状态。所以就将 Ghost 软件称为硬盘“克隆”工具。实际上，Ghost 不但有硬盘到硬盘的“克隆”功能，还具有硬盘分区、硬盘备份、系统安装、网络安装、升级系统等功能。

4.1.2 进入 Ghost 应用程序

在 DOS 环境下执行“Ghost.exe”命令启动程序，即可进入 Ghost 程序的主界面，如图 1.66 所示。其主要功能如下。

1. Local（本机功能）

（1）Disk（磁盘操作）：如图 1.67 所示，在使用该选项时需安装两块或两块以上的硬盘。

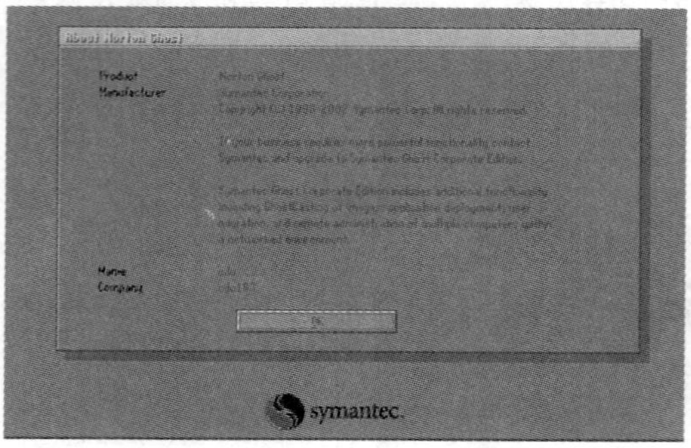

图 1.66　Ghost 程序的主界面

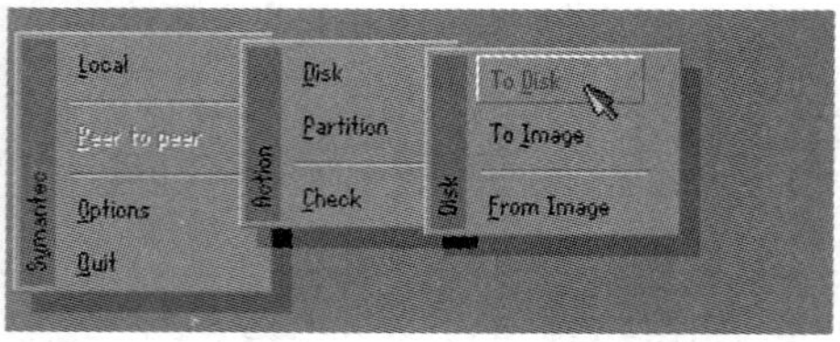

图 1.67　磁盘操作选项

① To Disk（磁盘对磁盘复制）。可进行两块硬盘相互复制，实现两块硬盘具有相同的内容。原则上目标盘的容量不能小于源盘的容量，最好是对相同容量的两块硬盘进行操作。

② To Image（对整个硬盘做映像文件备份）。在操作中对其中的一块硬盘进行备份，所产生的备份文件需存放在另一块硬盘上。存放备份文件的硬盘分区的剩余空间必须大于备份文件的大小。

③ From Image（从备份的映像文件恢复到磁盘）。该选项是“To Image”的逆操作，在操作中需利用一块硬盘上的备份文件，将其恢复到另一块硬盘上。在操作中要保证目标硬盘的大小能够足够存放下释放后的备份文件。

（2）Partition（分区操作）：如图 1.68 所示，可以对计算机系统中的分区进行操作。

① To Partition（分区对分区复制）。在使用该选项时，既可以在一块硬盘上进行两个分区的操作，也可以是在两块硬盘的两个分区之间进行操作，即只要在计算机系统中的两个分区之间就可以进行操作。一般此项操作主要是在不同的两块硬盘的两个分区之间进行操作，原则上要保证目标分区的容量不小于源分区的容量。

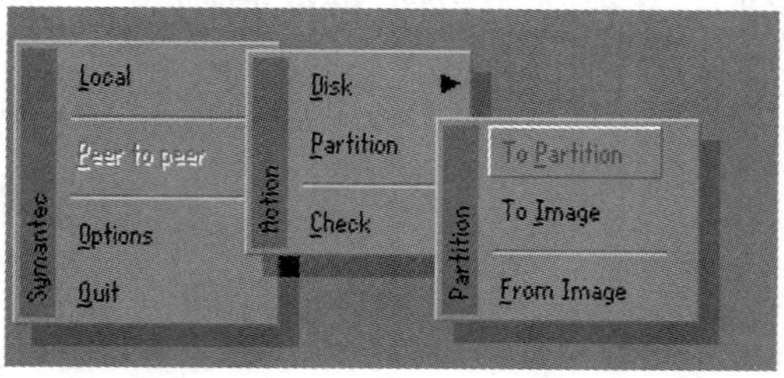

图 1.68　分区操作选项

② To Image（对整个分区做映像文件备份）。利用该选项可对系统中的任一分区进行操作，一般是对容易损坏的重要分区进行备份，在操作中要注意的是备份文件不能存放在所要进行备份的分区。

③ From Image（从备份的映像文件恢复到分区）。该选项是“To Image”的逆操作，在恢复时要保证目标分区的大小能够足够存放下释放后的备份文件。但不能将存放备份文件的分区进行恢复。

（3）Check（检查）：如图 1.69 所示。

① Image Files（对备份的映像文件进行检查）。在备份后，进行该选项的操作的目的是保证存放的备份文件的正确性；在恢复前，进行该选项的操作的目的是保证恢复后系统能够正常使用。

② Disk（对磁盘进行检查）。主要是在恢复备份文件前对硬盘进行检查，以保证将备份文件恢复到硬盘后能够进行正常使用。

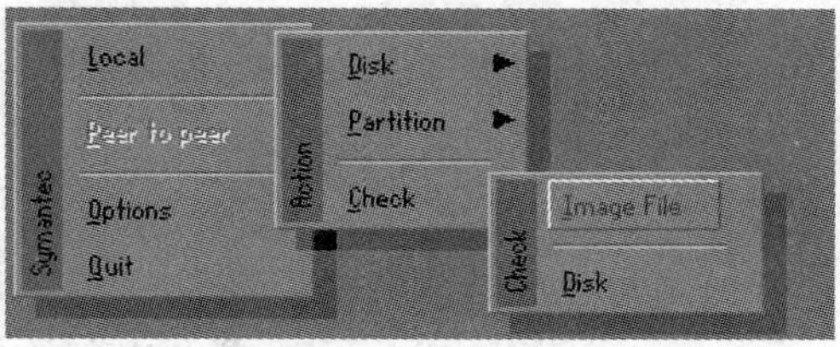

图 1.69　磁盘检查选项

4.1.3　分区的备份

具体操作步骤如下。

（1）选择“Local→Partition→To Image”选项，如图 1.70 所示，在界面中选择要备份的分区所在硬盘。

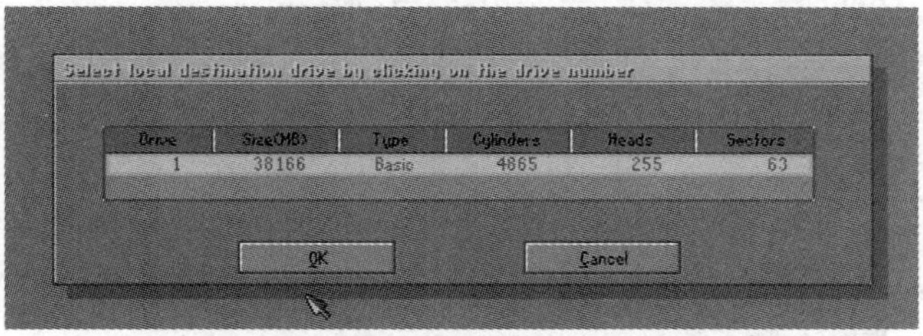

图 1.70　选择源分区所在硬盘

（2）单击“OK”按钮，进入选择所要备份的分区，如图 1.71 所示，选择硬盘中所要备份的分区。

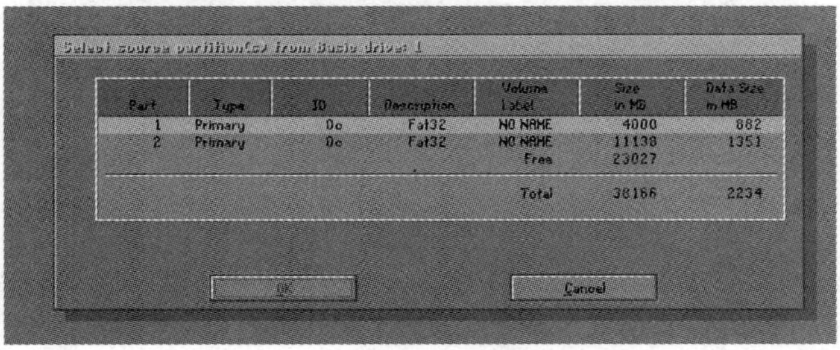

图 1.71　选择所要备份的分区

（3）单击“OK”按钮，出现如图 1.72 所示界面，在“Look in”文本框中选择存放所要生成映像文件的磁盘，在下方窗口中选择文件夹，在“File name”文本框中输入备份文件的文件名，最后单击“Save”按钮。

（4）按“Enter”键后，出现如图 1.73 所示的提示框，有 3 种选择。

① No：备份时，不压缩资料（速度快，但占用空间较大）。

② Fast：少量压缩。

③ High：最高比例压缩（可压缩至最小，但备份/还原时间较长）。

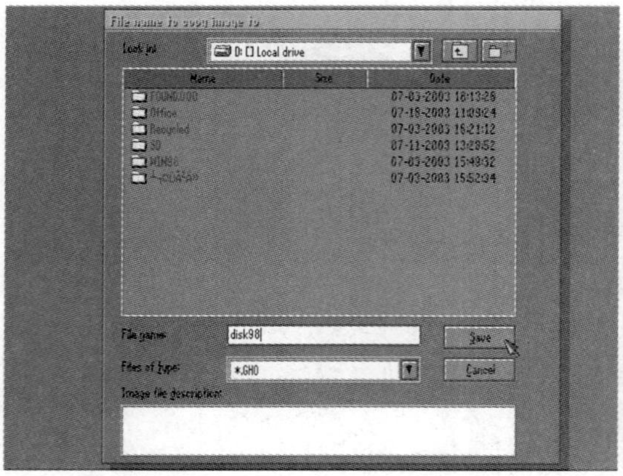

图 1.72　确定备份文件的位置及名称

图 1.73　文件压缩选项

建议：有些人为了节省硬盘空间，选择了“High”来高比例压缩，这样花费的时间就比较长了。实际上，现在硬盘的容量应该是不成问题，还是选择“Fast”为好，毕竟这样备份速度较快且数据不易出现错误。

（5）进度条至 100%时，操作完成，如图 1.74 所示。

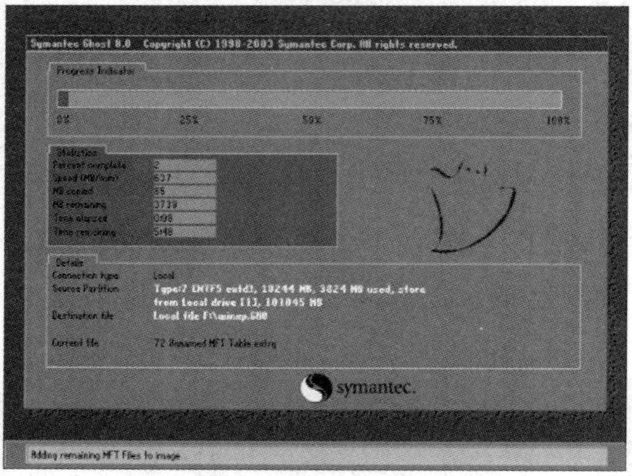

图 1.74　正在进行备份操作界面

4.1.4　分区的恢复

分区的恢复的步骤与备份的步骤相反，即首先给出备份文件，然后选择所要恢复的磁盘分区，最后单击“确定”按钮即可，操作步骤如下。

（1）在 Norton Ghost 中选择“Local→Partition→From Image”选项，对分区进行恢复，如图 1.75 所示。

（2）选择系统备份的映像文件，如图 1.76 所示。

（3）由于一个映像文件中可能含有多个分区，所以需要选择分区，如图 1.77 所示。

（4）选择要恢复的目标硬盘，如图 1.78 所示。

（5）选择接收映像的目标分区，如图 1.79 所示。

（6）弹出警告的提示信息，确认后开始恢复分区，如图 1.80 所示。

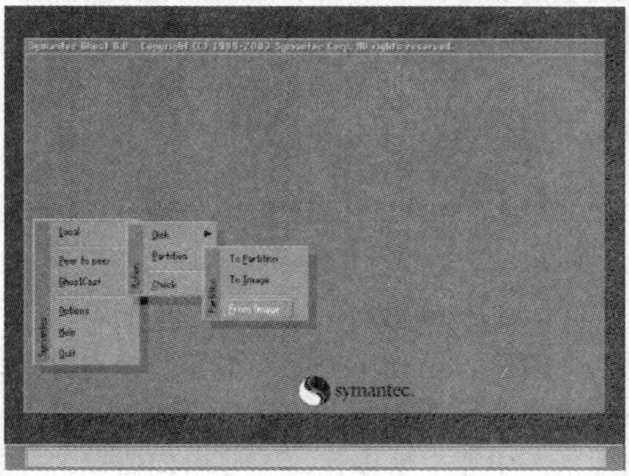

图 1.75　从映像文件恢复分区

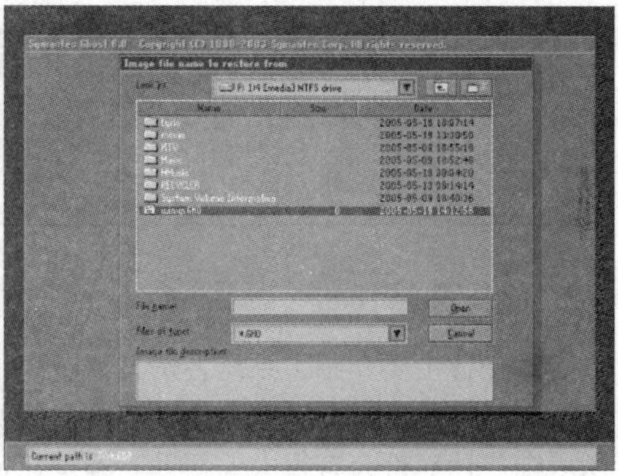

图 1.76　选择映像文件

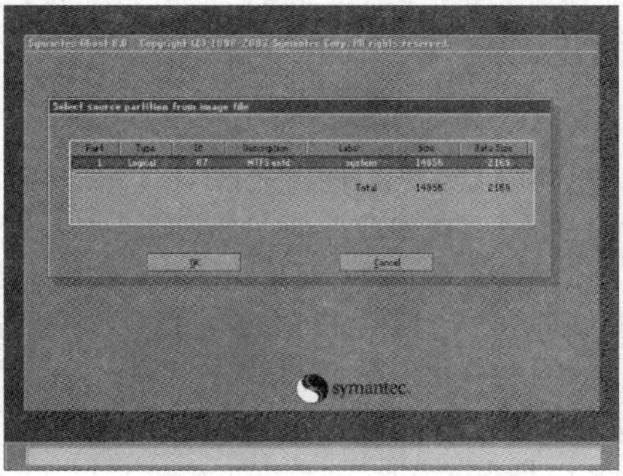

图 1.77　选择映像文件中的分区

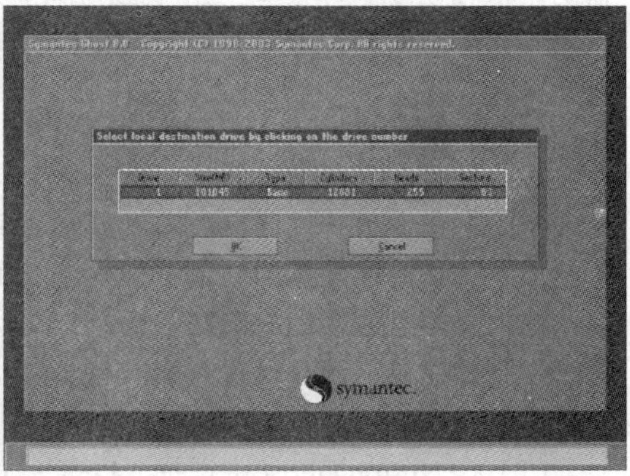

图 1.78　选择目标硬盘

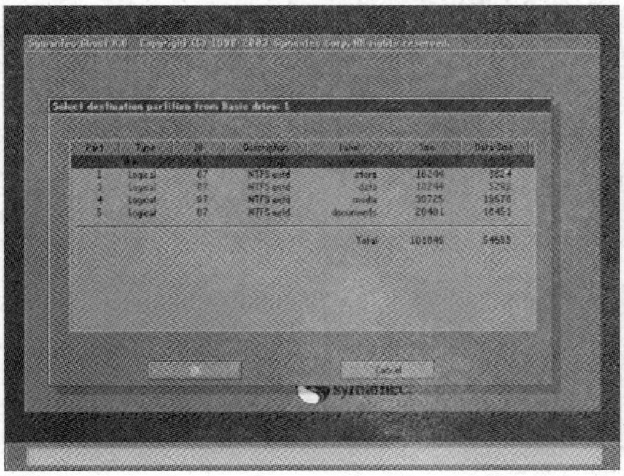

图 1.79　选择目标分区

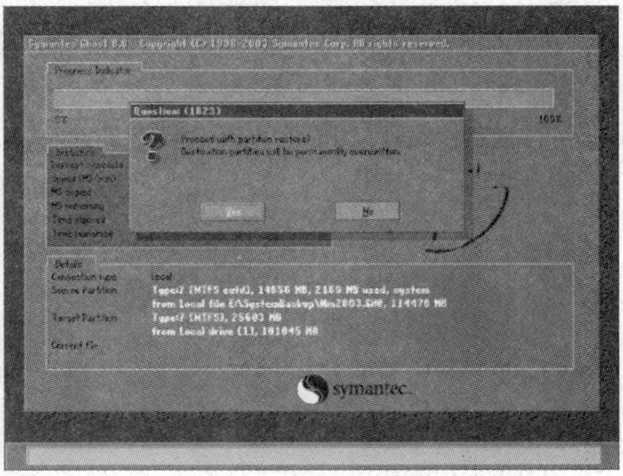

图 1.80　确认恢复分区

提示： 1. 在进行磁盘相互复制时，必须有两块硬盘，最好是相同大小的。

2. 在磁盘（分区）映像文件恢复时，只要文件释放后目标磁盘（分区）的容量足够即可。

3. 在备份系统或恢复系统前，最好先检查目标盘和源盘，纠正磁盘错误。

4. 在恢复系统时，最好先检查要恢复的目标盘是否有重要的文件还未转移，千万不要等硬盘信息被覆盖后才后悔莫及。

5. 在新安装了软件和硬件后，最好重新制作映像文件，否则很可能在恢复后出现一些莫名其妙的错误。

任务总结评价

本任务主要介绍了系统备份与恢复的常用工具软件 Norton Ghost 的界面及使用方法，包括分区的备份与分区从映像文件恢复等操作。大家应该熟练掌握软件的使用方法，这对以后维护计算机会有很大的帮助。不过在使用中，一定要谨慎操作，不要出现错误，一旦出错，分区或硬盘的数据就会丢失，反而得不偿失。另外，Ghost 软件还有很多功能，如硬盘的备份和恢复等，与本任务所做介绍相似，希望大家将所学的知识融会贯通、举一反三，运用到实际工作当中，使实际问题得到解决。

拓展与提高——硬盘对拷

适用条件：两个或两个以上的硬盘，其中一个硬盘已经安装好操作系统且能正常使用，并设定为源盘；另一块硬盘的容量最好与源盘的容量相同或相近。

准备工作：在硬盘的连接进程中，操作者要把握好源盘与目标盘所连接的主板 IDE 接口，建议将源盘连接在 IDE1 接口，目标盘连接在 IDE2 接口。并在 BIOS 设置中设好引导顺序，强烈建议将源盘设置为第一启动盘，以防止在操作中出现意外情况。

操作步骤：

（1）在 Norton Ghost 中选择“Local→Disk→To Disk”选项。

（2）选择源盘，根据两块硬盘与主板的连接准确地选择好源盘。如按本例的准备工作的建议直接选择第一个硬盘即可，在操作中可直接按“Enter”键。

（3）选择目标盘，根据两块硬盘与主板的连接准确地选择好目标盘。如按本例的准备工作的建议选择第二个硬盘即可，在操作中可直接按“Enter”键。

（4）对所选定的源盘和目标盘的相应信息进行检查确认。按“Enter”键后，系统将对此项的操作再次进行确认询问，如无误按“Y”键即可。

实训

（1）组装计算机。

（2）为计算机安装 Windows 7 操作系统。

（3）安装配件驱动程序。

（4）用 Norton Ghost 软件进行磁盘备份与恢复。

（5）用 Norton Ghost 软件对 C 盘分区进行备份与恢复。

学习情境二

常用工具软件和日常办公设备

任务5 办公系统管理

◆ 知识技能点：

（1）了解操作系统常用术语。

（2）了解操作系统常用功能。

（3）能够熟练使用操作系统。

（4）能够自行处理操作系统常见故障。

任务引入

人事部的李部长要对新员工进行使用操作系统的培训。在培训过程中，需要使用常见的操作系统，讲解基本的操作方法和步骤。

任务分析

操作系统种类繁多，其中占市场份额最高的非 Windows 操作系统莫属，而目前比较常用的操作系统有 Windows 7 和 Windows Server 2008。其中，Windows 7 为个人操作系统，Windows Server 2008 是服务器操作系统，两者在基本操作方面区别不大。因此，本学习情境关于操作系统的基本操作方法，以 Windows 7 为例进行说明。

任务实施

5.1.1 知识储备

在使用操作系统之前，首先必须对操作系统的常用术语有所了解。

操作系统：计算机硬件系统外面加载的第一道软件系统，专门用于管理计算机硬件和其他软件，响应用户对硬件和软件的操作，在计算机上常见的有 DOS、Windows 2003、Windows XP、Windows Vista、Windows 7，以及 Mac os x、Linux 等系统。

安装程序：由于目前的软件都涉及许多文件和子目录，所以一般都提供安装程序帮助用户自动安装全部文件，一般标准的安装程序均起名为“Setup.exe”或“Install.exe”。

病毒：一种计算机程序，它可以附属在可执行文件或隐藏在系统数据区中，在开机或执行某些程序后悄悄地进驻内存，然后对其他的文件进行传染，使之传播出去，最后在特定的条件下破坏系统或骚扰用户。目前已有较成熟的杀毒软件，但是新病毒还是层出不穷，成为一大危害。

集成开发环境：早期程序设计的各个阶段都要用不同的软件来进行处理，如先用字处理软件编辑源程序，然后用链接程序进行函数、模块连接，再用编译程序进行编译，开发者必须在几种软件间来回切换操作。现在的编程开发软件将编辑、编译、调试等功能集成在一个桌面环境中，这样就大大方便了用户。

复制：将文件从一处复制一份完全一样的到另一处，而原来的一份依然保留。

删除：将文件从系统的目录清单中删掉，但在许多情况下，用工具软件或 Windows 下自带的“回收站”均能恢复被删掉的文件。为了保险起见，用户最好养成对自己输入的文本或其他文件进行备份的习惯，以防万一。

移动：就是将复制操作和删除操作合二为一，原来的一份在复制完成后即被自动删掉。

共享：这是在网络环境下文件使用时的一种设置属性，一般指多个用户可以同时打开或使用同一个文件（或数据）。

独占：指文件（或数据）同一时刻只能被一个用户打开，其他用户只能等待此用户放弃后，才能打开和使用它。

压缩：用工具软件将文件进行压缩存储的过程，常用的压包工具有 WinZip 、WinRAR 等。

解压缩：压缩的反过程，即将压缩文件还原成原来的文件。

上传：本地计算机与其他计算机通过网络连接成功后，将本机文件复制到其他计算机中的过程。

下载：在网络中，将对方计算机中的文件复制至本地计算机中的过程。

通配符：为了提高对文件处理的效率，用*或?表示一个或多个字符，这样就可以一次性处理一批文件，如*.*即代表当前目录下的全部可见文件。

格式化：对磁盘进行使用前的预处理，以便存入数据。一般而言，新盘是必须格式化的，而使用过的旧盘也可以格式化，格式化后磁盘上全部数据将被删除，Windows 系统常见的磁盘格式有 FAT32 和 NTFS。

5.1.2 办公系统管理

1. “桌面”图标

“桌面”就是用户启动计算机登录到系统后看到的整个屏幕界面，上面不但可以存放用户经常用到的应用程序和文件夹图标，还可以根据需要添加各种快捷图标，双击图标就能够快速启动相应的程序或文件。

用户第一次登录 Windows 7 系统后，可以看到初装好系统的桌面，如图 2.1 所示。

如果用户想在桌面显示“计算机”等图标，可执行如下操作：在桌面空白处用鼠标右键单击→“个性化”→“更改桌面图标”按钮，选中要显示的“计算机”等复选框，单击“应用”按钮，如图 2.2 至图 2.4 所示。

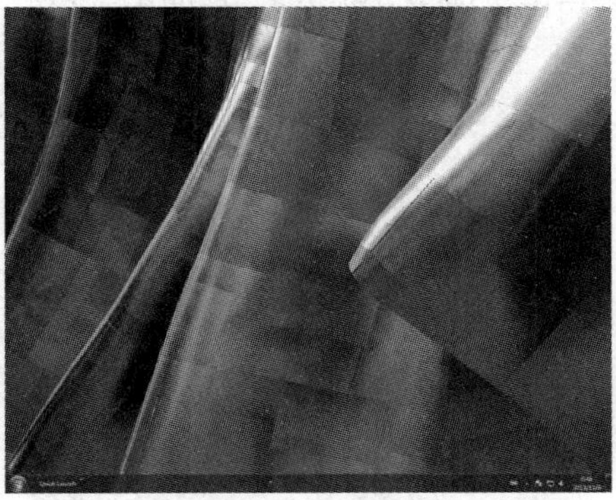

图 2.1　Windwos 7 桌面

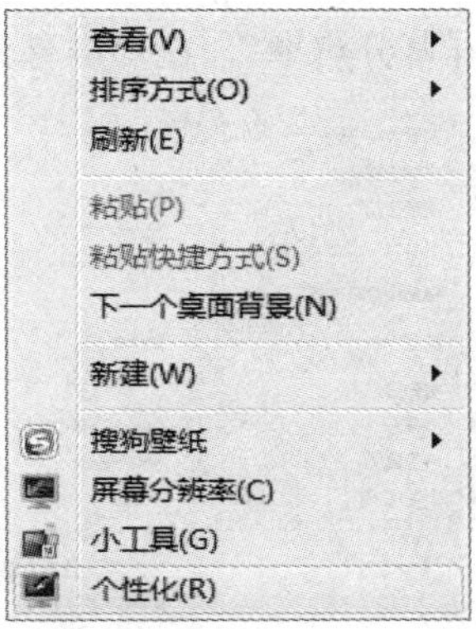

图 2.2　“桌面”属性

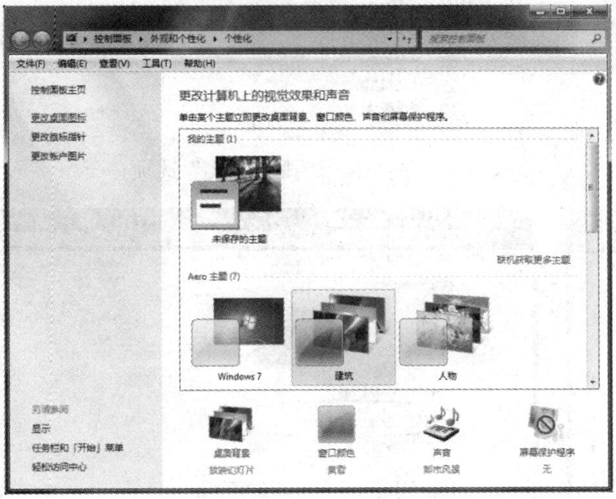

图 2.3　“个性化”选项

图 2.4　“桌面图标设置”界面

2. 创建桌面图标

图标实质上就是打开各种程序和文件的快捷方式，用户可以在桌面上创建自己经常使用的程序或文件的图标，这样使用时直接在桌面上双击图标即可快速启动该程序。创建桌面图标操作如下：在桌面空白处用鼠标右键单击→“新建”→“快捷方式”，如图 2.5 所示。

3. 图标的排列

用户如果需要对桌面上的图标进行位置调整，可以执行如下操作：在桌面空白处用右键单击→“排列方式”选项，在弹出的下拉菜单中选择合适的排列方式，如图 2.6 所示。

（1）名称：按图标名称开头的字母或拼音顺序排列。

（2）大小：按图标所代表文件的大小的顺序来排列。

（3）项目类型：按图标所代表的文件的类型来排列。

（4）修改时间：按图标所代表文件的最后一次修改时间来排列。

4. 显示属性

通过显示属性的设置，可以设置个性化桌面、设置墙纸、显示器的分辨率等。设置桌面壁纸要执行如下操作：单击“开始”→“控制面板”→“更改桌面背景”，选择“桌面”选项卡，选择“背景”栏中的图片，如图 2.7 所示。设置显示器的分辨率的操作为：在桌面空白处右键单击→“屏幕分辨率”，在“屏幕分辨率”窗口中设置“分辨率”，如图 2.8 所示。

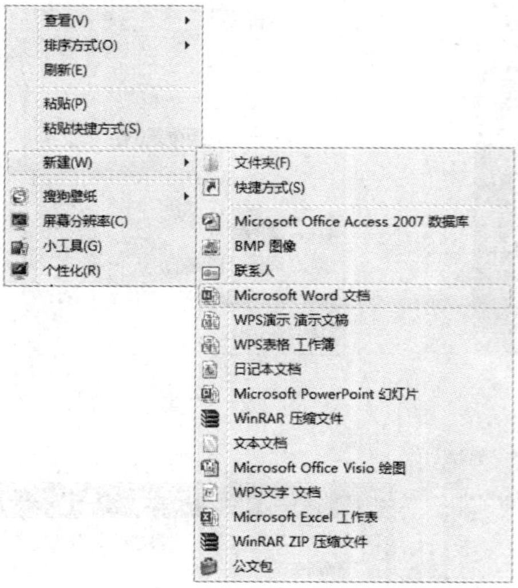

图 2.5　“新建”选项

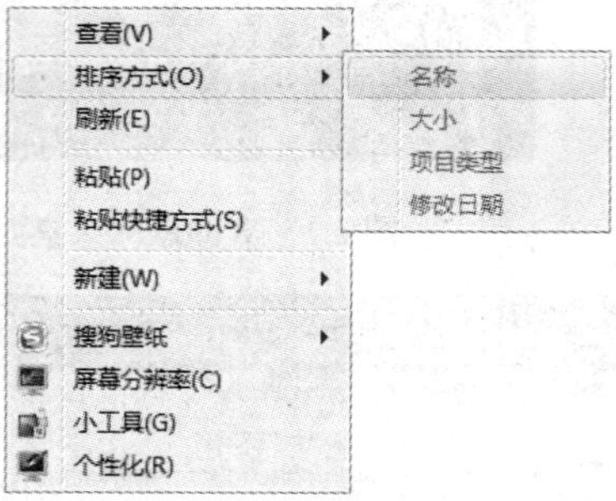

图 2.6　“排列方式”选项

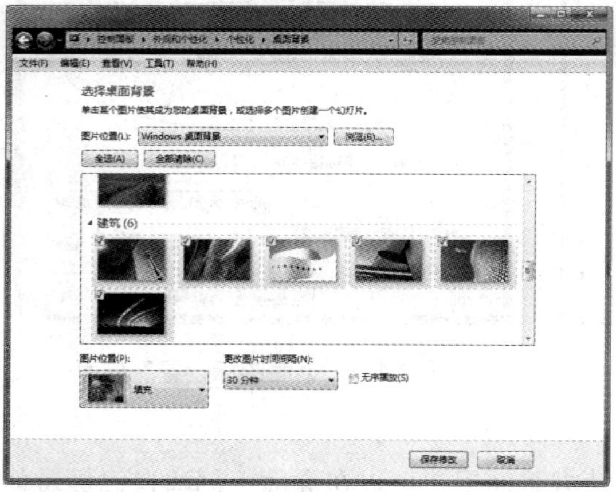

图 2.7　选择桌面背景

图 2.8　分辨率调节

5. 任务栏

在 Windows 7 桌面上，最下面一行为任务栏，它主要由“开始”菜单、“快速启动栏”、“运行的应用程序列表”和“系统托盘区”组成。

（1）任务栏的位置和大小。一般情况下，任务栏位于屏幕的底端。另外，在任务栏空白处按住鼠标左键，可将任务栏拖到屏幕的其他三边。

当任务栏没被锁定时，将鼠标指向任务栏的上边框，鼠标指针变为双向箭头时，向上拖动鼠标，可以改变任务栏的区域。

（2）切换程序。在任务栏上可以同时显示多个运行的应用程序，如图 2.9 所示。

图 2.9　任务栏

（3）系统托盘区。系统托盘区（如图 2.10 所示）常用的图标有“音量调节”图标，表示计算机的声卡可以正常工作。单击小喇叭图标，会出现一个调节音量的滑块，拖动此滑块可以调节计算机的音量，也可以选中“静音”按钮（如图 2.11 所示）。“输入法状态”图标用于显示计算机当前所使用的输入法。“时间”图标用于显示系统的当前时间，单击它可以进行修改。

图 2.10　系统托盘区

（4）通过任务栏显示多任务。在任务栏的空白处单击鼠标右键，在弹出的快捷菜单中有“层叠窗口”、“并排显示窗口”和“堆叠显示窗口”3 个子命令。为了让这 3 个命令有效，必须依次打开多个应用程序，不能以最小化方式显示在任务栏上，否则这 3 个命令无效。如图 2.12 至图 2.14 所示为 3 个命令后的 3 个程序的排列结果。在选择了某种排列方式后，在任务栏快捷菜单中会出现相应的撤销该项的命令，例如，当使用了“层叠窗口”命令后，快捷菜单会增加一项“撤销层叠”命令，当执行此命令后，窗口恢复原来的状态。

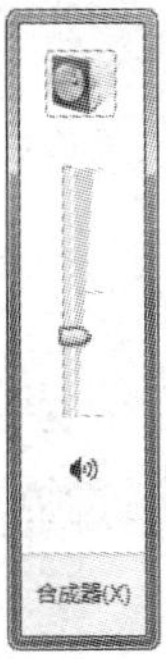

图 2.11　主音量调节

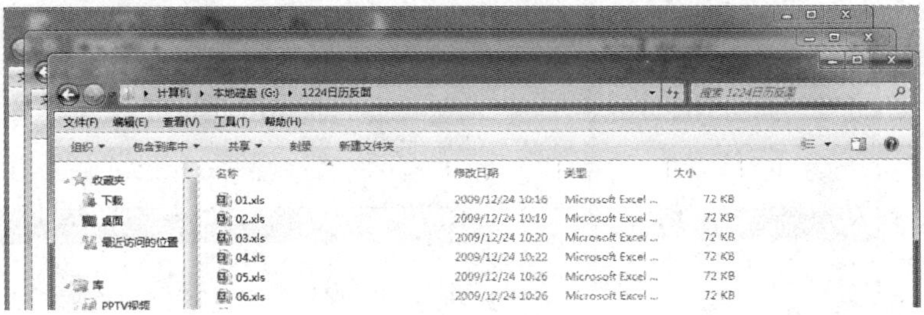

图 2.12　窗口层叠效果

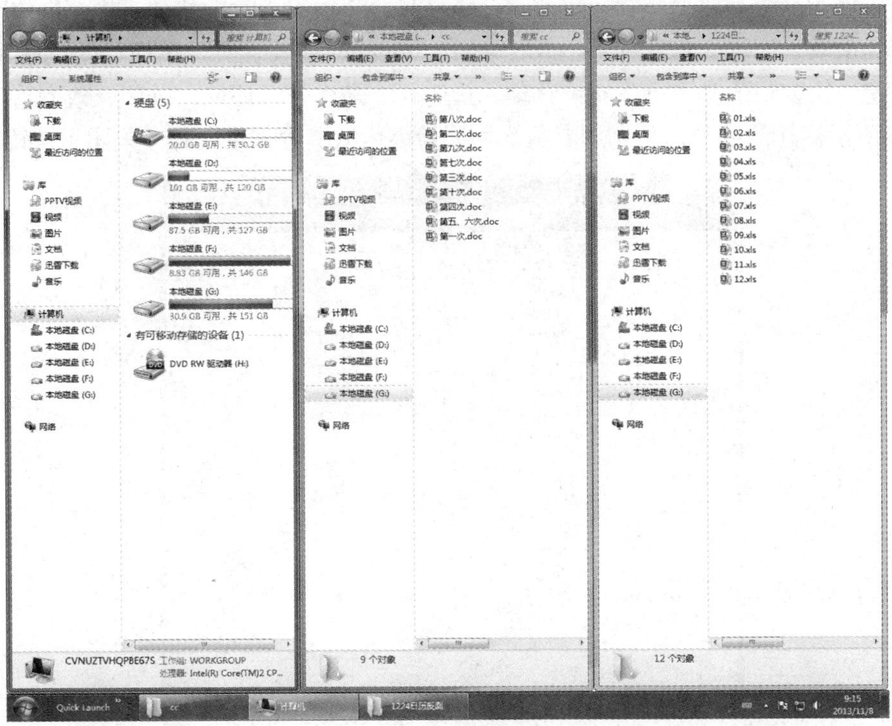

图 2.13　窗口并排显示

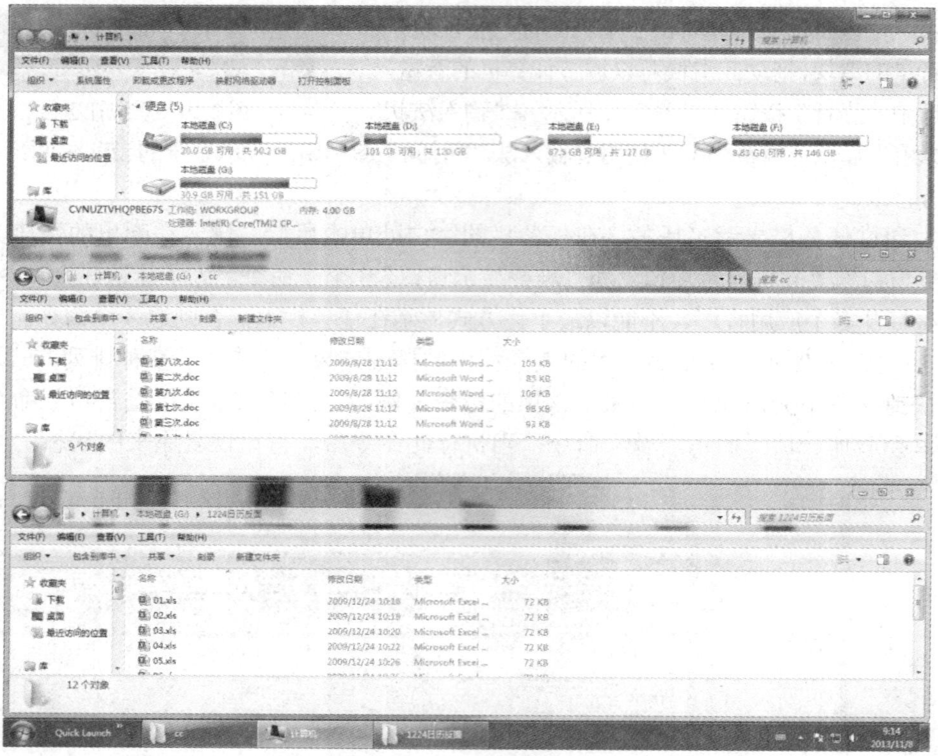

图 2.14 窗口堆叠显示

6. Windows 7 的窗口

窗口一般由标题栏、菜单栏、工具栏、地址栏、窗口内容、滚动条和状态栏等组成。先双击“我的电脑”图标，再打开“C 盘”中的“Windows”文件夹，出现如图 2.15 所示的比较典型的窗口。窗口的基本操作有：移动、最小化、最大化、还原、关闭、改变窗口大小。如图 2.15 所示标注的部分，从左到右依次为“最小化”、“最大化”和“关闭”按钮。

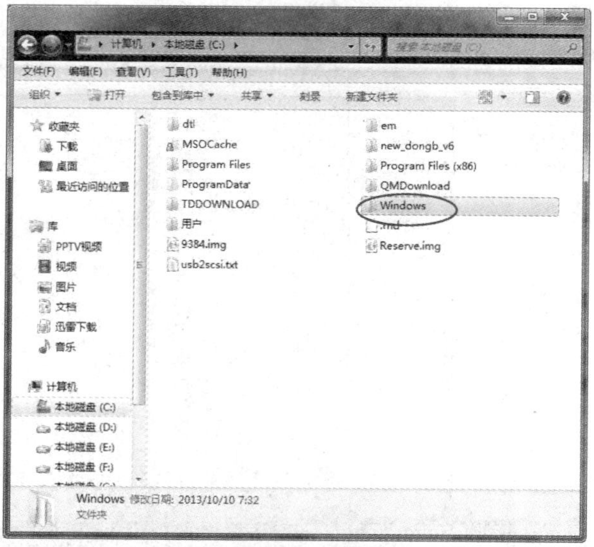

图 2.15 “最小化”、“最大化”和“关闭”按钮

7. 搜索

“搜索”在文件夹窗口的右上方，如图 2.16 所示。在左边窗口中，可以选择“搜索的路径”，然后输入“搜索的条件”、“范围”和“关键字”等，就可以执行搜索命令，搜索的结果都会显示在窗口右边的窗格中。Windows 7 的搜索功能非常强大。

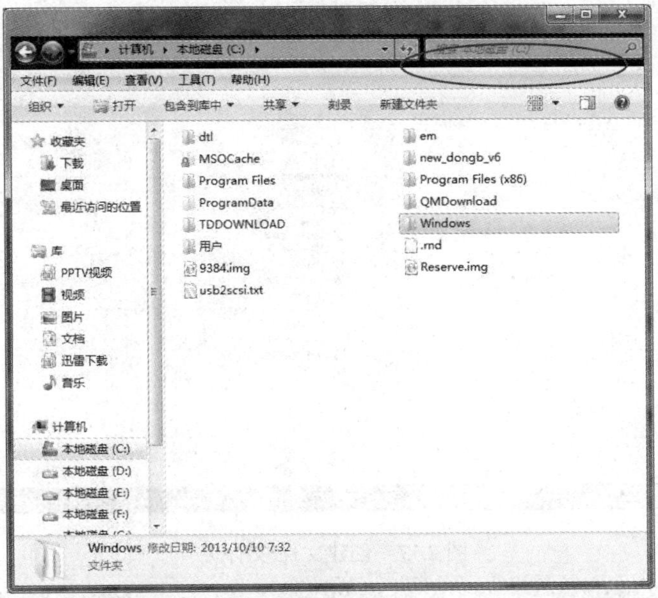

图 2.16　搜索结果界面

8. 文件和文件夹的概念

文件就是用户赋予了名称并存储在磁盘上的信息的集合，它既可以是用户创建的文档，也可以是可执行的应用程序或一张图片、一段声音等。

文件夹是系统组织和管理文件的一种形式。文件夹可以看做一个公文包，它可以装文件和文件夹。文件夹中的文件夹被称为子文件夹。在文件夹中可存放所有类型的文件以及下一级文件夹、磁盘驱动器和打印队列等内容。

文件和文件夹命名的规则。文件名由文件主名和扩展名组成，中间由分隔符“.”连接。文件主名最多可以有 255 个字符。扩展名通常能表示文件的类型和创建此文件的程序。文件名可以有空格，但不能有\、/、:、*、?、”、<、>或 | 等字符。文件名不区分英文字母大小写，还可以使用汉字来命名。在 Windows 7 操作系统中，文件设置了 3 种类型的属性：只读属性，表示该文件或文件夹只能打开看，但不能被修改或删除；隐藏属性，表示在一般情况下，该文件或文件夹不被显示；存档属性，表示该文件或文件夹已经存档了，是否需要执行备份的依据，是系统的默认属性。文件夹的命名规则与文件相同。

9. 文件和文件夹的基本操作

（1）文件或文件夹的创建。有时为了管理方便需要建立新的文件夹，用于存放不同类别的文件等。通过同样的方法，也可以在文件夹中创建一个新文件，当然通过这种方法建立的文件都是空白文件，如图 2.17 所示。

（2）文件或文件夹的选择。文件或文件夹的选择有单选和多选之分，可以在窗口中用鼠标拉出一个选择范围来选择文件或文件夹，如图 2.18 所示。

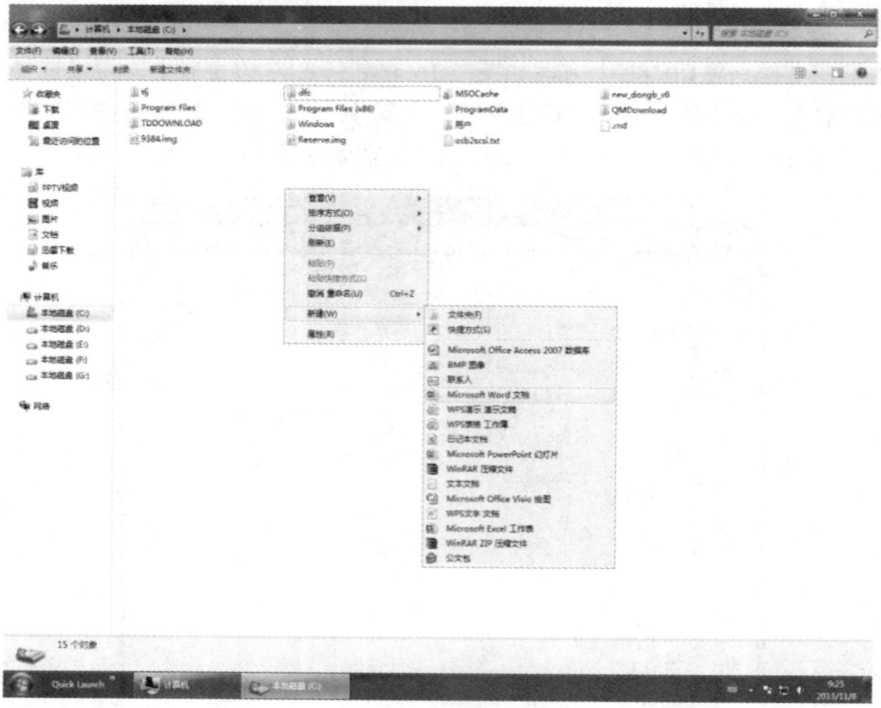

图 2.17　创建文件/文件夹

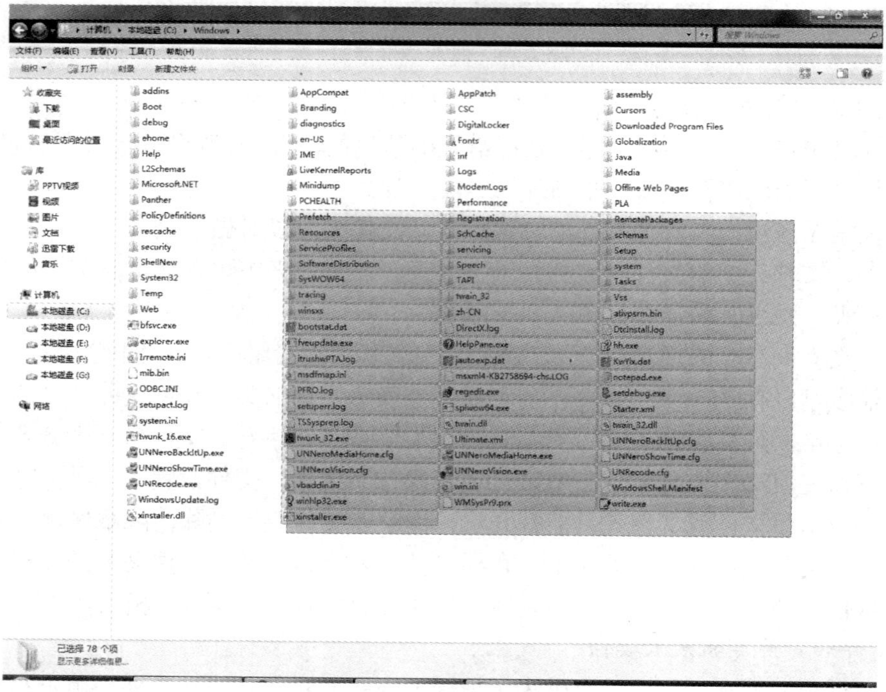

图 2.18　多选文件或文件夹

（3）文件或文件夹的移动。文件或文件夹的移动是指将选中的文件或文件夹从某个位置移动到另外一个位置。移动后，原来地方的文件或文件夹没有了，出现在新的地方。要想移动文件或文件夹，可以用鼠标选中文件或文件夹，剪切后粘贴到另一个位置。

（4）文件或文件夹的复制。文件或文件夹的复制是指将选中的文件或文件夹的副本从当前位置复制一份到另一个位置。执行完复制命令后，在原来地方和新地方均有该文件或文件夹，如图 2.19 和图 2.20 所示。

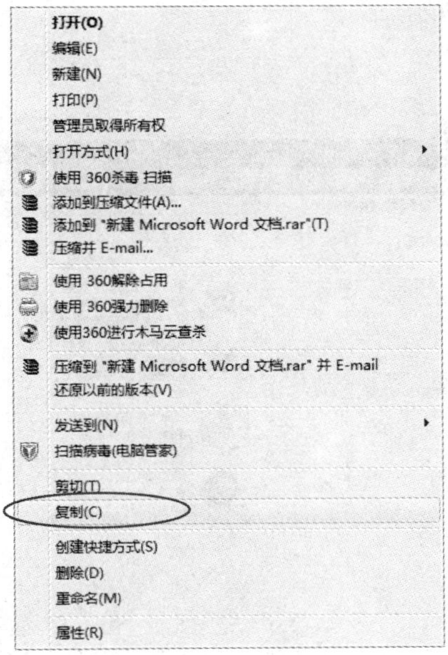

图 2.19　复制文件或文件夹

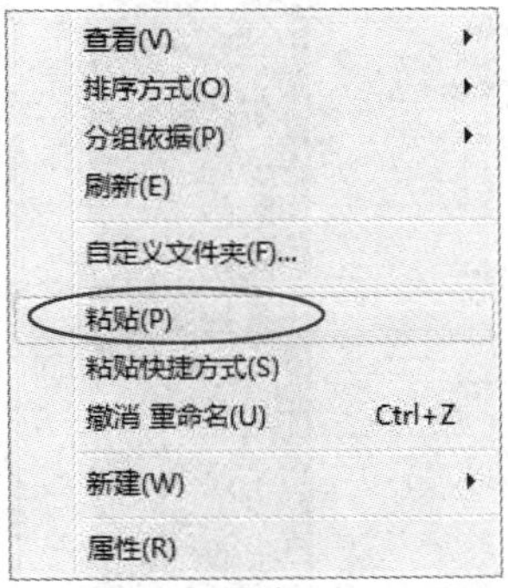

图 2.20　粘贴文件或文件夹

（5）文件或文件夹的重命名。文件或文件夹的重命名是指给原来的文件或文件夹重新起一个可以让用户自己满意的名称，如图 2.21 所示。

（6）文件或文件夹的删除。当用户不再需要文件或文件夹时，可以将其删除。可用鼠标左键选中该文件或文件夹，单击右键，在弹出的菜单中选择“删除”命令。删除时如果同时按住“Shift”键则彻底删除，否则会将其移动到“回收站”中，如图 2.22 所示。

图 2.21　重命名文件或文件夹

图 2.22　删除文件或文件夹

10. 控制面板

控制面板是 Windows 图形用户界面的一部分，可通过“开始”菜单访问。它允许用户查看并操作基本的系统设置和控制，如“添加硬件”、“添加或删除软件”、“控制用户账户”、“更改辅助功能选项”等如图 2.23 和图 2.24 所示。

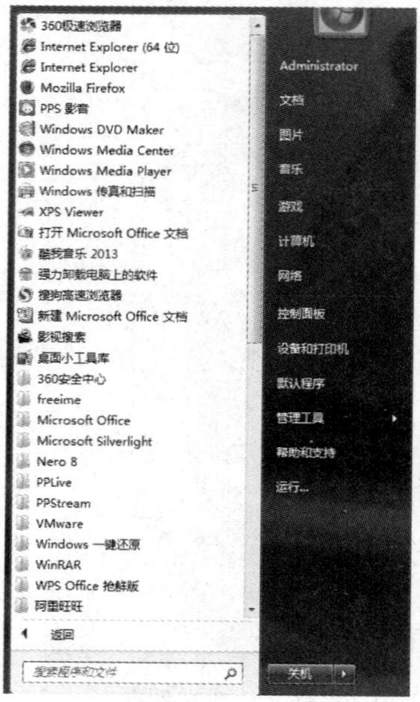

图 2.23 “控制面板”选项

图 2.24 控制面板窗口

下面介绍控制面板中的常用选项。

（1）系统和安全。它是一个允许用户查看多种安全特性状态的部件。包括 Windows 防火墙、系统、系统更新、电源及管理工具等设置。

• Windows 防火墙。可根据你目前所处的网络环境选择网络连接方式，保证网络的安全。防火墙可以是软件，也可以是硬件，它能够检查来自 Internet 或网络的信息，然后根据防火墙设置阻止或允许这些信息通过计算机。防火墙有助于防止黑客或恶意软件（如蠕虫）通过网络或 Internet 访问计算机。防火墙还有助于阻止计算机向其他计算机发送恶意软件。

• 允许远程访问。若允许其他计算机使用远程桌面连接到您的计算机，您必须通过在“系统属性”的“远程”选项卡上选择相应的设置来允许该连接，如图 2.25 所示。若要打开该选项卡，请执行下列步骤。

单击打开“系统”。

在左窗格中，单击“远程设置”。 如果系统提示您输入管理员密码或进行确认，请键入该密码或提供确认。

以下信息将帮助您决定选择哪个设置，如图 2.25 所示。

选择“不允许连接到这台计算机”可以阻止任何人使用远程桌面或 RemoteApp 连接到您的计算机。

选择“允许运行任意版本远程桌面的计算机连接”可以允许使用任意版本的远程桌面或 RemoteApp 连接到您的计算机。如果您不知道其他人正在使用的远程桌面连接的版本，这是一个很好的选择，但是安全性较第三个选项低。

选择“只允许运行带网络级身份验证的远程桌面的计算机连接”可以允许使用运行带网络级身份验证的远程桌面或 RemoteApp 连接到您的计算机。如果您知道将要连接到您计算机的人在其计算机上运行 Windows 7，这是最安全的选择。（在 Windows 7 中，远程桌面使用网络级身份验证。）

（2）用户账户和家庭安全。允许用户添加或删除用户账户、更改密码等。

用户账户是通知 Windows 您可以访问哪些文件和文件夹，可以对计算机和个人首选项（如桌面背景或屏幕保护程序）进行哪些更改的信息集合。通过用户账户，您可以在拥有自己的文件和设置的情况下与多个人共享计算机。每个人都可以使用用户名和密码访问其用户账户。

有三种类型的账户。每种类型为用户提供不同的计算机控制级别。

标准账户适用于日常计算。

管理员账户可以对计算机进行最高级别的控制，但应该只在必要时才使用。

来宾账户主要针对需要临时使用计算机的用户。

标准账户可防止用户做出会对该计算机的所有用户造成影响的更改（如删除计算机工作所需要的文件），从而帮助保护您的计算机。建议为每个用户创建一个标准账户。

当您使用标准账户登录到 Windows 时，您可以执行管理员账户下的几乎所有的操作，但是如果要执行影响该计算机其他用户的操作（如安装软件或更改安全设置），则 Windows 可能要求您提供管理员账户的密码。

创建账户的方法如下。

在控制面板中单击“用户账户和家庭安全”→“添加或删除用户账户”→“创建一个新账户”，出现“命名账户并选择账户类型”对话框，输入一个用户名称，如“user”，选择标准账户，单击“创建账户”按钮即可创建，如图 2.26 所示。

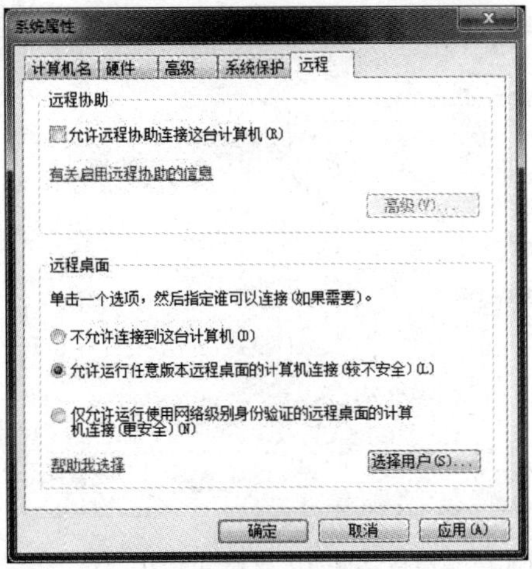

图 2.25　远程桌面设置

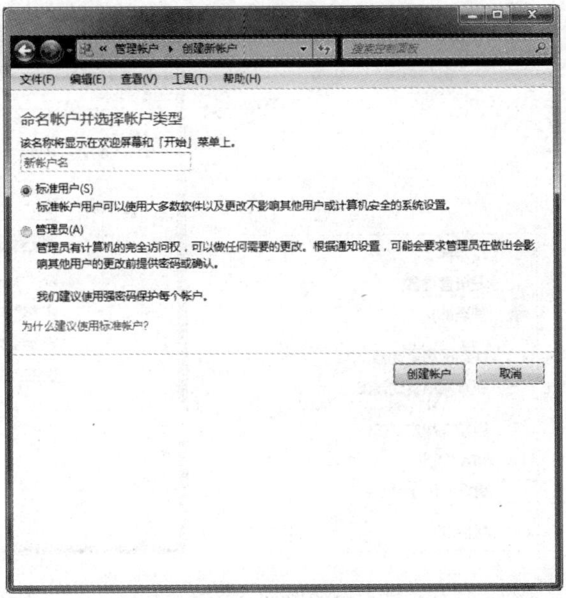

图 2.26　创建账户

提示：也可以使用命令方式创建账户，并且更快捷方便，如创建一个用户名称为 student 密码为 123 的方法：只需在“命令提示符”下输入如下命令 net user student 123 /add 即可。

11. 常用文件网络传输

（1）文件共享

① 打开 Win7 共享设置

在“打开网络和共享中心”界面中单击左侧的“更改高级共享设置”，打开“高级共享设置”窗口，设置网络发现，文件和打印机共享，公用文件夹共享为启用，关闭密码保护共享，设置完成后，单击保存修改。

② 设置 Win7 工作组

右键单击计算机选择“属性”，在左边选择“高级系统设置”，在弹出的窗口中切换到“计算机名”，单击“更改”，再在弹出的“工作组”选项将两台计算机设置成同样的工作组。

③ 设置要共享的文件夹

右键单击需要共享的文件夹选择属性，选择“共享”，再单击下方的“高级共享”，在弹出的窗口中选择共享此文件夹。

（2）映射网络驱动器

映射网络驱动器的目的就是把其他机器的分区设置完成文件共享后，就可以进行网络驱动器的映射。右键单击“计算机”→“映射网络驱动器”，出现“映射网络驱动器”对话框，在“文件夹”中输入已共享的主机 IP 及共享名称，如图 2.27 及图 2.28 所示。单击“完成”按钮，出现“输入网络密码”对话框，输入要连接的主机密码，单击“确定”按钮，通过验证后，在“计算机”中的“网络位置”下就会出现一个驱动器，即把共享的文件夹映射为本机的一个驱动器了，如图 2.29 和图 2.30 所示。

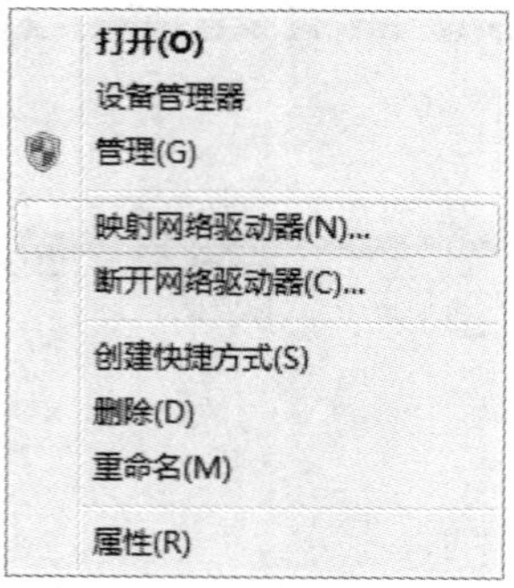

图 2.27　选择“映射网络驱动器”

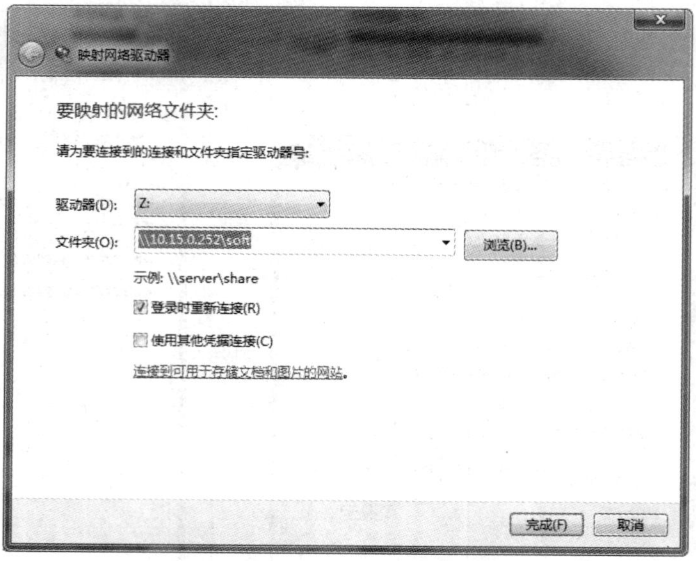

图 2.28　输入已共享的主机 IP 及共享名称

图 2.29　输入网络密码

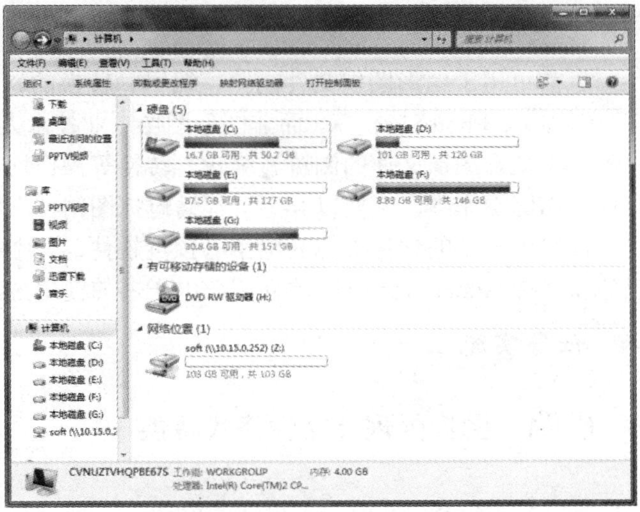

图 2.30　映射成为本地驱动器

提示： 若共享的主机没设置密码，也可以在“运行”对话框中输入形如\\10.15.0.252\soft 的命令来连接共享文件夹。

任务总结评价

操作系统在目前的办公应用中主要是以 Windows 系列为主，而且其更新速度相对较快，从 Windows 7 开始，其系统界面发生了明显的变化，各功能操作变化也较明显。

任务 6　多媒体文件编辑与管理

◆ **知识技能点：**

（1）了解图片常见格式。

（2）掌握图片的浏览、编辑、格式转换的方法。

（3）掌握抓图软件的使用方法。

（4）了解电子图书的常见格式。

（5）了解电子图书的特点。

（6）掌握电子图书阅览软件的用法。

任务引入

销售部的张部长要对新员工进行产品广告宣传培训。在培训过程中，需要讲解图形图像格式文件的浏览、编辑、格式转换等操作。在图形图像文件编辑之后，通常还要对其中的一个局部进行抓图，以便做进一步的编辑操作。而产品宣传部新入职的员工每天除了参加岗位技能培训外，还需要对公司的各项规章制度有所了解，这些规章制度大多是以电子书的形式展现，因此要阅读电子书，首先需要掌握电子书阅读软件的使用方法。

任务分析

目前可用于图形图像文件浏览、编辑、转换的软件种类繁多，其中市场占有率较高的有 ACDSee、PhotoShop 等。而非图形图像专业技术人员，一般以 ACDSee 的使用居多。本任务关于图形图像文件的浏览、编辑、转换等操作均以 ACDSee 的运用为主。在图形图像文件的抓图操作中，主要以介绍“红蜻蜓抓图精灵”的抓图操作为主。

读取电子书的软件被称为电子书预览软件，其中 Adobe Reader 的市场占有率最高。本任务以掌握 Adobe Reader 9 软件阅读电子书的使用方法为主。

任务实施

6.1.1 图像处理及文件格式转换

一、知识储备

1. JPEG 图像格式

JPEG 图像格式的扩展名是 JPG，其全称为 Joint Photographic Experts Group。它利用一种失真式的图像压缩方式将图像压缩在很小的存储空间中，其压缩比率通常在 10∶1～40∶1 之间。这样可以使图像占用较小的空间，所以很适合应用在网页的图像中。JPEG 格式的图像主要压缩的是高频信息，对色彩的信息保留较好，因此也普遍应用于需要连续色调的图像中。

2. TIFF 图像格式

TIFF 图像格式的扩展名是 TIF，其全称是 Tagged Image File Format。它是一种非失真的压缩格式（最高也只能做到 2～3 倍的压缩比），能保持原有图像的颜色及层次，但占用空间却很大。例如，一个 200 万像素的图像，差不多要占用 6MB 的存储容量。因此，TIFF 常被应用于较专业的用途，如书籍出版、海报等，极少应用于互联网上。

3. GIF 图像格式

GIF 图像格式的扩展名是 GIF。它在压缩过程中，图像的像素资料不会被丢失，丢失的只是图像的色彩。GIF 格式最多只能储存 256 色，通常用于显示简单图形及字体。有些数码相机会有一种名为“Text Mode”的拍摄模式，就可以存储成 GIF 图像格式。

4. FPX 图像格式

FPX 图像格式的扩展名是 FPX。它是一个拥有多重解像度的图像格式，即图像被存储成一系列高低不同的解像度，而这种格式的好处是当图像被放大时仍可保持图像的质量。另外，修改 FPX 图像时只会处理被修改的部分，而不会把整个图像一并处理，从而降低处理器的负担，令图像处理时间减少。

5. RAW 图像格式

RAW 图像格式的扩展名是 RAW。RAW 是一种无损压缩格式，它的数据是没有经过处理的原文件，所以，当上传到计算机之后，要用图像软件的 Twain 界面直接导入成 TIFF 格式才能处理。

6. TGA 图像格式

TGA 图像格式扩展名是 TGA。TGA 常见的格式有非压缩 RGB 和压缩 RGB 两种格式，文件的第 3 个位（Byte）作为标记：2 为非压缩 RGB 格式，10 为压缩 RGB 格式。TGA 的压缩算法采用了 RLE 算法。TGA 文件存储颜色数据的格式为 BGR（A），如果需要得到 RGB（A）格式的数据（如 OpenGL 中），要把 BGR 转换为 RGB。通常 TGA 格式用于保存动画序列帧。

7. BMP 图像格式

BMP 图像格式是 Windows 操作系统中的标准图像文件格式，能够被多种 Windows 应用程序所支持。随着 Windows 操作系统的流行与丰富的 Windows 应用程序的开发，BMP 位图格式理所当然地被广泛应用。这种格式的特点是包含的图像信息较丰富，几乎不进行压缩，但由此导致了它与生俱来的缺点——占用磁盘空间过大。

二、ACDSee 的使用

（1）打开“ACDSee”软件，选择菜单栏“文件”→“打开”选项。

在弹出的对话框中，选择指定图像，单击“打开”按钮，如图 2.31 所示。如图 2.32 所示为图形图像文件的浏览效果。

（2）选择菜单栏“修改”→“编辑模式”选项，如图 2.33 所示。ACDSee 软件界面如图 2.34 所示。

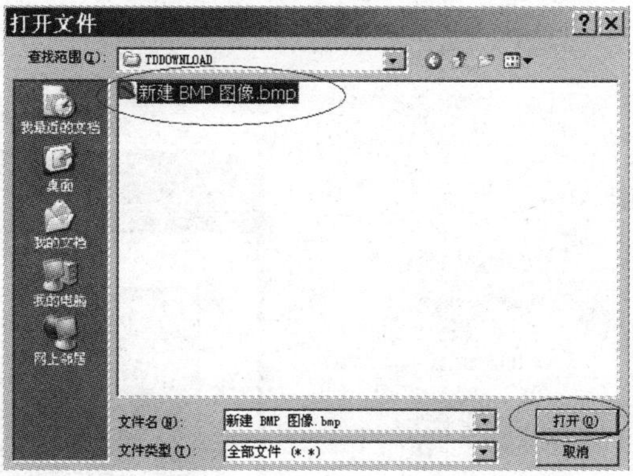

图 2.31　定位图片文件

图 2.32　浏览效果

图 2.33　编辑模式

图 2.34　ACDSee 软件界面

（3）选择左侧的“曝光”选项，如图 2.35 所示，然后窗口左侧弹出如图 2.36 所示的对话框。

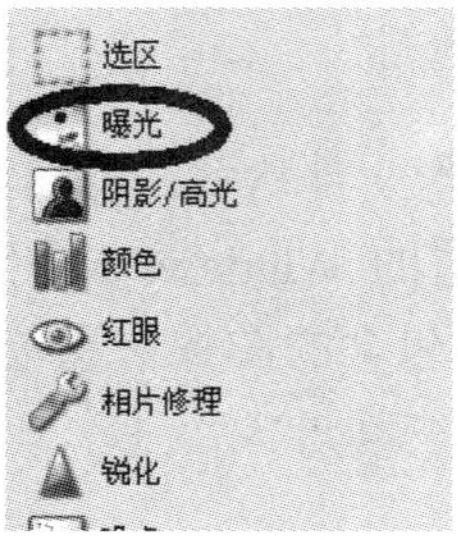

图 2.35　选择“曝光”选项

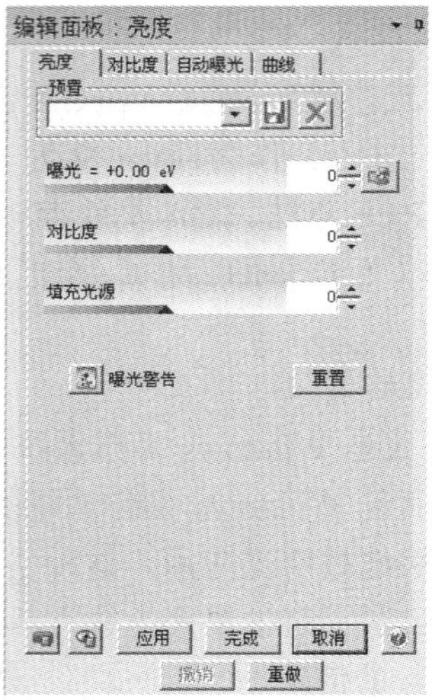

图 2.36　曝光设置

分别用鼠标左键拖动图 2.36 中的“曝光”、“对比度”、“填充光源”下方的滑块，可以在右侧图形图像浏览窗口看到编辑曝光后的效果，如图 2.37 所示。

调整结束后，可以单击“应用”和“完成”按钮，保存对图形图像文件的修改操作；如果对修改效果不满意，还可以单击“取消”按钮，撤销刚才执行的修改操作。

（4）选择左侧的“阴影/高光”选项，弹出如图 2.38 所示的对话框。

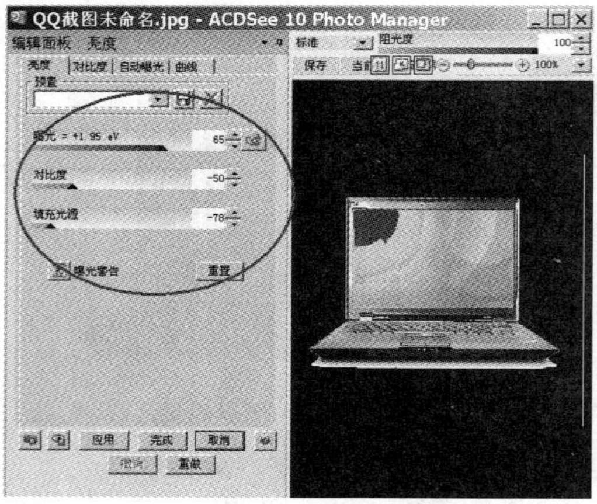

图 2.37　设置曝光后的效果

图 2.38　阴影/高光设置

如图 2.39 所示，拖动“调亮”和“调暗”下方的滑块，可以对图形图像文件进行“阴影与对比度”的修改，单击“完成”按钮可以保存修改，单击“取消”按钮可以撤销修改。

（5）选择如图 2.34 所示左侧的“颜色”选项，弹出如图 2.40 所示的对话框。

拖动如图 2.40 所示左侧“色调”、“饱和度”、“亮度”下方的滑块，可以实现对图形图像的色调、饱和度、亮度的调整。单击如图 2.41 所示的“应用”和“完成”按钮可以保存对图形图像文件的修改；单击“取消”按钮，可以撤销之前所做的修改，恢复图形图像文件最初的状态。

（6）选择如图 2.34 所示左侧的“锐化”选项，弹出如图 2.42 所示的对话框。

如图 2.42 所示，拖动左侧“模糊”下方的滑块，可以调节图形图像文件的锐化程度，效果图如图 2.43 所示。单击如图 2.44 所示中的“完成”按钮可以保存修改结果，单击“取消”按钮可以撤销修改操作。

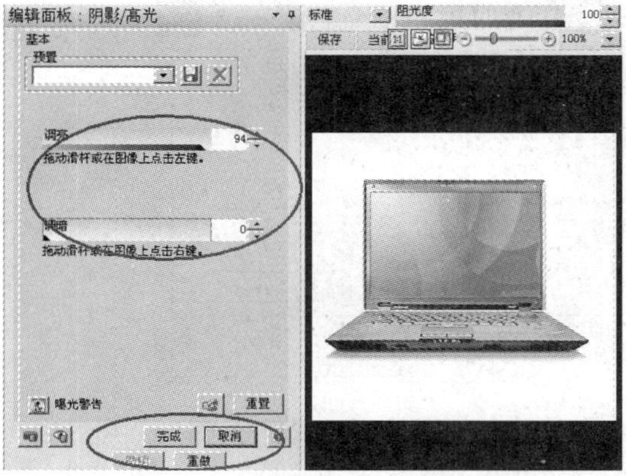

图 2.39　阴影/高光设置及其效果

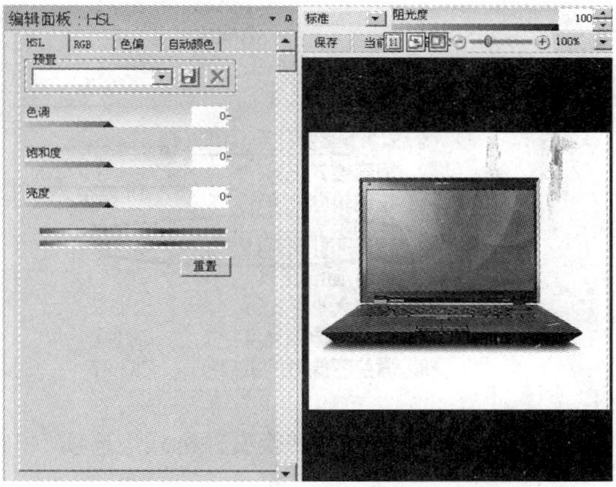

图 2.40　颜色设置

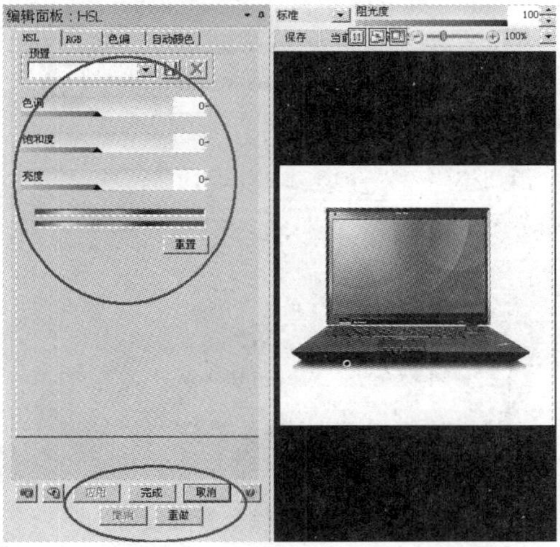

图 2.41　颜色设置及其效果

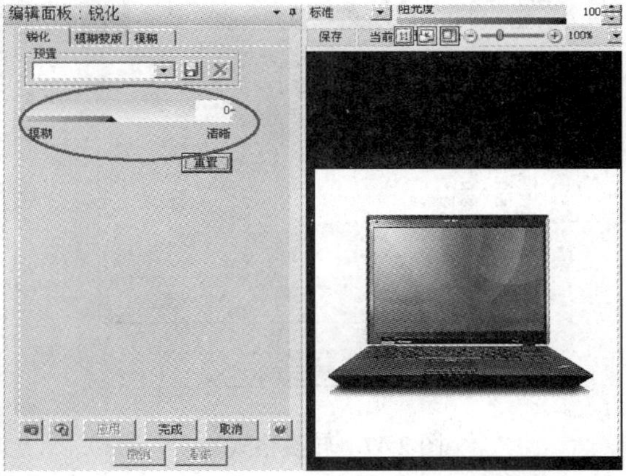

图 2.42　锐化设置

图 2.43　锐化设置的效果图

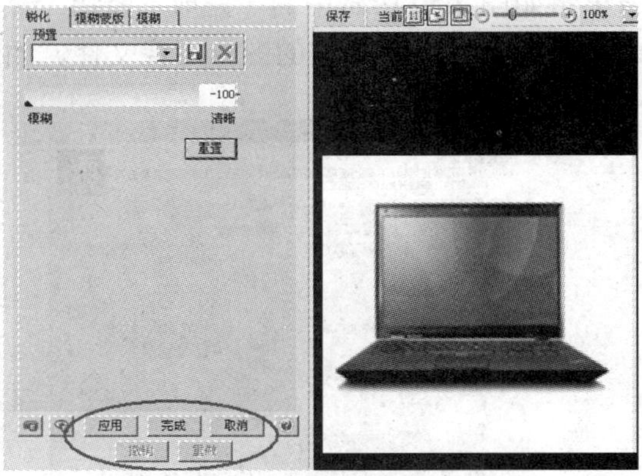

图 2.44　保存/取消修改

（7）使用 ACDSee 打开图形图像，选择菜单栏“修改”→“转换文件格式”选项（如

图 2.45 所示），弹出如图 2.46 所示的对话框。在该对话框中可以将已经打开的图形图像文件转换为指定的文件格式。

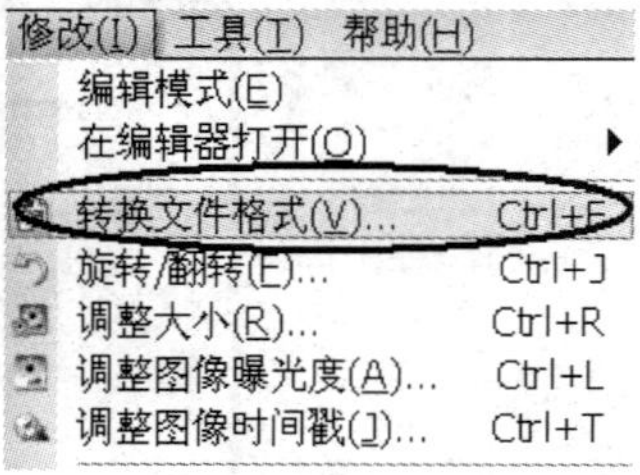

图 2.45 “转换文件格式”选项

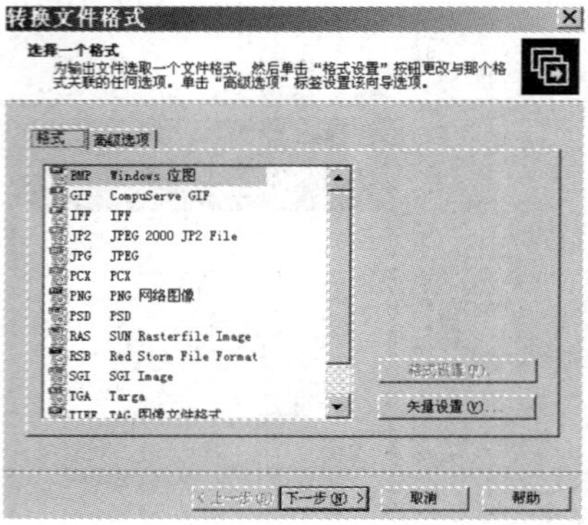

图 2.46 “转换文件格式”对话框

如图 2.47 所示，选择 GIF 项，单击“下一步”按钮，然后设定转换后的文件的保存路径，单击如图 2.48 所示的“浏览”按钮，再单击“下一步”按钮。

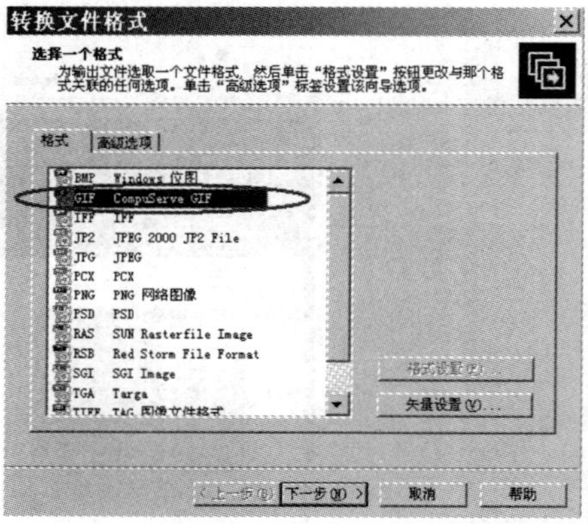

图 2.47 转换格式

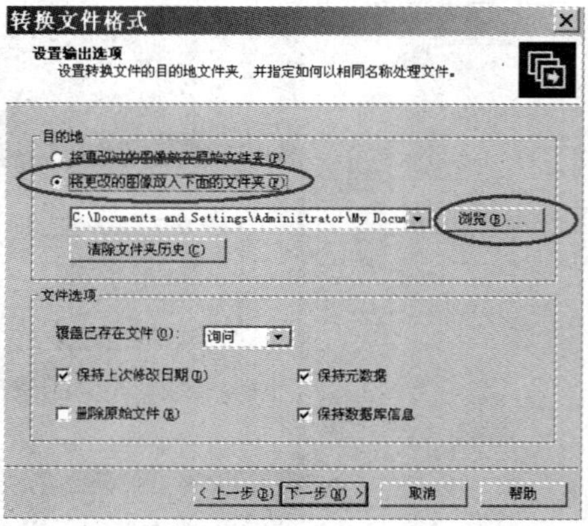

图 2.48 保存路径及参数设置

如图 2.49 所示，单击“开始转换”按钮，然后 ACDSee 开始对文件进行格式转换，最后单击如图 2.50 所示中的“完成”按钮。然后进入刚刚设定用于保存文件的路径，即可看到已经转换为 GIF 类型的图形图像文件，如图 2.51 所示。

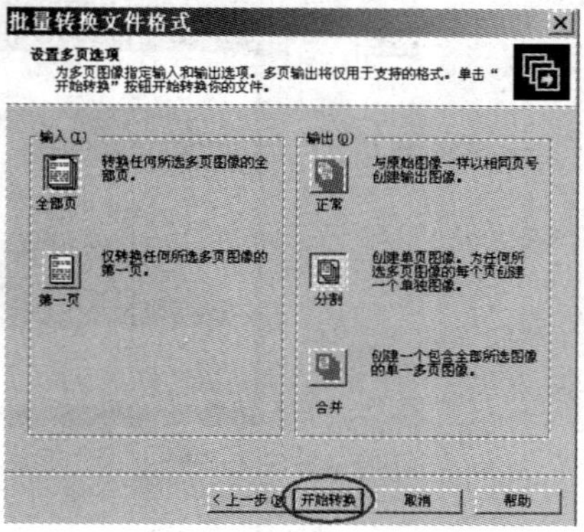

图 2.49 开始转换

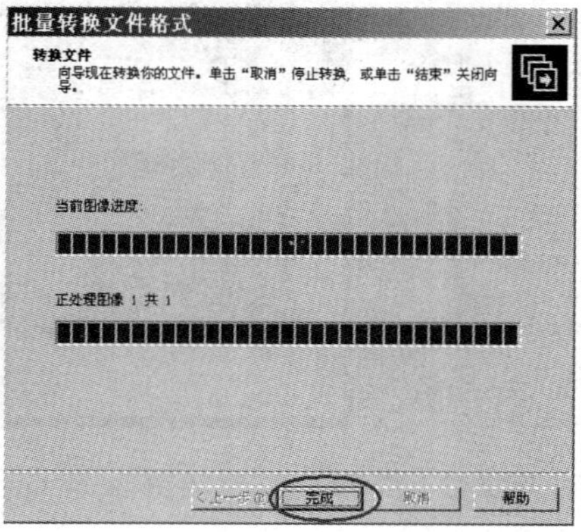

图 2.50 转换完成

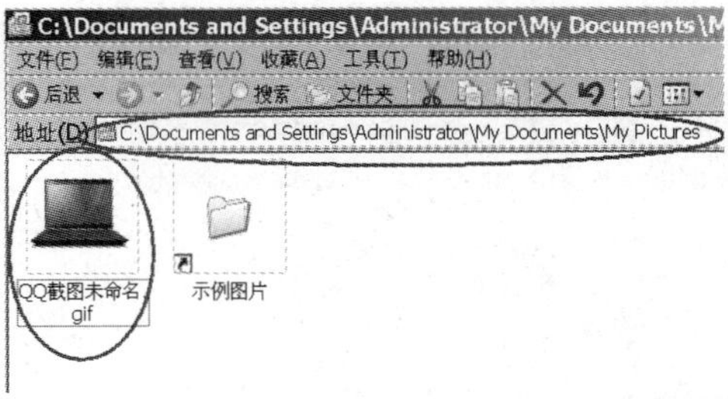

图 2.51　转换后的文件

三、屏幕抓图软件——红蜻蜓抓图精灵的使用

双击桌面的“红蜻蜓抓图精灵”快捷方式（如图 2.52 所示），程序界面如图 2.53 所示。

图 2.52　抓图软件启动图标

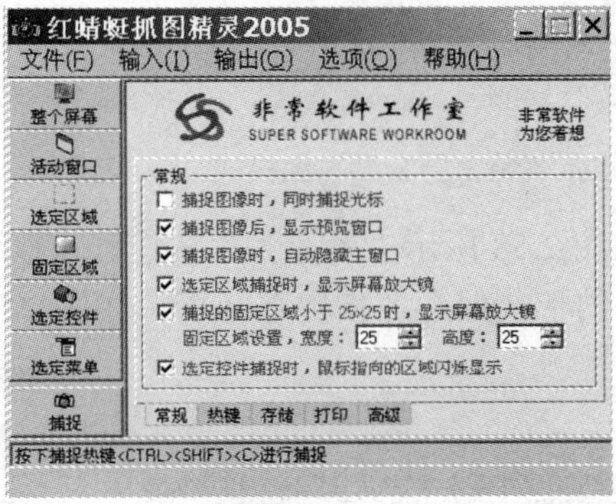

图 2.53　程序界面

红蜻蜓抓图精灵提供多种抓图方式，有整个屏幕抓图、活动窗口抓图、选定区域抓图、固定区域抓图等（如图 2.54 所示）。在实际抓图操作中，整个屏幕抓图、活动窗口抓图、选定区域抓图操作最为常用。

使用“红蜻蜓抓图精灵”抓取屏幕图像之前，首先要设定进行抓图操作的系统热键，如图 2.55 所示，选择“热键”选项，设定“捕捉热键”，一般按系统自动设定的默认抓图热键即可。在本任务学习环节中，捕捉热键为按下“Ctrl+Shift+C”组合键。

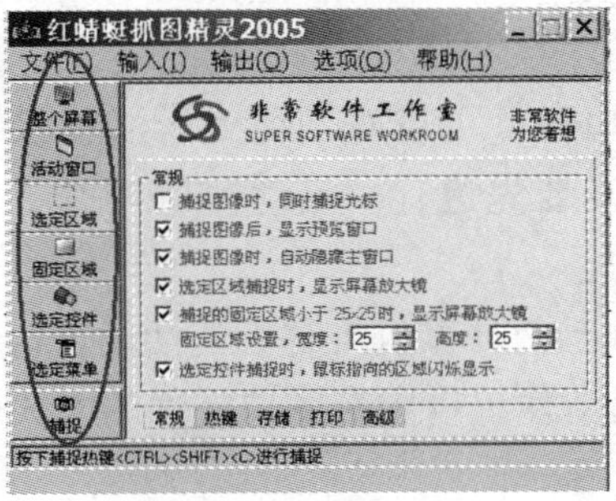

图 2.54　左侧快捷按钮区

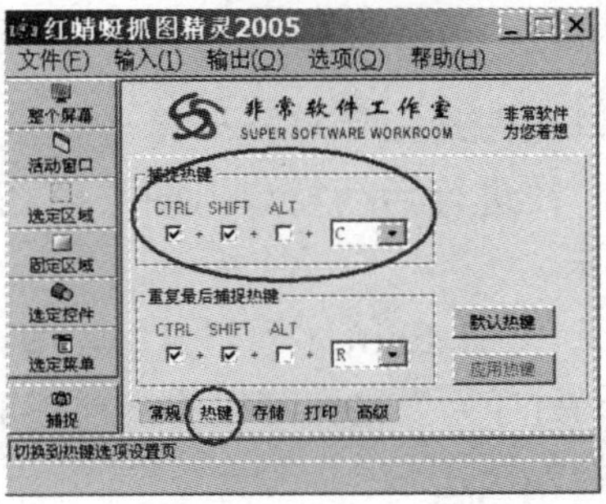

图 2.55　抓图热键设置

整个屏幕抓图：首先单击如图 2.56 所示的“整个屏幕”按钮，然后将需要抓取的图像显示在计算机屏幕上。按下“Ctrl+Shift+C”组合键，即可抓取整个计算机屏幕当前所显示的内容，并将其以图形图像文件的形式显示到“红蜻蜓抓图精灵”软件的图片编辑窗口中，如图 2.57 所示。

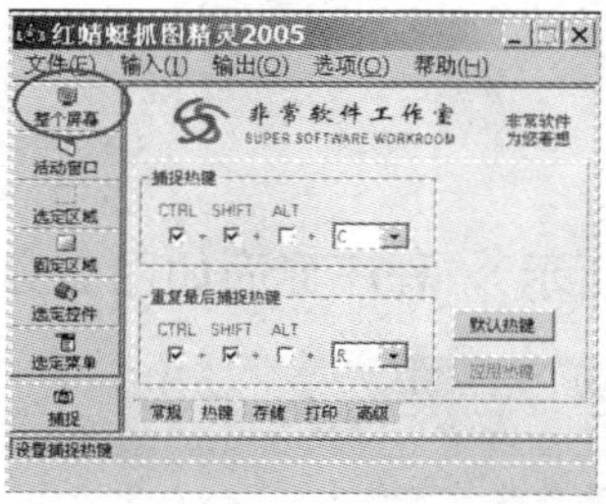

图 2.56 设置“整个屏幕”抓图模式

图 2.57 整屏抓图

单击如图 2.58 所示“另存为”按钮，可以将刚刚抓取的整个计算机屏幕所显示的内容以图片文件的形式保存在指定路径下，如图 2.59 所示。

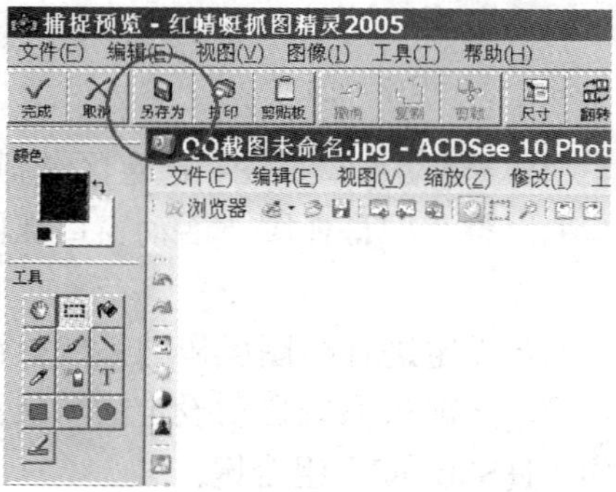

图 2.58 “另存为”按钮

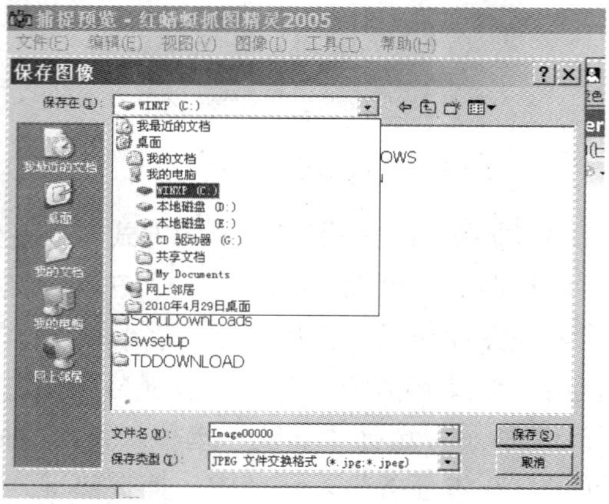

图 2.59 设置保存路径

活动窗口抓图：当计算机屏幕上有多个窗口时，可以对当前处于活动状态的窗口进行抓图操作。在进行活动窗口抓图操作之前，需要先进行“活动窗口”抓图功能设置，如图 2.60 所示。

同时按下“Ctrl+Shift+C”组合键，即可抓取当前计算机屏幕上的活动窗口，如图 2.61 所示，单击“另存为”按钮可以将当前抓取的活动窗口以图形图像文件的方式保存在指定路径下，如图 2.62 所示。

选定区域抓图：当需要对计算机屏幕上的画面或已经打开的图形图像文件浏览界面中某一个区域进行抓图时，可以先设定抓图模式为“选定区域”，如图 2.63 所示。然后同时按下“Ctrl+Shift+C”组合键，在抓取图形图像界面上，使用鼠标左键进行选取，如图 2.64 所示。

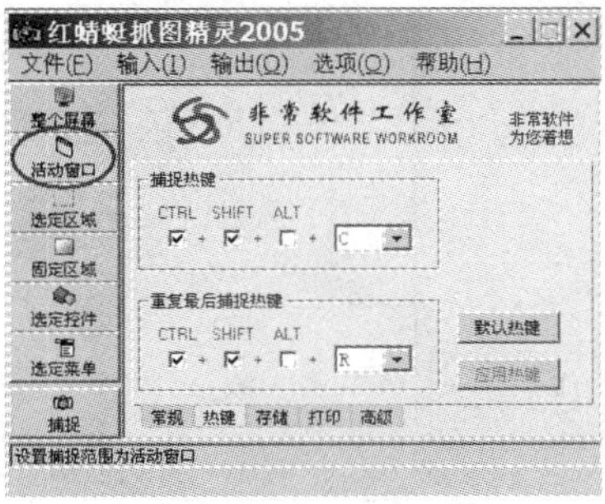

图 2.60　设置“活动窗口”抓图模式

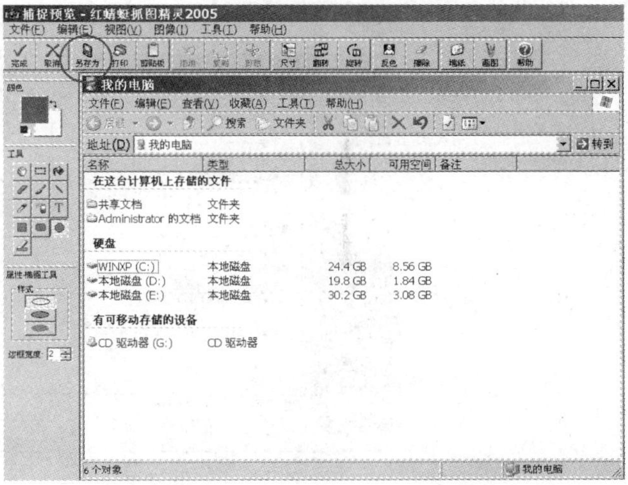

图 2.61　“另存为”按钮

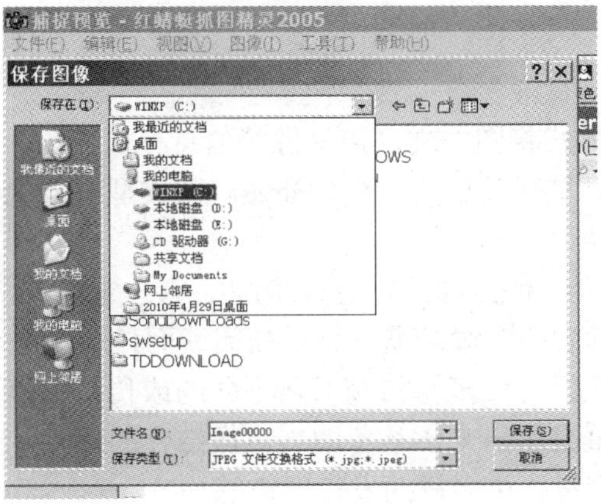

图 2.62　设置保存路径

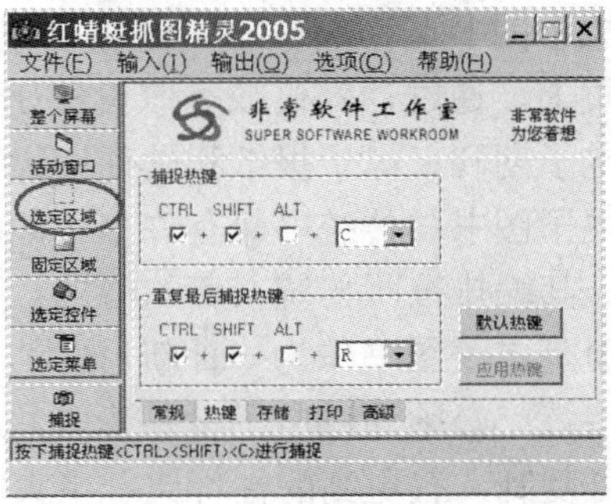

图 2.63　设置“选定区域”抓图模式

选中区域后，单击鼠标左键，再单击“另存为”按钮，如图 2.65 所示。最后如图 2.66 所示设定图形图像文件的保存路径即可。

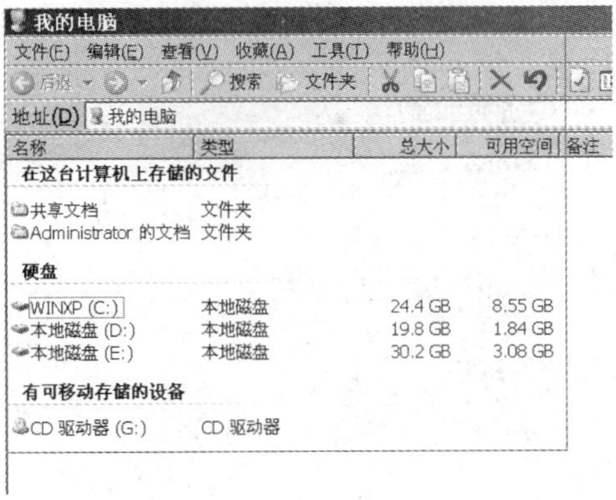

图 2.64　选取抓图范围

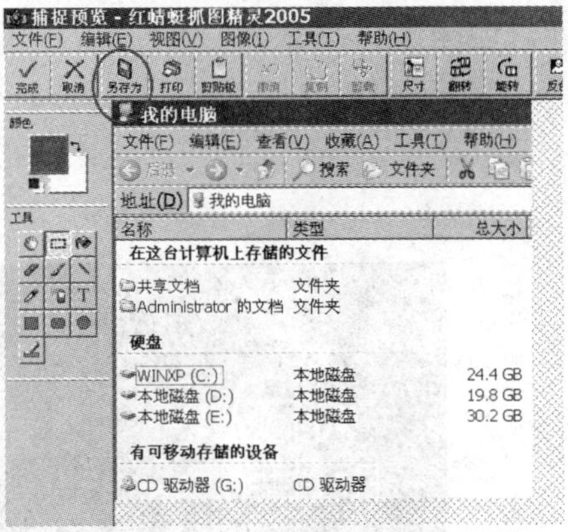

图 2.65　“另存为”按钮

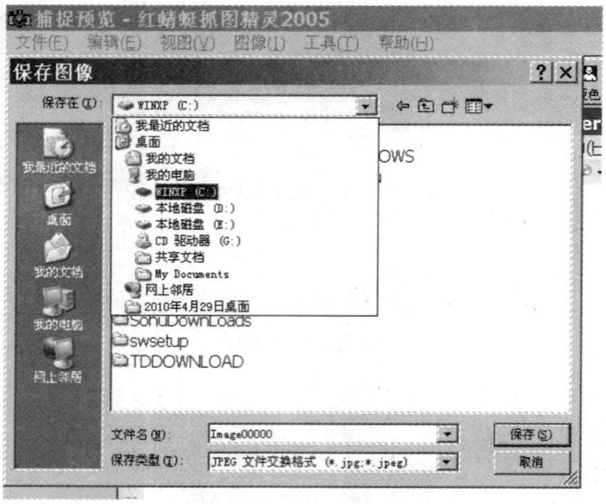

图 2.66 设置保存路径

6.1.2 阅读电子书

电子图书又称 E-book，是指以数字代码方式将图、文、声、像等信息存储在磁、光、电介质上，通过计算机或类似设备使用，并可复制发行的大众传播体。其类型有：电子图书、电子期刊、电子报纸和软件读物等。

电子图书与传统书籍有许多相同的特点，包含一定的信息量。例如，有一定的文字量、彩页；其编排按照传统书籍的格式，以适应读者的阅读习惯；通过被阅读而传递信息等。

但是电子图书作为一种新形式的书籍，又拥有许多与传统书籍不同的或传统书籍不具备的特点：必须通过电子设备读取并通过屏幕显示出来，具备图文声像结合的优点；可检索、可复制，有更高的性价比、更大的信息含量、更多样的发行渠道等。

Adobe Reader 9 的使用：

（1）双击桌面上的“Adobe Reader 9”快捷方式图标，如图 2.67 所示，开启 Adobe Reader 9 软件。

选择菜单栏“文件”→“打开”（如图 2.68 所示），选择电子书文件，即扩展名为“.pdf”的文件，如图 2.69 所示。

图 2.67 “Adobe Reader 9”快捷方式图标

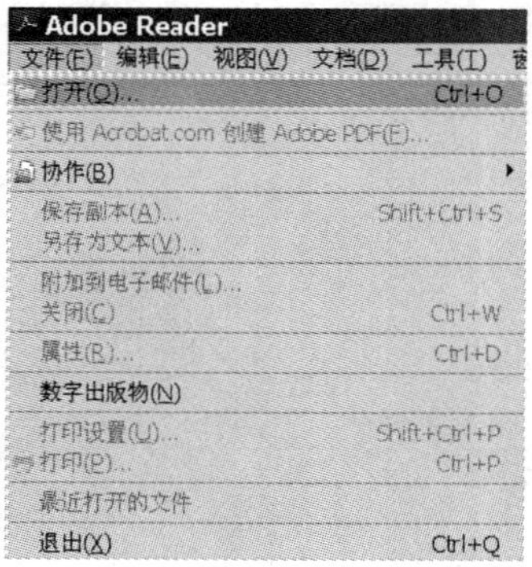

图 2.68 “打开”选项

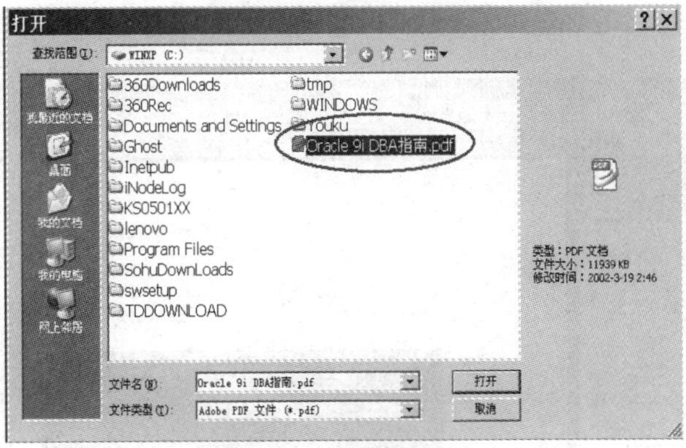

图 2.69 选择电子书文件

如图 2.70 所示为 Adobe Reader 打开“Oracle 9i DBA 指南.pdf”时的界面。其中①框区域为快捷按钮栏，②框区域为电子书目录菜单，③框区域为电子书正文界面。

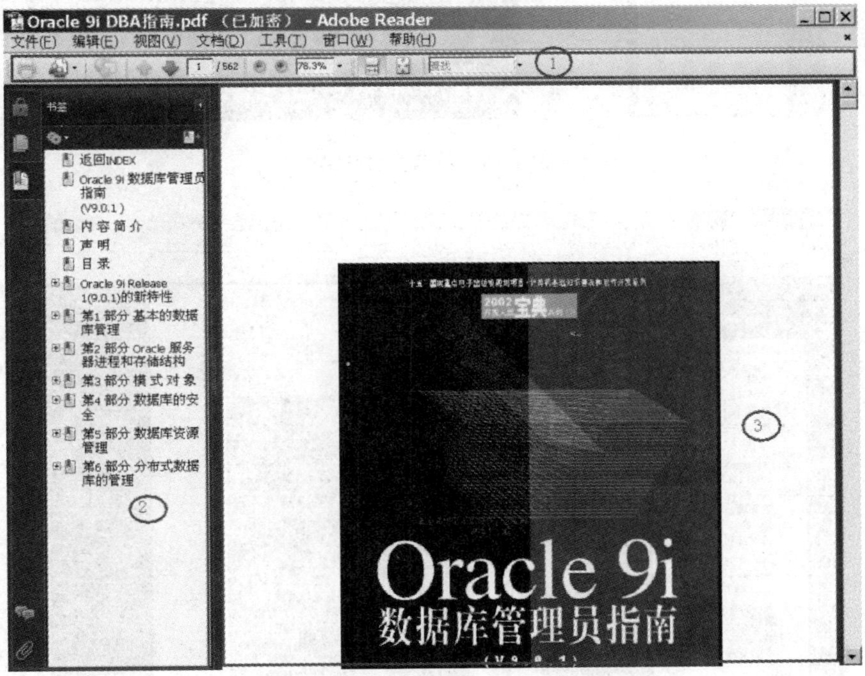

图 2.70 电子书阅读界面

选择①框区域内的箭头图标，可以进行向前和向后翻页，如果需要查看某页内容，也可以直接在快捷按钮栏的文本框中直接输入页码。

如果需要对电子书正文界面显示的文本内容进行缩放，可以在①框区域内单击“-”、“+”图标或直接输入显示比例参数。也可以选择红圈所示按钮，使电子书正文界面布满当前显示区域。而如果需要在当前正文显示区域内呈现完整的电子书界面，则可以选择十字箭头图标。即适合宽度模式，如图 2.71 所示。图 2.72 所示为适合屏幕大小模式。

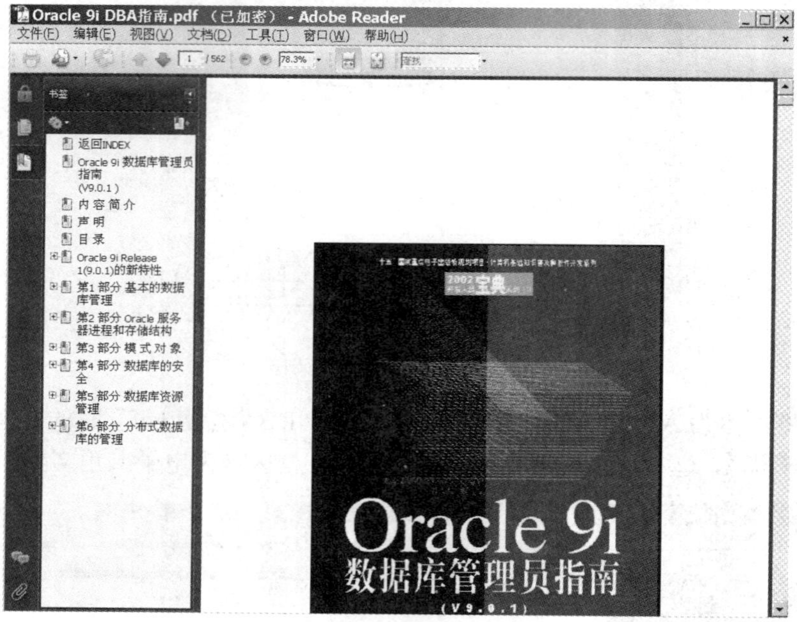

图 2.71　适合宽度模式

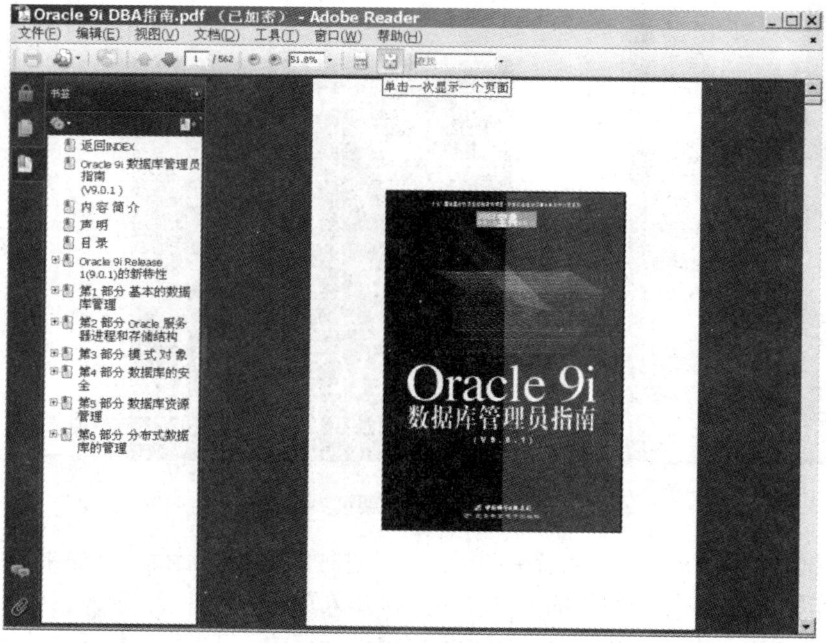

图 2.72　适合屏幕大小模式

如图 2.73 所示矩形框显示的是当前已打开的“Oracle 9i DBA 指南.pdf”电子书的目录。选择目录菜单中的章节名称，Adobe Reader 电子书正文区可以直接显示该章节的内容（如图 2.74 所示）。拖动正文区旁边的“垂直滚动条”或调节鼠标上的滚动轮，可以对电子书进行前后翻页，如图 2.75 所示。

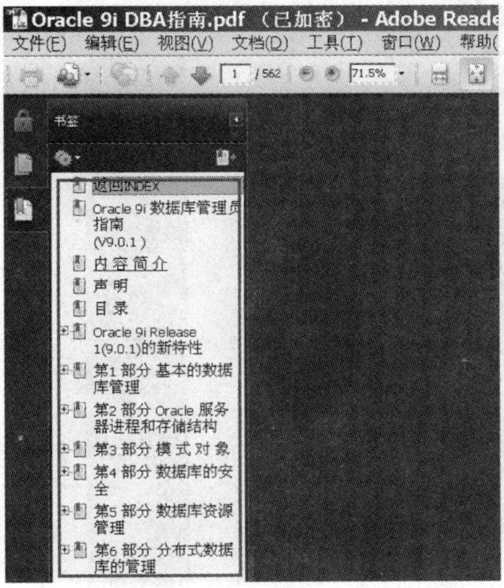

图 2.73　左侧目录

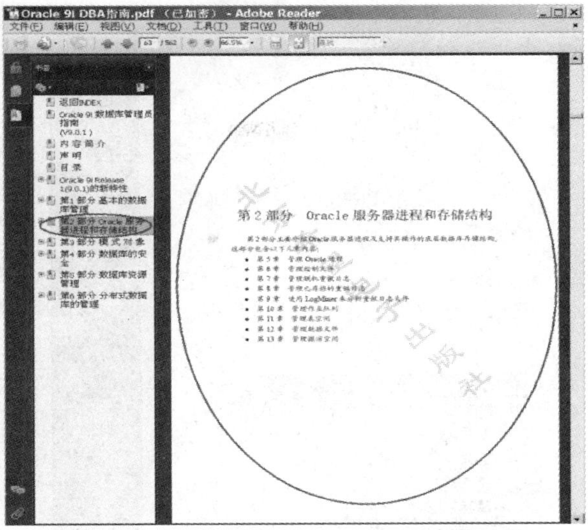

图 2.74　右侧正文

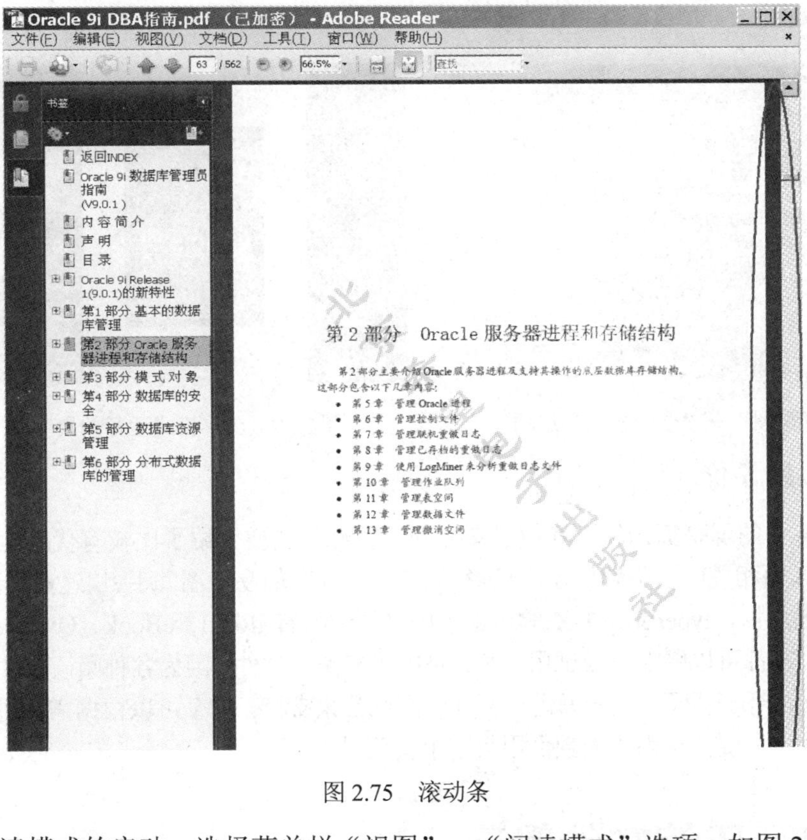

图 2.75　滚动条

（2）阅读模式的启动，选择菜单栏“视图”→“阅读模式”选项，如图 2.76 所示。

设定显示效果为“阅读模式”后，电子书目录菜单自动隐藏，电子书正文区布满整个窗口，更适合阅读，如图 2.77 所示。

（3）启动全屏模式，选择菜单栏“视图”→“全屏模式”选项，如图 2.78 所示。

如图 2.79 所示为全屏模式运行效果。在该模式下，电子书正文布满整个屏幕，菜单栏和电子书目录区域自动隐藏，可以单击鼠标左键向后翻页，单击鼠标右键则向前翻页。

图 2.76 “视图”→“阅读模式”选项

图 2.77 阅读模式

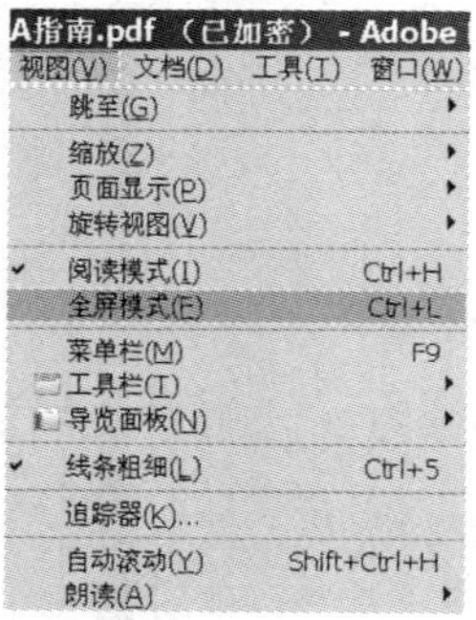

图 2.78 “视图”→“全屏模式”选项

图 2.79 全屏模式运行效果

任务总结评价

在本任务中的屏幕抓图软件和电子图书阅读软件，主要介绍了比较有代表性的红蜻蜓、Adobe Reader，而相关的这类软件还比较多，如抓图软件有简易截图助手、快速截屏手、PicPick、MailBar 截图软件、HyperSnap-DX 等，电子图书阅读器有 iRead、eBook、CAJViewer 等。对于这些软件大家都可以网上下载试用，尤其是电子书阅读软件，因为各种阅读软件支持的电子书的种类不同，对于不同的电子书需要不同的阅读器来支持。这个可以根据需要进行选择。而屏幕抓图软件，只要你认为哪一款你用得顺手就可以。

任务 7 压缩文件管理

◆ 知识技能点：

（1）了解压缩文件的类型。

（2）了解压缩软件的功能。

（3）掌握压缩软件的用法。

压缩软件是利用算法对文件进行有损或无损压缩处理，以保留最多文件信息，而令文件变小的应用软件。压缩软件一般同时具有解压缩的功能。

压缩软件的基本原理是查找文件内的重复字节，建立一个相同字节的“词典”文件，并用一个代码表示。例如，在文件里有几处有一个相同的词“中华人民共和国”，就用一个代码表示该词并写入“词典”文件，这样就可以达到缩小文件的目的。

压缩文件类型有 RAR、ZIP、7Z、CAB、ARJ、LZH、TAR、GZ、ACE、UUE、BZ2、JAR、ISO 等，平时常见的 jpg、rmvb 等格式的图片、视频文件也属于压缩文件。

任务引入

市场推广部的工作人员每次外出工作都要携带大量的产品图片文件、电子书、各类合同文档和电子表格文档等。这些文件往往要占用大量的磁盘空间。压缩软件的合理运用，可以有效减少这些文件所占用的磁盘空间。因此，要求市场推广部的员工熟悉压缩软件的使用方法。

任务分析

目前，市场主流压缩软件有 WinRAR、WinZip、7-Zip、WinMount 和 Peazip 等，其中 WinRAR 市场占有率最高。本任务以讲解 WinRAR 文件压缩、解压缩方法为主。

任务实施

7.1.1　文件压缩

选择“开始”→“程序”→“WinRAR”选项启动 WinRAR 应用软件，如图 2.80 所示。如图 2.81 所示为 WinRAR 程序主界面。

图 2.80　启动 WinRAR 应用软件

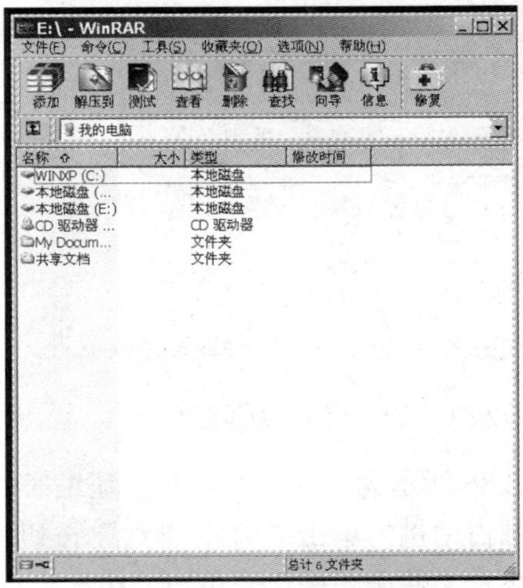

图 2.81　WinRAR 程序主界面

如图 2.82 所示，通过标示①定位磁盘目录，通过标示②定位待压缩文件。以

“360Downloads”文件夹为例，单击“添加”按钮，如图 2.83 所示。

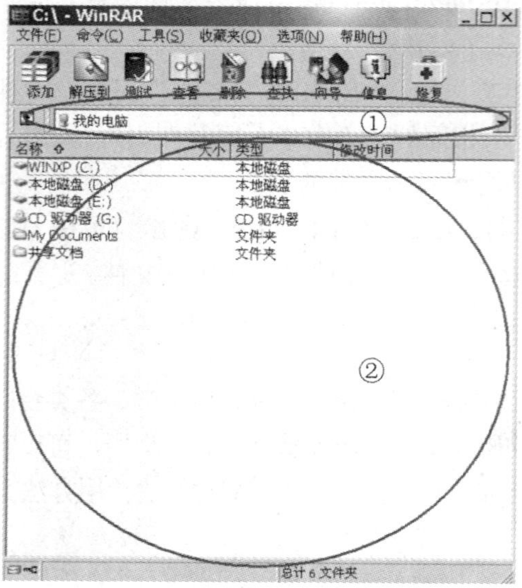

图 2.82　定位待压缩文件

图 2.83　文件列表

如图 2.84 所示为压缩文件参数设置界面，在标示①处设定新压缩文件的文件名和文件保存路径；在标示②处设定压缩文件格式为 RAR 或 ZIP；在标示③处设定压缩方式，有存储、最快、较快、标准、较好、最好选项。最后单击“确定”按钮即可（如图 2.85 所示）。

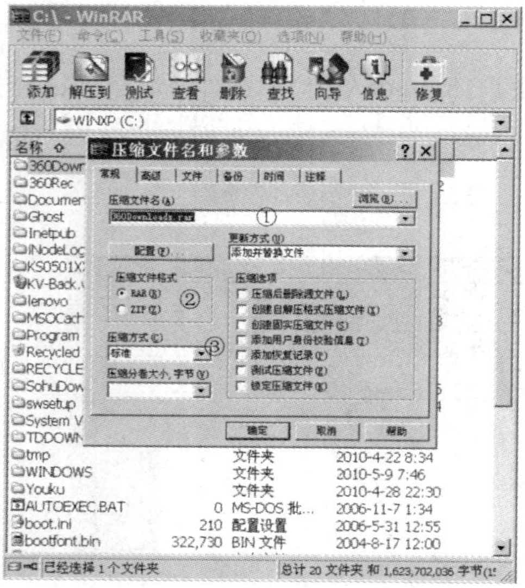

图 2.84　文件压缩参数设置界面

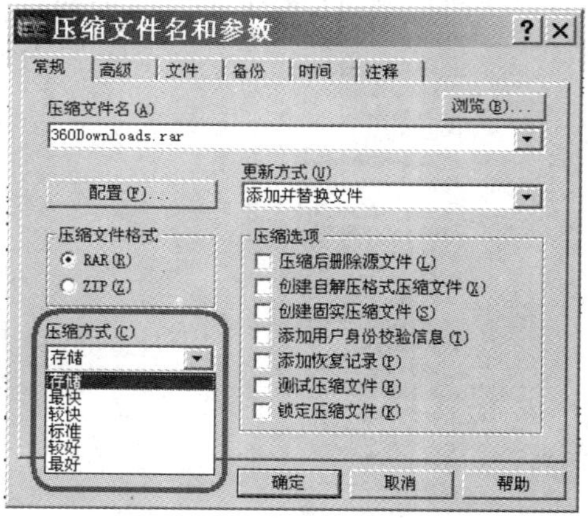

图 2.85　压缩方式

如图 2.86 所示为文件压缩过程，压缩时间视文件大小而定。单击“后台”按钮可以降低系统资源占用量，单击“暂停/继续”按钮可以暂停或继续文件压缩进程，单击“取消”按钮可以终止文件压缩操作，单击“模式”按钮可以更改文件压缩方式。

当文件压缩完成后，在刚刚设定的文件保存路径下，可以找到刚刚压缩的“360Downloads.rar”压缩文件，如图 2.87 所示。

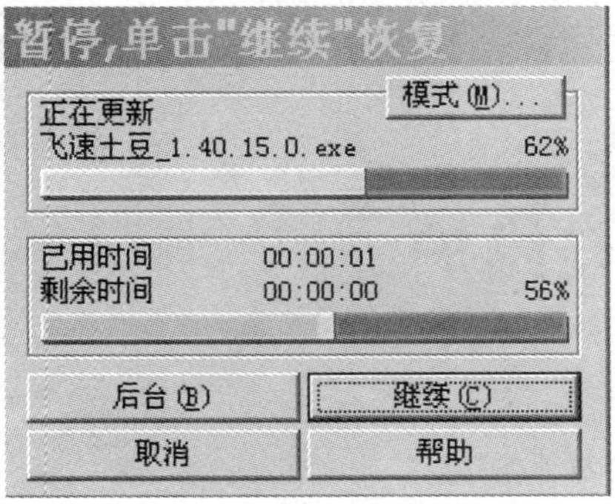

图 2.86　文件压缩进度

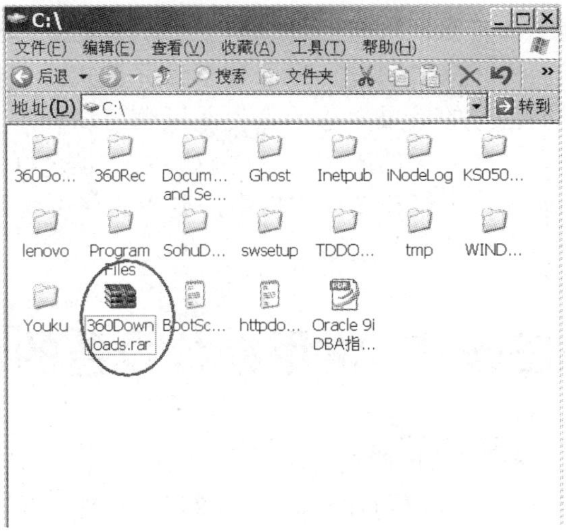

图 2.87　文件压缩成功

7.1.2　文件解压缩

用鼠标右键单击待解压缩的文件图标，在弹出的菜单中选择“解压文件…”选项，如图 2.88 所示。在如图 2.89 所示对话框中，标示①处可以设定解压缩的“文件保存路径”；在标示②处设定“更新方式”；在标示③处可以设定“覆盖方式”。最后单击“确定”按钮即可。

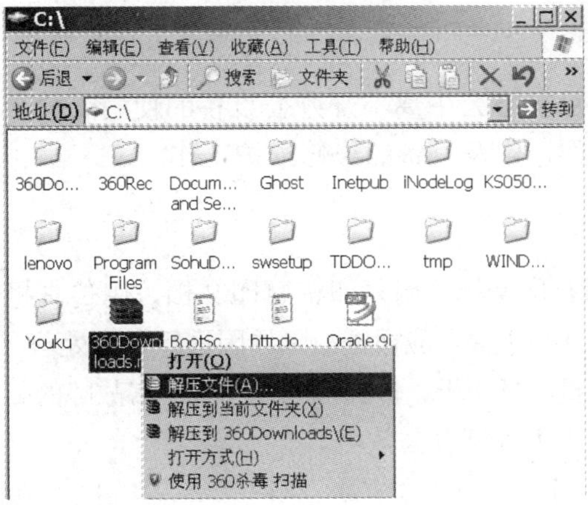

图 2.88　“解压文件…”选项

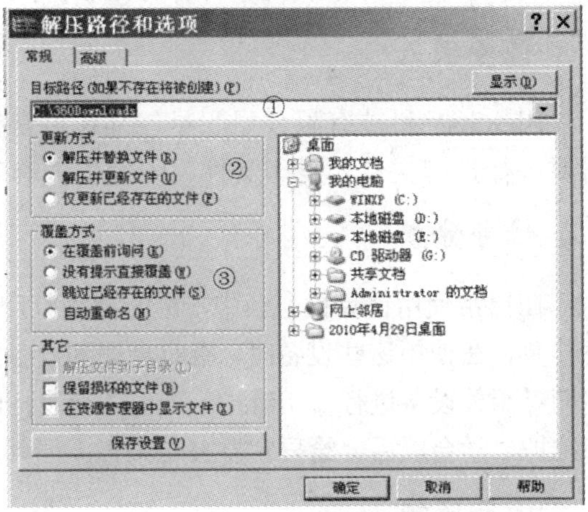

图 2.89　文件解压缩参数设置

任务总结评价

计算机处理的信息是以二进制数的形式表示的，因此压缩软件就是把二进制信息中相同的字符串以特殊字符标记来达到压缩的目的。为了有助于理解文件压缩，请您在脑海里想象一幅蓝天白云的图片。对于成千上万单调重复的蓝色点而言，与其一个一个定义“蓝、蓝、蓝……”长长的一串颜色，还不如告诉电脑：“从这个位置开始存储 1117 个蓝色像点”来得简洁，而且还能大大节约存储空间。这是一个非常简单的图像压缩的例子。其实，所有的计算机文件归根结底都是以“1”和“0”的形式存储的，和蓝色像点一样，只要通过合理的数学计算公式，文件的体积都能够被大大压缩以达到“数据无损稠密”的效果。总的来说，压缩可以分为有损和无损压缩两种。如果丢失个别的数据不会造成太大的影响，这时忽略它们是个好主意，这就是有损压缩。有损压缩广泛应用于动画、声音和图像文件中，典型的代表就是影碟文件格式 MPEG、音乐文件格式 MP3 和图像文件格式 JPG。

任务 8　常用办公设备的使用与维护

◆ 知识技能点：

（1）了解打印机的基本原理、构成、类型、主要技术指标。

（2）掌握打印文件的方法。

（3）了解打印机使用注意的事项。

（4）了解复印机的基本原理、构成、类型、主要技术指标。

（5）掌握复印、缩放复印文件的方法。

（6）能够处理常见故障。

（7）了解传真机的基本原理、构成、主要技术指标。

（8）能够使用传真机收发传真。

（9）能够处理常见故障。

（10）能够对传真机进行日常维护。

任务引入

BlueStar 科技有限公司职员勾强在日常计算机办公中离不开办公设备的使用。他平时需要进行打印文件、复印文件、收发传真等工作，以及设备的维修维护工作。

任务分析

在日常使用计算机办公中，经常要用打印机打印文档，用复印机复印文档，用传真机收发传真，在使用这些设备时，有时会遇到设备的使用故障，应根据故障原因进行相应处理；要定期对相关设备进行日常维护。本任务涉及打印机、复印机、传真机的使用，日常故障的处理和维护，学会以后会给日常办公带来极大便利，大大提高办公效率。

任务实施

8.1.1　打印文档

1. 了解打印机

在日常办公中要打印文档时，需要用到打印机。打印机是计算机系统中一个常用的输出设备，它可以将计算机中的图像或文字输出到纸上。根据工作方式的不同，打印机分为喷墨式打印机和激光打印机等（如图 2.90 和图 2.91 所示）。喷墨式打印机的优点是成本低；

缺点是打印速度慢，打印效果不如激光打印机。激光打印机的优点是打印速度快，打印效果好；缺点是使用成本高。

图 2.90　喷墨式打印机

图 2.91　激光打印机

2. 连接并使用打印机

（1）本地打印机的安装。

① 连接打印机的方法很简单，只要用电缆将打印机连接到计算机对应的接口上即可，如图 2.92 所示。

② 将打印机与计算机连接后，需要安装打印机驱动程序。用户在购买打印机时都会得到一张驱动光盘，只要将该驱动光盘放入光驱，按照提示安装驱动程序即可，如图 2.93 所示。

图 2.92　连接打印机

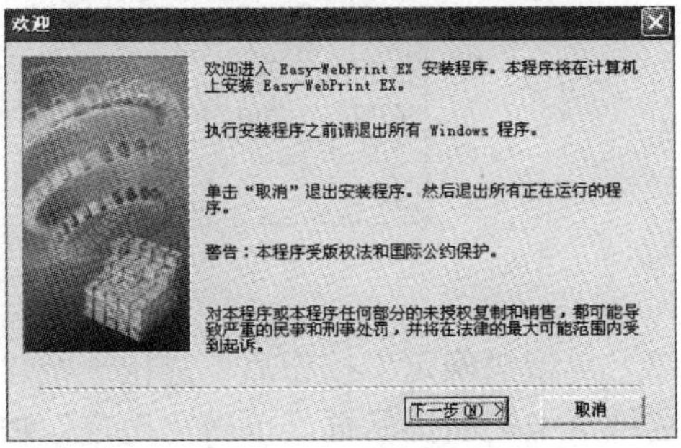

图 2.93　打印机驱动程序的安装

③ 安装好打印机驱动程序后，单击“开始”菜单，选择“设备和打印机”选项，弹出“设备和打印机”窗口，新安装的打印机图标便出现在该窗口中，如图 2.94 所示。

图 2.94　打印机安装完成

提示：若要连接打印机，应先关闭计算机，然后再连接，以防接口被烧坏。若是USB接口的打印机，则可直接进行连接。

（2）网络打印机的安装。

单击“开始”菜单，选择“设备和打印机”选项，弹出“设备和打印机”窗口，单击“添加打印机”→“添加网络、无线或Bluetooth打印机”→“我需要的打印机不在列表中”→“按名称选择共享打印机”→输入已共享打印机的主机名和共享名，形如“\\lenovo-1\lj”。

3. 双面打印文件

（1）打开要打印的Word文件，选择“文件”→“打印”选项。

（2）打开“打印”对话框（如图2.95所示），选中“手动双面打印”项。

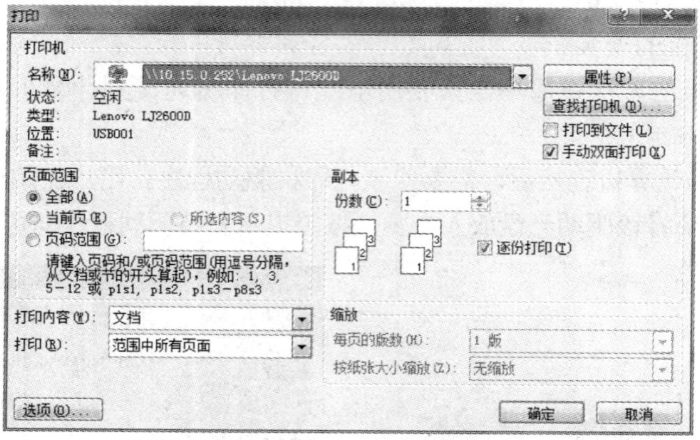

图2.95 “打印”对话框

（3）单击“确定”按钮后，弹出一个“请将出纸器中已打印好一面的纸取出并将其放回到送纸器中”的提示框，单击“确定”按钮开始打印奇数页，打印完后将原先已打印好的纸反过来重新放到打印机上，然后单击该对话框的“确定”按钮，Word就会自动再打印偶数页。

4. 打印机使用注意事项

（1）如果打印机产生发热、冒烟、有异味、有异常声音等情况，请马上切断电源。

（2）打印机上禁止放其他物品。打印机长时间不用时，请把电源插头从电源插座中拔出。

（3）为防万一，当附近打雷时，请将电源插头从电源插座中拔出。如果插着，有可能使机器受到损坏。

（4）请勿触摸打印电缆接头及打印头的金属部分。打印头工作时，不可触摸打印头。

（5）打印头工作时，禁止切断电源。

（6）在确保打印机电源正常、数据线和计算机连接时方可开机。

（7）打印机在打印时请勿搬动、拖动及关闭打印机电源。

（8）对于打印同样重复的文档，请不要超过5份，否则应拿到复印机上复印。

（9）在打印量过大时，应每打印30份文件后使打印机休息5～10分钟，以免打印机过热而损坏。

（10）在打印文档时，不允许使用过厚的纸；不允许使用有皱纹、折叠过的纸。

8.1.2　复印文档

1. 了解复印机

复印机是通过书写、绘制或印刷的原稿得到等倍、放大或缩小的复印品的设备。复印机复印的速度快、操作简便。按工作原理的不同，复印机可分为光化学复印机、热敏复印机和静电复印机三类。目前应用最广泛的是静电复印机（如图 2.96 所示）。

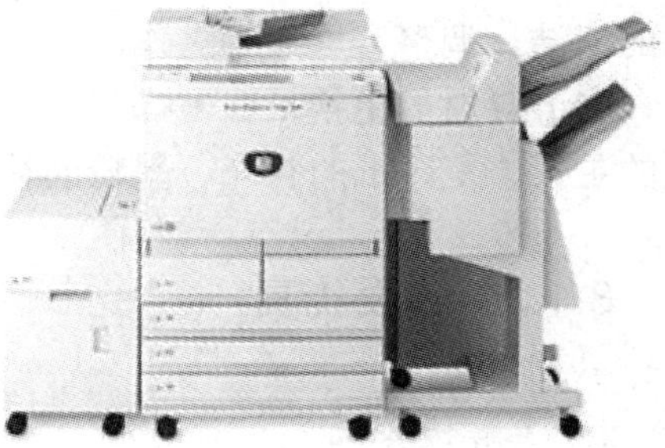

图 2.96　静电复印机

2. 复印文档

（1）开机预热。按下电源开关，开始预热，面板上应有指示灯显示，并出现等待信号。当预热时间达到时，机器即可开始复印，这时会出现可以复印信号或以音频信号告知。

（2）检查原稿。拿到需要复印的原稿后，应大致翻阅一下，要注意以下几个方面：原稿的纸张尺寸、质地、颜色；原稿上的字迹色调；原稿装订方式、张数以及有无图片等需要改变曝光量。这些因素都与复印过程有关，必须做到心中有数。对原稿上不清晰的字迹、线条，应在复印前描写清楚，以免复印后返工。可以拆开的原稿应拆开，以免复印时不平整，出现阴影。

（3）放置原稿。根据稿台玻璃刻度板的指示、使用纸盒的尺寸和横竖方向放好原稿，然后用盖板压紧原稿。

（4）复印份数的设置。按下数字键设定复印份数。若设定有误可按“C”键，然后重新设定。

（5）设定复印倍率。一般复印机的放大仅有一挡，按下放大键即可，缩小倍率多以 A3～A4、B4～B5 或百分比表示。了解复印纸尺寸，即可很容易地选定缩小倍率。

（6）选择复印纸尺寸。根据原稿尺寸及放大或缩小倍率按下纸盒选取键。如机内装有所需尺寸纸盒，即可在面板上显示出来；如无显示，则需更换纸盒。

（7）调节复印浓度。根据原稿纸张、字迹的色调深浅，适当调节复印浓度。原稿纸张颜色较深的，如报纸，应将复印的浓度调浅些；字迹线条细、不十分清晰的，如铅笔原稿，则应将复印的浓度调深些；复印图片时一般应将浓度调浅。

（8）开始复印。待复印指示灯亮时，即可单击“复印”按钮开始复印。

（9）复印完毕。复印结束后，从接纸盘上取出复印的文件，进行整理、装订，并将原稿从稿台上取下整理好，放回原处。

3. 复印机常见故障

复印机出现故障后，应抓住主要故障进行分析，即可找到故障原因和排除的方法。检修时应遵循先易后难的原则并逐步缩小范围，最后集中于某一点。

目前绝大多数复印机都装有彩色液晶显示面板，并设有卡纸等故障自检功能，一旦机器某部件失灵或损坏，都能以字母数字告诉操作者。比较常见的是故障代码，如佳能 NP 系列复印机的故障代码为“E0”～“E8”，这些代码分别表示印制电路板、传感器、开关、接插件等工作状态异常，需要进行调整或更换。使用者若见到这些故障代码，应立即停机，关掉电源，请维修人员进行检修。如果是自己修理，则必须找到与所使用机器型号相同的维修手册或维修说明书，在书中查到故障代码所表示的内容，再检查相应的零部件、电路板或电子元件。

4. 复印机的日常维护

（1）经常性维护：在复印机使用一段时间后，应对复印机中易污染的部件进行清洁保养，主要是清除易污染部位的灰尘和污垢。

（2）定期维护：复印机长期使用后，应对其零部件进行全面检查和维护，主要是零部件的清洁、调整、更换等工作。

（3）耗材的更换：在复印机的使用过程中，需要对各种耗材进行更换，主要包括感光鼓的更换、复印纸的补充、墨粉的补充等。

8.1.3 收发传真

1. 了解传真机

传真机是应用扫描和光电变换技术（如图 2.97 所示），把文件、图表、照片等静止图像转换成电信号，传送到接收端，以记录形式进行复制的通信设备。

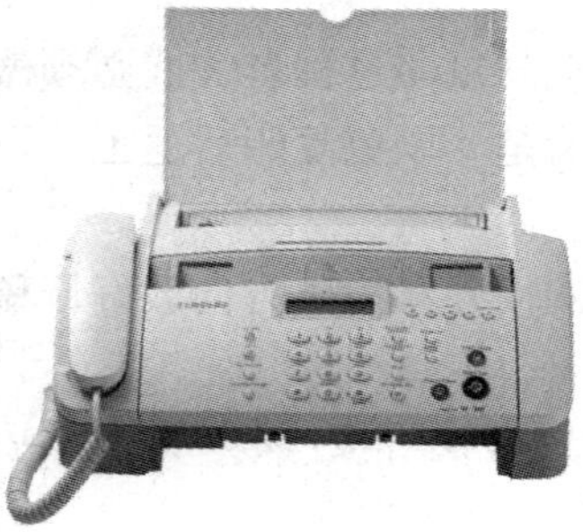

图 2.97 传真机

2. 收发传真

（1）发送传真。要发送传真，首先应将要发送的文件放入传真机内；然后拨通对方电话，听到回答信号后，表明接收方已准备接收，便可按“启动”键开始发送，这时可放下话筒。文件发送完毕后，传真机自动恢复到待机的状态。

（2）接收传真。接收传真方在接到发送方的电话后，首先应按“启动”键开始接收；然后便可放下话筒，直到接收文件完毕。

3. 传真机操作时的注意事项

（1）应注意原稿的质量。纸张太厚的文件，以及褶皱、卷曲、切边不齐的文件不宜发送，容易造成传真机堵塞、损坏。

（2）应将原稿上的订书钉、曲别针等在发送前全部去掉，以免造成机械故障。

（3）发送过程中机器发出堵纸信号时，应及时将卡住的原稿取出。

任务总结评价

本任务主要练习了如何使用常用办公设备。通过本任务的学习，大家应该灵活掌握了复印文档、收发传真、扫描文档与文本识别的方法，并对常用办公设备常见故障的处理及日常维护有全面的认识。希望大家将所学到的知识融会贯通，运用到实际的工作当中。

拓展与提高

（1）市场推广部将在今年 9 月面向欧美市场推出“PS3 家用游戏机”。在此之前，推广部部长要组织全体员工进行宣传海报、产品说明书等文档的制作。其中，文档需要转换为多种语言，并将这些素材保存在公司服务器上的指定位置。

① 在计算机 C 盘根目录新建一个文件夹，命名为“PS3 家用游戏机”。

② 在该文件夹下建立一个 Word 文档，命名为“PS3 家用游戏机宣传海报.doc”。

③ 打开浏览器在网上搜索 PS3 游戏机图片，将搜索到的图片保存为“PS3.jpg”。

④ 使用 ACDSee 对“PS3.jpg”（如图 2.98 所示）锐度和色饱和度进行调节，具体参数为锐度 75，色饱和度-100，效果如图 2.99 所示。

图 2.98　PS3 家用游戏机图片

图 2.99　使用 ACDSee 调整后的图片

⑤ 打开“PS3 家用游戏机宣传海报.doc”文档，编写 PS3 产品说明书，并将 PS3.jpg 插入其中。

⑥ 使用金山词霸将“PS3 家用游戏机宣传海报.doc”文档，翻译为日文、英文、德文三种语言，并分别保存在不同的 Word 文档中。

⑦ 将所有 Word 文档保存在 C 盘根目录下的“PS3 家用游戏机”文件夹内。

⑧ 使用 WinRAR 对该文件夹进行压缩操作，压缩模式设定为标准，文件保存路径使用默认值。

（2）将激光打印机连接上计算机，并将“PS3 家用游戏机宣传海报.doc”Word 文档双面打印出来。

（3）将打印出来的“PS3 家用游戏机宣传海报”Word 文档用复印机复印 15 份。

（4）将打印出来的“PS3 家用游戏机宣传海报”Word 文档以传真的方式发给你的家里。

实训

（1）使用工具软件阅读电子书，打印电子书第 3 页和第 1 章第 1 节，并复制成 3 份，存档。

（2）使用抓图工具抓取第 2 章第 1 节第 2 页的图片，并将图片文件保存到新文件夹“电子抓图备份”中，使用图片浏览工具浏览图片。

学习情境三

办公文档

任务9　求职信和个人简历

◆ **知识技能点：**

（1）掌握 Word 2007 常用文档编辑技术。

（2）掌握常用文档规范。

（3）能够制作常用办公文档。

任务引入

刘新是一名即将毕业的大学生。“我刚毕业，根本就没有经历可言，在申请第一份职业时，求职信的格式是怎么样呢，如何写好求职信？”这样的想法和许多大学毕业生类似。也有人有错误的观点，认为只要自己的学历与经验适合雇主的要求，便不用太花心思去撰写求职信，还有人有只要参加面试了就一切 OK 的错误想法。

求职信的样文如下。

求　职　信

尊敬的××××公司方××先生：

您好！

我是即将于 2010 年毕业的长春职业技术学院信息技术分院学生刘新，所学专业是计算机网络技术。读了贵公司在《××报》刊登的招聘启事，我不由心动。贵公司在国内乃至海外享有很高的声誉，有极佳的发展前景，我有志于成为贵公司的一员，竭诚服务，为公司的发展尽心尽力。

在学校里我学习了丰富的专业知识并锻炼了自己的能力。通过三年的苦读，我掌握了计算机网络布线、计算机网络互联、计算机网络安全等专业课程，并对面向对象的 VC++ 等 Windows 编程有一定了解。在课外，我还自学了 ASP 动态网页及网络数据库。要学好计算机必须有过硬的外语水平，我以较好的成绩连续通过了国家英语四、六级考试，现已能阅读并翻译计算机资料。另外值得一提的是，我利用业余时间考取了神州数码网络大学的 DCNE（Digital China Certified Network Engineer）网络工程师认证和华为 3COM 公司的 HCNE（Huawei Certified Network Engineer）网络工程师认证，这使我具备了丰富的专业知识。

自入校以来，我充分利用课余时间广泛参加社会实践活动。曾先后在两家网络公司做过网管和技术员兼职工作，积累了丰富的实践经验，尤其是在网络管理及维护方面。

若有幸加盟，我可以致力于贵公司的局域网的设计实现及其维护，或局域网、广域网的交换与路由设计实现和维护等工作。

若方先生经审核有意向，请给我打电话（846××××××，136××××××××）或致函，联系地址××××××，邮编××××××。

顺祝事业辉煌！

刘新

2010年5月10日

附：本人个人简历。

“个人简历”的样文见表3.1。

表3.1　“个人简历”的样文

<table>
<tr><td rowspan="7">基本资料</td><td>姓 名</td><td>刘 新</td><td>性 别</td><td>男</td><td rowspan="4">照
片</td></tr>
<tr><td>民 族</td><td>汉 族</td><td>籍 贯</td><td>吉林长春</td></tr>
<tr><td>出生日期</td><td>1988.8.1</td><td>政治面貌</td><td>团 员</td></tr>
<tr><td>学 历</td><td>专 科</td><td>健康情况</td><td>良 好</td></tr>
<tr><td>毕业学校
及时间</td><td colspan="2">长春职业技术学院
2010.7</td><td>专 业</td><td>计算机网络</td></tr>
<tr><td>通信地址</td><td colspan="2">长春市卫星路3278号</td><td>邮 编</td><td>130033</td></tr>
<tr><td>E-mail</td><td colspan="2">Lx1988@sohu.com</td><td>联系电话</td><td>8460××××
136××××××××</td></tr>
<tr><td>求职意向</td><td colspan="5">与网络工程相关的行业</td></tr>
<tr><td>教育背景</td><td colspan="5">2004.9 — 2007.7 长春市第一中学
2007.9 — 2010.7 长春职业技术学院</td></tr>
<tr><td>个人技能</td><td colspan="5">通过英语四级、六级，具有良好的听、说、读、写能力；
计算机等级证书网络三级，神州数码网络大学的DCNE网络工程师认证和华为3COM公司的HCNE网络工程师认证，对Office办公软件、VC++、Photoshop等软件及操作系统能熟练操作，且对PC的组装和维护有一定的经验</td></tr>
<tr><td>获奖情况</td><td colspan="5">2008.9 — 2010.7 获专业奖学金二等奖两次
2007.9 — 2008.7 获专业奖学金一等奖一次</td></tr>
<tr><td>曾任职务</td><td colspan="5">大三时担任班级团支书，大二时担任班级组织委员</td></tr>
<tr><td>社会实践</td><td colspan="5">大二暑假，跟随老师在本校的实验室进行布线施工实习；
利用假期曾先后在两家网络公司做过网管和技术员</td></tr>
<tr><td>主修课程</td><td colspan="5">计算机维护与维修、计算机网络布线、计算机网络互联、计算机网络安全、ASP动态网页、网络数据库等</td></tr>
<tr><td>兴趣爱好</td><td colspan="5">看书，听音乐，玩电脑，打篮球等</td></tr>
</table>

任务分析

大中专毕业生统一分配派遣逐渐转变为双向选择，为寻求到一份理想的工作，求职信息的设计显得尤为重要。

求职信是无业、待业或停薪留职者写给用人单位的信，以让对方了解自己、相信自己、录（聘）用自己为目的。它是一种私对公并有求于公的信函，在用人单位和求职者之间搭起桥梁，沟通二者关系。一般来说，求职信类似于书信，基本格式符合书信的要求。

个人简历（Resume 或 Curriculum Vitae）是求职信的第二部分，是求职时不可缺少的文件。有些雇主为节省时间，反而会更集中参考你的个人简历多于求职信，所以两者同样重要。个人简历同样是求职者的推销文件，代表求职者全部的资料。

任务实施

9.1.1 制作求职信

本例将制作一份求职信文档，该文档制作的目的在于针对雇主的需求和本人的条件，列出自己相关的资历与技能，以说服对方给予自己一个面试机会。制作时主要使用输入文本的方法，录入内容之后需要对文本进行简单的编辑操作，其他信件的制作与其方法类似。

1. 具体制作思路（如图 3.1 所示）

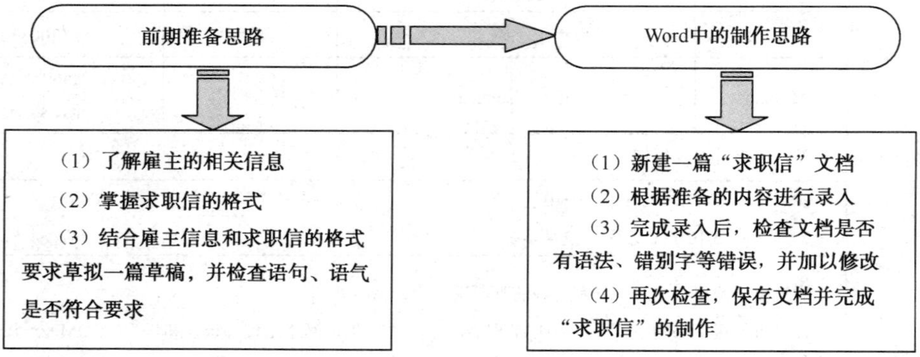

图 3.1 具体制作思路

2. 具体 Word 文本格式

（1）页面设置选择默认值即可，A4 纸，纵向。

（2）名称“求职信”用仿宋体，小三号字，加粗，居中对齐。

（3）其余部分内容用仿宋体，小四号字，收信人称呼居左对齐，署名和日期居右对齐，正文与附录部分首行缩进 2 字符。

（4）段前、段后设置为 0 行。

（5）行距为 1.5 倍行距。

（6）保存文件名为“求职信”。

技能链接

1.“求职信”相关知识

（1）求职信的种类：毕业生求职信、待业人员求职信、从业人员求职信。

（2）求职信的特点：知己知彼、适度表现、充满信心。

（3）求职信的结构：包括名称、收信人称呼、正文、结尾、署名、日期和附录 7 个方面的内容。

（4）求职信的写法。

① 名称：“求职信”写在首行正中。

② 称呼：求职信的称呼与一般书信不同，书写时须正规些。

如果写给国家机关或事业单位的人事部门负责人，可用“尊敬的××处（司）长”称呼；如果是“三资”企业首脑，则用“尊敬的××董事长（总经理）先生”；如果是各企业厂长经理，则可称为“尊敬的××厂长（经理）”；如果写给院校人事处负责人或校长，可称“尊敬的××教授（校长、老师）”。

③ 正文：求职信的中心部分是正文，形式多种多样，但内容都要求说明求职信息的来源、应聘职位、个人基本情况、工作成绩等事项。

首先，写出信息来源渠道，如“得悉贵公司正在拓展省外业务，招聘新人，且昨日又在《××商报》上读到贵公司招聘广告，故有意角逐营业代表一职。”如果你的目标公司并没有公开招聘人才(即你并不知道他们是否需要招聘新人)，你可以写一封自荐信去投石问路。

其次，在正文中要简明扼要地介绍自己与应聘职位有关的学历水平、经历、成绩等，令对方从阅读完毕之始就对你产生兴趣。但这些内容不能代替简历，较详细的个人简历应作为求职信的附录。

最后，应说明能胜任职位的各种能力，这是求职信的核心部分，表明自己具有专业知识和社会实践经验，具有与工作要求相关的特长、兴趣、性格和能力。

④ 结尾：希望对方给予答复，并盼望能够得到参加面试的机会。另外，要有表示敬意、祝福之类的词句，如“顺祝愉快安康”、“祝贵公司财源广进”等，也可用“此致”之类的通用词。结尾的任务是给人一个完整鲜明的印象，可以强调求职信者的愿望和要求，如“热切地盼望贵公司肯定的答复”、“盼望着贵厂的录取通知”或“希望给予面试的机会”。

最重要的是别忘了在结尾认真写明自己的详细通信地址、邮政编码和联系电话，如果让你的亲朋好友转告，则要注明联系方式、联系人的姓名以及与你的关系，以便用人单位与之联系。

⑤ 署名：按照中国人的习惯，直接签上自己的名字即可。国外一般都在名字前加“你诚挚的”、“你忠实的”、“你信赖的”等类似形容词，这种方法不要轻易效仿。

⑥ 日期：写在署名右下方，应用阿拉伯数字书写，年、月、日全都写上。

⑦ 附录：求职信一般要求和有效证件一同寄出，如学历证、职称证、获奖证书、身份证等证件的复印件，并在正文左下方一一注明。

2. 制作相关知识

（1）新建文档。启动 Word 2007 后，选择“Office 按钮”→“新建”→“新建文档”选项；双击“空白文档”，新建一个空白文档。

（2）页面设置。选择“页面布局”→“页面设置”选项，单击右下角的箭头，打开“页面设置”对话框，对页面进行设置，如图 3.2 所示。

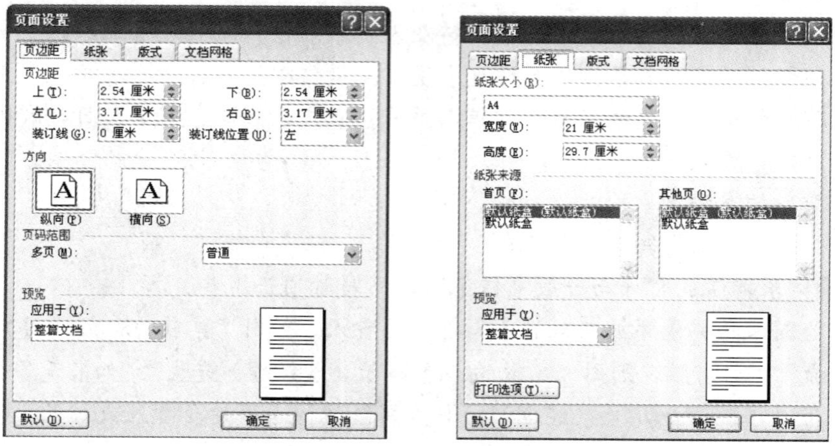

图 3.2　“页面设置”对话框

> **提示：**现代办公标准用纸是 Word 默认的纸张大小：A4（宽度 210mm，高度 297mm）；页面方向：纵向；页边距：左右 3.17cm，上下 2.54cm，装订线 0cm；装订线位置为左。

（3）输入文本。文本是文档的主体输入普通文本，在 Word 2007 中可以输入普通文本、特殊符号、数字、时间和日期。输入字符前，要先确定输入位置，方法有两种。

一是鼠标定位：根据 Word“即点即输”的原则，把鼠标指针指向文档的任何位置并单击该位置。鼠标指针将会变成一个“I”形标记，光标就会自动移动到单击鼠标的位置。

二是键盘定位：在输入文本的文档中，按键盘上的方向键或其他功能键移动光标位置。Word 键盘定位设置见表 3.2。

表 3.2　Word 键盘定位设置

键盘按键	作　用
←/→/↑/↓	左移/右移一个字符；上移/下移一行
Ctrl+（←/→/↑/↓）	左移/右移一个单词；上移/下移一段
End	移至行尾
Home	移至行首
Page Up	上移一页
Page Down	下移一页
Ctrl+Page Down /Up	移至下页/上页顶端
Ctrl+End/Home	移至文档结尾/开头

① 输入普通文本：普通文本包括中文汉字、数字、标点符号和英文字母等通过键盘输入的文本内容。

② 输入特殊符号、数字：在办公过程中常常遇到“●”、“※”等特殊符号，这些符号不能通过键盘直接输入，除前面介绍的方法外，还可以选择“插入”→“特殊符号”选项，

打开相应的对话框，选择特殊符号或编号，如图 3.3 所示。

③ 输入日期和时间：在制订工作计划、书写通知或信函等办公文档时，除了可以用普通方法输入日期和时间外，还可以插入日期和时间，具体操作是选择“插入”→“日期和时间”选项，打开相应的对话框，选择日期格式，如图 3.4 所示。

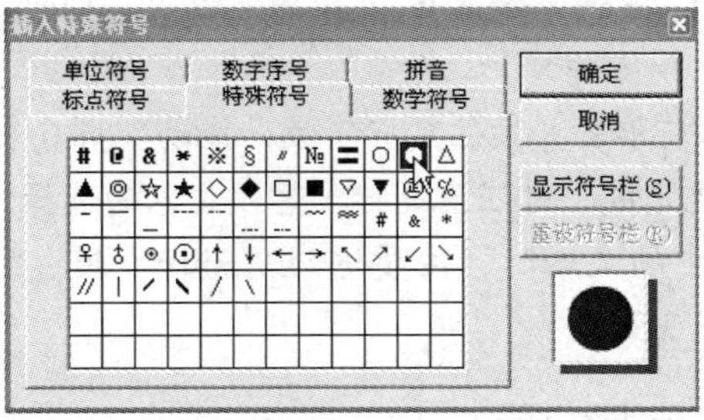

图 3.3　“插入特殊符号”对话框

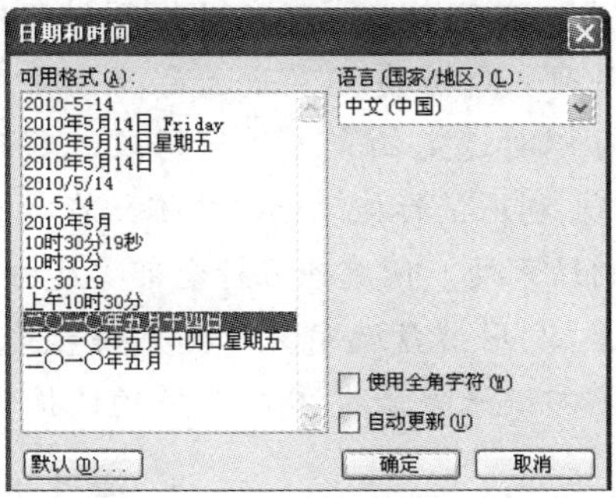

图 3.4　“日期和时间”对话框

提示： 如果以域的形式插入了日期或时间，选定要更新的日期或时间，然后按“F9”键即可随时进行更新。

（4）保存文档。新建文档并经过文本输入或编辑后，实际上并没有存储在计算机当中，如果想保留制作的文档，要选择 Word 2007 提供的保存功能将其保存。保存文档分为保存新建文档方式和将现在文档另存为其他文档方式两种。

① 保存新建文档：新建文档后，就可以对空白文档进行保存了，第一次保存时系统会打开“另存为”对话框，并要求在相应位置输入指定文件名和路径。保存的方法如下。

- 单击“快速访问工具栏”中的按钮。
- 在当前文档中按“Ctrl+S”组合键。
- 选择“Office 按钮”→“保存”选项。

② 将现在文档另存为其他文档：对已经保存的文档，在不改变原有文档的前提下，经过修改以后，可用“另存为”选项进行保存。

选择“Office 按钮”→“另存为”选项，在弹出的“另存为”对话框中选择另存文件名及保存的路径，如图 3.5 所示。

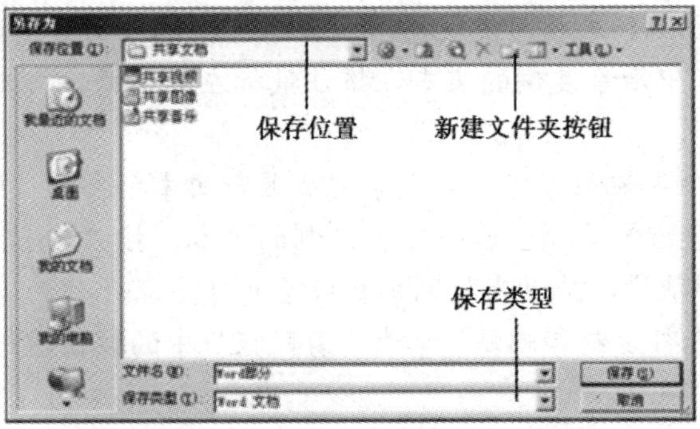

图 3.5　“另存为”对话框

③ 自动保存“自动恢复”信息：自动恢复不能代替定期保存文件。如果选择在打开文件之后不保存恢复文件，则该文件会被删除，并且未保存的更改会丢失。如果保存恢复文件，则它将替换原始文件（除非指定新文件名）。如果频繁地保存文件，那么当文件处于打开状态时发生断电或其他问题后，就可以恢复更多信息。

（5）选定文本。在文档处理过程中，对于已输入的文档内容大多数需要选中才能进行编辑处理，即应遵循“先选定，后操作”的原则。被选定的文本在屏幕上以“反白”显示，用户可以对选定的文本进行修改、移动、格式化等操作。

① 利用鼠标拖动选定文本：在欲选择的文本前单击并按住鼠标不放，拖动鼠标直至选择目标的结束处，使选择目标全部“反白”显示，就完成了对任意目标段落或文本的选择。

② 利用键盘选定文本：用键盘来选取文件中的文本时，主要通过“Shift”键、“Ctrl”键和方向键来实现。文本选择的快捷键设置见表3.3。

表3.3 文本选择的快捷键设置

快 捷 键	作 用
Ctrl+A	选定整个文档
Ctrl+Shift+ Home/ End	文档开始/结尾处
Shift+End /Home	行尾/首
Shift+Page Down/Page Up	下/上一屏
Ctrl+Shift+ →/←/↓/↑	单词结尾/开始；段尾/首
Shift+→/←/↓/↑	向右/左选择一个字符；下/上一行
Ctrl+Shift+F8+↑/↓	纵向文本块（按 “Esc”键取消）
F8+箭头键	文件中的某个具体位置（按“Esc”键取消选定模式）

（6）修改文本。

① 删除不需要的文本：在输入文档内容时，不小心多输入了文本，就应将不需要的文本进行删除。删除文本时可以按“Backspace”键删除光标左侧的文本或按“Delete”键删除光标右侧的文本。

② 插入漏输的文本：在输入的过程中难免有遗漏，插入漏输的文本的方法是将光标定位在要插入文本的位置，然后直接在该处输入即可。

③ 修改输入错误的文本：对于输入错误的文本，选择先删除后插入的方法，对于要改写多处相同文本也可以采用替换的方法进行修改。

④ 移动文本：对于编辑文档时发现输入的文本存在语句位置不正确时，常用到移动文本的方法进行修改。选中准备复制的文本，按住鼠标左键不放，当光标变为形状时，拖动光标到目标位置即可。

⑤ 复制文本：复制和粘贴文本是共同来完成复制文本任务的，常用的方法如下。

● 使用鼠标和键盘进行复制。选中准备复制的文本，按“Ctrl”键同时按住鼠标左键不放，当光标变为形状时，拖动光标到目标位置即可。

● 使用功能按钮进行复制和粘贴。单击“剪贴板”中的按钮进行复制，单击按钮进行粘贴。

● 使用快捷键进行复制。选中准备复制的文本，按“Ctrl+C”组合键进行复制，按“Ctrl+V”组合键进行粘贴。

● 用快捷菜单进行复制。选中准备复制的文本，单击鼠标右键，在弹出的快捷菜单中选择“复制”命令，将光标移动到目标位置后，单击鼠标右键，在弹出的快捷菜单中选择“粘贴”命令即可，如图 3.6 所示。

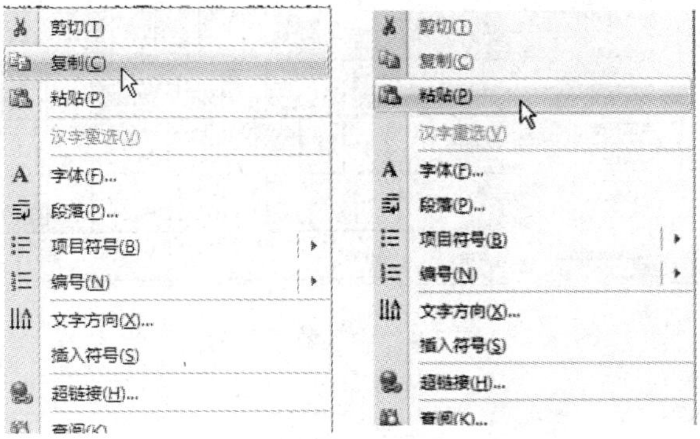

图 3.6　复制与粘贴

3. 求职信制作

步骤一：新建文档。启动 Word 2007，新建“求职信.docx”文档。

步骤二：页面设置。选择“页面布局”→“页面设置”选项，单击右下角箭头打开“页面设置”对话框，选择默认值即可。

步骤三：录入求职信的内容。

（1）在整篇文档的开始处，输入名称“求职信”文本。

（2）按“Enter”键，将文本插入点移到下一行行首，输入收信人称呼、正文、结尾、署名和附录的内容，如图 3.7 所示。

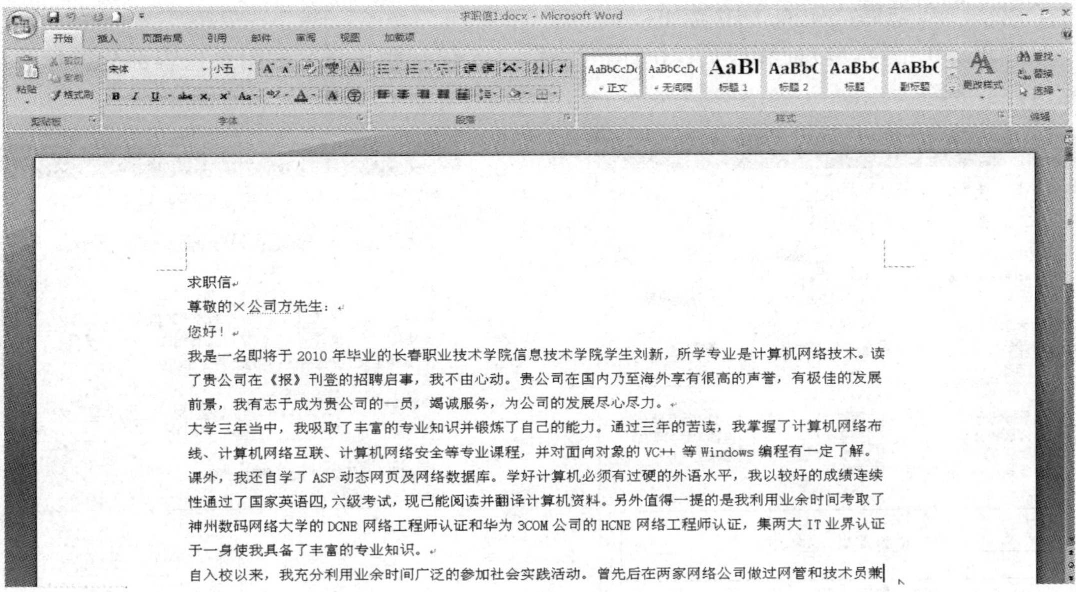

图 3.7　文本录入

步骤四：编辑文本。

（1）输入数学符号

将光标移动到“尊敬的”后面，用鼠标右键单击输入法图标上的软键盘，在出现的菜单中选择“数学符号”，找到数学符号“×”输入，如图 3.8 所示。并利用复制/粘贴的方法将“×”复制到相应的位置。

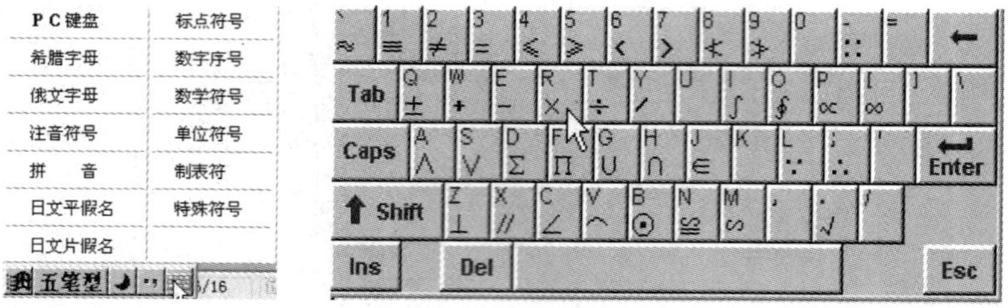

图 3.8 输入数学符号

（2）插入日期

将光标移动到文本的最后一行，选择“插入”→“日期和时间”选项，打开“日期和时间”对话框，选择日期格式，插入当前的系统日期。

（3）设置字体、字号

名称：仿宋体，小三号字，加粗。其余部分：仿宋体，小四号字。

选择“开始”→“字体”选项，单击右下角箭头，打开“字体”对话框，设置如图 3.9 所示。

（4）设置对齐方式

选中名称“求职信”，选择“开始”→“段落”中的居中按钮；选中署名和日期，单击右对齐按钮。

（5）设置字符及段落格式

按“Ctrl+A”组合键选中全文，选择“开始”→“段落”选项，单击右下角箭头，打开“段落”对话框，如图 3.10 所示。

缩进：0 字符。段前和段后：0 行。行距：1.5 倍行距。正文和附录内容部分进行首行缩进：2 字符。

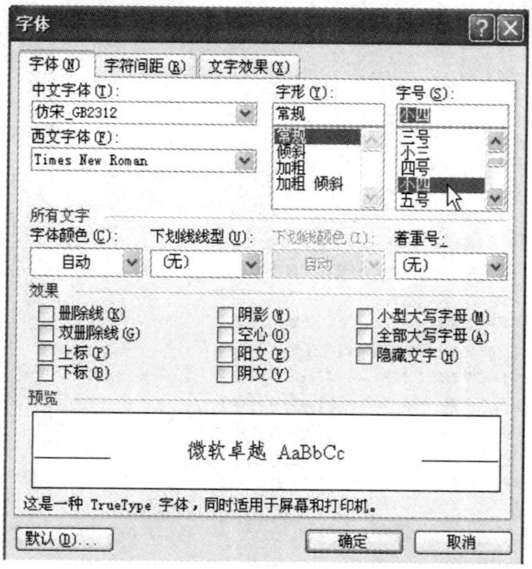

图 3.9 “字体”对话框

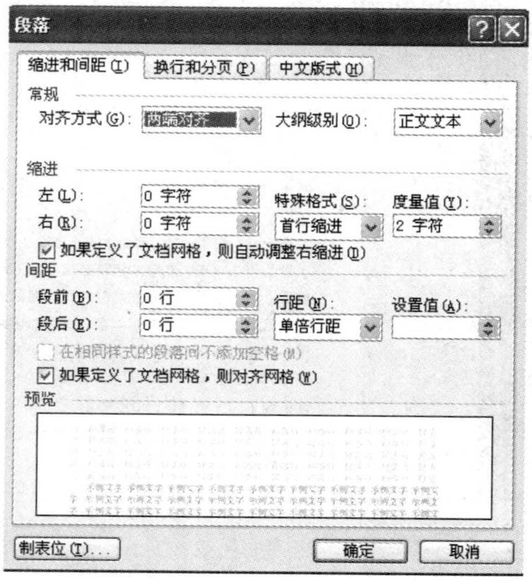

图 3.10 “段落”对话框

（6）修改文本

将光标移动到文中的“DCNE”和“HCNE”后（如图 3.11 所示），分别插入“(Digital China Certified Network Engineer)”和“(Huawei Certified Network Engineer)”加以说明。

修改“信息技术学院”为“信息技术分院”。

删除被选定字符“三年当”。

重新编辑修改后的“求职信”的效果如样文所示。

步骤五：保存。单击“快速访问工具栏”中的保存按钮，保存并完成“求职信”文档的制作。

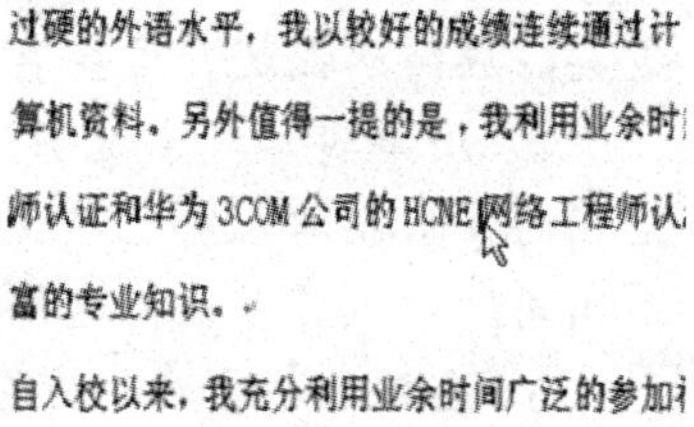

图 3.11 修改文本

9.1.2 制作个人简历

刘新已经制作好了比较满意的求职信了，他开始准备同样重要的个人简历，那么制作个人简历有哪些格式要求呢？如何制作好自己的个人简历？如果幻想你是面试官，对所有申请人也一无所知，只可凭一份履历表的资料而决定是否面见这个人，你又会怎样决定呢？

本例将制作求职信的重要补充部分——个人简历文档，该文档制作的目的同样是针对雇主的需求和本人的条件，列出自己相关的资历与技能，进一步争取面试机会。制作时主要使用制作表格的方法，录入内容之后需对文本及表格进行美化加工。

1. 具体制作思路（如图 3.12 所示）

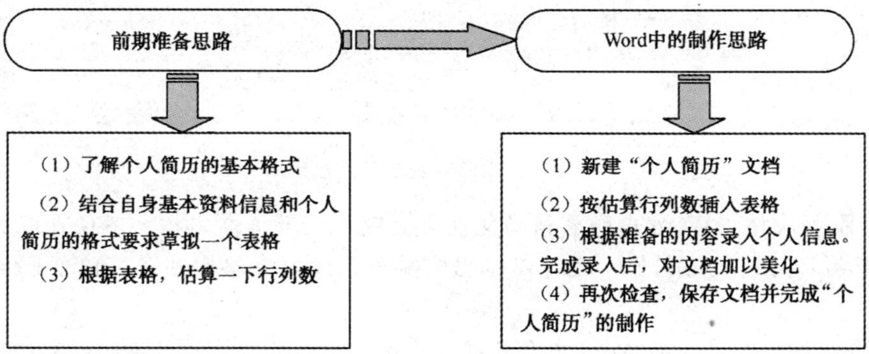

图 3.12 具体制作思路

2. 具体 Word 文本格式

（1）页面设置选择默认值即可，A4 纸，纵向。

（2）名称“个人简历”用仿宋体，小三号字，加粗，居中对齐。

（3）表格为 15 行 6 列，边框线型为单实线。

（4）行距为单倍行距。

（5）保存文件名为“个人简历”。

技能链接

1. “个人简历”相关知识

（1）简历的成功要诀。

① 求职目标清晰明确。所有内容都应有利于你的应聘职位，无关的甚至妨碍你应聘的内容不要叙述。

② 突出你的过人之处。每人都有自己值得骄傲的经历和技能，如你有演讲才能，并得过奖，应详尽描述，这会有助于你应聘营销职位。

③ 用事实和数字说明你的强项。不要只写上“善于沟通”或“富有团队精神”，这些空洞的字眼招聘人员已熟视无睹。应举例说明你曾经如何说服别人，如何与一个和你意见不相同的人成功合作。这样才有说服力并给人印象深刻。

④ 自信但不自夸。充分准确地表达你的才能即可，不可过分浮夸，华而不实。

⑤ 适当表达对招聘单位的关注及兴趣，会引起招聘人员的注意和好感，同时可以请求面试机会。

（2）经验之谈。对于毕业生来说，由于没有工作经验，所以个人简历的重点应放在学业成绩上，或曾经参加的课外活动及暑期工作经验。至于早已踏足社会的申请人，可加强工作成就与实际工作经验的重点描述，而不用详细列明学业成绩，应尽量表现出个人的特色。内容如实，资料清楚，千万不要说谎或夸大其辞，以免面试时露出马脚。一些对自己不利的资料可以不用填写在履历表上，如某些科目考试不及格，或曾在很短时间内转职，这些资料会令人感到不踏实。

2. 制作相关知识

（1）表格工具栏。选择“插入”→“表格”选项，单击“表格”的下三角箭头，选择“插入表格”选项，如图 3.13 所示。

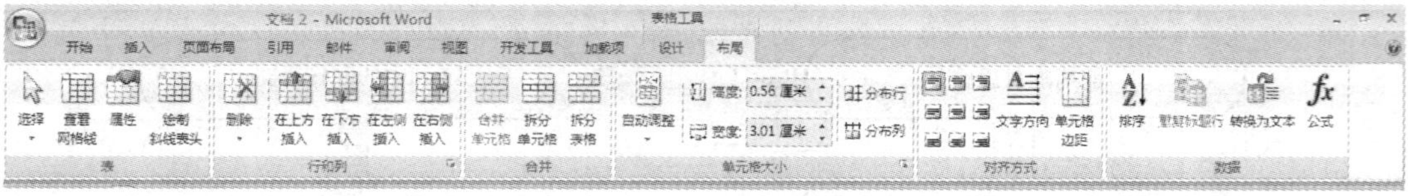

图 3.13　表格工具栏

（2）添加表格。Word 中的表格功能能更直观表现数据类文档，不仅可以选择插入表格的行列数来完成表格制作，还可以根据需要手工绘制表格和线条，以便制作比较复杂的表格。

① 自动插入表格。在 Word 中自动插入表格，表格的每格的行高和列宽相等，但使用自动插入表格功能时，插入的表格是有限制的。用如下方法一可以自动插入 10×8 表格；方法二中行数不能大于 32767，列数不能大于 63。

方法一：选择“插入”→“表格”选项，单击打开“插入表格”选项卡，用鼠标选择控制行数和列数，如图 3.14 所示，选择插入一个 5 行 4 列的表格。

方法二：单击“插入表格”，在“插入表格”对话框中填写行数和列数，如图 3.15 所示。

② 手工绘制表格。对于结构不工整的表格，可以用手工绘制表格方法制作，具体操作如下。

选择“表格”→“绘制表格”选项，当光标变成形状时，可以插入一条斜线或表格，如图 3.16 所示。这时如果不满意，可以选择单击“表格工具栏”的擦除按钮，当光标变成形状时，即可对不理想的线条进行擦除。

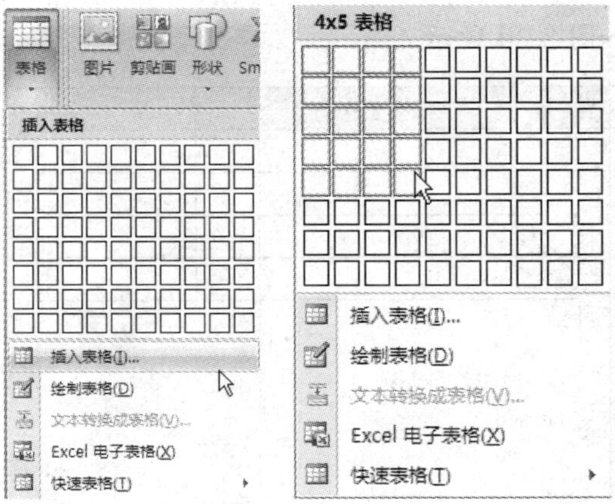

图 3.14　插入表格

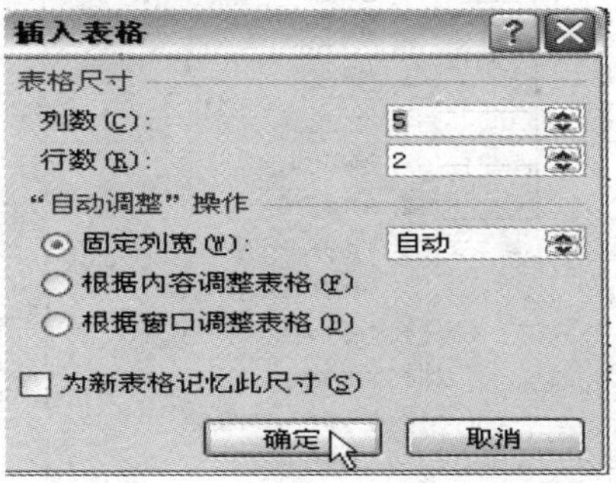

图 3.15　"插入表格"对话框

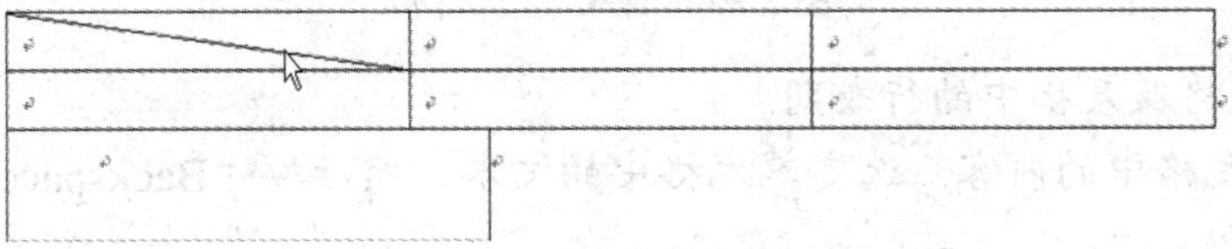

图 3.16　手工绘制表格

提示：当光标变成形状时可以按"Shift"键使光标转换成形状。

（3）选定表格和编辑文本。插入表格以后，就可以在表格中输入或编辑文本了。

① 选定一个单元格。移动光标至该单元格左侧，当光标变成"🡄"形状时，单击即可选定该单元格。

② 选定行。移动光标至该行的左侧，当光标变成"🡖"形状时，单击即可选定该行，拖曳鼠标即可选定多行，如图 3.17 所示。

③ 选定列。移动光标至该列顶端边框，当光标变成"🡇"形状时，单击即可选定该列，拖曳鼠标即可选定多列，如图 3.18 所示。

④ 整张表格的选定。移动光标至该表格左上角，出现表格移动控点时，单击该移动控点即可选定整张表格，如图 3.19 所示。也可以在选定顶角的单元格、最外侧的行或列后，按住鼠标左键拖过整张表格来进行选定。

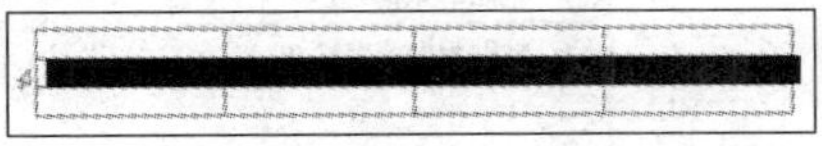

图 3.17　选定表格的一行

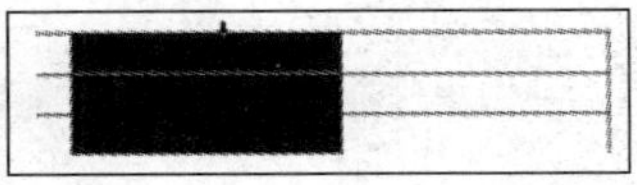

图 3.18　选定表格的一列

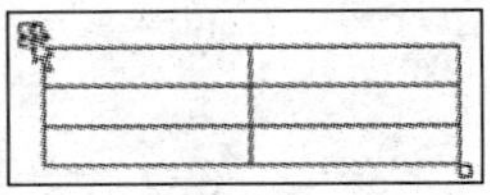

图 3.19　选定整张表格

提示：使用"Alt+5"组合键也可选定整张表格。

（4）在表格里插入单元格、行或列。在表格的编辑过程中，随时可以向表格中添加行或列。

选中表格中一行（列），单击鼠标右键，在快捷菜单中选择"插入行（列）"命令，可在当前行上面（列前面）插入空行（列），如图 3.20 所示。

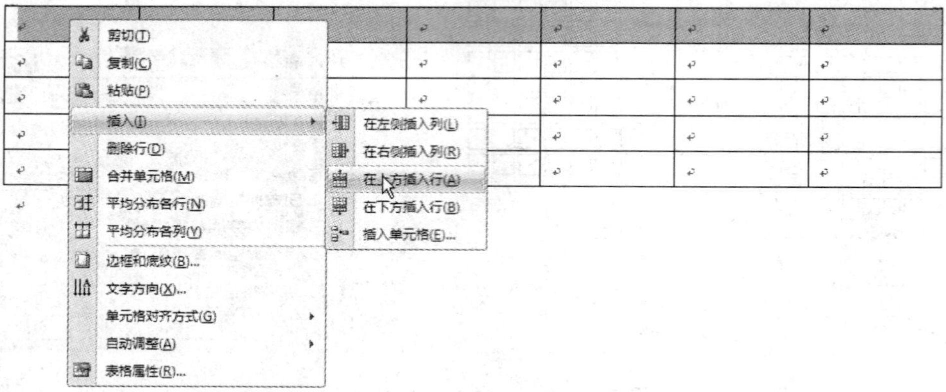

图 3.20　插入一行（列）

（5）删除表格及表格中的行或列。

① 删除单元格中的内容：选定单元格中的文本，然后按“Backspace”键或“Delete”键删除。

② 删除行/列中内容：选定该行/列，然后按“Delete”键删除。

③ 删除行、列、表格及其内容：选定该行/列，包括行结束标记，然后单击鼠标右键，在快捷菜单中选择中选择“删除行（列）”命令。

④ 删除表格：选定整张表格，使用剪切功能。

提示：如果表格的行、列或整张表格处于选定状态，则按“Backspace”键即可删除该行（列）或整张表格。

（6）移动、复制、粘贴单元格。

① 将鼠标指针指向想要移动或复制表格的左上角，将光标停留在控点上，稍停留片刻鼠标指针即变成四向箭头；按住鼠标左键如图 3.21 所示，将表格拖至新位置即可。

② 如果要复制表格，则按住“Ctrl”键的同时将表格副本拖至新位置即可，也可以使用右键快捷菜单命令进行复制粘贴，如图 3.22 所示。

图 3.21　显示移动控点的表格

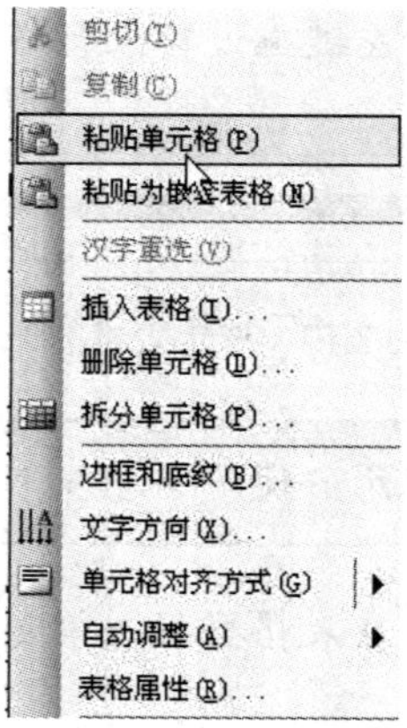

图 3.22　粘贴单元格

（7）合并、拆分单元格。

① 合并单元格。选中表格中要合并的单元格，单击鼠标右键，在快捷菜单中选择“合并单元格”命令，如图 3.23 所示，即可将所选定的单元格合并成 1 个单元格。

② 拆分单元格。选中表格中要拆分的单元格，单击鼠标右键，在快捷菜单中选择“拆分单元格”命令，如图 3.23 所示，打开“拆分单元格”对话框，输入拆分的行数和列数后，单击“确定”按钮即可，如图 3.24 所示。

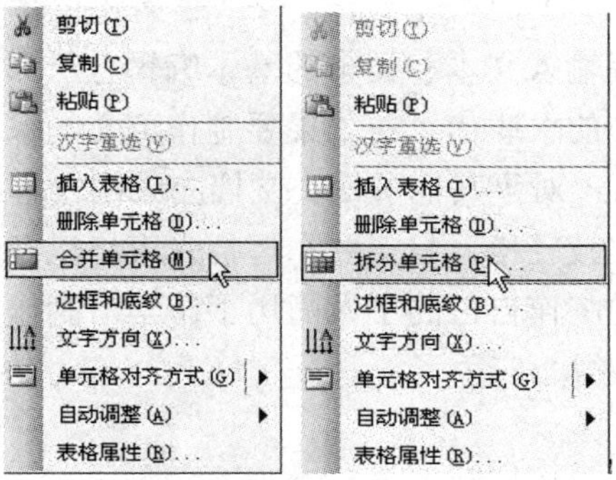

图 3.23　合并与拆分单元格

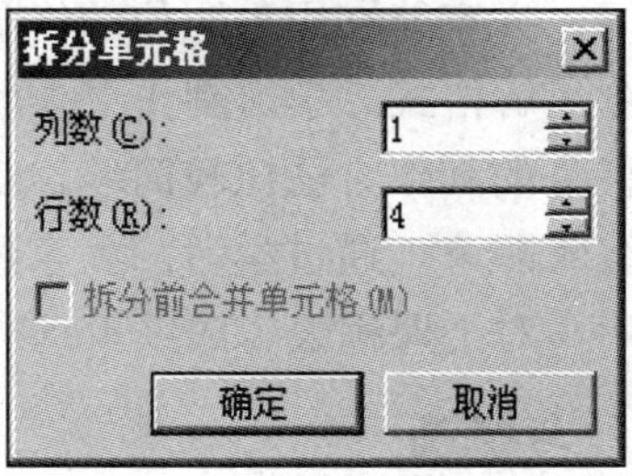

图 3.24　“拆分单元格”对话框

如果要同时拆分多个单元格，而且希望这些单元格合并后再进行拆分，则应选中“拆分前合并单元格”复选框，否则，将对选中的每个单元分别进行拆分。

提示：（1）在选择单元格中的内容时，如果选中的内容不包括单元格结束符，则只是将选中单元格中的内容移动或复制到目标单元格内，并不覆盖原有文本。如果选中的内容包括单元格结束标记，则将替换目标单元格中原有的文本和格式。

（2）右键菜单中不包含同时拆分多个单元格的功能。

3. 个人简历制作

步骤一：新建文档。启动 Word 2007，新建“个人简历.docx”文档。

步骤二：进行页面设置。选择默认值即可。

纸张：A4 纸。方向：纵向。

步骤三：录入和编辑文本。

（1）在整篇文档的开始处，输入名称“个人简历”文本，按“Enter”键后插入一个 15 行 6 列的表格。

（2）合并与拆分单元格。选择要合并的单元格，单击鼠标右键，在弹出的快捷菜单中选择“合并单元格”选项，即可合并相应的单元格。

（3）对照样文，在表格中输入文本。

（4）在表格中编辑文本。

① 设置字体、字号。名称：仿宋体，小四号字，加粗。其余部分：仿宋体，五号字。

② 设置对齐方式。名称：居中。表格：居中。表格内容：单击鼠标右键，在弹出的快捷菜单中选择“单元格对齐方式”选项（如图 3.25 所示），选择水平居中、垂直居中。

③ 设置字符及段落格式。缩进：0 行。首行缩进：无。段前和段后：0 行。行距：单倍行距。

图 3.25　对齐方式

（5）设置表格的边框。线型：单实线。线条颜色：自动设置。宽度：1 磅。

（6）适当调整行高和列宽。

步骤四：保存。单击“快速访问工具栏”中的“保存”按钮，保存退出后，便完成“个人简历”文档的制作。

任务总结评价

本任务的制作方法非常简单，只需要掌握输入文本和文本的基本编辑方法即可。相信通过学习，大家能够用求职信的格式制作中文的求职信了。如果要制作英文的求职信，首先要充分了解格式。学习制作“求职信”之后，对于其他书信类文档应该比较容易了。

本任务的制作方法比较简单，制作过程比较轻松，只需要掌握插入表格以及如何对表格进行编辑即可。通过学习，大家可以顺利地制作自己的个人简历了。学习制作“个人简历”之后，对于课程表、成绩单这类文档应该得心应手了。

拓展与提高

1. 表格的计算

将光标置于存放结果的单元格内，单击“表格工具”→“布局”→“数据”→“公式”按钮，在弹出的“公式”对话框中输入公式，如图 3.26 所示，单击“确定”按钮即可。

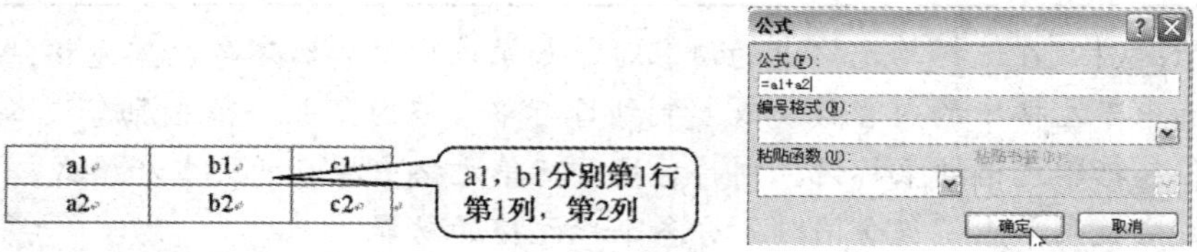

图 3.26　表格的计算

2. 数据排序

Word 可以方便地对选定的表格进行数据排序。方法是将光标定位到表格中欲排序的列上，单击“表格工具”→“布局”→“数据”→“升序”按钮，可使光标所在列以升序排列；用同样方法可以使光标所在列以降序排列。

3. 文本与表格间的转换

（1）将文本转换成表格。要进行转换的文本应该是格式化的文本，即文本中的每行用段落标记隔开，每列用分隔符（如逗号、空格、制表符等）分开。

具体操作：给文本添加段落标记和分隔符，选定要转换为表格的文本，打开“表格”菜单，选择“文本转换成表格”选项，选择所需要的选项后，单击“确定”按钮即完成转换。

> 提示：标点符号应该是英文状态。

（2）将表格转换成文本。选定整个表格，打开“表格”菜单，选择“表格转换成文本”选项，弹出“表格转换成文本”对话框，默认选择制表符，也可以选择其他选项，单击“确定”按钮即完成转换。

4. 调整行高和列宽

（1）鼠标拖曳调整行高或列宽。可以通过拖曳鼠标来完成行高或列宽的调整。将指针停留在要改其高度或宽度的行或列的边框线上，当指针变为“+||+”或“÷”形状时，拖动表格边框即可改变行高或列宽。

> **提示：**在拖动边框的同时按住“Alt”键，可以在标尺上显示行高或列宽的数值。

（2）使用表格属性对话框调整行高或列宽。在要更改列宽的列中用鼠标右键单击任意一个单元格。在右键菜单中选择“属性”选项，打开如图 3.27 所示的“表格属性”对话框。在“行”或“列”选项卡中设置行高或列宽数值。

> **提示：**要平均分布多行或多列时，可先选中要统一其尺寸的行或列，然后选择“表格”菜单中“自动调整”命令下的“平均分布各行”或“平均分布各列”命令即可。

5. 设置边框和底纹

将光标置于选定的表格或单元格内，单击鼠标右键，在弹出的快捷菜单中选择“边框和底纹”选项，弹出“边框和底纹”对话框后，进行详细设置，如图 3.28 所示。

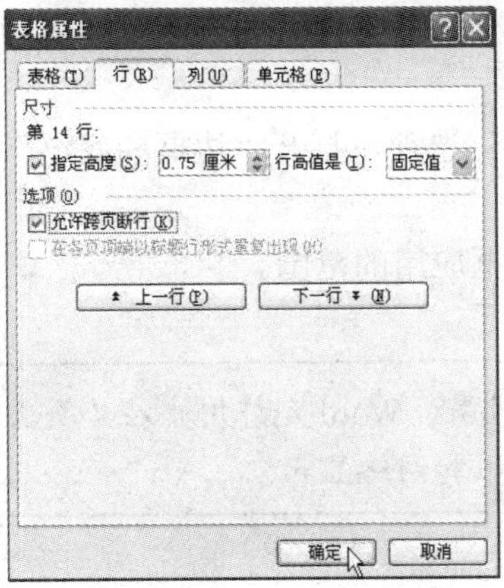

图 3.27　“表格属性”对话框

图 3.28　设置边框和底纹

6. 缩放整张表格

为了使表格可以更好地和周围的文档契合，有时需要对表格尺寸进行调整。将光标移到表格上，表格的右下角会出现一个小方框（即表格缩放控制点）。将鼠标移至表格缩放控制点，当指针变为“↖”形状时，单击选定整张表格，此时按住鼠标左键，鼠标指针变成“+”形状，再拖动鼠标即可按比例改变表格的大小。

7. 页面的垂直对齐方式

选择不同的页面的垂直对齐方式，可以调整段落之间的间距，使文档在页面中的摆放更加美观、协调。选择“页面布局”→“页面设置”选项，单击右下角箭头，打开“页面设置”对话框，选择“版式”选项卡，如图 3.29 所示，在页面“垂直对齐方式”下拉列表框中选择所需的对齐方式，如图 3.30 所示为各种对齐方式效果。

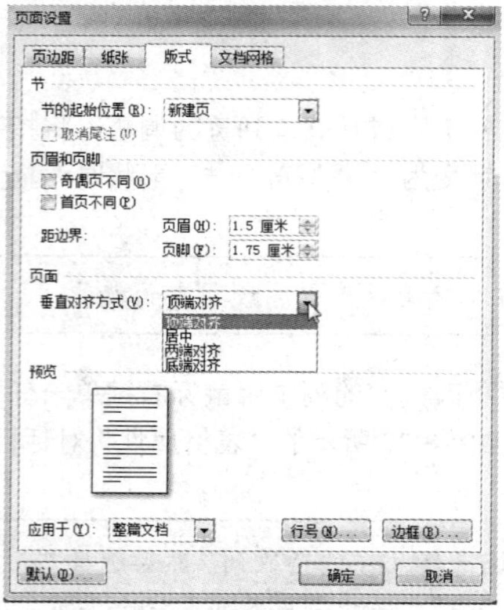

图 3.29　设置垂直对齐方式

（a）顶端对齐　（b）居中　（c）两端对齐　（d）底端对齐

图 3.30　各种对齐方式效果

8. 页面边框

页面边框是页面的一种装饰手段。一张生日贺卡、一份邀请函，都会因为精美的边框而增光添色。在 Word 中，可以为文档中每页的任意一边或所有边添加边框，也可以只为某节中的页面、首页或除首页以外的所有页添加边框。有多种线条样式和颜色以及各种图形边框的页面边框可供选择。

（1）选择“页面布局”→“页面背景”→“页面边框”选项，打开“边框和底纹”对话框，选择“页面边框”选项卡。

（2）在“页面边框”选项卡中设置参数，指定页面边框应用的范围。

（3）单击“确定”按钮，完成页面边框的设置。

> **提示：** 默认情况下，打开 Word 文档时是一张白纸效果，Word 允许用户在“页面设置”对话框中选择“文档网格”选项卡，为文档页面添加网络显示。

实训

任务一

1. 根据样文，为刘新制作一封英文求职信。
2. 根据自身情况制作一封自荐信。
3. 根据本任务中的求职信的制作格式和以下招聘广告中条件，设计制作一封求职信文本。

辽宁省利德医药有限公司

辽宁省利德医药有限公司是以药品批发、药业零售、药品配送为主营项目的大型医药经营企业，通过了国家 GSP 认证。因业务发展需要，公司总部及辽宁地区连锁药店诚聘下列人员。

（1）系统集成工程师，1 名，30 岁以下，岗位要求：计算机专业本科以上学历，熟悉网络、操作系统、数据库系统安装，相关工作 2 年以上经验，具备相关认证证书者优先考虑。

（2）软件工程师，2 名，26 岁以下，岗位要求：计算机专业本科以上学历，精通 C/C++、PB，熟悉 Oracle 数据库，2 年以上软件开发经验者优先。

（3）实施工程师，1 人，26 岁以下，岗位要求：熟悉 Oracle 数据库及各类操作系统，熟悉各类常用软件，掌握基础网络知识，具有一定的表达能力。

（4）系统维护员，2 人，25 岁以下，岗位要求：计算机专业专科以上学历，熟悉 Oracle 数据库，具有 2 年以上信息系统维护经验。

以上人员要求品质好，有敬业精神，一经录用，待遇从优。

报名要求：携带近期 1 寸免冠照片一张，学历证书，职称证书，身份证原件。

通信地址：×××××××

邮编：××××××

任务二

1．制作一封带有个人简历的求职信。

2．制作本学期的班级课程表。

3．将下列文本转换成表格并利用公式计算出总成绩，并按总成绩进行排序。

姓名，计算机维修，网络布线，网络互联，总成绩；

李军，95，90，78；

刘新，96，95，92；

李洪涛，65，62，71；

丁丽丽，89，81，93；

王雷，100，72，80；

4．将表格转换成文本。

		2006 年	2007 年	2008 年
计算机	硬件	81.6	86.4	90.0
	软件	36.8	40.0	50.0
	服务	68.7	73.6	80.0
通信		217.5	235.1	220.0

任务 10　公文模板

◆ **知识技能点：**

（1）掌握 Word 2007 模板的制作和使用方法。

（2）掌握公文格式规范。

（3）能够制作格式统一的公文文档。

国家行政机关的公文是行政机关在行政管理过程中，所形成的具有法定效力和规范体式的公务文书，是依法行政和进行公务活动的重要工具。常见的公文有命令（令）、决定、公告、通告、通报、批复、意见、信函、请示、报告、会议纪要等。

任务引入

当每次进入 Word 时，系统都会自动新建一个空白文档，并分配一个名称为“文档 1”的文档。而我们在实际应用中，常用到的不是这种默认设置。如行政事业单位办公要经常上传、下达文件，而对于这些文件各单位都有固定的格式要求，每次将文件内容录完以后，都要进行字体、字号、纸型等多项设置。是否有一种方法来简化文档的设置工作，使每次新建空白文档时直接打开这一设置好格式的文档呢？答案当然是肯定的，我们可以用 Word 的模板功能来实现。

任务分析

本任务以录用通知书、试卷这两种模板的制作，运用 Word 的相关功能，完成任务。

具体 Word 文本格式：

（1）制作模板。

（2）页眉和页脚。

（3）插入公式。

任务实施

10.1.1 录用通知书模板的制作

【案例】

由于准备充分的求职信和个人简历，刘新获得了应聘公司的面试机会，并顺利通过面试。宋玲是该公司人力资源部干事，她的工作包括负责公司的人事事务文书的制作。宋玲按领导指示要为刘新草拟一份录用通知书。宋玲所做录用通知书格式规范吗？应该怎么样帮她修改呢？

录用通知书的样文如下

录用通知书

尊敬的　　先生（女士）：

您应聘本公司　　　　一职，经复审，决定录用，请于　　　年　　月　　日（星期　）上午 9:00 ~ 11:00 或下午 2:00 ~ 5:00，携带下列物品文件及详填函附之表格，到本公司人事部报到。

居民身份证；个人资料卡；保证书和一寸照片 2 张。

注意事项：

按本公司之规定，新进员工必须先行试用 3 个月，试用期间暂支付月薪 800 ~ 1000 元。

报到后，本公司将在很愉快的气氛中，为您做职前介绍，包括让您知道本公司人事制度、福利、服务守则及其他注意事项，使您在本公司工作期间满足、愉快。如果您有疑虑或困难，请与本部联系。

祝：心情愉快！

人事部启

×××年×月×日

1．具体制作思路（如图 3.31 所示）

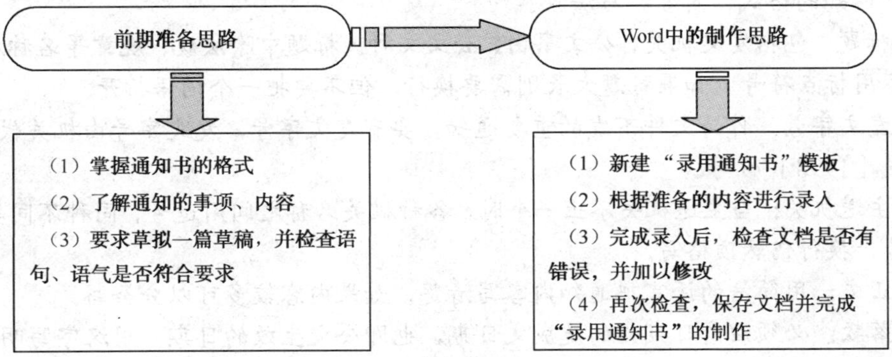

图 3.31　具体制作思路

2．具体 Word 文本格式

（1）页面设置：B5 纸，横向。

（2）名称“录用通知书”用宋体，三号字，加粗，居中对齐；其余部分内容用宋体，四号字，收信人称呼居左对齐，落款和日期居右对齐，正文部分首行缩进 2 字符。

（3）段前、段后设置为 0 行。

（4）行距为 1.5 倍行距。

（5）保存文件名为“录用通知书”。

技能链接

1．关于模板的相关知识

任何 Microsoft Word 文档都是以模板为基础的。模板决定文档的基本结构和文档设置，如自动图文集词条、字体、快捷键指定方案、宏、菜单、页面布局、特殊格式和样式。

Word 中的模板分为两类：一是系统向导或模板，第二类为用户自定义模板。而系统模板又分为两种基本类型，即共用模板和文档模板。共用模板包括 Normal 模板，所含设置适用于所有文档。文档模板（如“新建”对话框中的备忘录和传真模板）所含设置仅适用于以该模板为基础的文档。例如，如果用备忘录模板创建备忘录，备忘录能同时使用备忘录模板和任何共用模板的设置。Word 提供了许多文档模板，您也可以创建自己的文档模板。

Word 的系统向导或模板安装在 X:\Program Files\Microsoft Office\Templates\2052 文件夹中，其扩展名是 WIZ(向导)和 DOT(模板)。用户自定义模板存放的位置会由于 Windows 版本的不同而不一样：对于 Windows 2000/NT/XP 用户，自定义模板会放到 C:\Documents and Settings\用户名\Application Data\Microsoft\Templates 文件夹下。保存在“Templates”文件夹中的模板文件将出现在“文件”菜单的“新建”对话框中。保存在“Templates”文件夹中的任何文档 (.doc) 文件都可以作为模板使用。

在使用时，保存在“Templates”文件夹中的模板文件出现在“常用”选项卡中。按这个模板创建的文件即与模板的样式相同。

2. “通知”的相关知识

（1）通知的种类。从适用内容方面分类：通知可分为指示性通知、批示性通知、传达性通知、会议性通知和任免性通知。

（2）通知的格式、内容和写法。

① 标题：包括发文机关、公文事由、公文文种。标题中除法规、规章等名称加书名号外一般不用标点符号。如果标题太长则需要换行，但不要把一个词语拆开。

② 发文字号：作为文件下发的重要通知，要有发文字号，发文字号由机关代字组成，如国办发［1998］79号。

③ 主送机关：当主送机关不止一个时，各种机关名称之间用逗号，同种不同类机关之间用顿号，换行仍然顶格写。

④ 正文：用简洁的语言把通知内容写清楚，如果内容较多可以分条写。

⑤ 落款：必须注意日期指的是成文日期，也即公文生效的日期。用汉字写明年、月、日，印章“骑年盖月”。

⑥ 主题词：是根据公文内容概括出的表达主题的规范化名词或名词性短语，以便公文的归档和检索，顶格书写。主题词少则用两三个词语，最多以七个词语为限，最后一个词语为文种。

3. 制作相关知识

（1）打开文档。如果想要查看计算机中已保存的文档，其方法如下。

① 比较简单的操作是找到需要打开的文档路径，双击想要查看的文档。

② 启动Word 2007后，选择“Office按钮”→“打开”命令，在查找范围下拉列表中选择需要打开的文档路径，选择目标文档，如图3.32所示。

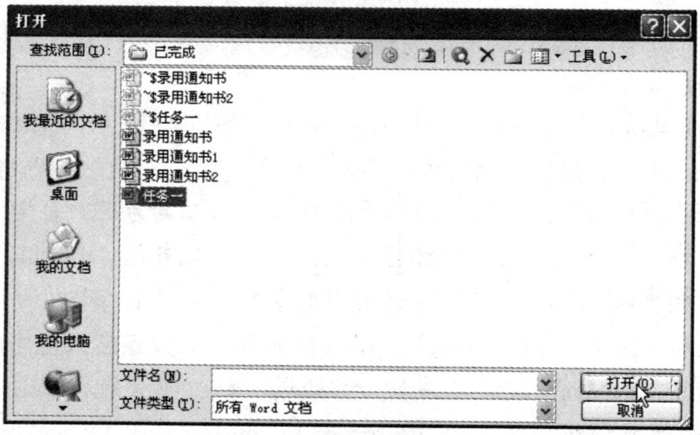

图3.32 打开文档

（2）设置字符格式。篇幅字体美观的文档更加吸引众人，Word提供了字符格式化功能，让办公文档的可读性更强。在Word文档中输入的文本都具有一定的格式，默认设置如下：中文字体为“宋体”，英文字体为“Times New Roman”，字号为“五号”，颜色为“黑色”。

① 单击“开始”选项卡中字体（字号）右侧的下拉按钮后，出现如图3.33所示下拉

列表，选择所需要的字体（字号）。

② 单击“开始”选项卡中的按钮后，出现如图 3.34 所示“颜色”选项卡，选择所需要的字体颜色。

图 3.33　选择字体、字号

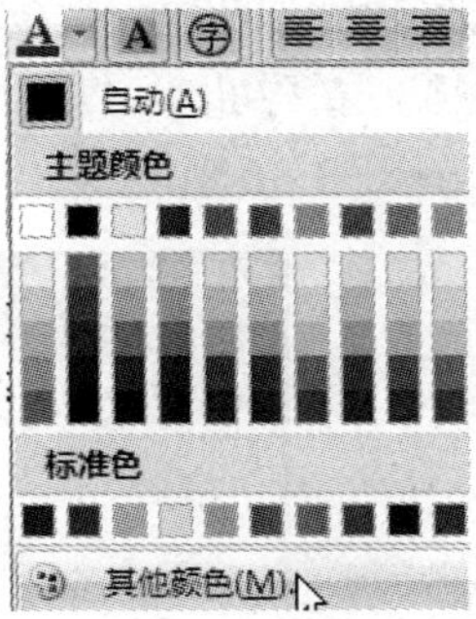

图 3.34　选择颜色

③ 单击“字体”右下角箭头，出现“字体”对话框，选择所需要的字体、字号，设置字符间距，如图 3.35 所示。

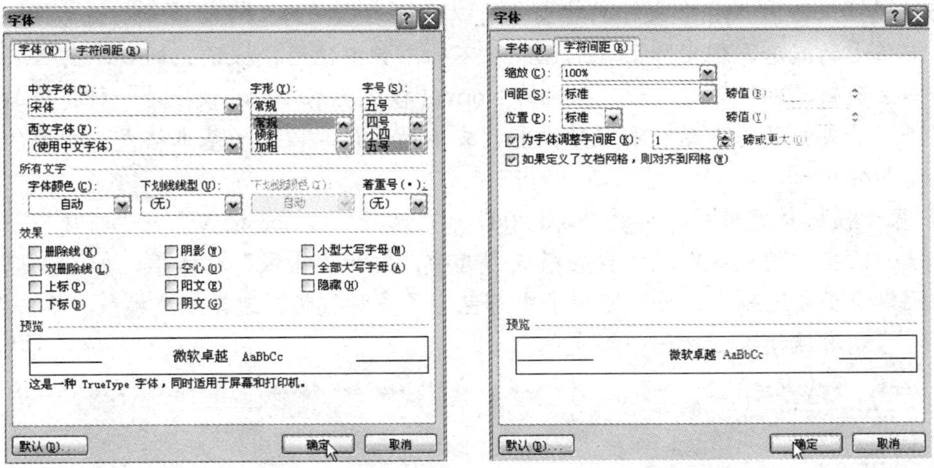

图 3.35　“字体”对话框

表 3.4 中列出部分字符格式效果样例，用户可自行设置并查看效果。

表 3.4　部分字符格式效果样例

五号宋体	小三楷体	二号隶书	三号黑体
宋体加粗	*倾斜*	<u>双下划线</u>	字符底纹
字 距 加 宽	字距紧缩	字符加框	~~加双删除线~~
设置[上标]	设置$_{下标}$	字符提升	字符 降低
字符空心	着重号	字符缩放	字符颜色

（3）撤销、恢复与重复操作。在 Word 2007 中，每一步的操作系统都会自动保存下来。执行撤销操作时，单击快速访问工具栏中的按钮即可。如果执行撤销操作出现错误，还

可以单击按钮进行恢复操作。

（4）查找与替换文本。对于篇幅较大的文本，在输入完成或编辑完成后，若发现需要对某个词或字符进行修改，逐一修改耗时不说，还可能出现遗漏。这种情况下，查找与替换功能就体现出其优越性了。具体操作如下：选择“开始”→“编辑”→“查找”或“替换”选项，在弹出的“查找和替换”对话框中，输入查找和替换的内容即可进行查找和替换，如图 3.36 所示。

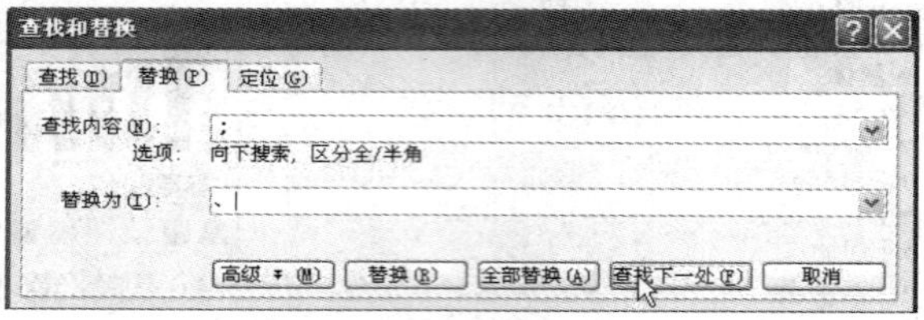

图 3.36　“查找和替换”对话框

> 提示：按“Esc”键可取消正在执行的搜索。

（5）模板。任何 Word 文档的建立都是以模板为基础的。对初学者来说，模板似乎是一个非常陌生的概念，但实际上我们已经在不知不觉中使用模板了。例如，在 Word 中创建的任意空白新文档，都是以一个共同的 Normal 模板为基准的。模板是一种特殊的文档类型，它决定了文档的基本结构和文档设置，文本的字体，段落的基本格式，图像的插入方式、格式和样式等。

① 基于模板新建文档。启动 Word 2007 后，选择“Office 按钮”→“新建”→“新建文档”→“已安装的模板”或“我的模板”选项，打开“模板”对话框，如图 3.37 所示。该对话框中有多个选项卡，每个选项卡中都包含了多种模板。选择一个模板，单击“创建”按钮，即可利用该模板创建一个新文档。

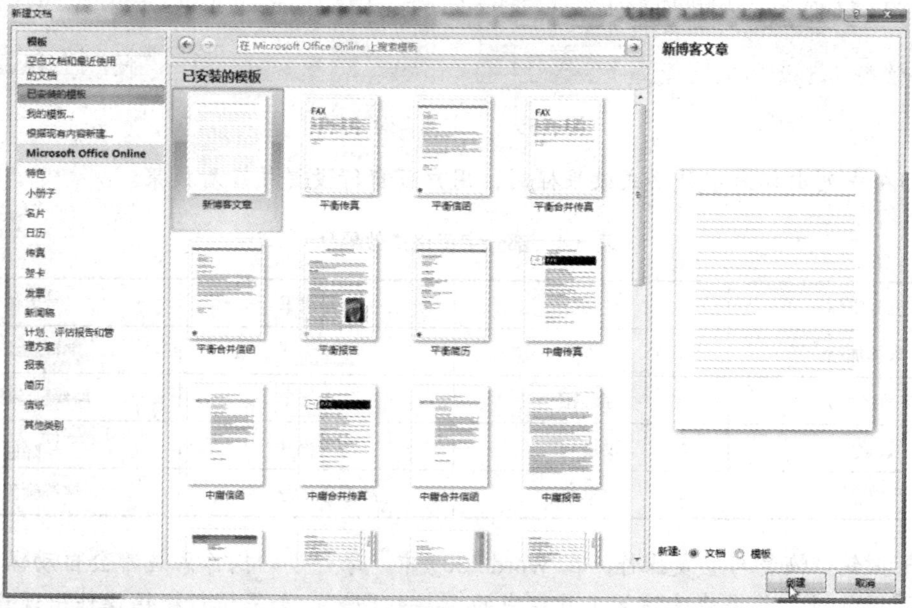

图 3.37　新建文档（已安装的模板）

② 创建一个新的模板文档。创建新模板的方法与创建普通 Word 文档的方法基本相同，只需要在保存时将文档类型存储为模板（.dotx）格式，如图 3.38 所示。

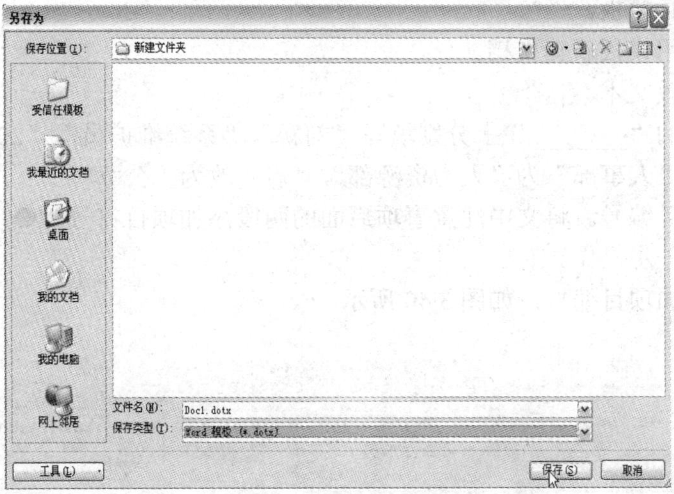

图 3.38　保存模板

3. 通知书制作

步骤一：新建模板文档。启动 Word 2007，新建"录用通知书.dotx"模板文档。

步骤二：进行页面设置。纸张：B5 纸。方向：横向；页边距：默认。

步骤三：录入和编辑文本的内容。

（1）在整篇文档的开始处，输入名称"录用通知书"文本。按"Enter"键，将文本插入点移到下一行行首。输入标题、正文、落款，如图 3.39 所示。

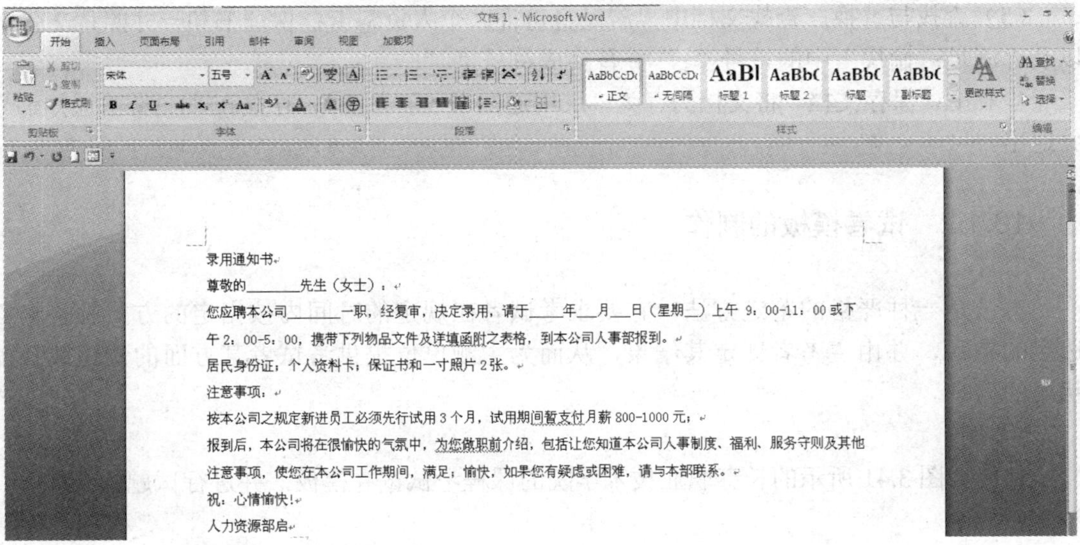

图 3.39　录入文本

（2）插入日期。在最后一行插入日期 2010 年 5 月 10 日。

（3）设置字体、字号。标题：宋体，四号字，加粗。其余部分：宋体，小四号字。

（4）设置对齐方式。标题：居中。署名和日期：居右。

（5）设置字符及段落格式。

缩进：0 字符。首行缩进：2 字符。段前、段后：0 行。行距：1.5 倍行距。

步骤四：保存模板。

步骤五：利用模板新建文档。

步骤六：修改文本。

（1）在文中的“_______”上分别填写“刘新”、“系统维护员”、“2010”、“5”、“18”、“二”；修改文中“人事部”为“人力资源部”，“启”改为“公章”。

（2）添加项目编号。将文中注意事项后面的两段添加项目符号“●”。

（3）取消上一步操作。

（4）重新添加项目编号，如图 3.40 所示。

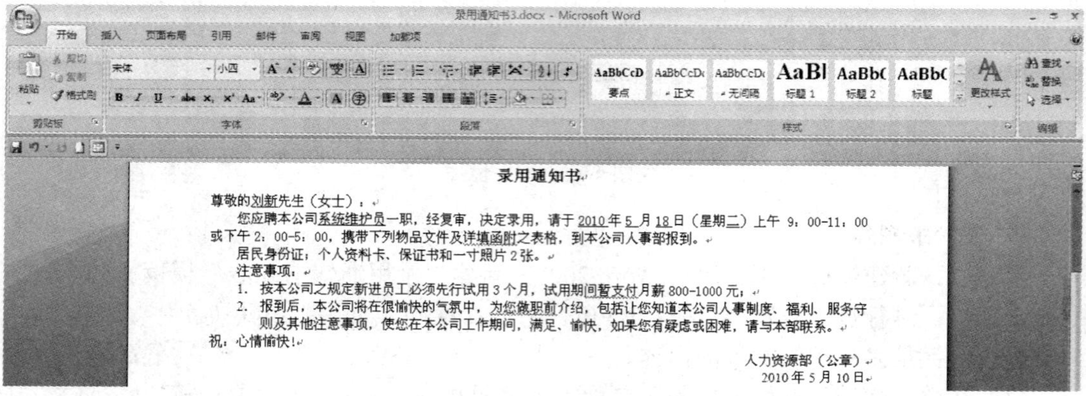

图 3.40　编辑后的录用通知书

（5）查找与替换。查找文档中“居民身份证；个人资料卡；保证书和一寸照片 2 张。”以及“满足；愉快”中的符号“；”并替换成符号“、”。

步骤七：保存文档。将文档另存为“录用通知书——刘新”，存盘在“E:\员工通知书”，并退出。

10.1.2　试卷模板的制作

考试是一种严格的鉴定方法，它要求考试者在规定的时间内按指定的方式解答精心选定的题目，并由主考者评定其结果，从而为主测单位提供考试者某方面的知识或技能状况的信息。

【案例】

制作如图 3.41 所示的长春职业技术学院的课程考试试卷模板，并进行试题的录入。

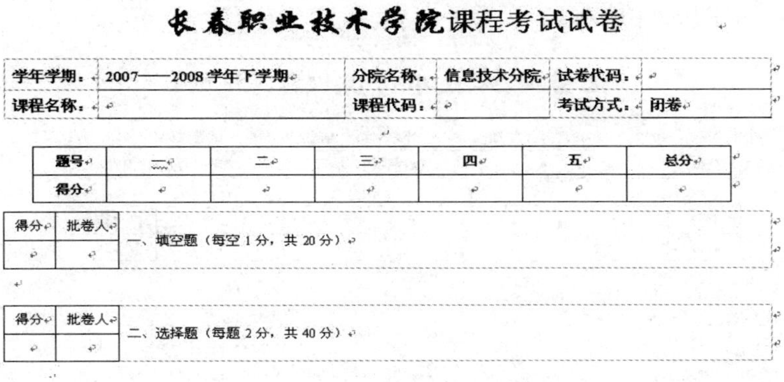

长春职业技术学院课程考试试卷

学年学期：	2007——2008 学年下学期	分院名称：	信息技术分院	试卷代码：	
课程名称：		课程代码：		考试方式：	闭卷

题号	一	二	三	四	五	总分
得分						

得分	批卷人	一、填空题（每空 1 分，共 20 分）

得分	批卷人	二、选择题（每题 2 分，共 40 分）

图 3.41　长春职业技术学院课程考试试卷

制作过程如下。

步骤一：新建文档。新建文档“长春职业技术学院课程考试试卷”。

步骤二：页面设置。纸型：B4 纸。方向：纵向。页边距：上 5cm，下 3cm，左右 3cm。页眉距边界：0.6cm。页脚距边界：1.5cm。

步骤三：编辑模板。

设置页眉和页脚，如图 3.42 所示，效果如图 3.43 所示。

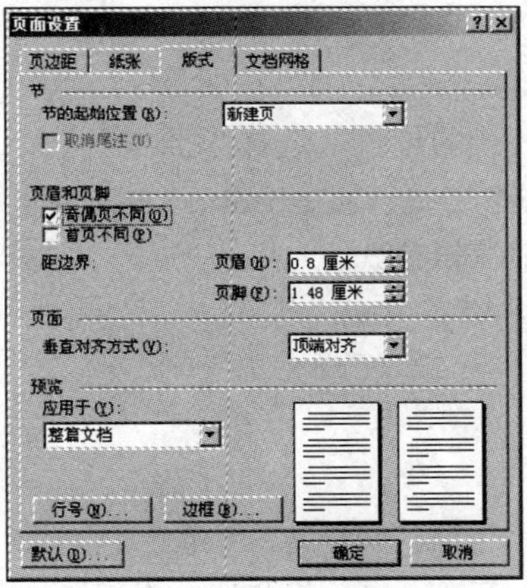

图 3.42　设置奇/偶页不同的页眉

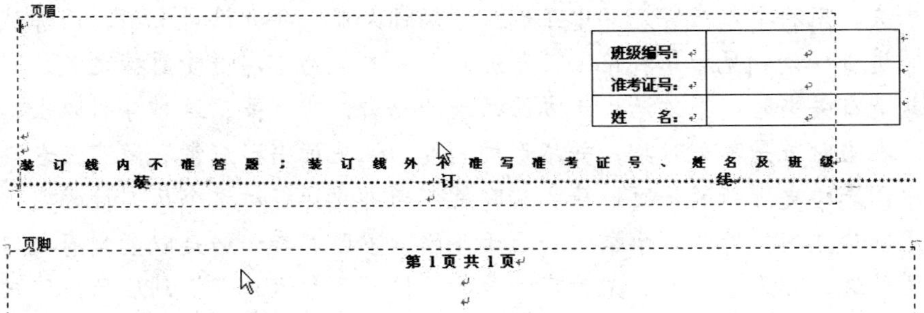

图 3.43　设置页眉和页脚效果图

输入文本，如图 3.44 所示。

长春职业技术学院课程考试试卷

学年学期：	2007——2008 学年下学期	分院名称：	信息技术分院	试卷代码：	
课程名称：		课程代码：		考试方式：	闭卷

题号	一	二	三	四	五	总分
得分						

得分	批卷人	
		一、填空题（每空 1 分，共 20 分）

得分	批卷人	
		二、选择题（每题 2 分，共 40 分）

图 3.44　试卷模板正文

步骤四：保存模板。将文档另存为“桌面\长春职业技术学院课程考试试卷.dotx”。

步骤五：利用模板，新建文档。选择“文件”→“新建”选项，打开“新建文档”任务窗口；单击“本机上的模板…”，打开“模板”对话框，选择“长春职业技术学院课程考试试卷”模板，新建文档，并另存为“数学试卷.docx”。

步骤六：编辑文档。

① 录入文本。

② 插入公式。

● 将光标定位在要插入公式的位置，选择“插入”→“对象”选项，打开“对象”对话框，在“对象类型”列表框中选择“Microsoft 公式 3.0”，单击“确定”按钮。

● 在出现的公式文本框中编辑公式。

③ 利用制表位录入的文本对齐方式。

④ 保存并退出。

技能链接

1. 考试的来源

中国古代科举制度最早起源于隋朝。隋朝统一全国后，为了适应封建经济和政治关系的发展变化，为了扩大封建统治阶级参与政权的要求，加强中央集权，于是把选拔官吏的权力收归中央，用科举制代替九品中正制。隋炀帝大业三年开设进士科，用考试的办法来选取进士。进士一词初见于《礼记·王制》篇，其本义为可以进受爵禄之义。当时主要考时务策，就是有关当时国家政治生活方面的政治论文，叫试策。这种分科取士、以试策取士的办法，在当时虽是草创时期，并不形成制度，但把读书、应考和做官三者紧密结合起来，揭开中国选举史上新的一页。唐玄宗时礼部尚书沈既济对这个历史性的变化有过中肯的评价：“前代选用，皆州郡察举……至于齐隋，不胜其弊……是以置州府之权而归于吏部。自隋罢外选，招天下之人，聚于京师春还秋住，乌聚云合。”到后来，这种有着千年历史的制度流传下来，形成了现在这种考试。

2. 制作相关知识

（1）公式编辑器。公式编辑器是 Office 自带的一个工具软件，在安装 Office 时，需要选择安装该组件。利用“公式编辑器”，只要选择工具栏上的符号并输入数字和变量就可以创建复杂的数学、化学等学科的公式。当输入公式时，“公式编辑器”会根据数学和排版约定，自动调整公式中各个元素的大小、间距和格式编排。

例：利用“公式编辑器”创建如图 3.45 所示数学公式。

① 将光标置于文档中要插入公式的位置。

② 选择“插入”→“对象”选项，打开“对象”对话框，如图 3.46 所示。

③ 选择“新建”→“对象类型”→“Microsoft 公式 3.0”选项。

④ 单击“确定”按钮显示的“公式编辑器”窗口，同时显示“公式”工具栏，如图 3.47 所示。

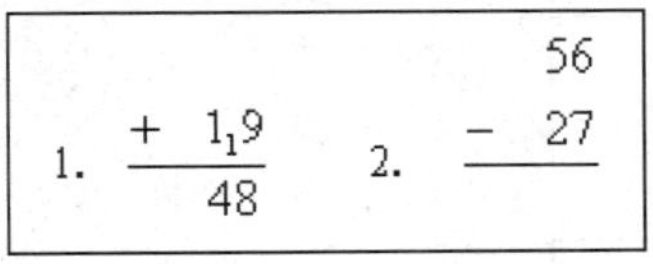

图 3.45　数学公式图

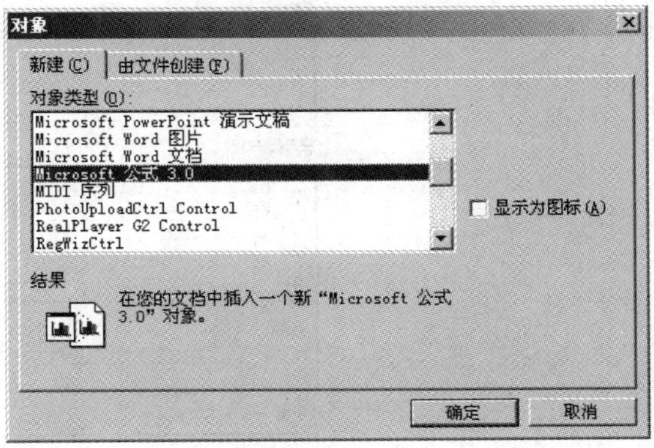

图 3.46　“对象”对话框

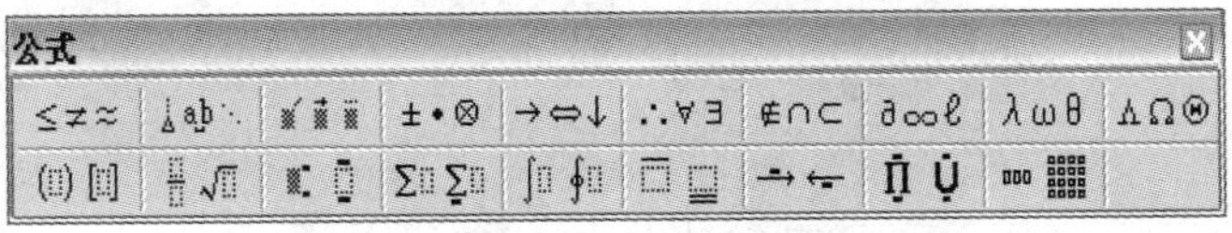

图 3.47　公式编辑器

⑤ 使用“公式”工具栏上的按钮，进行公式编辑。

单击“插入”→“符号”→“公式”按钮π，打开“公式”工具栏（如图 3.48 所示）编辑公式。

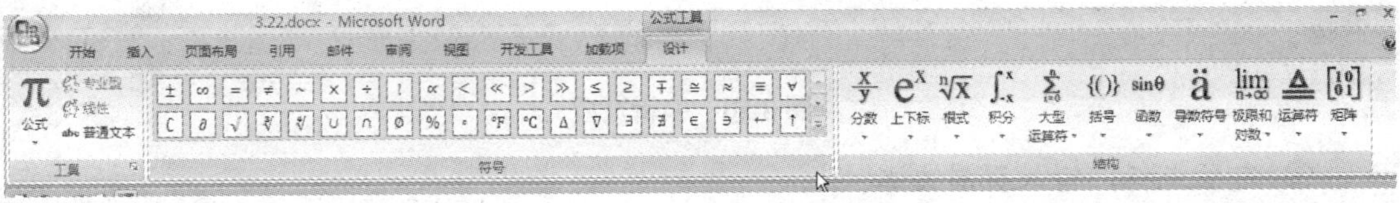

图 3.48　“公式”工具栏

> **提示：** 将光标移到要编辑公式的位置，利用快捷键“Alt+=”，打开“公式”工具栏编辑公式。

⑥ 公式编辑结束后，单击公式以外空白处，即可回到文档编辑窗口，如需再次对公式进行编辑，只需双击公式即可。

（2）页眉和页脚。页眉和页脚是文档中每个页面边距的顶部和底部区域。可以在页眉、页脚位置插入页码、日期、标题等文本或图形。通常情况下，作者会在书籍及文档的页眉或页脚部分传递一些信息提示。页眉和页脚只是在页面中的位置不同，下面以页眉为例进行说明，具体操作如下。

① 插入页眉前，首先选择“插入”→“页眉和页脚”→“页眉”选项，设置页眉的格式，如图 3.49 所示，如使用默认值（空白），设置完成后返回编辑窗口。

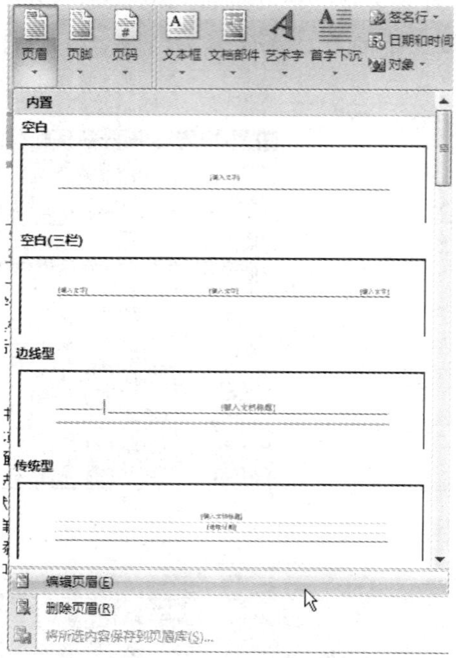

图 3.49　选择页眉格式

② 此时 Word 将自动在当前页面的页眉区域（虚线框中的区域即为页眉位置）添加一条横线，并将光标定位在页眉的中间位置，如图 3.50 所示。

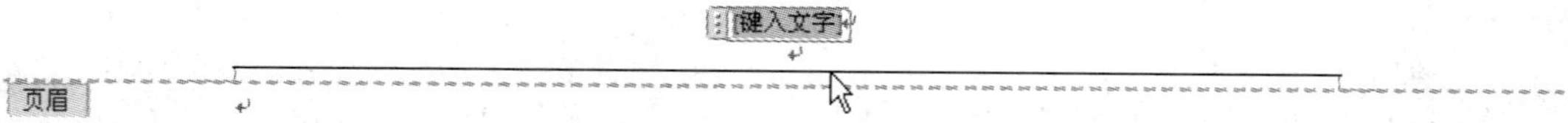

图 3.50　编辑页眉

③ 定位光标，输入页眉文本。

④ 设置完成后，单击“关闭”按钮即完成页眉的添加。

⑤ 同时弹出“页眉和页脚”工具栏。运用该工具栏上的按钮可以方便地对页眉和页脚的内容进行编辑，如图 3.51 所示。

图 3.51　“页眉和页脚”工具栏

（3）编辑页眉和页脚。如果觉得页眉和页脚设置效果不理想，可重新对页眉进行编辑，具体操作如下。

① 选择“插入”→“页眉和页脚”选项（或双击“页眉和页脚”所在位置），即可进入“页眉和页脚”编辑状态。

② 将光标移至要编辑的页眉或页脚处。

③ 单击“页眉和页脚”工具栏→“插入页码”按钮，即可完成页码的添加。

④ 在页眉和页脚编辑状态下按“Delete”键或“Backspace”键，即可删除不需要的内容。

⑤ 单击“页眉和页脚”工具栏中的“关闭”按钮或双击正文编辑区，完成页眉的编辑。

提示：在长篇文档排版中，常常会使用奇/偶页内容不同的页眉或页脚设置。此时除需在页眉或页脚上设置不同的内容外，还需在“页面设置”对话框的“版式”选项卡中进行页眉和页脚奇/偶页不同的设置。

任务总结评价

首先，一定不要忘记根据模板的性质，设计合适的样式集合。设计的时候要注意命名规则、不同段落样式的相互关系、格式的统一性等问题。想了解样式的奥妙，可以试用一下 Word 提供的“中文报告”等模板，仔细揣摩一下不同样式之间的关系。其次，用户还可以为模板定义专门的自动图文集，供用户快速插入一些文本和图片。最后，大家还可以根据自己的实际水平和文档性质，重新定义工具栏按钮。这样，当使用特定模板的时候，Word 的外观也会相应地起变化，把编辑此类文档最常用的按钮呈现在最合适的位置。为了使模板更加完善，大家还可以细心定义其他的细节。

拓展与提高

1. “公式”工具栏

“公式”工具栏的每个按钮都可以启动一个菜单。工具栏上行的按钮可以启动符号菜单；工具栏底行的按钮可以启动模板菜单。用户通过选择模板中相应的框架可以实现公式的创建并加入变量信息；通过输入变量名和其他的文本，并选择符号和模板，即可创建一个完整的公式。

2. 控件

有时，通过添加说明来指示如何填写已添加到联机表单中的特定内容控件是非常有用的。当有人使用该表单时，这些说明将替换为实际内容。

选择“开发工具”→“控件”→“设计模式”选项，如图 3.52 所示。

图 3.52　控件

如果尚未向文档中添加内容控件，请在需要显示控件的位置单击，然后选择某个控件。如果不可用，则表明可能打开了一个用 Word 的早期版本创建的文档。要使用“内容控件”，必须将该文档转换为 Word 2007 文件格式，方法是单击“Microsoft Office”按钮，选择“转换”选项，然后单击“确定”按钮。

单击要在其中修订占位符文本的内容控件，编辑占位符文本并将其设置为所需的格式，如图 3.53 所示。

如果希望当有人在格式文本控件或文本控件中输入其自己的内容来替换其中的说明时，该内容控件消失，请单击“控件”组中的“属性”按钮，然后选中“内容被编辑后删除内容控件”复选框，如图 3.54 所示。

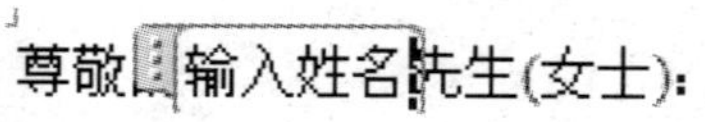

图 3.53　插入和编辑控件

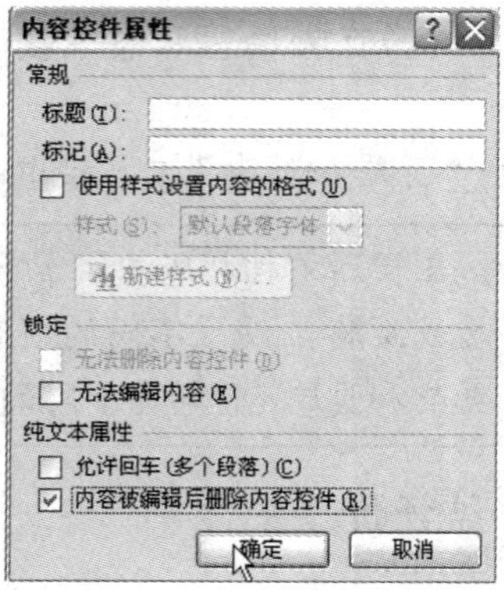

图 3.54　内容控件属性

实训

任务一

1．制作一封邀请函模板。

2．创建以下家长会的通知文档。

尊敬的《同学》家长:

今年的期末考试已经临近，为了让学校和家长更好地配合，使您的孩子能以优异的成绩毕业、升学，学校决定《日期》《时间》召开一次《年级》家长会。希望您能按时参加。

《单位》

<时间>

（1）建立 5 个数据源，其中“《》”内为待添加数据的数据域。

（2）最后的“<时间>”为需要插入的日期域。

（3）进行邮件合并。

3．新职员刘新如期到公司报到，在试用期间还不算是公司的正式员工，自己有哪些权利和义务，刘新也是一头雾水。这时宋玲告诉他，根据我国法律和公司相关规章制度的规定，公司员工必须签订劳动合同，并拿出一份草拟的《员工试用合同书》让刘新录入，考验一下他的公文制作能力。如果你是刘新，你能做到吗？试着做一下吧，将空白处也填写上。

员工试用合同书的样文，如图 3.55 所示。

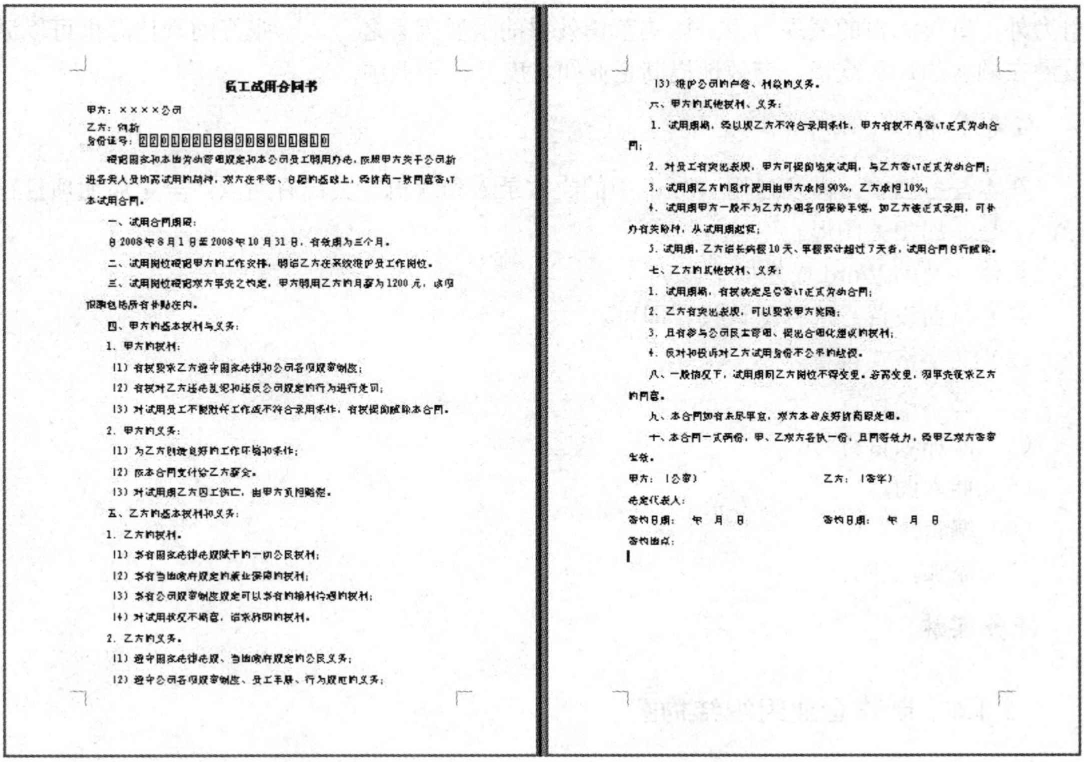

员工试用合同书

甲方：××××公司

乙方：刘新

身份证号：220102198308011810

根据国家和本地劳动管理规定和本公司员工聘用办法，按照甲方关于公司新进各类人员均需试用的规定，双方在平等、自愿的基础上，经协商一致同意签订本试用合同。

一、试用合同期限：

自2008年8月1日至2008年10月31日，有效期为三个月。

二、试用岗位根据甲方的工作安排，聘请乙方在系统维护员工作岗位。

三、试用岗位根据双方事先之约定，甲方聘用乙方的月薪为1200元，该项报酬包括所有补贴在内。

四、甲方的基本权利与义务：

1．甲方的权利：

（1）有权要求乙方遵守国家法律和公司各项规章制度；

（2）有权对乙方违法乱纪和违反公司规定的行为进行处罚；

（3）对试用员工不能胜任工作或不符合录用条件，有权提前解除本合同。

2．甲方的义务：

（1）为乙方创造良好的工作环境和条件；

（2）按本合同支付给乙方薪金。

（3）对试用期乙方因工伤亡，由甲方负担赔偿。

五、乙方的基本权利和义务：

1．乙方的权利。

（1）享有国家法律法规赋予的一切公民权利；

（2）享有当地政府规定的就业保障的权利；

（3）享有公司规章制度规定可以享有的福利待遇的权利；

（4）对试用状况不满意，请求辞职的权利。

2．乙方的义务。

（1）遵守国家法律法规、当地政府规定的公民义务；

（2）遵守公司各项规章制度、员工手册、行为规范的义务；

（3）维护公司的声誉、利益的义务。

六、甲方的其他权利、义务：

1．试用期满，发现乙方不符合录用条件，甲方有权不再签订正式劳动合同；

2．对员工有突出表现，甲方可提前结束试用，与乙方签订正式劳动合同；

3．试用期乙方的医疗费用由甲方承担90%，乙方承担10%；

4．试用期甲方一般不为乙方办理各项保险手续，如乙方被正式录用，可补办有关险种，从试用期起算；

5．试用期，乙方请长病假10天、事假累计超过7天者，试用合同自行解除。

七、乙方的其他权利、义务：

1．试用期满，有权决定是否签订正式劳动合同；

2．乙方有突出表现，可以要求甲方奖励；

3．具有参与公司民主管理、提出合理化建议的权利；

4．反对和投诉对乙方试用身份不公平的歧视。

八、一般情况下，试用期间乙方岗位不得变更。若需变更，须事先征求乙方的同意。

九、本合同如有未尽事宜，双方本着友好协商原则处理。

十、本合同一式两份，甲、乙双方各执一份，具同等效力，经甲乙双方签章生效。

甲方：（公章）　　乙方：（签字）

法定代表人：

签约日期：　年　月　日　　签约日期：　年　月　日

签约地点：

图3.55　员工试用合同书样文

任务二

1．利用“长春职业技术学院课程考试试卷.dotx”和“计算机维护与维修习题库.docx”制作一份计算机维护与维修试卷。

2．将本任务中的模板的页面设置改为横向，重新制作“数学试卷.docx”。

3．利用控件完善本任务中的“录用通知书”模板。

4．制作学生毕业论文正文部分的模板。

任务11　公司宣传海报

◆ 知识技能点：

（1）掌握Word 2007中文字、表格、图片、组织结构图处理方法。

（2）会使用Word 2007进行复杂文档的编辑。

（3）能够统一排版文档。

（4）会抽取目录。

任务引入

企业宣传已成为必不可少的营销手段，包括电视、广播、网络、现场传单等形式。公司的组织结构图及职位说明，是人们通过网站等宣传手段了解企业的一种方式。而企业产品的营销效果最快、最直接的当属现场宣传的形式，现场宣传的具体效果除商品本身的吸引力外，宣传海报的表现力也是影响营销效果的重要因素之一。一张好的宣传海报可以激发潜在顾客的购买欲望，有效地提高企业知名度及营销业绩。

任务分析

在本任务当中，涉及使用 Word 中的文本录入和编辑，关键有两点：一是添加项目符号，二是添加相关图形。

具体涉及的 Word 操作如下。

（1）页面设置：选择默认设置即可。

（2）文字格式设置。

（3）艺术字设置。

（4）添加项目符号。

（5）插入图。

（6）编辑图。

（7）添加批注。

任务实施

11.1.1 制作企业组织结构图

【案例】

刘新所在公司原有的职位说明书已经过期，销售部经理李刚拿着一份手写的新的职位说明书找到人力资源部宋玲商讨。宋玲很快就录好文本，并添加了项目符号和组织结构图。本任务就来制作这个职位说明书。

职位说明书——销售经理

销售经理一职在公司组织结构中的位置，如图 3.56 所示。

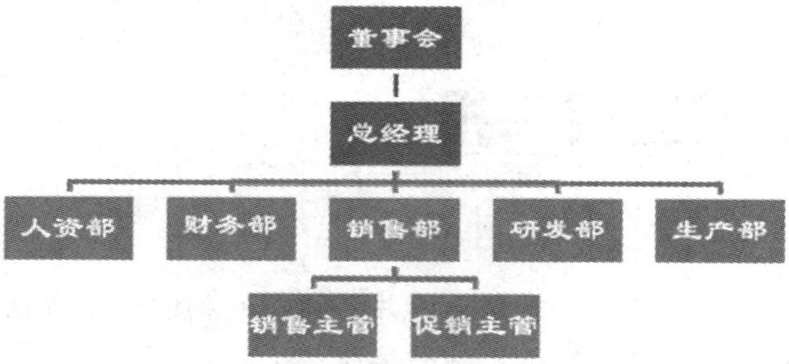

图 3.56 公司组织结构图

销售经理是公司销售部门中的重要职位，负责产品的销售范围、渠道、面向的客户人群以及销售的日常管理，能够协助销售人员与客户进行沟通，处理冲突，客观公正地对产品销售人员的业绩进行评估，并就评估的结果与被评估人进行交流。

销售经理的工作职责如下。

● 负责项目计划和实施。

● 负责项目的日常管理。

● 向项目主管汇报项目实施情况。

● 代表公司与客户进行日常沟通。

● 对项目成员的业绩进行评估。

销售经理的资质要求如下。

● 沟通表达能力。

● 计划控制能力：能够合理分配和管理时间、资源。

● 行业知识经验：熟悉所在行业的关键工作内容及流程。

● 市场分析能力：能够清晰理解和把握客户的需求，并对需求的内容进行分析。

● 工作资历：原则上要求具备项目经理职称；担任销售经理 2 年以上；有 2 个以上中型企业销售及管理的经验。

技能链接

1. 职位说明书相关知识

职位说明书也称为岗位工作说明书，是指对职位工作的性质、任务、责任、环境、处理方法以及对职员的资格条件的要求所做的书面记录。它是根据职位分析的各种调查资料，加以整理、分析、判断所得出的结论，编写成的一种文件，是职位工作分析的结果。若要修改，一般由职位所在部门的负责人向人力资源部提出申请，并填写标准的职位说明书修改表，由人力资源部门进行信息收集，并对职位说明书做出相应的修改。职位说明书内容如下。

（1）岗位描述。

（2）岗位要求。

① 岗位基本信息。

② 工作内容描述。

③ 任职资格。包括教育背景、经验 、技能要求、个性特质、培训经历及其他。

④ 责权范围。

责任：指此项工作所担负的职责和应当按时完成的任务。

权力：一定的工作岗位要承担一定的责任，必须要有相应的人、财、物上的支配权力。

2. 制作相关知识

（1）项目符号。项目符号是放在文本前以添加强调效果的点或其他符号。

选中要设置项目符号的文本，单击“开始”→“段落”→“项目符号”按钮☰即可。默认符号为“·”，如果想选其他样式的符号，单击“项目符号”右侧下拉按钮，打开如图 3.57 所示的“项目符号库”选项卡，选择其中的一种符号作为项目符号，单击“确定”按钮完成项目符号的设置。

在使用项目符号进行排版时，如在预览框中没有符合要求的符号，可选择“项目符号”→“项目符号库”选项卡→“定义新项目符号”→“自定义项目符号列表”，弹出如图 3.58 所示的对话框，单击“符号”按钮，打开“符号”对话框，在该对话框中选择一种符号后单击“确定”按钮，该符号将被导入符号列表中，并自动处于选中状态。

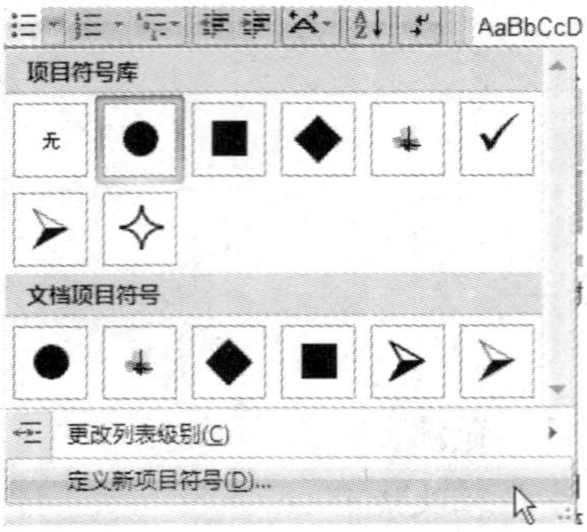

图 3.57 “项目符号库”选项卡

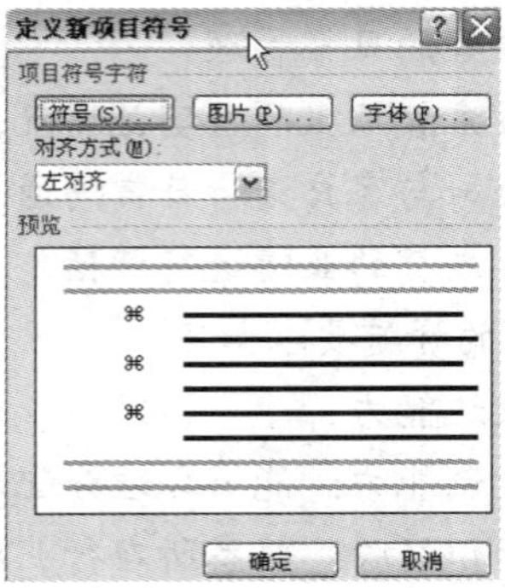

图 3.58 “定义新项目符号”对话框

> **提示**：可以使用图片做项目符号，只需单击如图 3.58 所示“图片”按钮载入图片即可。

（2）插入剪贴画。Word 中的剪辑库中包含了大量的图片，从地图到人物，从建筑到风景名胜等。用户可根据需要方便地将它们插入到文档中。

插入剪贴画的具体操作如下。

① 将光标移到要插入剪贴画的位置。选择“插入”→“插图”→“剪贴画”选项，文件窗口右侧将弹出“剪贴画”任务窗口，如图 3.59 所示。

② 可在“搜索文字”文本框中输入欲插入剪辑画类型的关键词，如图 3.59 所示。

③ 单击“搜索”按钮进行搜索，将在“结果”列表框中显示出搜索到的图片。

④ 单击要插入的图片，选中的剪贴画即被插入光标所在处。

> **提示**：使用“剪辑管理器”，在“剪贴画”任务窗口中，选择“管理剪辑...”选项，打开“Microsoft 剪辑管理器”窗口，选择“Office 收藏集”列表中的“人物”项，在右侧窗口中将列出如图 3.60 所示剪贴画的缩略图。选中所需要的图片，将该剪贴画拖曳到 Word 文件相应的位置，该剪贴画即被插入到 Word 文档中。

图 3.59 “剪贴画”任务窗口

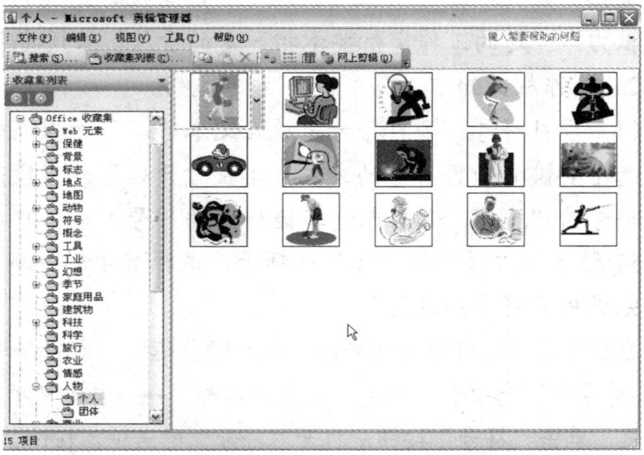

图 3.60 “Microsoft 剪辑管理器”窗口

（3）从文件中插入图片。

① 将光标移到要插入图片的位置。

② 选择“插入”→“插图”→“图片”选项，打开“插入图片”对话框，如图 3.61 所示。

图 3.61　插入来自文件的图片

③ 在“查找范围”下拉列表框中选定要打开的文件，单击“视图”按钮右侧下三角箭头，选择“缩略图”菜单项，可以预览选中的图片文件。

④ 单击“插入”按钮后面的箭头，可以在弹出的菜单中选择是插入文件还是链接文件，或是插入和链接文件。如果要插入文档，直接单击“插入”按钮即可。

（4）删除图片。选中图片，选择“剪切”选项、按“Backspace”键或“Delete”键均可实现删除。

（5）设置图片的格式。在文件中插入图片和剪贴画后，允许对图片的格式进行必要的设置，以适合实际情况的需要；同时可以加上一些特殊效果，以起到美化版面的作用。

设置图片格式的方法主要有两种：一是利用如图 3.62 所示的“图片”工具栏中的按钮对图片的格式进行具体设置；二是对图像单击右键，在弹出的快捷菜单中选择“设置图片格式”菜单项，可以在弹出的如图 3.63 所示的“设置图片格式”对话框中，设定图片的大小、版式、颜色及亮度等。

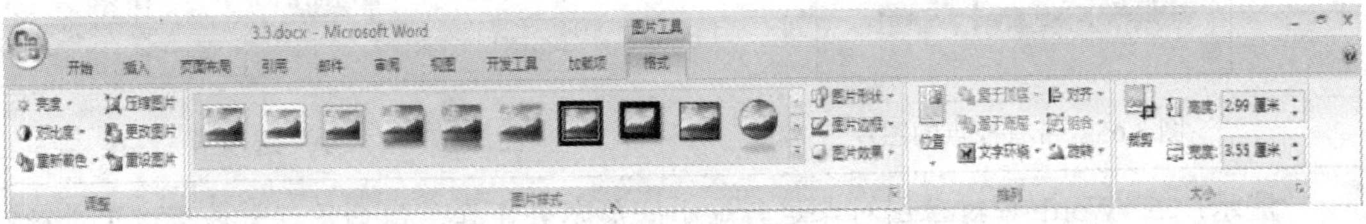

图 3.62　“图片”工具栏

① 设置图片的版式。图片的版式是指图片的“文字环绕”方式。

单击“图片工具”→“文字环绕”按钮，也可以右击图片，在弹出的快捷菜单中选择“文字环绕”命令，如图 3.64 所示，如选择“紧密型环绕”选项。

选择“图片工具”→“格式”→“排列”→“文字环绕”→“其他布局选项”，在“高级版式”选项卡上设置文字与图片的环绕方式。

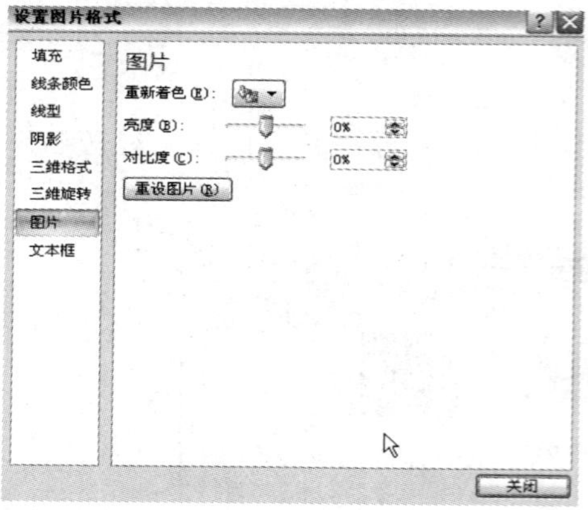

图 3.63 “设置图片格式”对话框

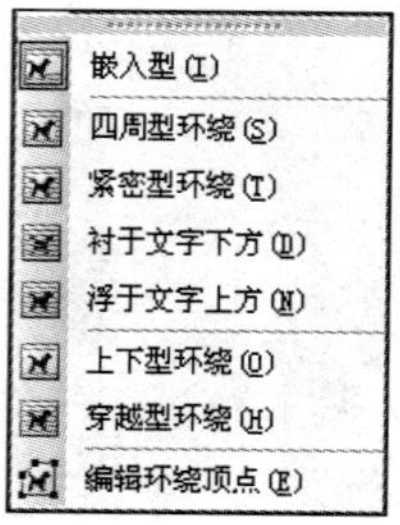

图 3.64 环绕方式快捷菜单

> **提示：** Word 插入剪贴画或图片时默认为嵌入式。

② 设置图片的大小。如果插入的图片本身尺寸过大或过小，可对其进行缩放以适应版面的需要。单击图片后其四周会出现 8 个尺寸控制点，如图 3.65 所示。拖动尺寸控制点可以粗略调整图片的大小。

单击“图片工具”→“格式”→“大小”组的右下角箭头，打开“大小”选项卡（如图 3.66 所示），可对图片尺寸进行精确设置。

图 3.65 带有控点的图片

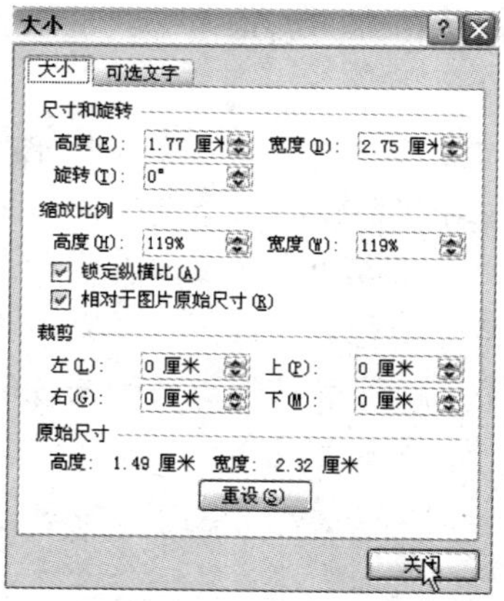

图 3.66 “大小”选项卡

> **提示：** 在 Word 中对位图对象进行缩小一般不会失真，但如果放大倍数过大，就容易失真。

③ 设置图片属性。选中要设置属性的图片，如图 3.67 所示。

单击“图片工具”→“格式”→“对比度”右侧下拉按钮，选择相应的百分比，可以调节图片的对比度，如图 3.68 所示。

单击“图片工具”→“格式”→“亮度”右侧下拉按钮，选择相应的百分比，可以调节图片的亮度，如图 3.69 所示。

图 3.67　原图

图 3.68　对比度设置

图 3.69　亮度设置

还可以设置图片的样式：选中图片，如图 3.70 所示。选择“图片工具”→“格式”→“图片样式”选项，选择“棱台亚光，白色”样式，效果如图 3.71 所示。

图 3.70　原图

图 3.71　设置图片样式

④ 裁剪图片。可以对插入文件中的图片进行裁剪，以便隐藏图片中不想显示的部分。

单击选定要裁剪的图片，选择如图 3.72 所示图片。单击“图片工具”→“格式”→“大小”→“裁剪”按钮进行裁剪，当把光标移到图片的句柄上，此时光标变为形状。当向图片内部拖动时，可以隐藏图片的部分区域；当向图片外部拖动时，可以增大图片周围的空白区域。松开鼠标左键，即可实现对图片的裁剪，如图 3.73 所示。

图 3.72　原图

图 3.73　裁剪后的图片效果

提示：需要注意的是，被裁剪的图片部分并不是真正被删除，而是被隐藏起来。如果要恢复被裁剪的部分，可以用与裁剪图片同样的方法，向图片外部拖动句柄即可将裁剪的部分重新显示出来。

如果要精确地裁剪图片，可以单击“图片工具”→“格式”→“大小”组右下角的箭头，打开“大小”选项卡，对图片从上、下、左、右 4 个方向输入准确的数值进行裁剪。

（6）添加 SmartArt 图。如果觉得使用插入自选图形功能插入图形的制作速度比较慢，又不能更好地达到需要的效果，可以使用组织结构图功能，下面将分别介绍插入和编辑组织结构图的方法。

在制作流程、层次结构、循环和关系等图形文档时，都可用组织结构图来表达其相应的关系。操作如下。

① 选择“插入”→“插图”→“SmartArt”选项。

② 在弹出如图 3.74 所示的“选择 SmartArt 图形”对话框中，选择相应的图示，单击“确定”按钮。

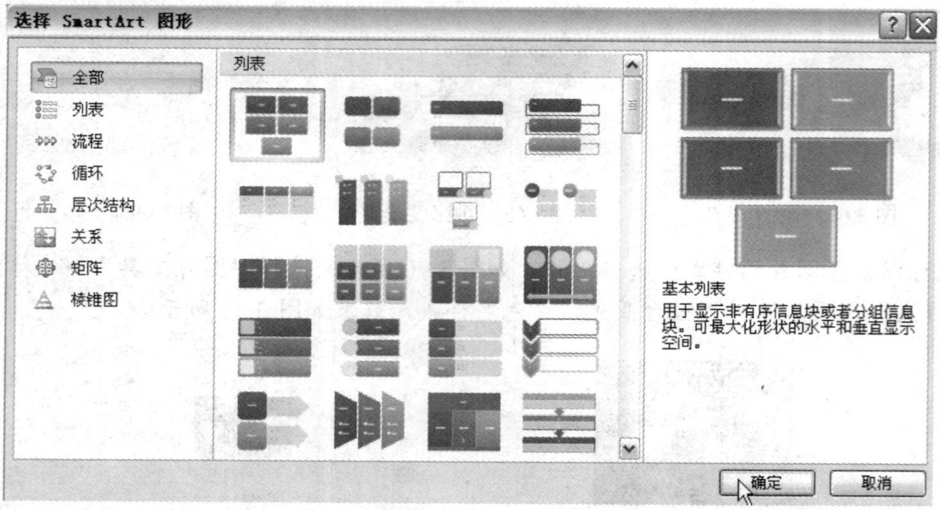

图 3.74 “选择 SmartArt 图形”对话框

③ 编辑 SmartArt 图。插入的组织结构图有时需要对图形进行相应的编辑后，才能满足需要。编辑组织结构图包括更改组织结构图的布局、颜色、样式、排列方式和大小等，具体操作可参照本任务实施步骤六。

任务要求的组织结构图的制作过程。

步骤一：新建文档。启动 Word 2007，新建文档“职位说明书.docx”。

步骤二：页面设置。选择默认设置即可。

步骤三：设置字体和字号。

（1）名称“职位说明书”用宋体，小三号字，加粗，居中对齐。

（2）选中“销售经理一职在公司组织结构中的位置”、“销售经理的工作职责”和“销售经理的资质要求”三行，选择宋体，四号字，加粗。

（3）其余部分内容设为宋体，五号字。

步骤四：添加项目符号。

（1）选中“销售经理一职在公司组织结构中的位置”、“销售经理的工作职责”和“销售经理的资质要求”三行，单击右键，在弹出的快捷菜单中选择“项目符号”或“项目编号”。

（2）单击“定义新项目符号”按钮，打开“定义新项目符号”选项卡。

（3）单击“符号”按钮，打开“符号”对话框。

（4）在该对话框中选择符号“➢”。

（5）单击“确定”按钮。再用类似方法添加项目符号“✧”，效果如图 3.75 所示。

步骤五：插入组织结构图。

（1）将光标放在如图 3.75 所示空行位置，选择“插入”→“插图”→“SmartArt”选项，在“选择 SmartArt 图形”选项卡中，选择“层次结构”→“组织结构图”选项，单击“确定”按钮，插入默认图形即可，如图 3.76（a）所示。

（2）选中第二级中的图形，将光标停留在控点上，稍停留片刻光标即变为┼形状时，将其删除，如图 3.76（b）所示；

（3）选中第一级中的自选图形，单击右键，在弹出的快捷菜单中选择“添加形状”选项，连续添加一个“上级”和两个“下级”。

（4）选中第三级中的中间的自选图形，单击右键，在弹出的快捷菜单中选择“添加形状”选项，连续添加两个“下级”，如图 3.76（c）所示。

（5）光标仍停留刚才选中图形上，继续选择“布局”→“标记的层次结构”选项，如图 3.76（c）所示。

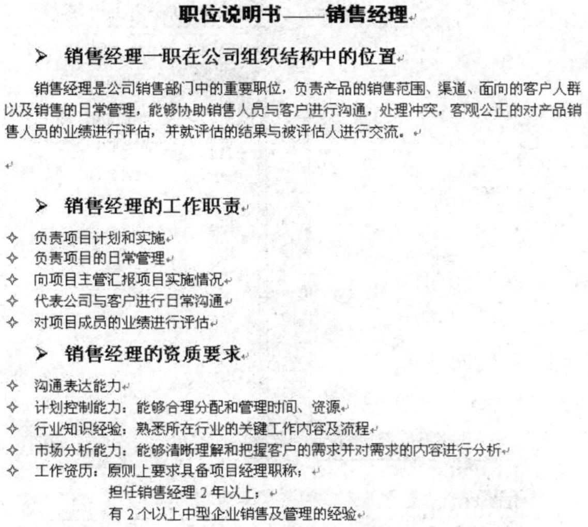

职位说明书——销售经理

➢ 销售经理一职在公司组织结构中的位置

销售经理是公司销售部门中的重要职位，负责产品的销售范围、渠道、面向的客户人群以及销售的日常管理，能够协助销售人员与客户进行沟通，处理冲突，客观公正的对产品销售人员的业绩进行评估，并就评估的结果与被评估人进行交流。

➢ 销售经理的工作职责

✧ 负责项目计划和实施
✧ 负责项目的日常管理
✧ 向项目主管汇报项目实施情况
✧ 代表公司与客户进行日常沟通
✧ 对项目成员的业绩进行评估

➢ 销售经理的资质要求

✧ 沟通表达能力
✧ 计划控制能力：能够合理分配和管理时间、资源
✧ 行业知识经验：熟悉所在行业的关键工作内容及流程
✧ 市场分析能力：能够清晰理解和把握客户的需求并对需求的内容进行分析
✧ 工作资历：原则上要求具备项目经理职称；
担任销售经理 2 年以上；
有 2 个以上中型企业销售及管理的经验

图 3.75　添加项目符号后的职位说明书

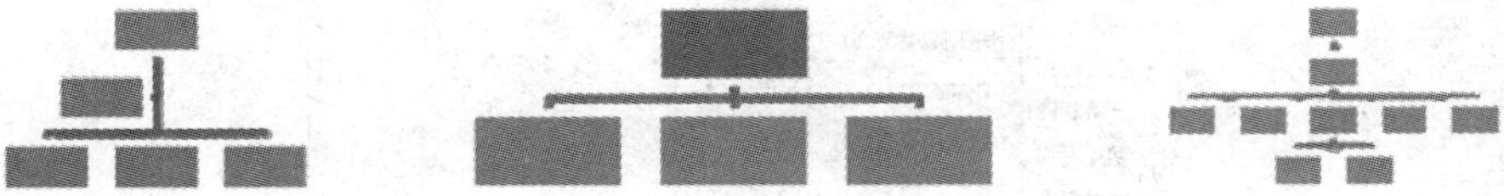

（a）　　　　（b）　　　　（c）

图 3.76　插入 SmartArt 图

步骤六：编辑组织结构图。

（1）将光标放在第一级自选图形的提示“单击并添加文字”中，添加“董事会”并设置成隶书，四号字，加粗，白色，如图 3.77 所示。

（2）将光标放在“董事会”所在的图形的控点上，单击鼠标右键，在弹出的快捷菜单中选择“设置形状格式”选项，弹出“设置形状格式”对话框，如图 3.78 所示。

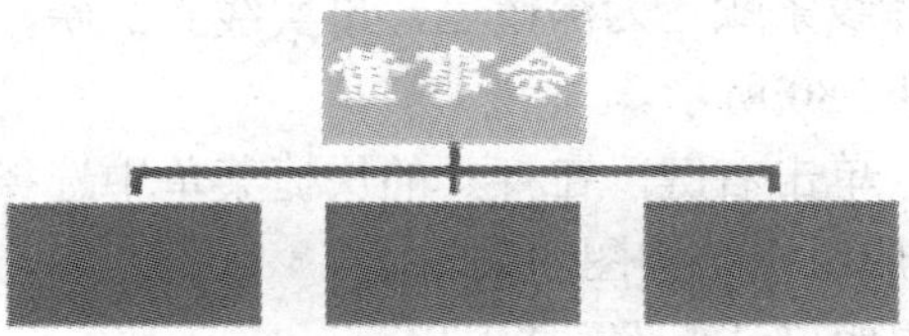

图 3.77　添加文字

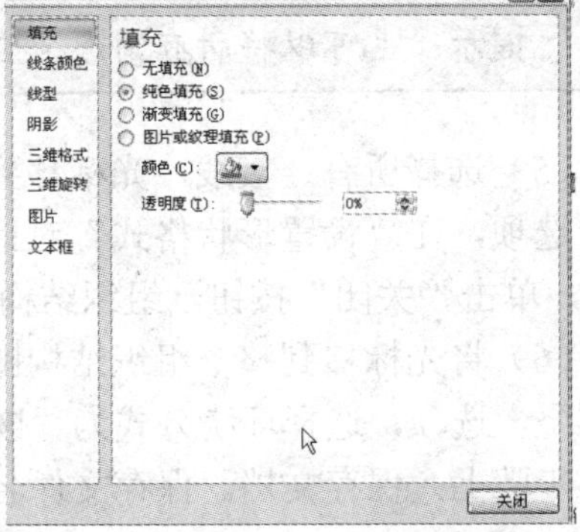

图 3.78　“设置形状格式”对话框

（3）在“设置形状格式”对话框中选择“填充”选项卡，对填充进行设置纯色，蓝色，透明度 50%，单击“关闭”按钮，回到“设置形状格式”对话框。分别选择“线条颜色”与“线型”选项进行设置，双实线，2 磅，黄色，如图 3.79 所示。

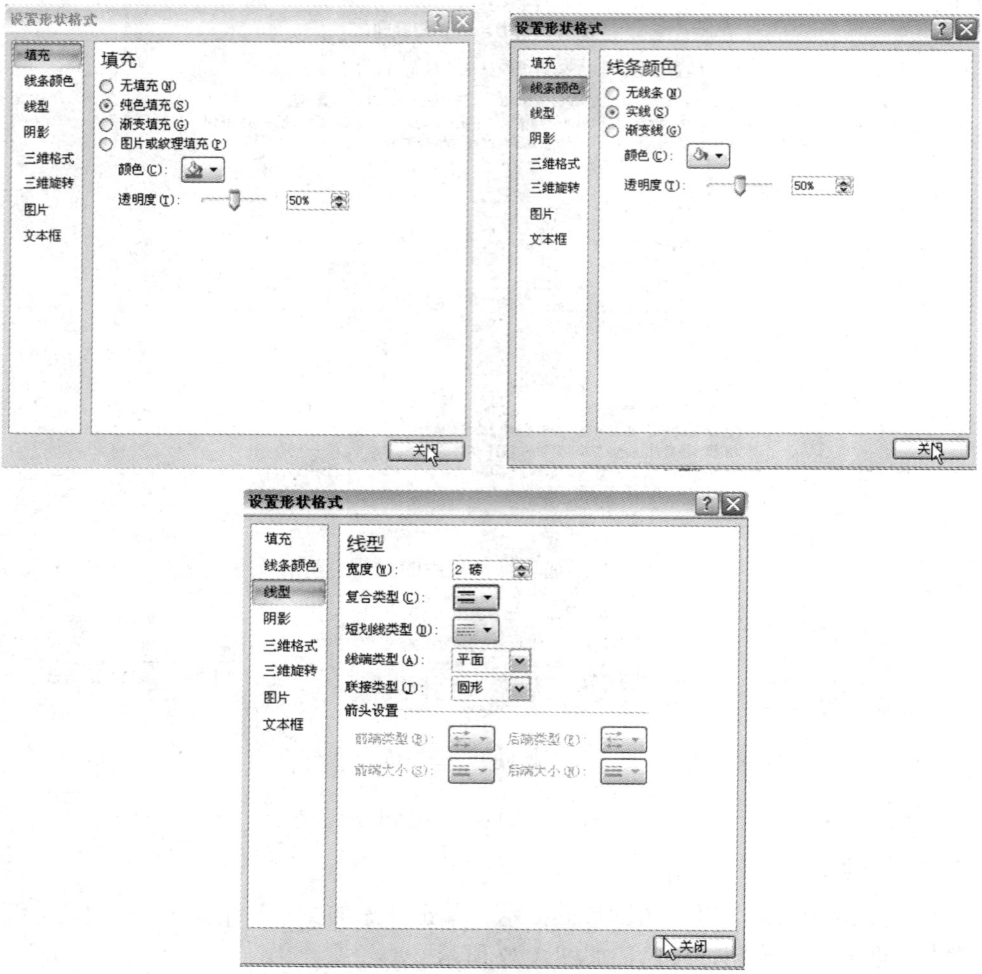

图 3.79　“线型”选项

（4）重复（1）～（3）步，编辑组织结构图中其他图形。

提示：也可以将所有图形全选中，然后一起设置形状格式。

（5）选择所有连接线，光标移到连接线上单击右键，在快捷菜单中选择“设置形状格式”选项，在“设置形状格式”对话框中，选择线条颜色为深蓝色，单实线，2 磅，透明度 0，单击“关闭”按钮，组织结构图效果如图 3.80 所示。

（6）将光标移到整个组织结构图的控点上，单击右键，在打开的快捷菜单中选择“文字环绕”选项，选择环绕方式为“嵌入型”，完成组织结构图的编辑。

步骤七：保存文档。保存文件名为“职位说明书.docx”，并退出。

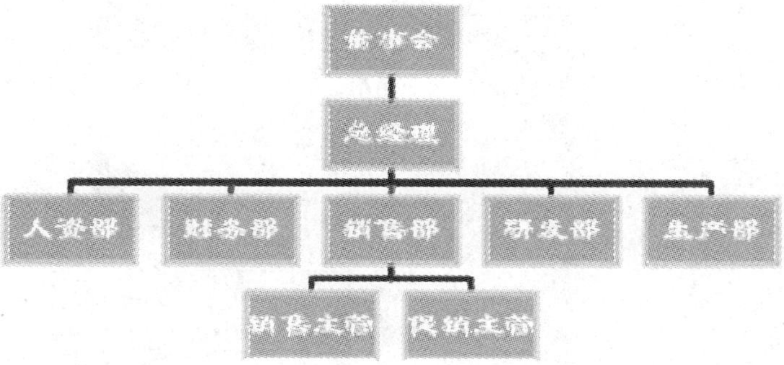

图 3.80　编辑后的组织结构图效果

11.1.2　制作宣传海报

作为宣传海报，首要要给顾客一种红红火火的感觉，所以制作过程中以暖色如红、黄等为主色调，冷色如蓝、绿等作为点缀。为了更好达到刺激消费者的目的，在制作过程中将有吸引力的卖点如打折、礼品等内容以特殊格式突出显示，一目了然。除了商品信息外，具体的地址和联系方式也是必不可少的。

技能链接

1．插入自选图形

Word 提供了插入自选图形的功能，单击“插入”→“插图”→“形状”按钮，选择“新建绘图画布”，打开“绘图”工具栏，如图 3.81 所示。

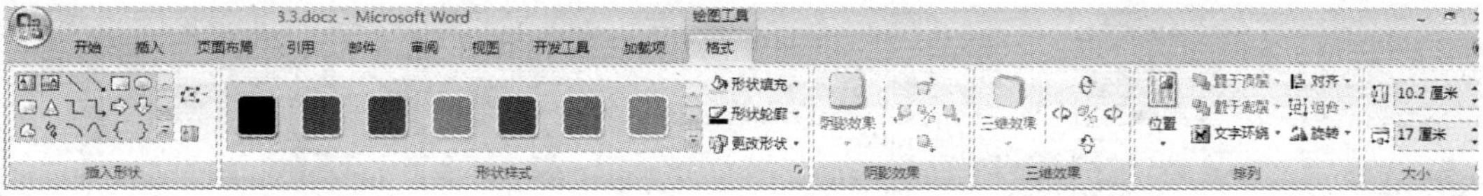

图 3.81　“绘图”工具栏

在文档中可绘制诸如矩形、棱形、梯形、圆柱、棱台、立方体、大括号等常见的图形，并可在绘制的自选图形中添加文字。

【动手操作 1】调整图形形状

（1）单击“插入”→“插图”→“形状”按钮，如图 3.82 所示。在“基本形状”中选择“笑脸”图标，如图 3.83 所示。

（2）鼠标指针变成十字形状，按住鼠标左键不放同时拖动鼠标，选择合适大小，松开左键即可插入图形。

（3）在如图 3.84 所示的“笑脸”图形中，拖曳嘴巴位置上的黄色棱形，可进行嘴部形状的调整。

【动手操作 2】为图形对象添加文字

在 Word 2007 中，可以为图形对象添加文字，这些文字将附加在对象上，并可以随对象一起移动。

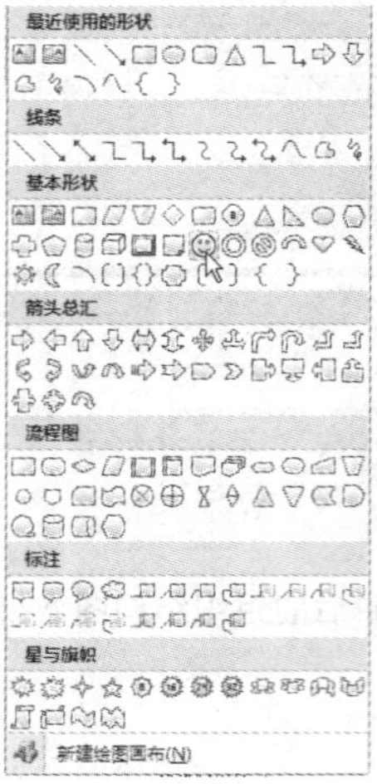

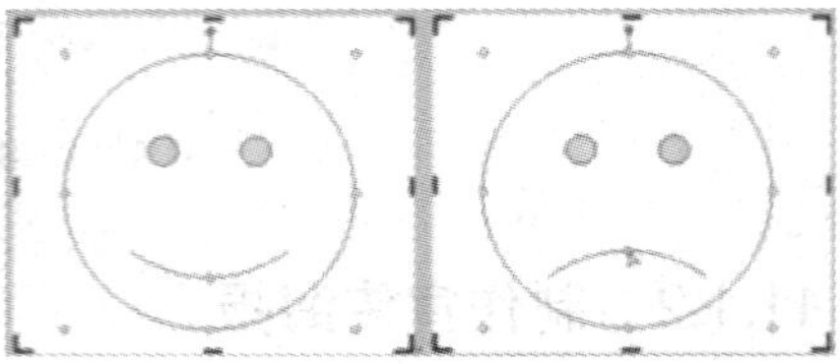

图 3.82 插入形状　　图 3.83 形状样式　　图 3.84 调整图形形状

（1）单击“插入”→“插图”→“形状”按钮，在“标注”栏中选择“云形标注”图标，绘制图形。

（2）在“云形标注”图形对象上单击右键。在弹出的快捷菜单中选择“添加文字”选项，如图 3.85 所示。

（3）在显示的文本框中输入文字“想一想”。

（4）对文字进行格式化（如字体、字号等），最终效果如图 3.86 所示。

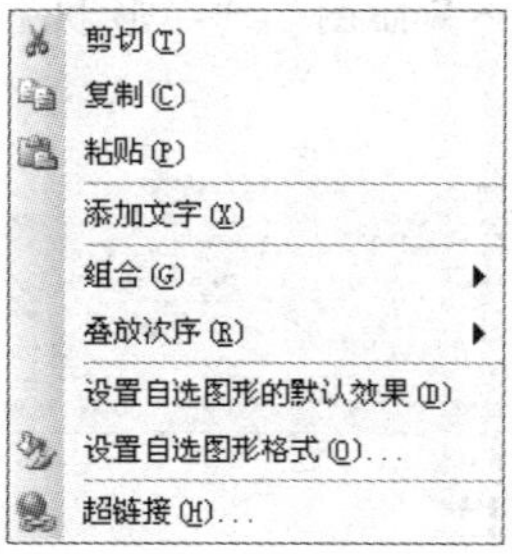

图 3.85 自选图形快捷菜单　　图 3.86 添加文字的自选图形

提示：如果对该添加有文字的图形翻转或者旋转，文字不会跟着一起翻转或者旋转。

【动手操作 3】图形的组合

Word 提供了图形组合的功能，可将多个图形组成的一组图像组合成一个整体，然后对该整体进行统一操作。而组合后的图形也可通过“取消组合”拆分开来。

（1）将“笑脸”一组图形框选中。

（2）右击组合图片，在弹出的快捷菜单中选择“组合”选项即可。

2. 艺术字的应用

在 Word 中还可创建符合预定形状的文字，可在文档任意位置处为文字增加阴影、斜体、旋转和延伸等特殊效果，因为特殊文字效果是图形对象，所以也可用“艺术字”工具栏上的按钮来改变其效果。

【动手操作 4】插入艺术字

（1）将光标定位在文档中。

（2）单击“插入”→“插图”→“艺术字”按钮，打开“艺术字库”对话框，如图 3.87 所示。

（3）在“艺术字库”对话框中选择第一行第六列的艺术字样式，然后单击“确定”按钮，打开如图 3.88 所示的“编辑‘艺术字’文字”对话框。

（4）在文本框中输入文字内容：“小学一年级数学测试”。

（5）选择文字的字体和字号。

（6）输入完毕，单击“确定”按钮，在光标处插入艺术字。

【动手操作 5】设置艺术字的形状

（1）选定艺术字，弹出“艺术字”工具栏，如图 3.89 所示。

（2）单击“艺术字”工具栏中的“艺术字形状”按钮，会出现如图 3.90 所示的“艺术字形状”面板。

（3）选择“艺术字形状”面板中的形状，即可将艺术字的形状设置为需要的方式。这里选择“普通文字”形状即可。

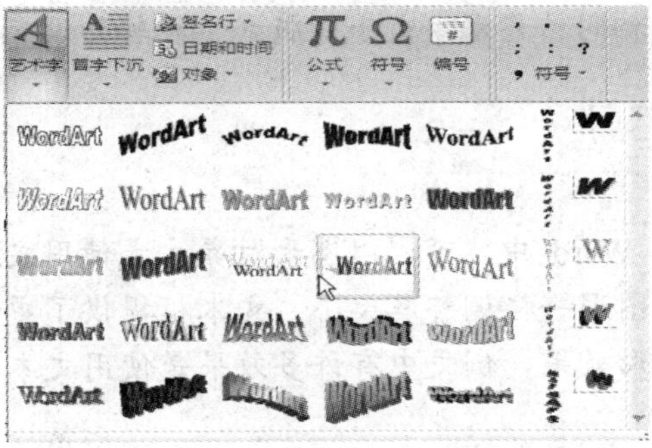

图 3.87　“艺术字库”对话框

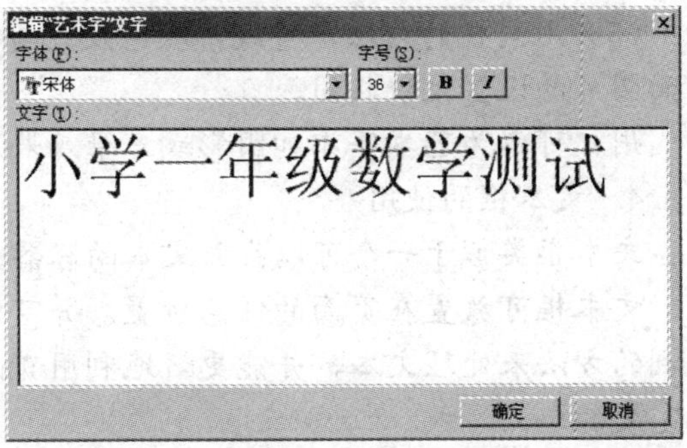

图 3.88　“编辑‘艺术字’文字”对话框

图 3.89　“艺术字”工具栏

3. 设置艺术字的格式

艺术字的格式包括艺术字的填充颜色、大小和文字环绕方式等。

【动手操作 6】设置艺术字格式

（1）选中艺术字，在“艺术字”工具栏上单击“设置艺术字格式”按钮。

（2）弹出“设置艺术字格式”对话框上，如图 3.91 所示。在“颜色和线条”选项卡中单击“颜色”下拉列表，选择“填充效果”命令。

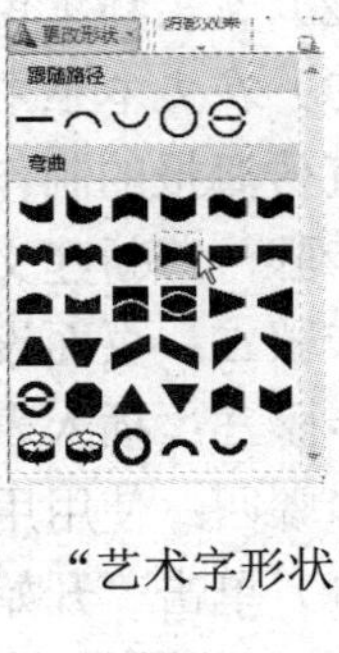

图 3.90　“艺术字形状”面板

（3）打开“填充效果”对话框，在“渐变”选项卡的“颜色”栏中选择“双色”选项，如图 3.92 所示。

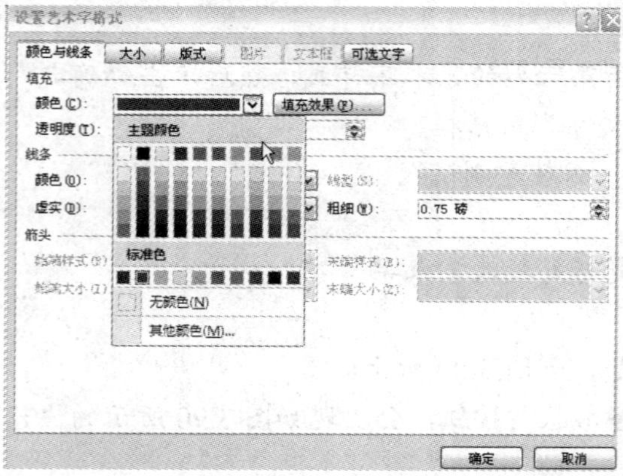

图 3.91 “设置艺术字格式”对话框

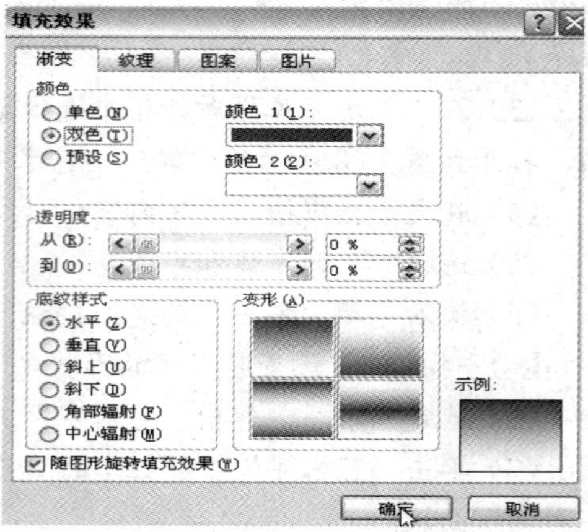

图 3.92 “填充效果”对话框

（4）单击“确定”按钮完成设置。

（5）用同样的方法，将线条颜色设置与样文相同。艺术字大小、版式、旋转的设置与前面图片的设置大致相同。

用户可以为艺术字添加阴影或三维效果。

4. 文本框的使用

文本框类似于一个可以存放文本的容器。在 Word 中，可以以图形对象方式使用文本框。文本框可放置在页面的任意位置，并可以像图形一样调整其大小。文本框提供了更加便利的方法来处理文本，并能更好地利用新的图形效果。例文中有许多效果是使用文本框来完成的。

在文档中可以像处理一个新页面一样来处理文本框中的文字，如设置文字的方向、格式化文字、设置段落格式等。文本框有两种：一种是横排文本框，另一种是竖排文本框。它们没有什么本质上的区别，只是文本方向不一样而已。

在文本框中处理文字就像在一般页面中处理文字一样，同时也可以设置文本框的文字环绕方式、大小等。

【动手操作 7】插入文本框

（1）选择文本框格式。

（2）在文档中像绘制基本图形一样绘制文本框，到适当大小后松开鼠标即可。

（3）在文本框中输入文本内容相关内容。

宣传海报的制作。

步骤一：新建文档。新建文档“宣传海报.doc”。

步骤二：页面设置。页边距：上、下、左、右各为 1cm。纸张方向：横向。

步骤三：插入表格。插入 6 行 4 列表格，调整如图 3.93 所示的效果。

步骤四：使用用带圈字符，制作标题栏。

（1）单击“开始”→“字体”→“带圈字符”按钮㊫。选择“带圈字符”对话框中的“样式”和“圈号”选项，如图 3.94 所示。在文字标签内输入文本，字体设置成红色。

图 3.93　表格效果

（2）选中“标题栏”单元格，单击右键弹出快捷菜单，选择“表格属性”选项，打开“表格属性”对话框中的“边框和底纹”选项卡，选择底纹为黄色，制作后标题栏效果如图 3.95 所示。

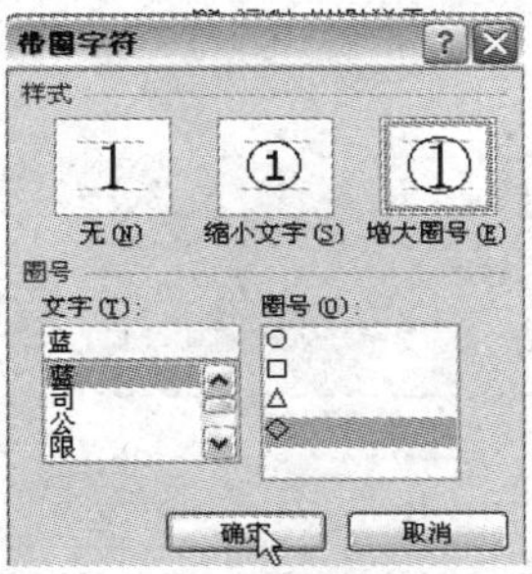

图 3.94　“带圈字符”对话框

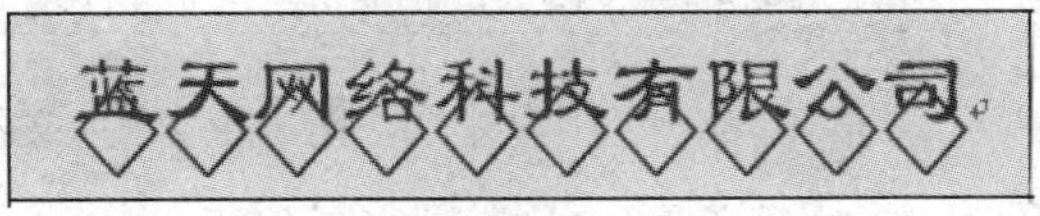

图 3.95　标题栏效果

步骤五：插入图片，制作产品栏。

（1）选中一个产品栏单元格，单击“插入”→“插图”→“图片”按钮。

（2）选择要插入图片的路径和文件名，单击“确定”按钮插入图片。

（3）依次做出其余的产品栏，制作后的产品栏的效果如图 3.96 所示。

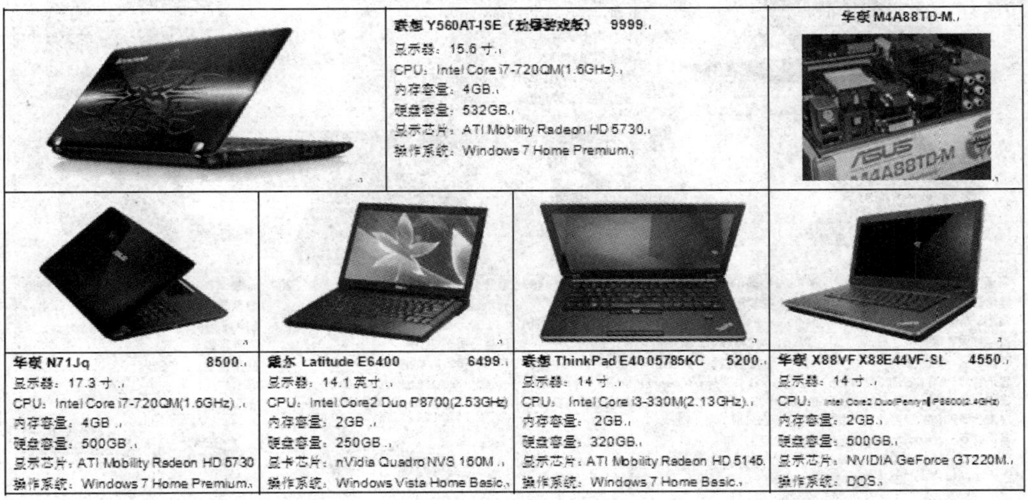

图 3.96　制作后的产品栏的效果

步骤六：插入艺术字和自选图形，美化效果。

（1）插入艺术字。单击“插入”→“文本”→“艺术字”按钮，如图 3.97 所示。

（2）插入自选图形，如图 3.98 所示。

图 3.97　插入艺术字

图 3.98　插入自选图形

步骤七：输入如下文本。

在本公司购物的顾客均可凭发票到指定柜台领取神秘礼物。

活动时间：2010 年 5 月 1 日～2010 年 5 月 31 日。

活动地点：科技城四楼××号。

本次活动解释权归本公司所有。

输入后效果，如图 3.99 所示。

在本公司购物的顾客均可凭发票到指定柜台领取神秘礼物。
活动时间：2010 年 5 月 1 日至 2010 年 5 月 31 日
活动地点：科技城四楼××号
本次活动解释权归本公司所有

图 3.99　录入文本

步骤八：保存。单击快速访问工具栏中的“保存”按钮保存文档，完成制作。制作完成后的海报效果图，如图 3.100 所示。

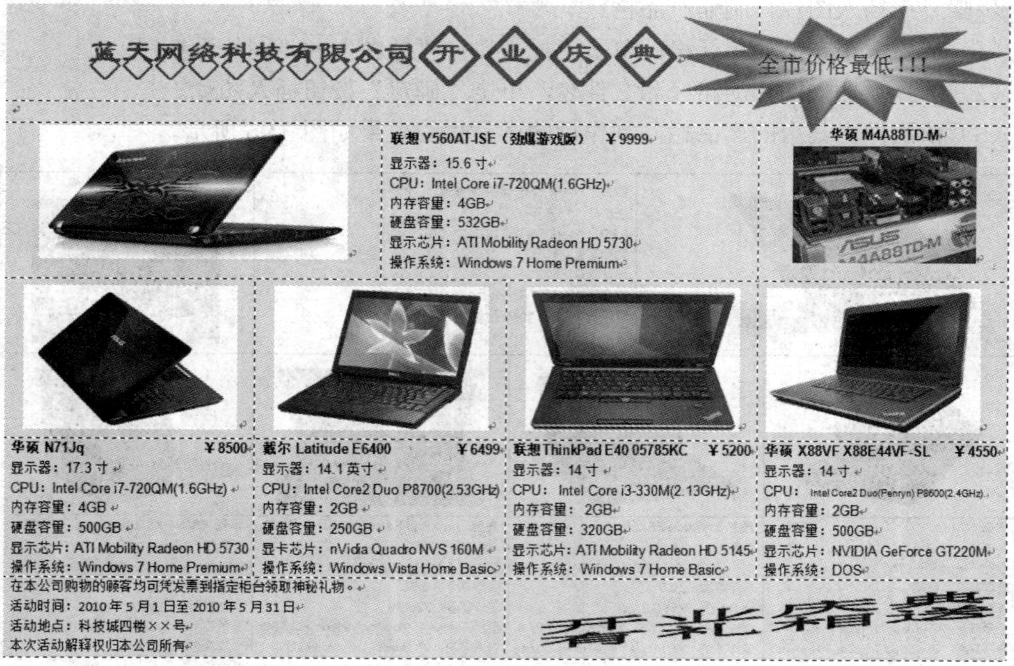

图 3.100　制作完成后的海报效果图

任务总结评价

在公司的宣传册中常常会用到公司各部门的组织结构图，本任务的核心内容就是插入和编辑组织结构图，在编辑组织结构图的格式时需要仔细和耐心。另外，在 SmartArt 图中还可以插入图片，同学们不妨自己试一试。

对于同学们来说，用 Word 制作一般的电子报刊相对比较容易，但若要做出不但图文并茂，而且声像皆有的电子报刊就不是那么简单了。

拓展与提高

如何制作一个多媒体 Word 电子报刊文档呢？下面对文字动态效果、声音图像方面做一下具体操作介绍。

1. 在文档中添加声音

选择“插入”→“对象”选项，打开“对象”对话框，如果想现场录制，选择“新建”选项卡中的“对象类型”为“声音文件”，用 Windows 系统中提供的“录音机”程序即可录制自己创作的歌曲或讲话，并将其插入文档中。如果想使用磁盘或光盘中已有的声音文件，选择需要的与文稿内容相协调的乐曲声音文件，再单击“确定”按钮即可完成该声音文件在文档中的插入。需要播放时，只要双击该声音文件图标即可。

2. 在文档中插入视频

如果需要在电子报刊中插入视频图像，其具体的做法是：选择“插入”→“对象”选项，打开“对象”对话框，一般情况下是使用磁盘或光盘中已有的视频文件，此时选择“由文件创建”选项卡，再单击“浏览”按钮，选择需要的对文稿内容有补充说明作用的视频图像文件，再单击“确定”按钮即可完成该视频文件在文档中的插入。当需要播放时，只要双击该视频文件图标即可。当然也可以类似于上述播放声音文件那样右击该图标，在快捷菜单中执行播放命令。网上也有电子杂志的制作软件，非常简单，用户可以试一下。

实训

任务一

1. 在 Excel 中，主要的操作对象是工作簿、工作表和单元格，它们构成 Excel 的框架结构，利用组织结构图的形式表明三元素之间的关系。

2. 利用组织结构图的形式描述计算机系统的组成。

任务二

1. 设计某计算机公司的广告宣传单。

2. 在网络中查找素材并设计制作电子报刊。

任务 12　毕业论文

◆ 知识技能点：

（1）会添加批注。

（2）会修订文档。

（3）会接受和拒绝修订。

在工作学习中经常需要多人处理同一文档，如教师帮助学生修改论文、公司多部门员工共同编写同一个招标标书、编辑审阅来稿等都属于多人协同工作。

任务引入

同学们在大学毕业之前，所在学校一般都会给学生一段时间查阅资料，然后让学生在导师的辅导下设计制作自己的毕业论文，答辩以后确定学生的毕业论文成绩。本次任务就来了解如何设计制作毕业论文以及作为导师如何指导学生修改毕业论文。

任务分析

毕业论文书写和制作应按毕业设计（论文）的撰写的内容要求和写作细则来进行，作为指导老师主要给学生的毕业论文予以学术上的指导，不可避免要对学生的毕业论文加以修改，这是也是导师进行指导的一个依据标准。详见本任务相关知识。

具体涉及的 Word 操作如下：

（1）修订。

（2）批注。

（3）比较文档。

（4）合并文档。

任务实施

12.1.1 制作毕业论文

技能链接

1. 毕业设计（论文）的写作细则

（1）书写。毕业设计（论文）要用规定的文稿纸书写或打印（手写时必须用黑或蓝墨水），文稿纸背面不得书写正文和图表，正文中的任何部分不得写到文稿纸边框以外，文稿纸不得随意接长或截短。汉字必须使用国家公布的规范字。

（2）标点符号。毕业设计（论文）中的标点符号应按新闻出版总署公布的“标点符号用法”使用。

（3）名词、名称。科学技术名词术语采用全国自然科学名词审定委员会公布的规范词或国家标准、部标准中规定的名称，尚未统一规定或写法有争议的名称术语，可采用惯用的名称。若使用外文缩写代替某一名词术语，首次出现时应在括号内注明其含义。外国人名一般采用英文原名，按名前姓后的原则书写，一般很熟知的外国人名（牛顿、达尔文、马克思等）可按通常标准译法写译名。

（4）量和单位。量和单位必须采用中华人民共和国的国家标准（GB100 ~ GB3102—93），它是以国际单位制（SI）为基础的。非物理的单位，如件、台、人、元等，可用汉字与符号构成组合形式的单位，如件/台、元/km。

（5）数字。毕业设计（论文）中的测量统计数据一律用阿拉伯数字，但在叙述不很大的数目时，一般不用阿拉伯数字，如“他发现两颗小行星”、“三力作用于一点”，不宜写成“他发现 2 颗小行星”、“3 力作用于 1 点”。大约的数字可以用中文数字，也可以用阿拉伯数字，如“约一百五十人”，也可写成“约 150 人”。

（6）标题层次。毕业设计（论文）的全部标题层次应有条不紊，整齐清晰。相同的层次应采用统一的表示体例，正文中各级标题下的内容应同各自的标题对应，不应有与标题无关的内容。

章不能直接用数字（可用如：第 1 章绪论），章节编号方法应采用分级阿拉伯数字编号方法，第一级为“1”、“2”、“3”等，第二级为“2.1”、“2.2”、“2.3”等，第三级为“2.2.1”、“2.2.2”、“2.2.3”等，但分级阿拉伯数字的编号一般不超过四级，两级之间用下角圆点隔开，每一级的末尾不加标点。

各层标题均单独占行书写。第一级标题居中书写（3 号宋体加粗居中）；第二级标题序数项格书写（小 3 号左宋体加粗居左），后空一格接写标题，末尾不加标点；第三级和第四级标题均空两格书写序数，后空一格书写标题（4 号宋体加粗居左）；第四级以下单独占行的标题顺序采用 A、B、C…和 a、b、c…两层，标题均空两格书写序数，后空一格写标题。正文中对总项包括的分项采用（1）、（2）、（3）…单独序号，对分项中的小项采用①、②、③…的序号或数字加半括号，括号后不再加其他标点。（正文 5 号宋体。）

（7）注释。毕业设计（论文）中有个别名词或情况需要解释时，可加注说明，注释可用页末注（将注文放在加注页的下端）或篇末注（将全部注文集中在文章末尾），而不可行中注（夹在正文中的注）。注释只限于写在注释符号出现的同页，不得隔页。

（8）公式。公式应居中书写，公式编号用圆括号括起放在公式右边行末，公式和编号间不加虚线。

（9）表格。每个表格应有自己的表序和表题，表序和表题应写在表格上放正中，表序后空一格书写表题。表格允许下页接写，表题可省略，表头应重复写，并在右上方面写“续表 × ×”。

（10）插图。毕业设计和插图必须精心制作，线条要匀称，图面要整洁美观。每幅插图应有图序和图题，图序和图题应放在图位下方居中处。

（11）参考文献。参考文献一律放在文后，书写格式要按国家标准 GB7714—87 规定。参考文献按文中出现的先后统一用阿拉伯数字进行自然编号，用方括号括起，参考文献应少于 10 篇。

2. 制作相关知识

（1）设置样式。前面学习了如何改变文档的字体、段落格式。利用这些排版方法可以应付一般文档的设置，如一篇较短的文章、报告等。但对于一篇长文档来说，可能会出现许多重复性操作。例如，就排版本书而言，就涉及一级标题（如第 1 章）、二级标题（1.1、1.2 等），乃至三级标题、正文、图题等各部分格式的设置，都要进行重复的一系列排版操作（包括设置字体、字号、行距、段落缩进、段前、段后距离等）。这将耗费大量的工作时间。

样式是 Word 提供的一个非常实用的功能，它可以轻松解决上述问题。所谓样式，就是具有名称的一系列排版指令的集合。用户可以通过使用软件内置样式（或自定义个性化样式）来快速完成长文档的格式化排版。样式可以帮助用户确定格式编排的一致性。

① 使用 Word 内置样式格式化文本。将光标置于文档中需要修改处，选择“开始”菜单中的“样式”组（如图 3.101 所示）的任意样式，即可将该样式应用于当前段落或所选择的文本。

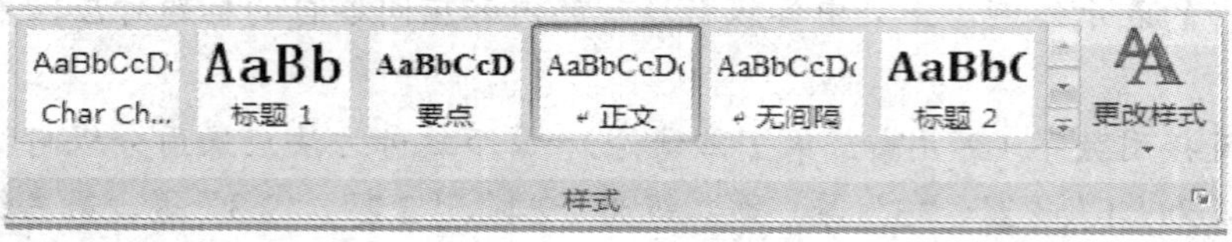

图 3.101　“样式”组

② 新建和修改样式。对于一个熟练的 Word 用户来说，在长篇文档排版过程中，通过对样式的修改，形成个性化的样式风格并将其运用于文档排版之中是极为重要。样式的定制与修改要条理清晰、层次分明。

选择“开始”→“样式”组，单击右下角箭头打开“样式”对话框，如图 3.102 所示。

单击“样式”对话框左下角的“新建样式”按钮，打开“根据格式设置创建新样式”对话框，如图 3.103 所示；单击左下角的“格式”按钮对字体、段落等进行样式设置。最后单击“确定”按钮，完成修改。

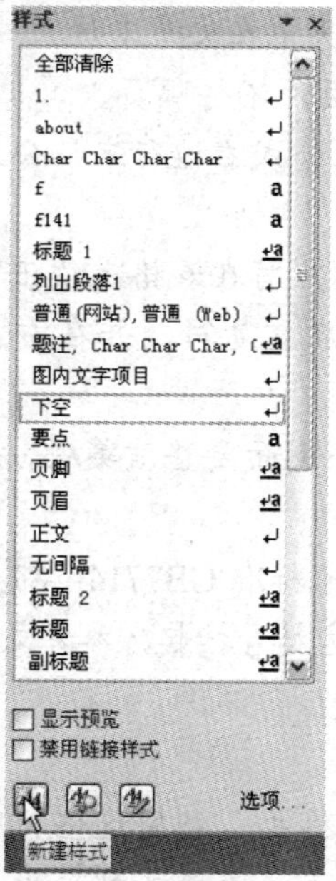

图 3.102　“样式”对话框

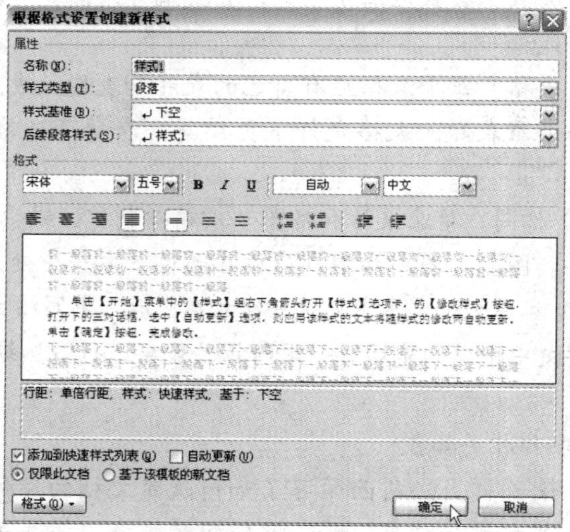

图 3.103　“根据格式设置创建新样式”对话框

（2）插入目录。几乎市场上销售的所有书都有目录，通常长文档的正文格式化以后，还需要制作目录，目录是文档中各级标题的列表，位于文章扉页之后。目录的作用在于，方便读者通过它把握全文的结构，并可以快速查找文档中某一部分的内容。通过 Word 2007 的目录功能，用户也可以制作目录，但首先要为各级标题指定恰当的标题样式。

① 添加目录。在办公中，可以为员工手册、业务制作、管理条例和行为规范等文档添

加目录。具体操作如下：选择“引用”→“目录”→“目录”选项，打开“目录”对话框，选择手动目录和自动目录格式进行设置，如图 3.104 所示，Word 即可自动生成目录。

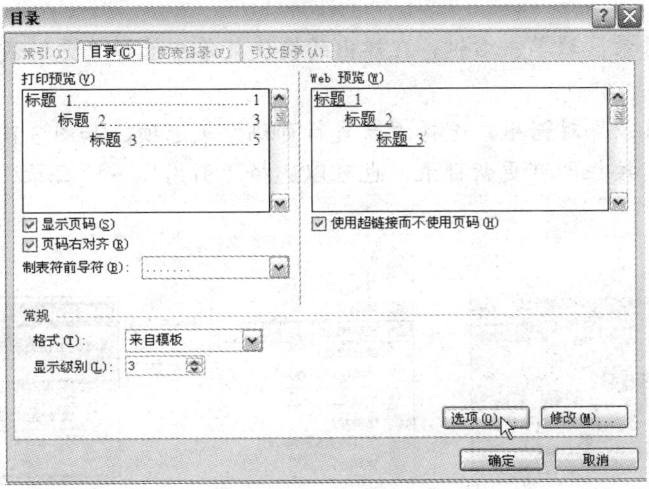

图 3.104　“目录”对话框

② 格式化目录。目录生成后，也许外观并不符合要求，在这种情况下，可以对目录进行更改。

选择“插入目录”→“目录”选项卡，单击右下角的“修改”按钮，打开“样式”对话框。因为要对目录中一级标题文字进行修改，所以选中样式列表框中的“目录 1”，然后单击“修改”按钮，如图 3.105 所示。打开“修改样式”对话框，如图 3.106 所示。

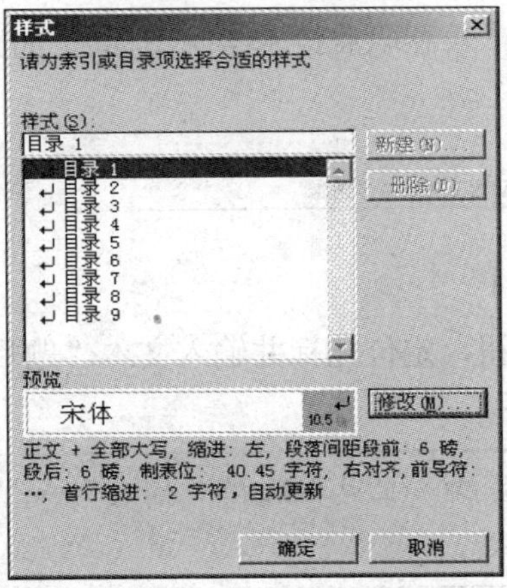

图 3.105　“样式”对话框

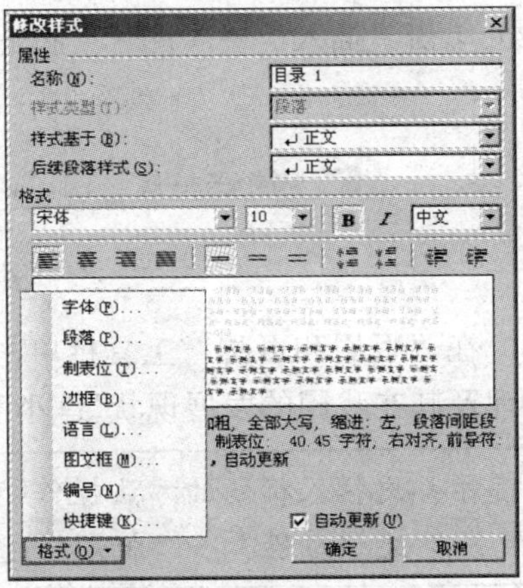

图 3.106　“修改样式”对话框

单击“格式”按钮，在弹出的菜单中选择“字体”选项，打开“字体”对话框，在对话框中可修改字体格式。

单击“确定”按钮，弹出“是否替换所选目录”的询问信息框，如图 3.107 所示。

单击“确定”按钮，弹出“更新目录”对话框，如选择“更新整个目录”单选项，则目录中一级标题根据修改格式进行更改。

③ 更新目录。添加目录后，若文档中的标题或标题所在的页码位置有所变动，插入的目录是不会随着改变而变动的，这时可使用“更新目录”功能将目录更新。其具体操作如下。

将鼠标移至目录区域单击右键，在弹出的快捷菜单中选择“更新域”命令，如图 3.108 所示。

打开“更新目录”对话框，选择“只更新页码”单选项，如图 3.109 所示。

单击“确定”按钮即可更新目录，也可以选择“引用”→“目录”→“更新目录”选项来实现。

图 3.107　替换原目录内容

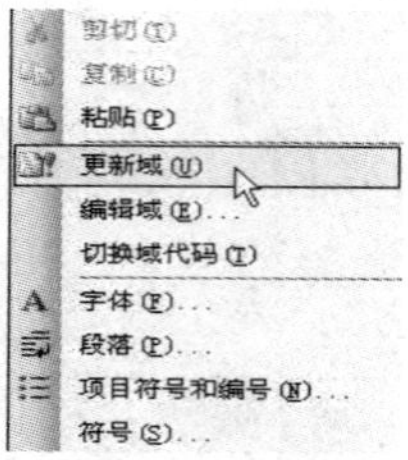

图 3.108　更新域

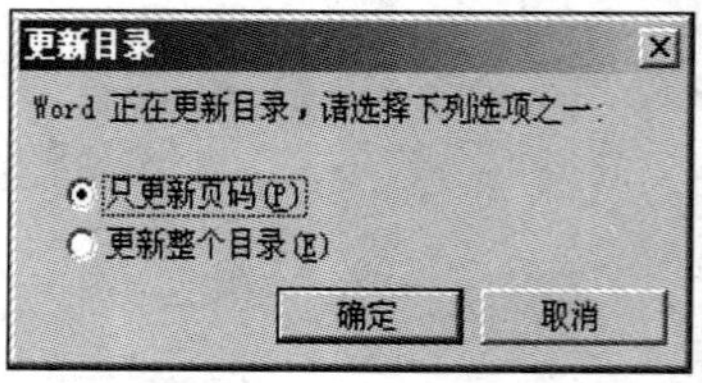

图 3.109　“更新目录”对话框

制作毕业论文。

步骤一：新建文档。启动 Word 2007，新建“毕业论文范文.docx”。

步骤二：页面设置。选择默认设置。

步骤三：设置页眉和页脚。

（1）单击“插入”→“页眉和页脚”按钮，在出现的页眉位置，定位光标并输入文本“长春职业技术学院毕业论文（设计）专业用纸”；加粗；右对齐。

（2）单击“插入”→“图片”按钮，选择图片“长春职业技术学院图标”，如图 3.110 所示。

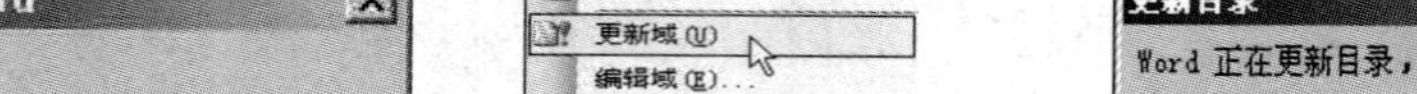

图 3.110　设置页眉

（3）在“页眉和页脚”工具栏单击“页脚”按钮，定位光标并输入文本“题目：IPv6 技术原理及其在我国的发展现状”；小五号；左对齐。

提示：用插入标题的方法操作，在“页眉和页脚”工具栏选择“插入”→“文档部件”→“文档属性”→“标题”选项。

（4）在“页眉和页脚”工具栏选择“插入页码”→“当前位置”→“第×页”选项，效果如图 3.111 所示。

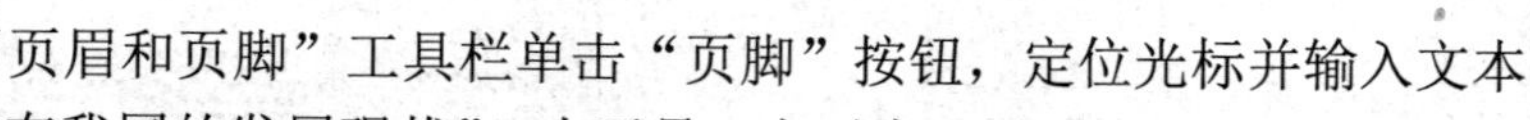

图 3.111　设置页脚

步骤四：录入文本。录入素材中“毕业论文摘要.doc”和“毕业论文正文.doc”的文本内容。

步骤五：设置样式。

（1）设置正文字体格式为“宋体五号字”。

（2）段落格式为“首行缩进 2 字符，段前和段后为 0”。

（3）设置标题格式。

① 在“格式”工具栏单击“格式窗口”按钮。

② 单击“标题 1”右边的下拉按钮，选择“修改”命令（或右击“标题 1 样式”，在快捷菜单中选择“修改”命令），打开“修改样式”对话框，将“标题 1”字体格式设成“三号宋体，加粗”，段落格式设置为“居中对齐，段前 0.5 行，段后 0.5 行”，返回“修改样式”对话框，选中“自动更新”选项，则应用该样式的文本将随样式的修改而自动更新。单击“确定”按钮，完成修改“标题 1”，如图 3.112 所示。

③ 用类似方法设置“标题 2”。本例只做到“标题 2”即可，设置为“小三号宋体，加粗，左对齐”。

④ 选中文本中标题“IPv6 技术原理及其在我国的发展现状”及各章标题“第一章 IPv6 概述”……“第七章 IPv6 在我国的发展现状”，选择“样式”→“标题 1”选项。

⑤ 选中文本中“摘要、关键字、致谢、参考文献”及各章节标题“1.1 有限的地址空间”……，选择“样式”→“标题 2”选项；在修改样式的文本前有一个黑点标记，如图 3.113 所示。

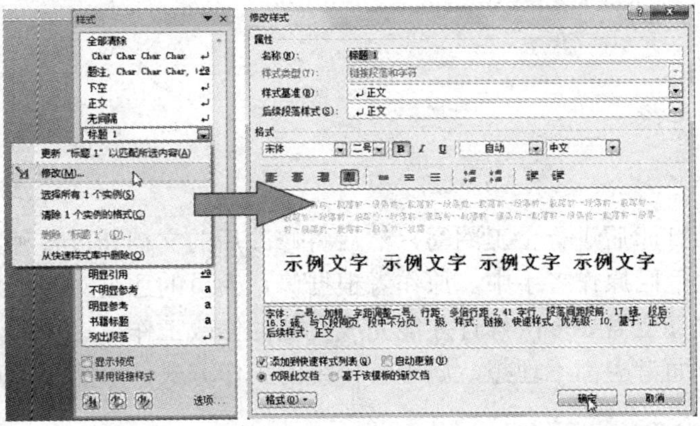

图 3.112　修改样式

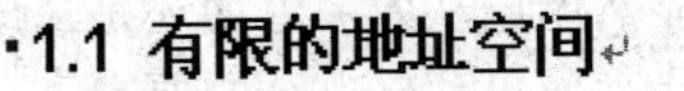

图 3.113　修改样式后效果

步骤六：添加目录。

（1）光标定位在标题“第一章 IPv6 概述”前一行，输入文本“目录”，格式为“标题 1”格式。

（2）按“Enter”键，选择“插入”→“引用”→“索引和目录”选项。

（3）打开“索引和目录”→“目录”选项卡，设置格式：全为默认即可。

（4）单击“确定”按钮，Word 即可自动生成目录，如图 3.114 所示。

步骤七：更新目录。

（1）将光标定位到目录之中任何位置，单击右键，在打开的快捷菜单中选择“更新域”命令。

（2）选择“更新目录”对话框中的“只更新页码”项。

图 3.114　添加目录效果

（3）单击“确定”按钮，完成目录的更新。

步骤八：插入封页。将光标定位在文档开始处，录入素材中“毕业论文封页.doc”的内容，并按实际填写空白位置。

步骤九：保存并退出。

12.1.2　修改论文

通常的方法是修订人员将文档打印后进行手工圈写，然后将修改后的文档通过各种方式（如直接送达、邮寄或传真等）返回原作者手中。原作者根据修订人员的意见对文档进行修改后再次送交修订人员。有时甚至需要多次修订才能完成文档的修改工作。这种方法显然无论从效率方面还是从成本方面考虑都不理想，属于较传统的工作方式，不能满足现代高效自动化办公的要求。

而 Word 2007 为多人协同办公提供了完美的支持。其批注、修订等功能可以方便快捷地在保证原文完整性的基础上提出修改意见，无论是修订人员还是原作者都可以方便地交流意见。

技能链接

1. 修订

当用户需要为他人修改文档时，为方便原作者了解文档所做过的修改，需要打开“修订”功能来记录所有的修改内容。其具体使用方法如下。

打开需要修改的文档，单击“审阅”→“修订”按钮，使其呈选中状态。此时对文档的所有修改都将以修订的形式呈现，效果如图 3.115 和图 3.116 所示。

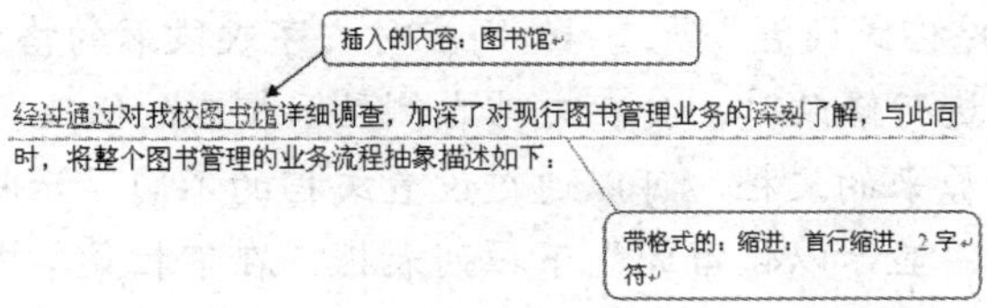

图 3.115　修订效果

图 3.116　修订组

由如图 3.114 所示可知打开修订功能后，所有对文档的修改都将以特殊形式标出，而不会像普通编辑一样直接替换原内容。这样的好处是对原文档的所有修改都以修订的形式标出，原作者可以选择是否接受这种修改。

开启修订编辑模式后，所有对文档的修改都会以相应格式标记出来。Word 默认的标记格式为插入内容以单画线标出；删除内容以删除线表示；修订行会在行前加外侧框线；各种标记的颜色是每个审阅者一个颜色。如果需要修改这些设置，可以选择“审阅”→“修订”→“修订选项”选项，打开“修订选项”对话框，如图 3.117 所示。

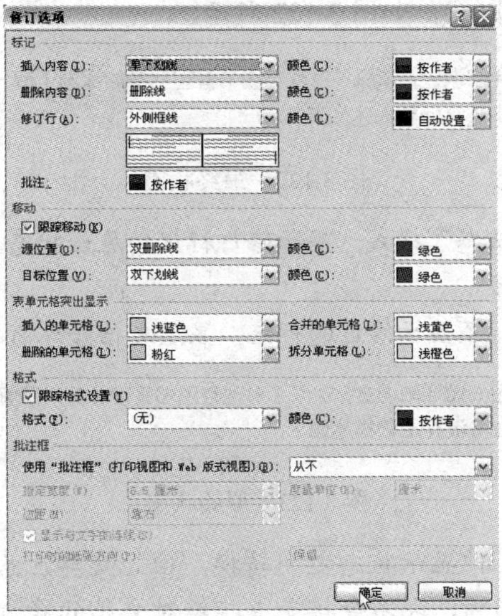

图 3.117　“修订选项”对话框

“修订选项”对话框中的各部分功能如下。

（1）“标记”选项组：可以设置插入内容和删除内容的标记方式和颜色，也可对修订行的标记格式进行设置。对于普通文本而言，剪切效果等同于删除，粘贴效果等同于插入。具体效果如图 3.118 所示。

（2）“移动”选项组：如果选中“跟踪移动”复选框，则 Word 会对段落的移动进行跟踪。如果仅是段落位置的变化，将不再标记为普通的删除和插入标记，取而代之的是对原位置和目标位置段落的新标记。此功能只有在整段移动时生效，如图 3.119 所示。

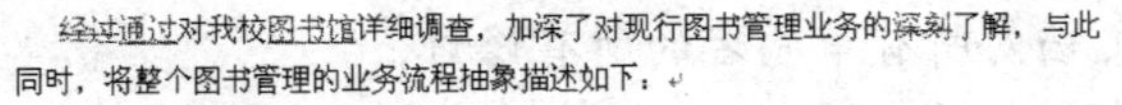

图 3.118　插入与删除标记效果

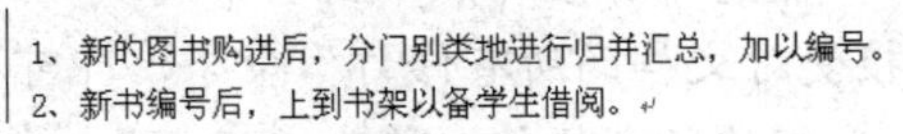

图 3.119　整段移动效果

（3）“格式”选项组：如果选中“跟踪格式设置”复选框，则在对文字或段落的格式（包括字体、字号、颜色、段落的缩进等）进行修改时，会在文档右侧显示相应的修改。

在修订模式下，用户如果需要查看原来的文档，可以通过设置文档的不同显示状态来实现。单击“审阅”→“修订”组中的“显示以供审阅”下拉列表框，在下拉菜单中共有四种显示方式可供选择，如图 3.120 所示。

（1）“显示标记的最终状态”模式：显示所有修订的最终状态，也是修订的默认显示模式，如图 3.121 所示。

图 3.120　显示标记格式标签

经过通过对我校图书馆详细调查，加深了对现行图书管理业务的深刻了解，与此同时，将整个图书管理的业务流程抽象描述如下：↵

图 3.121　显示标记的最终状态

（2）“最终状态”模式：直接查看修订后的文档状态，即接受所有修订后的文档状态（此处并非接受修订，而只是预览），如图 3.122 所示。

经过对我校详细调查，加深了对现行图书管理业务的深刻了解，与此同时，将整个图书管理的业务流程抽象描述如下：↵

图 3.122　最终状态

（3）“显示标记的原始状态”模式：显示修订标记的原始状态。这种显示模式与原始状态模式不同之处为带有修改标记。

（4）“原始状态”模式：不显示修订的标记，显示文档修订前的状态，如图 3.123 所示。

通过对我校图书馆详细调查，加深了对现行图书管理业务的了解，与此同时，将整个图书管理的业务流程抽象描述如下：↵

图 3.123　原始状态

用户可以根据需要在几种显示状态之间转换。但此处要注意的是，无论选择哪种显示模式，对修订操作都没有影响，即不会接受或拒绝对文档的修订。其中第一种和第三种显示模式带有修订标记，而第二种和第四种则不显示修订标记。

当原作者拿到修订后的文档，即可通过审阅修订来决定是否接受审阅者对文档的修订。如果原作者需要单独查看某一类或某几类修订标记，如插入和删除、设置格式、批注等，则可以单击“审阅”→“修订”→“显示标记”按钮，在如图 3.124 所示的下拉菜单中选择需要显示的标记即可。

默认情况下 Word 将显示所有修订标记。如果需要查看某位特定审阅者所做的修订，则可选择相应用户名（此限多为修订人）。

如图 3.125 所示，用户对修订的审阅一般有接受和拒绝两种选择。

接受所有修订：单击“审阅”→“更改”→“接受”下三角按钮，在下拉菜单中选择“接受对文档的所有修订”命令，即可接受文档内所有审阅者的所有修订。

拒绝所有修订：单击“审阅”→“更改”→“拒绝”下三角按钮，在下拉菜单中选择“拒绝对文档的所有修订”命令，即可拒绝文档内所有审阅者的所有修订。

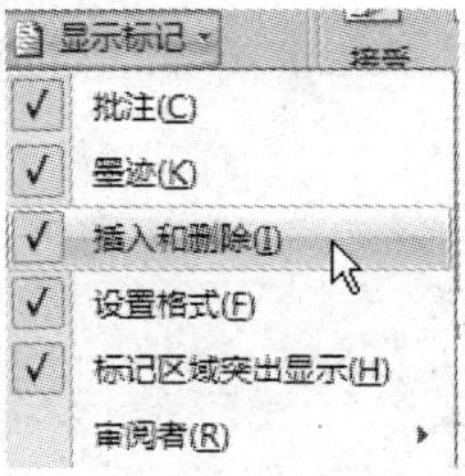

图 3.124　显示标记标签

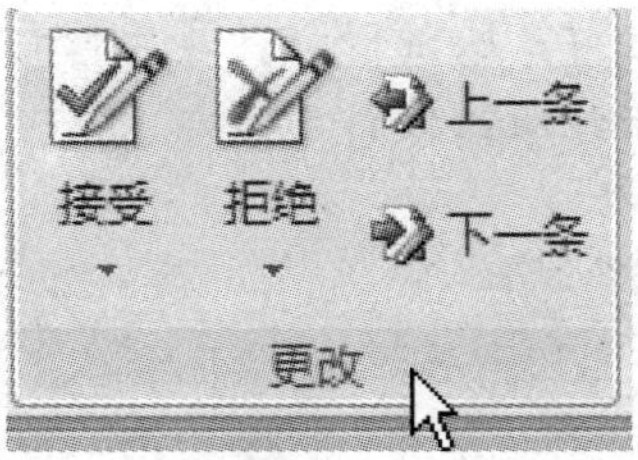

图 3.125　更改组

接受某位审阅者的修订：此方式适合于多位审阅者的情况。单击“审阅”→“修订”→“显示标记”按钮，在下拉菜单中选择“审阅者”命令，在下级菜单中取消“所有审阅者”复选框，然后将需要接受其修订的审阅者选中。单击“审阅”→“更改”→“接受”下三角按钮，在下拉菜单中选择“接受所有显示的修订”命令，即可接受文档内所选审阅者的全部修订。

拒绝某位审阅者的修订：此操作与接受某位审阅者的修订的操作方法类似。

接受某条修订：这种情况较为多见，因为在实际工作中很少会全部接受或全部拒绝，一般为接受一部分比较合适的修订，不合适的则拒绝。一种方法是右击需要接受的修订内容，在打开的快捷菜单中选择“接受修订”命令，即可接受当前修订；另一种方法是单击所需接受的修订内容后，单击“审阅”→“更改”→“接受”按钮，即可接受当前修订。

拒绝某条修订：拒绝某条修订与接受某条修订的操作类似。

如果用户希望能归类审阅文档的修订，则可以单击“审阅”→“修订审阅”窗格下三角按钮，根据个人习惯选择垂直审阅窗格或水平审阅窗格命令，在文档左侧或下方打开审阅窗格，效果如图 3.126 和图 3.127 所示。

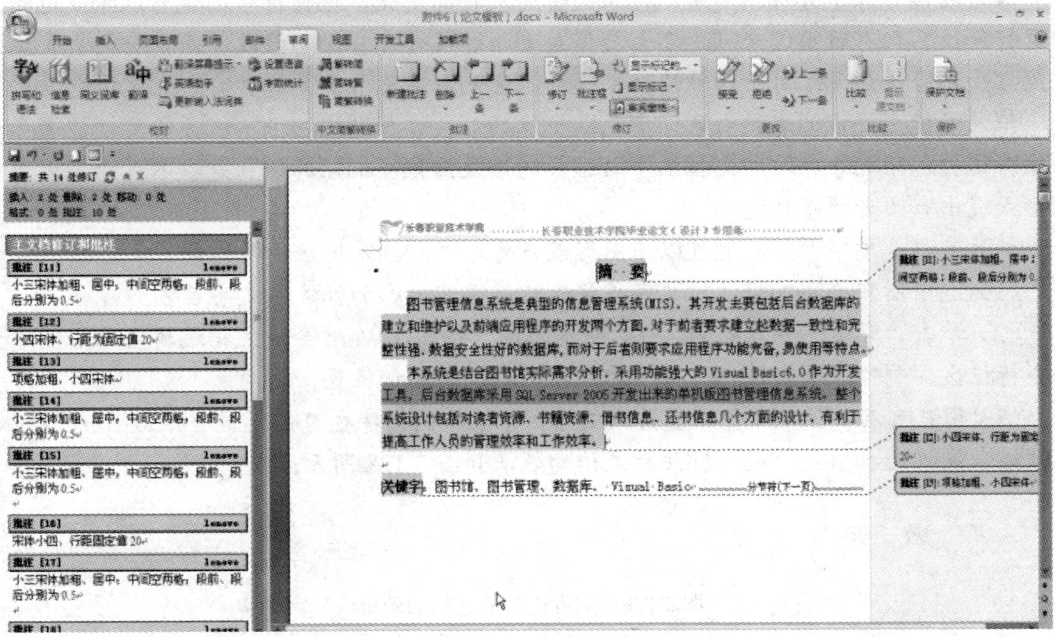

图 3.126　垂直审阅窗格

在审阅窗格内，修订被分为主文档修订和批注，页眉和页脚修订，文本框修订，页眉和页脚文本框修订，脚注修订，尾注修订 6 类。用户可以在审阅窗格内通过右击任意修订来选择接受或拒绝所选修订。

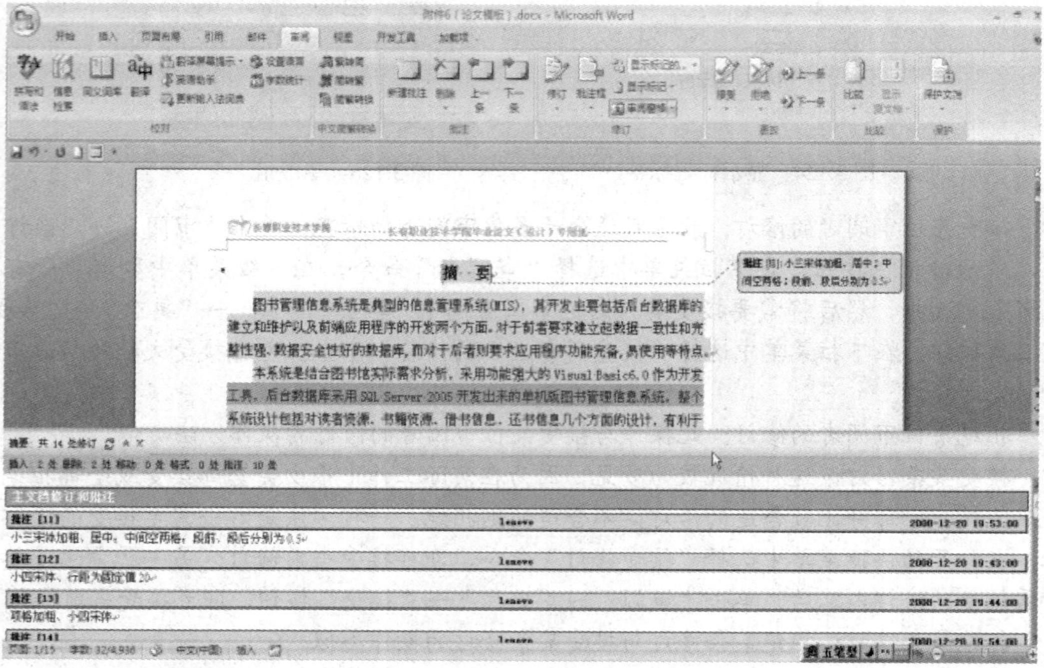

图 3.127 水平审阅窗格

2. 批注

修订功能可以十分详细准确地记录大部分文档的变化，也使得审阅者可以方便地对文档进行修改。但有时审阅者可能不会具体对文档的某处内容进行修改，而是会提出大体的修改方向和修改意见。对于这种情况，修订已经无法满足需要，需要用到批注功能。

批注功能允许审阅者把自己的意见以批注的形式添加到文档中，以方便文档作者参考修改。这类似于领导在打印文档上手写添加的修改意见。批注的优点是以不影响正文内容的形式提出审阅者的修改意见。

批注可以是文字形式，也可以是图形或声音形式。插入批注的操作如下。

（1）选中所需要添加批注的文字或将光标移至需要添加批注的文字后方。

（2）单击“审阅”→“批注”→“新建批注”按钮，Word 会在文档编辑区外右侧建立一个标记区，制作一个批注框，并用虚线指示批注的添加位置。

（3）用户可在批注框中输入图片或文字，批注中的文字也可以通过“开始”→“字体”选项组来设置文本格式。插入批注后文档的效果如图 3.128 所示。

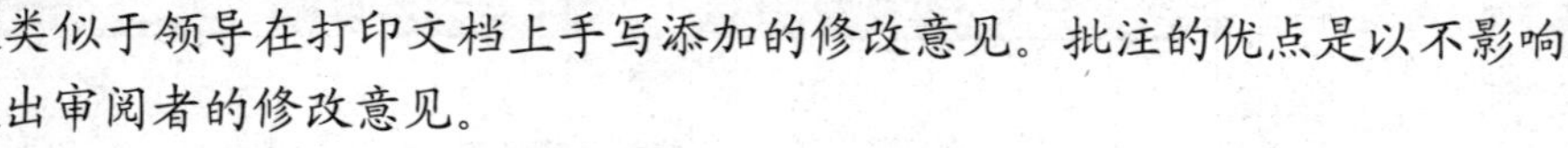

图 3.128 插入批注后文档的效果

插入批注后，如果需要依次浏览批注，可以单击“审阅”→“批注”→“上一条”或“下一条”按钮来向上或向下浏览批注。但如果需要查找或快速定位特定批注，可以采用以下方法。

方法一：使用“审阅窗格”功能定位批注

（1）单击“审阅”→“修订”→“审阅窗格”按钮，打开“审阅窗格”窗口。

（2）在“审阅窗格”→“主文档修订和批注”列表中会按照编号依次列出所有的批注，如图 3.129 所示。

（3）选择所需的批注编号即可快速定位到正文中批注的位置。

方法二：用“定位”功能快速查找特定批注

（1）单击“开始”→“编辑”→“查找”下三角按钮，在下拉菜单中选择“转到”，打开“查找和替换”对话框，自动切换至“定位”选项卡，如图 3.130 所示；

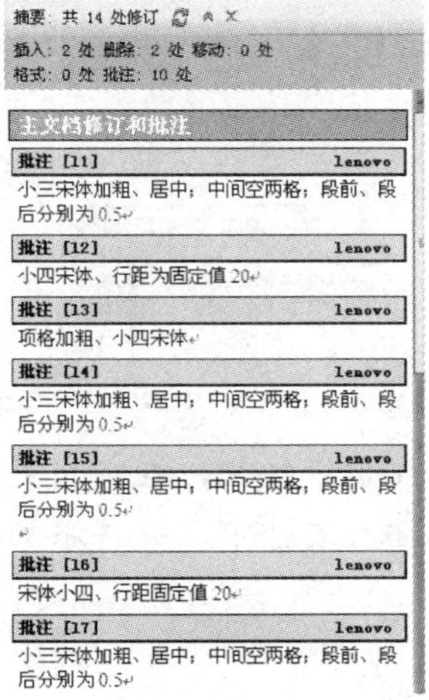

图 3.129　审阅窗格中的批注列表

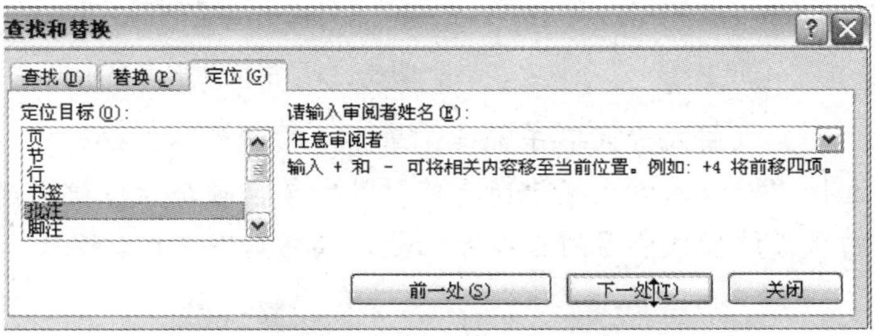

图 3.130　定位批注

（2）选中“定位目标”列表框中的“批注”项。在“请输入审阅者姓名”下拉列表框中选择审阅者的姓名后，可单击“前一处”或“下一处”按钮来查看所选审阅者所做的批注。

> **提示：**此处“请输入审阅者姓名”下拉列表框中支持使用批注编号进行定位，如输入批注的编号“3”，“下一步”按钮将自动变为“定位”按钮，单击即可将光标移动至编号为 S3 的批注；输入“+”或“-”即可指定批注的移动方向和相对位置，如输入“+3”表示定位于当前插入点后的第 3 个批注标记，输入“-6”表示定位到当前插入点前的第 6 个批注。

方法三：通过“按批注浏览”功能浏览批注

（1）单击窗口右下方“选择浏览对象”按钮，如图 3.131 所示，在下拉菜单中选择“按批注浏览”命令，设定按照批注位置浏览，如图 3.132 所示。

（2）单击“前一处批注”或“下一处批注”按钮可向上或向下浏览批注标记。

Word 2007 提供的批注显示方式主要有如下两种。

（1）在批注框中显示批注：单击“审阅”→“修订”→“批注框”按钮，在下拉菜单中选择“在批注框中显示修订”命令，使批注内容用虚线引到文档右侧，并用添加底色的圆角矩形括起来，效果如图 3.133 所示。

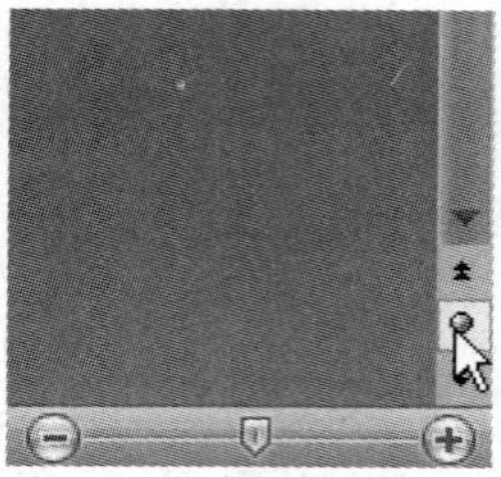

图 3.131　选择浏览对象

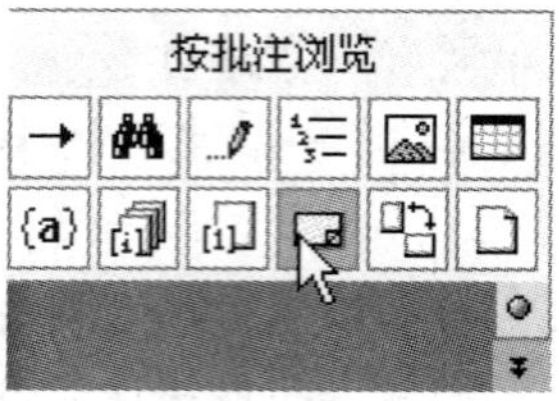

图 3.132　设置按批注浏览

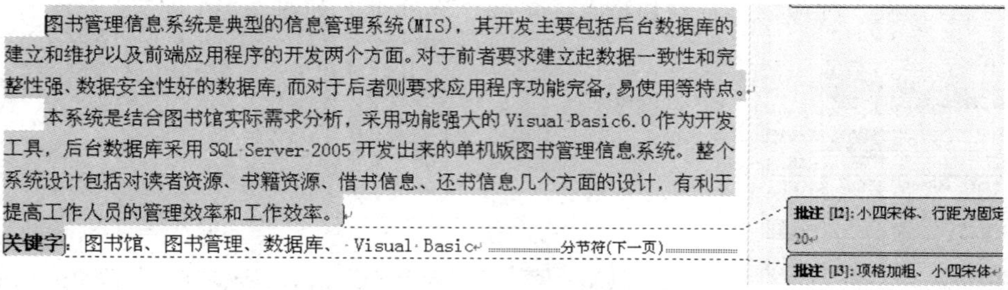

图 3.133　在批注框里显示批注

（2）以嵌入方式显示批注：单击“审阅”→“修订”→“批注框”按钮，在下拉菜单中选择“以嵌入方式显示所有修订”命令，使批注以编号的形式插入文档中，并将添加批注的正文设置底色后用中括号括起，效果如图 3.134 所示。

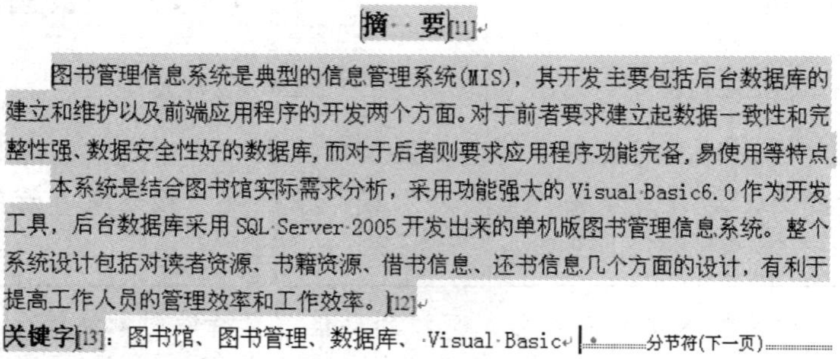

图 3.134　以嵌入方式显示批注

对于已经插入的批注，用户可以对其进行修改或删除操作，这与修订可以接受或拒绝不同，因为修订为审阅者的具体解决方案，而批注仅代表审阅者的大体意见。如果需要对批注进行修改或删除，可以右击批注内容，在快捷菜单中选择“编辑批注”或“删除批注”命令来对批注进行修改或删除操作。

修改毕业论文操作。

1. 插入批注来提出修改意见

如果此前对毕业论文文档设置了保护，需要先取消保护才能进行其他编辑操作。单击“审阅”→“保护”→“保护”按钮，在下拉菜单中选择“限制格式和编辑”命令，打开“限制格式和编辑”窗口，如图 3.135 所示；

在“限制格式和编辑”窗口中，单击“停止保护”，打开“取消保护文档”对话框，如图 3.136 所示，在“密码”文本框内输入正确的保护密码后，单击“确定”按钮即可解除对文档的保护。

图 3.135　“限制格式和编辑”窗口

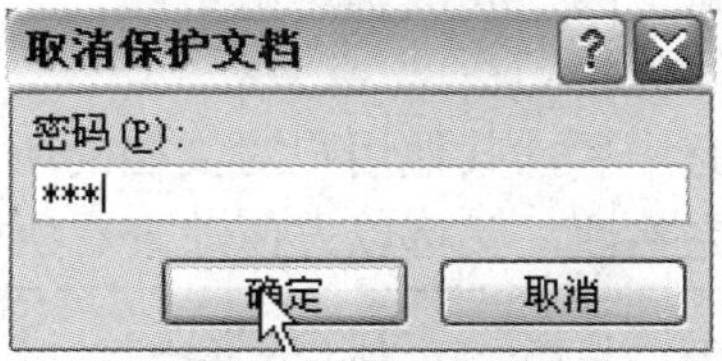

图 3.136　“取消保护文档”对话框

此时毕业论文文档中的可编辑区域仍有阴影并使用括号括起，在“限制格式和编辑”窗口的“编辑限制”栏中取消选择“仅允许在文档中进行此类编辑”复选框，在弹出的提示框中单击“是”按钮，即取消其他用户的可编辑区域标记。如果输入的密码和设置的不一致，会弹出如图 3.137 所示的提示框，单击“确定”按钮后重新输入密码。

此时文档成为普通的可编辑文档。选中需要添加批注的内容，单击审阅批注新建成批注按钮，在所选内容处插入一个空白批注，可在批注框中输入审阅者的意见。

重复上述操作，即可将毕业论文中需要说明的内容处皆插入批注，如图 3.138 所示。

图 3.137　提示密码不正确

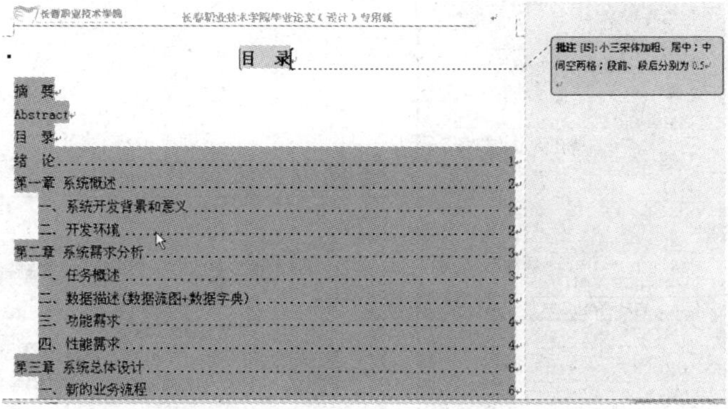

图 3.138　添加批注举例

至此，批注插入完成，而批注的意见却不会对文档内容造成任何影响。这极大地方便了多位编辑者之间交流修改意见。

2. 限制文档仅允许修订

由于毕业论文文档将发送给学生进行再次修改，如果仍然按顺序依次发送，将浪费大量时间，而同时发送则最后不便将所有修改内容统一到同一文档中，所以可以限制用户仅可对文档添加修订，然后利用审阅功能的“合并修订”功能将多位作者的修订合并到同一文档中。

限制文档仅允许修订的操作如下。

（1）打开所需设置限制编辑的文档。

（2）单击“审阅”→“保护”→“保护文档”按钮，在下拉菜单中选择“限制格式和编辑”命令，打开“限制格式和编辑”窗口。

（3）在“编辑限制”栏中选中“仅允许在文档中进行此类编辑”复选框，激活其下方的下拉列表框。单击列表框的下三角按钮，在下拉菜单中选择“修订”项，限制用户仅可对此文档添加修订，如图 3.139 所示。

（4）单击“是，启动强制保护”按钮，打开“启动强制保护”对话框，如图 3.140 所示。在“新密码”和“确认新密码”文本框中输入两次密码后，单击“确定”按钮即可为文档添加保护。

设置完毕后，其他用户对文档的所有修改只能以修订的形式插入文档。这样既可以保证文档的完整性，又可以方便地查看所做的全部修改。

提示： 当限制文档仅允许修订时，“用户验证”单选按钮处于不可选状态。

3. 利用审阅功能接受或拒绝修订

所有的修订合并至同一文档后，就可以对这些修订进行接受或拒绝处理。具体操作如下。

（1）单击“审阅”→“修订”→“审阅窗格”按钮，打开“审阅窗格”窗口，如图 3.141 所示。

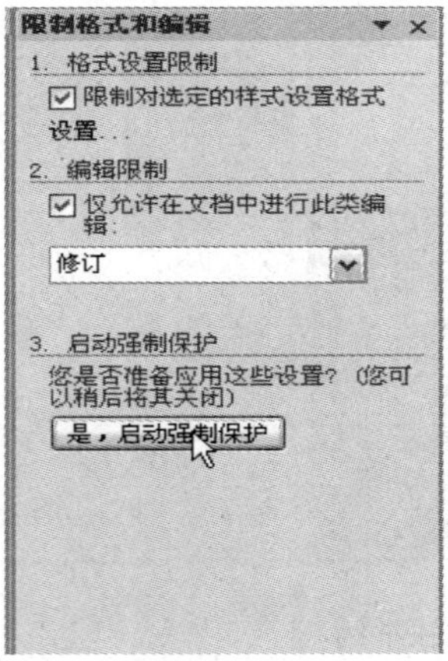

图 3.139 设置保护方式

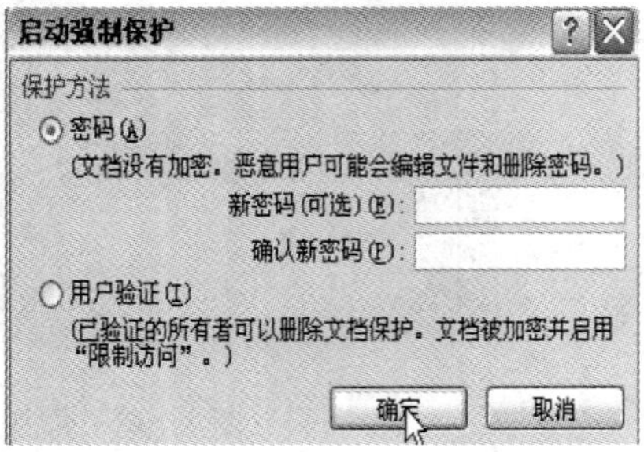

图 3.140 “启动强制保护”对话框

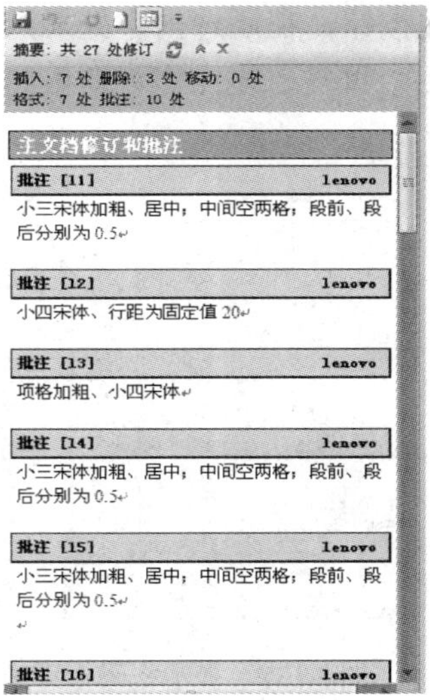

图 3.141 “审阅窗格”窗口

（2）选择需要处理的修订即可定位到文档中相应的修订位置，如果需要接受，单击“审阅”→“更改”→“接受”按钮来接受其修订；如果需要拒绝，则可以单击“审阅”→“更改”→“拒绝”按钮来取消其修订。

（3）本实例中所有修订都需要接受，故可以单击“审阅”→“更改”→“接受”下三角按钮，在下拉菜单中选择“接受”命令，接受对文档的所有修改。

（4）接受所有修改后文档中仍存在批注，此时已经不再需要批注，故需将其删除。选中审阅窗格窗口中任意一条批注，单击“审阅”→“批注”→“删除”按钮即可删除。

（5）单击“审阅”→“批注”→“删除”下三角按钮，在下拉菜单中选择“删除文档中的所有批注”命令即可删除全部批注。

（6）至此文档显示修改后最终的状态，如图 3.142 所示。

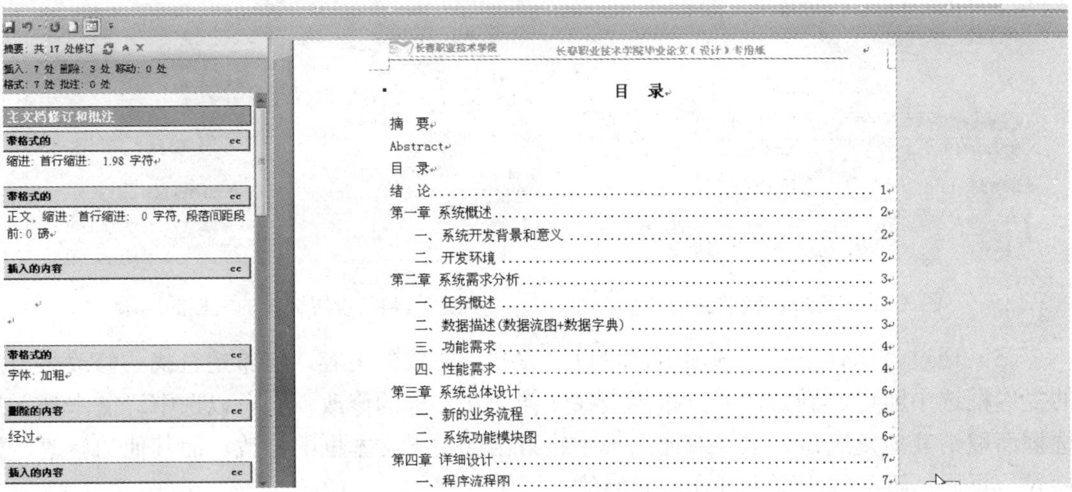

图 3.142　修改后的文档效果

任务总结评价

学习了本次任务以后，在设计制作自己的毕业论文时，应该不会出现格式上的错误了。本次任务的重点内容有三项：

（1）设置页眉和页脚。

（2）设置标题格式。

（3）添加和更新目录。

关于毕业论文的修改中，主要介绍了文档的修订、批注、审阅和文档保护等功能。这些功能在实际工作中有着十分重要的作用，熟练地应用是高水平员工应具备的素质和能力。

拓展与提高

1. 比较文档

有时其他用户帮助修改文档，却没有打开修订功能，那么原作者将无法知道文档的哪些内容做了更改，只能打开原文档逐字地对比，对于长文档来说，对比浪费的时间远远大于修改的时间。其实 Word 2007 提供了自动对比功能，此功能可以对两个文档进行精确比较，并且只显示两个文档的不同部分，被比较的文档本身不变。默认情况下，精确比较结果显示在新建的第三篇文档中。

具体操作方法如下。

（1）单击“审阅”→“比较”→“比较文档”按钮，在下拉菜单中选择“比较”命令，打开“比较文档”对话框，如图 3.143 所示。

（2）单击“原文档”栏后的浏览按钮，找到要用作原始文档的文档。

（3）单击“修订的文档”栏后的浏览按钮，找到要进行比较的其他文档。

（4）单击“更多”按钮，为要在文档中比较的内容进行设置，如图 3.144 所示。

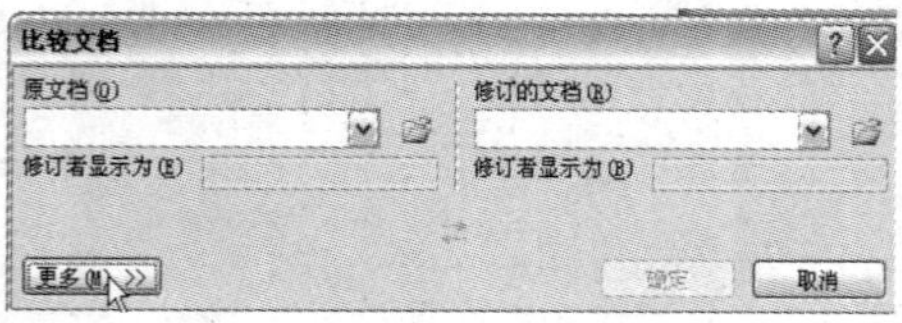

图 3.143　选择比较的文档

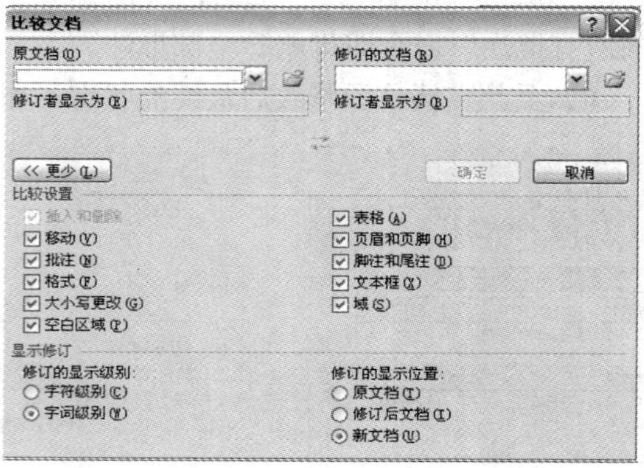

图 3.144　设置比较的文档的选项

（5）通过“比较设置”选项组，可以设置参与比较的内容，将希望查找的修改类型前的复选框选中即可。例如，若只希望查找文档中文本框的修改，则可以选中“文本框”复选框而取消其他复选框。这样对比结果中将只出现关于文本框的修改，而其他的修改，如格式、页眉、页脚等则不出现在比较后的文档中。

（6）“显示修订”选项组主要设置修订的显示级别和比较结果的存放位置，通常情况下使用字词级别的显示方式，而修订的显示位置一般默认选择“新文档”，这样修订结果会在自动新建的新文档中。

（7）单击“确定”按钮，将比较结果放入新文档中。

2. 合并文档

如果用户发送同一个文档供多名审阅者审阅，并且每名审阅者都返回文档，则每个返回的文档都有不同的修改内容。如果手动一项一项对比并复制至同一文档，将是一项十分费力的工作。Word 2007 提供了“合并修订”功能来处理此类工作。此功能可以按照一次合并两个文档的方式组合这些文档，直到将所有审阅者的修订都合并到同一文档中为止。

具体操作步骤如下。

（1）单击“审阅”→“合并”→“合并文档”按钮，在下拉菜单中选择“合并“命令，打开“合并文档”对话框，如图 3.145 所示。

（2）由如图 3.145 所示可知，“合并文档”对话框的设置方式和“比较文档”对话框的设置方式相同。

（3）单击“确定”按钮，在新文档中合并所有修订。

（4）单击“Microsoft Office”按钮，在下拉菜单中选择“保存”命令，将新文档保存。

如果有多个此类文档，则可以以上次合并的文档作为原文档，重复此操作使所有修订合并到同一个文档中。

3. 文档的保护

多人协同处理的文档，最大的问题是对文档不必要的修改而给文档留下难以察觉的混乱。为了避免此类错误的发生，需要在文档发送前对文档添加保护。常用的保护有对格式的保护、仅允许用户插入修订和仅允许用户插入批注。

对特定格式进行保护的具体设置方法如下。

（1）编辑好需要设置保护的文档。

（2）单击“审阅”→“保护”→“保护文档”按钮，在下拉菜单中选择“限制格式和编辑”命令，打开“限制格式和编辑”窗口，如图 3.146 所示。

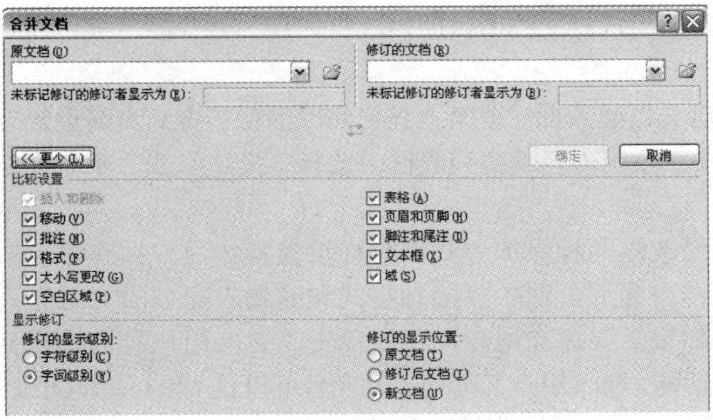

图 3.145　设置合并的文档的选项

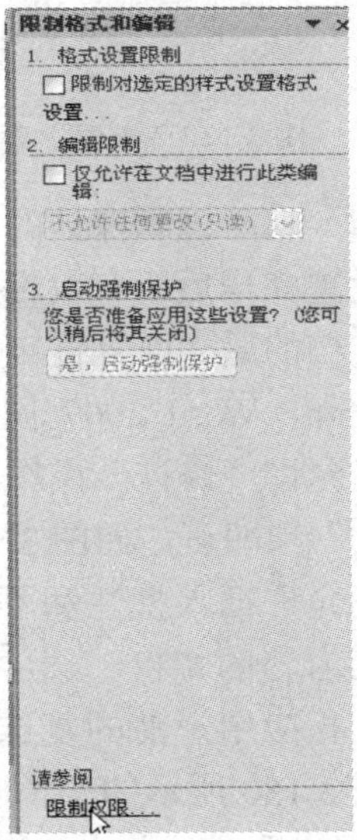

图 3.146　“限制格式和编辑“窗格

（3）选中“限制对选定的样式设置格式”复选框，可以限制用户对所选的样式进行修改。

（4）要进行具体的样式选择，可以单击“设置”链接，打开“格式设置限制”对话框，选中需要保护的格式前的复选框即可，如图 3.147 所示。此时所有选定的格式都不允许被修改，也不允许对文档直接应用格式，单击“确定”按钮返回“限制格式和编辑”窗口。

（5）单击“是，启动强制保护”按钮，打开“启动强制保护”对话框，在“新密码”文本框和“确认新密码”文本框中输入相同的保护密码，如图 3.148 所示。

（6）单击“确定”按钮，即可为文档添加格式保护。

仅允许用户对文档进行修订的设置方法如下。

（1）编辑好需要设置保护的文档。

（2）单击“审阅”→“保护”→“保护文档”按钮，在下拉菜单中选择“限制格式和编辑”命令，打开“限制格式和编辑”窗口。

（3）选中“编辑限制”栏中的“仅允许在文档中进行此类编辑”复选框，其下方的下拉列表框变为可编辑状态，在下拉列表中选择“修订”项。

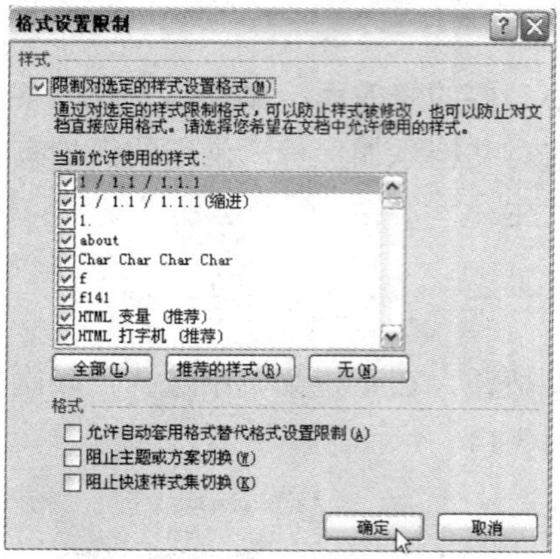

图 3.147　设置需要保护的格式

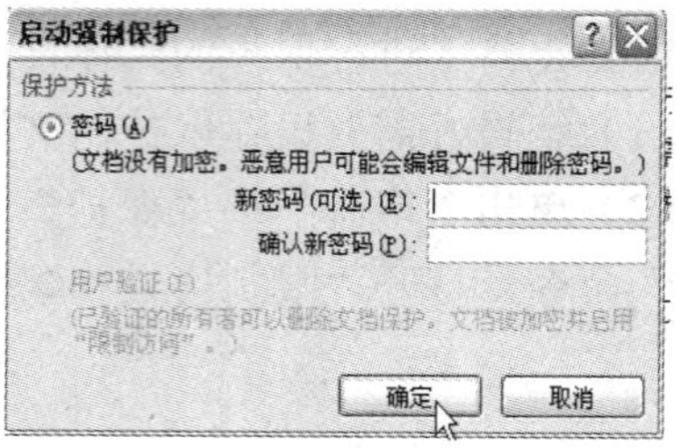

图 3.148　“启动强制保护”对话框

（4）启动强制保护的步骤与前面对特定格式进行保护的操作方法相同。

设置完毕后所有编辑此文档的其他用户对文档所做的修改将体现为修订的形式，而不会对文档的原文内容直接修改。

此外，Word 2007 同样支持仅对文档插入批注或禁止任何修改的保护方式。其设置方式与仅允许“修订”操作类似，只要在限制内容下拉列表框中选择“批注”或“不允许任何更改”项即可，如图 3.149 所示。

仅允许插入批注和不允许任何修改这两种保护方式都允许设置特定用户拥有编辑部分文档内容的特权。选中此部分文档内容后，选中“限制格式和编辑”窗口的“组”列表框中相应用户前的复选框即可。如果需要添加用户，可以单击“更多用户”链接，打开如图 3.150 所示的“添加用户”对话框，输入用户名即可。用户名可以是 Microsoft Office Word 用户账户或电子邮件地址，多用户名之间用分号隔开。

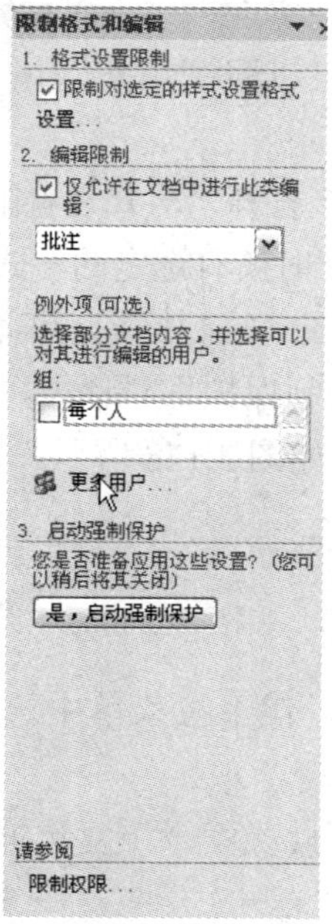

图 3.149　文档保护窗口

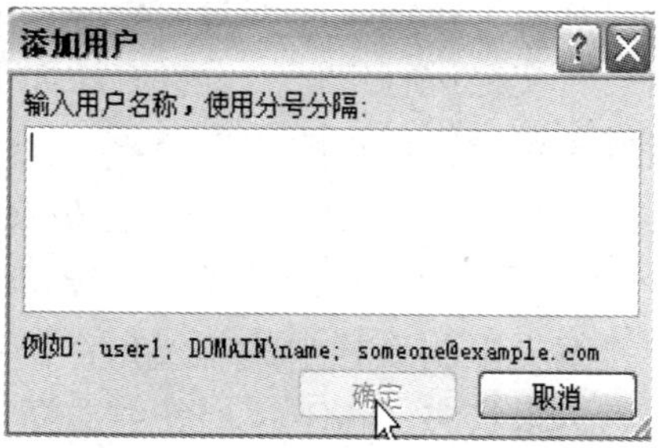

图 3.150　“添加用户”对话框

实训

任务一

1．打开素材中的“学生毕业论文.doc”，按以下要求制作。

（1）设置页眉和页脚。

（2）设置标题格式。

（3）添加和更新目录。

2．按照论文格式要求，设计制作一份专业论文。

任务二

分组操作，两人一组，利用本任务中的知识点互相审阅对方的专业论文。

任务 13　员工基本信息表

◆**知识技能点：**

（1）了解输入数据的技巧和方法。

（2）具体掌握公式、函数的使用方法和数据安全性设置。

（3）熟练掌握工作表的格式设置与打印。

（4）能够根据需要，使用 Excel 灵活设计制作日常工作报表。

任务引入

员工人事基本信息是人事管理部门最经常用到的报表之一。它主要包括内部员工的基本信息，如姓名、部门、职务、工资、职称、学历等情况。其主要作用是方便企业管理者对员工基本信息进行了解，应以实用性为主，并在实用性上对表格进行适当的修饰。本任务是大宇公司利用 Excel 建立员工基本信息表，现需要完成三项工作：一是录入员工基本信息；二是对表格进行修饰；三是将基本信息打印存档。

任务分析

在 Excel 中，利用数据输入技巧和方法完成员工基本信息的录入，利用单元格格式设置对工作表的边框、底纹、数字格式、对齐方式等进行修饰。借助其强大视图功能可以很方便地查看数据。

任务实施

13.1.1　制作员工基本信息表

步骤一：打开 Excel 2007，认识 Excel 2007 的工作界面。

Excel 2007 的工作界面如图 3.151 所示，与此前的 Office 版本有了较大的改变。取消菜单栏后，整个界面都发生了革命性的变化，大部分常用功能都以按钮的形式在功能区列出，方便调用。

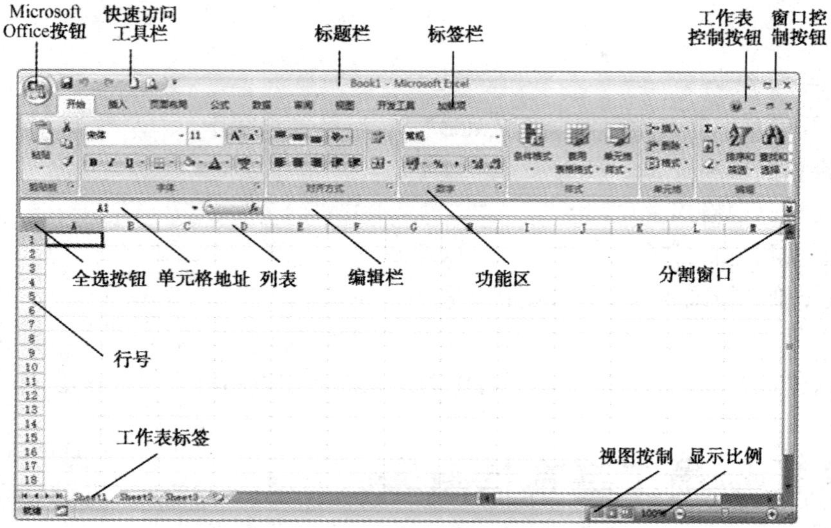

图 3.151　Excel 2007 的工作界面

1）标题栏

标题栏位于窗口的最上方，在 Excel 2007 中标题栏共由四部分组成。

（1）“Microsoft Office”按钮：这是 Excel 2007 保留的唯一一个下拉菜单，其功能相当于此前版本的“文件”菜单，如图 3.152 所示。

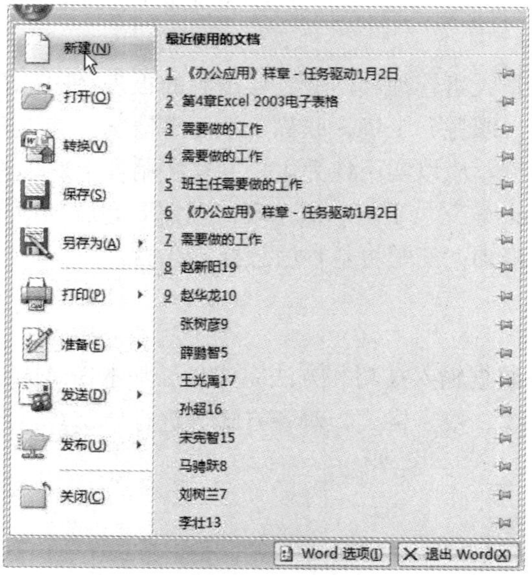

图 3.152　“Microsoft Office”菜单

（2）“快速访问”工具栏：主要用于显示各种常用工具和自定义工具。

（3）标题部分：显示当前编辑的工作簿名称。

（4）窗口控制按钮：主要用于最小化、最大化和关闭窗口操作。

2）选项卡和功能区

选项卡位于标题栏的下方，主要分为“开始”、“插入”、“页面布局”、“公式”、“数据”、

“审阅”、“视图”、“开发工具”、“加载项”9 个部分。每个标签都对应着各自的功能区，通过单击标签名称可以在不同的功能区进行切换。例如，单击“数据”标签即可进入“数据”功能区，如图 3.153 所示。

图 3.153　“数据”功能区

3）编辑栏

Excel 2007 中的编辑栏是用于显示、输入和编辑活动单元格中数据的区域，它显示着当前单元格的常数或公式，如图 3.154 所示。

大宇公司员工基本信息

序号	部门	姓名	参加工作时间	工资	学历	身份证号	出生日期	性别	年龄	工龄	目前状况
1	员工食堂	李　红	1959-7-8	800元	初中	220302193910020247	1939/10/02	女	71	51	退休
2	人事部	张　杨	1986-7-15	1300元	本科	220102196601020446	1966/01/02	女	44	24	在岗
3	财务部	周玲玲	1985-7-20	950元	中专	220111196804093326	1968/04/09	女	42	25	在岗
4	市场部	许波波	1992-7-23	1300元	本科	222324197203150424	1972/03/15	女	38	18	在岗
5	营业部	张锦绣	1996-7-16	1500元	硕士	220102196607161820	1966/07/16	女	44	14	在岗
6	后勤部	李　楠	1965-12-7	600元	高中	222426194505085620	1945/05/08	女	65	44	退休

图 3.154　编辑栏

4）工作窗口

工作窗口是用来编辑工作簿的工作区域，包括行号、列标、单元格、工作表标签等，如图 3.155 所示。

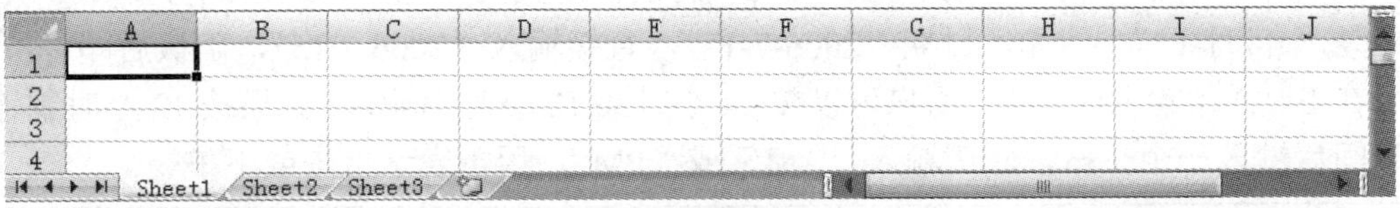

图 3.155　工作窗口

5）状态栏

状态栏是位于 Excel 2007 基本界面下方的信息栏，它用于提供有关命令或操作进程的信息，显示 Excel 当前的工作状态、视图方式，显示/调用视图比例，如图 3.156 所示。

图 3.156　状态栏

步骤二：了解各种数据输入方法和技巧。

数据输入是电子表格最基本的操作。在 Excel 2007 中可以输入文字、数值、日期与时间、公式和函数等。

技能链接——输入数据基本方法

选中单元格，然后直接输入，按“Enter”键确认，活动单元格随之下移。

双击单元格，单元格中会出现光标插入点，即可输入数据，按“Enter”键确认，活动单元格下移。

选中单元格，在编辑栏中输入，如果要确认输入，可单击编辑栏中的输入按钮“√”，活动单元格不变。如果要取消本次输入可以单击编辑栏中的取消按钮“×”或按“Esc”键。

1）输入文本

在默认方式下，文本在单元格内靠左对齐。对于单元格中的文本，当字符的长度超过单元格宽度时，Excel 允许该文本覆盖右边相邻的空单元格完整显示。如果相邻单元格中有数据，当前单元格只显示该单元格宽度内显示的部分内容。要想查看或编辑单元格中所有内容，可以在编辑栏完成。

在 Excel 中输入数字文本时，为了避免被误认为是数值型数据，应先输入西文单引号“'”或者将单元格格式设置为“文本”格式，再输入数字。

2）输入数值

和输入文本一样，只需先选定单元格，然后输入数值并确认数据。在默认方式下，数值在单元格内靠右对齐。下面介绍几种数值的输入方法。

（1）输入分数。例如，输入数值 1/5，如果直接输入“1/5”，系统会将其变为“1 月 5 日”。因此，输入分数时，必须在数值前面加“0”和空格，以避免与日期混淆。虽然在单元格输入的是“0 1/5”，但在编辑栏中显示的是“0.2”。

（2）输入正、负数。输入正数时不用输入“+”，即使输入也被系统省略。

输入负数时要输入“-”，用圆括号括起来也表示是负数。例如，输入“-567”或（567）都在单元格内显示“-567”。

3）输入日期和时间

通常，日期和时间属于数字类，但也可将它们定义为文本。日期格式有多种，默认的格式是“年/月/日”。例如，日期“2006-7-15”，直接输入“2006/7/15”，确认后即可。

在 Excel 中输入时间时，用户可以按 24 小时或 12 小时制输入。如果按 12 小时制输入，在时间后键入一个空格，然后输入“AM”或“PM”，用于表示上午或下午。

> **提示：** 在输入日期时，可以使用“—”或“/”将年月日分隔，在单元格中输入当前日期按“Ctrl + ;”组合键，输入当前时间则按“Ctrl + Shift + ;”组合键。

4）输入序列

在实际应用中，工作表中的某一行或列中的数据经常是一些有规律的序列。对于这些序列的输入可以利用 Excel 的自动填充功能来完成，如日期序列、等差序列、等比序列。

技能链接——填充柄

位于选定区域右下角的小黑方块，当用鼠标指向填充柄时，鼠标的指针更改为黑十字。拖动填充柄可复制数据或在相邻单元格中填充一系列数据。Excel 默认的填充方式是复制单元格，即填充的内容为选择单元格的内容与格式。

（1）日期序列

日期序列包括指定天数、周数或月份数据增长的序列。填充时先选择填充数据的起始单元格，拖动填充柄至结束的单元格，单击结束单元格边的“自动填充选项”按钮，在下拉菜单中选择各种日期填充格式，效果如图 3.157 所示。

	A	B	C	D
1				
2	星期一	星期二	星期三	星期四
3	2001月	2002月	2003月	2004月
4	1月2日	1月3日	1月4日	1月5日
5				

图 3.157　日期序列

（2）等差序列

在填充等差序列时，先要为等差序列指定步长值。步长是等差序列中相邻项之间的差。填充时先在单元格中输入序列前两个数，同时选中这两个单元格，拖动填充柄至结束的单元格。

（3）等比序列

选择包含两个数值的单元格，将鼠标指向填充柄，按下鼠标右键拖动填充柄至结束的单元格，释放鼠标，在快捷菜单中选择“等比序列”命令，即可完成等比数列填充。

技能链接——输入数据技巧

选中多个单元格后，输入字符，然后按“Ctrl+Enter”组合键，即可在选中的每个单元格中填入上述相同的字符。

同时选中多个工作表的标签，组成工作表组，在第一个工作表中（或选定的某一个）设计制作一个数据表格，这时就相当于在选中的工作表中都输入了此数据表格。如果有不同的数据要输入，则可以在工作表标签上单击右键，在弹出的快捷菜单中选择“取消成组工作表”选项，然后将表格内容作适当的改动，这样提高办公效率。

5）公式与函数

（1）公式

公式是 Excel 处理数据的基本方法，也是 Excel 的灵魂和核心功能，是其处理数据的基础。一般公式是由一系列数据、运算符等组成的。例如，公式“=SUM(E1:H1)*A1+26”是以等号（“=”）开始，“SUM(E1:H1)”是函数，“A1”则是对单元格 A1 的引用（使用其中存储的数据），“26”是数字型常量，“*”和“+”则是算术运算符。

公式的运算按照运算符进行。常用的 Excel 运算符可以分为如下 4 类。

算术运算符：适合各种数学运算，运算结果为数值，如“+”、“-”、“*”、“/”、“^”。

比较运算符：主要用于对两个表达式进行比较，运算结果为逻辑值“TRUE”或“FALS”，如“=”“>=”“<=”“>”“<”“<>”。

文本运算符：用于把前后两个字符串连接在一起，生成一个字符串。如“&”。

引用运算符：使用引用运算符对单元格区域进行合并计算。如“:”、“,”、空格。

（2）函数

对于一些常用的公式或不宜编辑的公式，Excel 以函数的形式提供。在使用时只要进行简单的参数设置即可完成一系列复杂的运算，节省了用户复杂的公式编辑时间，也大大降低了普通用户使用的门槛。Excel 内置的函数包括财务函数，日期及时间函数，数学及三角函数，统计函数，文本函数，逻辑函数，信息函数，工程函数等。

财务函数：使用财务函数可以进行有关资金方面的常见商务计算。例如，可以使用 PMT 函数计算一项汽车贷款的每月还款金额（需要提供贷款数量、利息和贷款周期等参数）。

日期及时间函数：这一类型的函数可以用于分析或操作公式中与日期和时间有关的值。

例如，TODAY 函数可以得到当前日期（根据系统时钟中存储的数据）。

数学及三角函数：该类型包括很多种类的函数，可用来进行数学和三角方面的计算。

统计函数：这类函数可以对一定范围的数据进行统计学分析，可以计算统计数据，如平均值、模数、标准偏差和方差等。

文本函数：文本函数可以处理公式中的文本字符串。例如，可以使用 MID 函数抽出在某个字符位置上以某个字符开始的字符串。其他函数还可以改变文本的大小写（如改成大写格式）。

逻辑函数：这个类型只有 6 个函数，可以测试某个条件（得出逻辑 TRUE 或 FALSE）。例如，IF 函数十分有用，因为使用它可以进行简单判断。

信息函数：这类函数可以帮助确定单元格中数据的类型。例如，如果单元格引用中包含文本，使用 ISTEXT 函数可以得出 TRUE。还可以使用 ISBLANK 函数确定单元格是否为空。使用 CELL 函数可以得到某个具体的单元格中大量存在的有用信息。

工程函数：这类函数被证明在工程应用程序中十分有用。可以用这类函数处理复杂的数字，并且在不同的记数体系和测量体系中进行转换。

步骤三：录入员工档案的基本信息。

1）创建新工作表并进行页面设置

在编辑工作表之前，需要先创建新的工作表并为其命名。Excel 2007 打开时默认创建空白工作表。操作步骤如下。

（1）单击“开始”→“程序”→“Microsoft Office”→“Microsoft Office Excel 2007”命令，打开 Excel 2007 程序并自动创建空白工作表。

（2）右击窗口左下方“Sheet1”工作表名，在打开的快捷菜单中选择“重命名”命令，进入工作表名编辑区，输入“员工基本信息”。按“Enter”键确认工作表名称并返回工作表编辑室区。

（3）单击“页面布局”→“页面设置”→“纸张方向”按钮，在下拉菜单中选择“横向”命令，将文档方向设为横向。

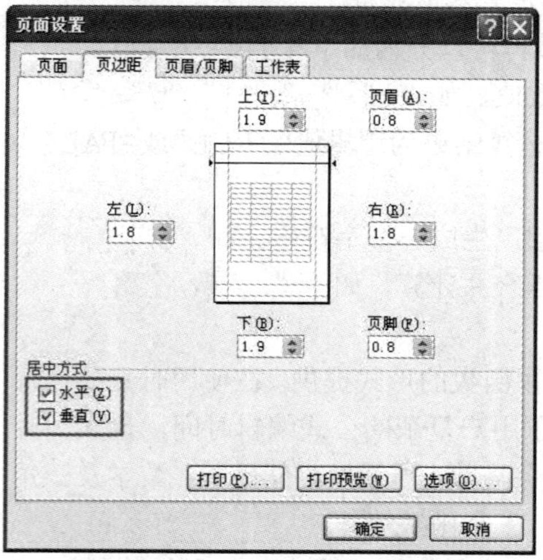

图 3.158　设置工作表的水平、垂直居中

（4）单击“页面布局”→“页面设置”→“页边距”按钮，在下拉菜单中选择“自定义页边距”命令，打开“页面设置”对话框，设置“页边距”选项卡中各个边；选中“水平”和“垂直”复选框，使表格在页面水平、垂直居中放置，打印时表格更加美观、协调，如图 3.158 所示。

2）员工信息表的建立

（1）在 A1 单元格中输入“大宇公司员工基本信息”，选中 A1:L1 单元格区域，单击“开始”→“对齐方式”→“合并后居中”按钮，将所选单元格合并为一个单元格且设置为居中对齐。选中 A1 合并单元格，设置字体为“宋体”、“加粗”；字号为“14”。

（2）在 A2: L2 单元格区域内依次输入“员工编号”、“部门”、“姓名”、“参加工作时间”、

“工资”、“学历”、“身份证号”、“出生日期”、“性别”、“年龄”、“工资”、“目前状况”等内容。

（3）A 列中为员工编号，要从“001”开始编写，需将单元格数字格式设置为“文本”格式。单击 A 列列标，选中 A 列全部单元格，单击“开始”→“数字”→“数字格式”下三角按钮，在下拉菜单选择“文本”命令。

（4）在 A3 单元格中输入“001”内容，按住 A3 单元格下方的填充柄向下拖动到 A33 单元格。单击 A33 单元格边的“自动填充选项”按钮，在下拉菜单中选择“填充序列”命令，使 A 列单元格内容由“001”至“033”。

（5）在 B 列、C 列、D 列、E 列、F 列分别输入每一位员工的所在的部门、姓名、参加工作时间、工资、学历。

（6）选中 D 列全部单元格，单击“开始”→“数字”→“数字格式”下三角按钮，在下拉菜单中选择“其他数字格式”命令，打开“设置单元格格式”对话框。在该对话框中，选择“数字”→“分类”→“日期”命令，设置“类型”为“2001-3-14”，使所选单元格区域内的全部日期为该格式。

（7）G 列中为员工身份证号，数字位数超过 12 位，会以科学记数法形式显示数据。先选中 G 列全部单元格，将单元格数字格式设置为“文本”格式后再输入身份证号。

（8）选中 H3 单元格，输入“=MID(G3,7,4)&"/"&MID(G3,11,2)&"/"&MID(G3,13,2)”，计算出第一个人的“出生日期”，通过填充柄填充计算出每个人的出生日期。

技能链接——MID 函数

MID 函数用于从数据中间提取字符，它的操作格式是：Mid(Text,Start_num, Num_chars)。

Text 是包含要提取字符的文本字符串或单元格地址。

Start_num 是文本中要提取的第一个字符的位置。文本中第一个字符的 Start_num 为 1，依次类推。

Num_chars 指定希望 MID 从文本中所提取字符的个数。

“&”是文本连接符，起到的作用是将提取的“年”、“月”、“日”信息合并到一起，“/”则是在提取出的“年”、“月”、“日”之间添加一上斜杠标记。

（9）选中 I3 单元格，输入“=IF(MID(G3,17,1)/2=INT(MID(G3,17,1)/2),"女","男")”，确认后，可立即计算出第一个人的“性别”。通过填充柄填充可计算出每个人的性别。

> **提示：**每个人的性别可以利用“身份证号码”进行判断，18 位的身份证第 17 位数字表征性别，15 位的身份证第 15 位表征性别，奇数为男性，偶数为女性。
>
> 在 Excel 中可以用这样的方法判断奇偶：先用这个数除以 2，看它等不等于这个数除以 2 后再取整，若相等，则为“偶数”，否则为“奇数”。

（10）选中 J3 单元格中，输入“=YEAR(TODAY())-MID(G3,7,4)”，确认后可立即算出第一个的年龄，通过填充柄填充计算出每个人的年龄。

（11）选中 K3 单元格，输入“=((TODAY())-D3)/365”，确认后可立即算出第一个人的工龄，通过填充柄填充计算出每个人的工龄。

（12）选中 L3 单元格，输入“=IF(OR(AND(I3="女",J3>55),AND(I3="男",J3>60)), "

退休","在岗")"，确认后可立即算出第一个人的目前状况。通过填充柄填充计算出每个人的目前状况。

（13）员工基本信息已录完的“员工基本信息表”，如图 3.159 所示。保存该工作簿，文件名为“员工基本信息表”。

大宇公司员工基本信息表											
序号	部门	姓名	参加工作时间	工资	学历	身份证号	出生日期	性别	年龄	工龄	目前状况
001	员工食堂	李红	1959-7-8	800元	初中	220302193910020247	1939/10/02	女	**71**	51	退休
002	营业部	张锦绣	1996-7-16	1500元	硕士	220102196607161820	1966/07/16	女	44	14	在岗
003	营业部	童强	1962-12-7	1200元	高中	220105194408082235	1944/08/08	男	**66**	47	退休
004	营业部	高琳	1977-9-1	3000元	研究生	201220196507038325	1965/07/03	女	45	33	在岗
005	营业部	胡海涛	1998-10-1	1200元	本科	110103196803088657	1968/03/08	男	42	12	在岗
006	研发部	钱跃	1995-9-1	1000元	本科	110108197611028921	1976/11/02	女	34	15	在岗
007	研发部	瞿艳辉	1999-9-1	1000元	本科	110106197207036721	1972/07/03	女	38	11	在岗
008	研发部	钱立	1993-1-6	2000元	研究生	110109197210168932	1972/10/16	男	38	17	在岗
009	研发部	杨宝春	1971-2-1	1000元	研究生	110202198010188952	1980/10/18	男	30	39	在岗
010	研发部	陶春光	1995-10-9	1000元	本科	110106197207036721	1972/07/03	女	38	15	在岗

图 3.159 员工基本信息表的建立

提示：企业单位一般男职工的退休年龄为 55 岁，女职工的退休年龄为 50 岁。

技能链接——公式产生错误原因

在某单元格的公式无法正确计算时，Excel 将在此单元格中显示一个错误值，公式产生错误原因一般包括以下几种情况。

“#####”：公式算出的结果长度超过了单元格的宽度。

“#NAME”：Microsoft Excel 未识别公式中的文本，即公式中引用了无法识别的成分，出现错误。

“#REF”：引用了无效单元格，如该单元被删除时，会出现这种错误。

“#N/A”：数值对函数或公式不可用。

“#NUM”：公式或函数中使用无效数字值。

“#NULL”：指定并不相交的两个区域的交点。用空格表示两个引用单元格之间的相交运算符。

“#DIV/0”：数字被零（0）除。

“#VALUE”：使用的参数或操作数类型错误。

步骤四：修饰、查看员工基本信息表。

1）设置工作表的边框和底纹

Excel 2007 提供了强大而灵活的格式编排功能，如可以对单元格的字体、对齐、颜色、数字、边框等格式进行设置，使工作表更加易于观察、理解。工作表的边框、底纹通常是后设置的，尤其是数据表边框，若提早进行了设置，一旦数据增加或减少，就有可能要对边框进行重新设置。其具体操作如下。

（1）设置边框前，应先调整一下各列数据的列宽。“参加工作时间”、“身份证号码”、“出生日期”三列内容较多，按住“Ctrl”键的同时选中 D、G、H 三列，单击鼠标右键，在快捷菜单中选择“列宽”命令，打开“列宽”对话框，设置列宽为“16”，单击“确定”

按钮确认更改。可按此方法适当调整其他列列宽。

（2）单击“开始”→“字体”→“边框”下三角按钮，在下拉菜单中选择“绘制边框”→“线条颜色”→“黑色，文字 1，淡色 15%”命令，边框颜色设为黑灰色，如图 3.160 所示。

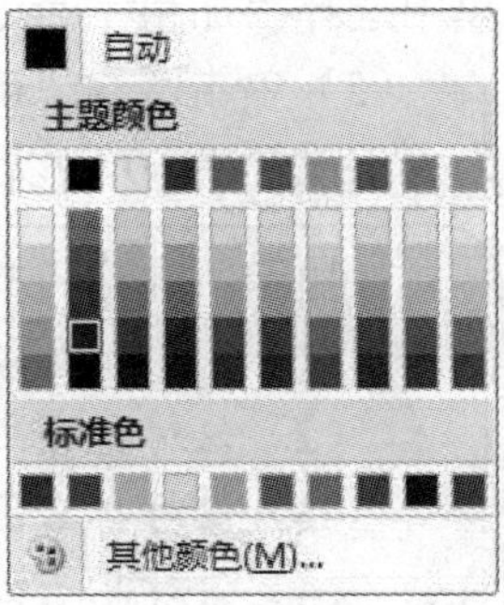

图 3.160　设置边框颜色

（3）选中除标题行外所有的数据区域，单击“开始”→“字体”→“边框”下三角按钮，在下拉菜单中选择“边框”→“所有框线”命令，为所有单元格填加框线。

（4）设置所选单元格内容垂直和水平居中放置，选中除标题行外所有的数据区域，分别单击“开始”→“对齐方式”→“垂直居中”按钮和按钮即可。

（5）选中 A2:L2 数据区域，单击“开始”→“字体”→“填充颜色”下三角按钮，在下拉菜单中选择“标准色”→“浅蓝”命令，将标题行单元格底色设置为浅蓝色。

技能链接——套用表格式

Excel 2007 提供了许多预定义的表样式（或快速样式），使用这些样式，可快速套用表格式。如果预定义的表样式不能满足需要，可以创建并应用自定义的表样式。虽然只能删除自定义的表样式，但是可以去除任何表样式，以便数据不再应用它。通过为表元素（如标题行和汇总行、第一列和最后一列，以及镶边行和镶边列）选择“快速样式”选项，可以进一步调整表格式。

2）设置条件格式

使用条件格式可以帮助用户直观地查看和分析数据，发现关键问题以及识别模式和趋势。根据条件使用数据条、色阶和图标集，可以突出显示相关单元格或单元格区域，强调异常值以及实现数据可视化效果。本例要求将员工信息表中年龄为 60 的数据设置加粗显示，具体操作如下。

（1）选中 J3：J33 单元格区域，单击“开始”→“样式”→“条件格式”按钮，在下拉菜单中选择“新建规则”命令，打开“新建格式规则”对话框。

（2）选择“新建格式规则”列表框中的“只为包含以下内容设置单元格设置格式”命令，在“编辑规则说明”选项组中的第一个下拉列表框中选择“单元格值”，在第二个下拉列表框中选择“大于或等于”，在第三个文本框输入“60”，效果如图 3.161 所示。

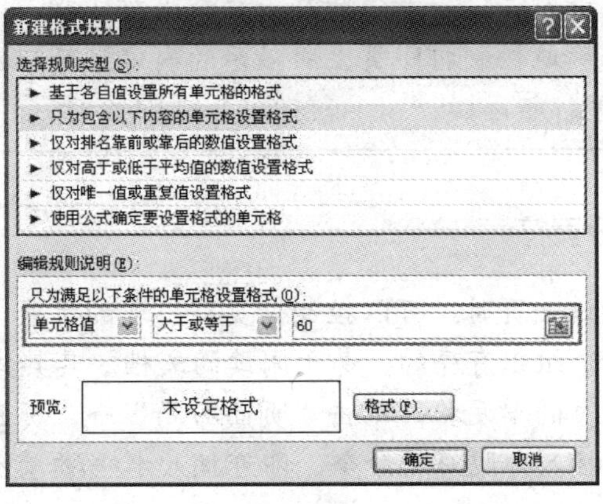

图 3.161　“新建格式规则”对话框

（3）在“新建格式规则”对话框中，单击“格式”按钮，打开“设置单元格式”对话框。

（4）在“设置单元格式”对话框中，单击“字体”→“颜色”下三角按钮，在下拉菜单中选择“加粗”命令。

（5）单击两次“确定”按钮返回工作表编辑区，为所选单元格区域添加条件格式，即为大于或等于 60 岁以上的年龄设置为了加粗的字体。

> **提示：**常见的条件格式规则有以下几种。
> （1）基于各自值设置单元格格式（包括双色刻度、三色刻度、数据条和图标）。
> （2）仅对包含文本、数字或日期/时间值的单元格设置格式。
> （3）仅对排名靠前或靠后的数值设置格式。
> （4）仅对高于或低于平均值的数值设置格式。
> （5）仅对唯一值或重复值设置格式。
> （6）使用公式确定要设置格式的单元格。

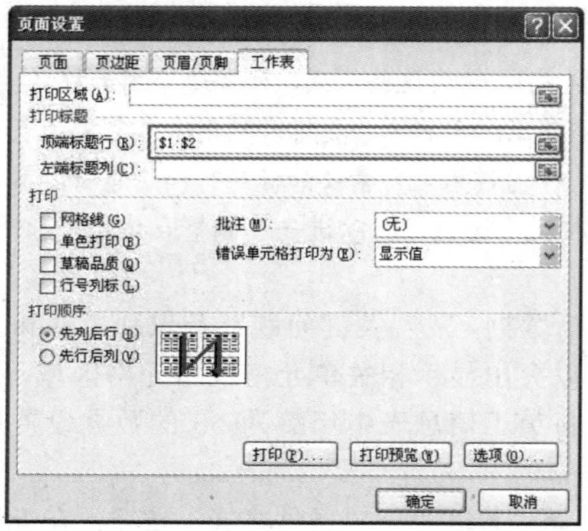

图 3.162　设置打印标题

3）设置标题行

如果一张工作表需要打印在若干页上，而又希望在每一页上都有相同的行或列标题以使工作表的内容清楚易读，可以设置打印标题。其具体操作如下。

（1）选择要打印的一个或多个工作表。

（2）单击“页面布局”→“页面设置”→“打印标题”按钮，打开“页面设置”对话框。

（3）单击“顶端标题行”的文本框的右边的折叠按钮，然后选择所需设置为标题的行（$1:$2），如图 3.162 所示，单击“确定”按钮后，此工作表内的工作页面都将自动在上方添加标题行。

> **提示：**在默认情况下，Excel 自动将只含有文字的矩形区域设为打印区域。当希望只打印工作表的部分区域内容，或者强行在一页纸上打印指定范围的内容时，需要设置打印区域，以便更准确地控制打印页上所显示的内容。可在“页面设置”对话框的“工作表”选项卡中设置打印区域。

技能链接——插入分页符

当打印工作表数据超过一页时，可以控制分页符出现的位置，这样可以在最适当的地方中断数据，从而构成一个组织有序的、易于阅读的文档。其具体操作如下。

在工作表中选定欲分页的单元格，单击“页面布局”→“页面设置”→“分隔符”按钮，在下拉列表中选择“插入分隔符”命令，即可插入水平/垂直分页符。

4）插入页眉和页脚

为了便于给文档添加说明性文字和页码，需要为文档添加页眉和页脚。页眉页脚分左、中、右三部分，可以确定页眉页脚的具体位置。其具体操作如下。

（1）单击“插入”→“文本”→“页眉和页脚”按钮，转换为“页面视图”模式并打开“页眉页脚工具”→“设计”选项卡。

（2）单击右侧页眉，输入“公司内部资料”的文字，选中页眉内容，单击“开始”→“字体”→“字体颜色”下三角按钮，在下拉菜单中选择“白色，背景 1，深色 50%”命令，将页眉设置为淡黑色，效果如图 3.163（a）所示。

（3）页脚需要插入页码，单击“页眉和页脚工具”→“设计”→“转至页脚”按钮，将光标移到页脚处。

（4）单击“页眉和页脚工具”→“设计”→“页眉和页脚”→“页脚”按钮，在下拉菜单中选择“第 1 页”命令。在右侧页脚插入相应格式的页码，效果如图 3.163（b）所示。

序号	部门	姓名	参加工作时间	工资	学历	身份证号	出生日期	性别	年龄	工龄	目前状况
001	员工食堂	李 红	1959-7-8	800元	初中	220302193910020247	1939/10/02	女	71	51	退休
002	营业部	张锦绣	1996-7-16	1300元	硕士	220102196607161829	1966/07/16	女	44	14	在岗
003	营业部	董 强	1962-12-7	1200元	高中	220106194408082235	1944/08/08	男	66	47	退休
004	营业部	高 琳	1977-9-1	3000元	研究生	201220196507038325	1965/07/03	女	45	33	在岗
005	营业部	胡海涛	1998-10-1	1200元	本科	110103196803088657	1968/03/08	男	42	12	在岗
006	研发部	铁 跃	1995-9-1	1000元	本科	110108197611028921	1976/11/02	女	34	15	在岗
007	研发部	瞿艳辉	1999-9-1	1000元	本科	110106197207036721	1972/07/03	女	38	11	在岗
008	研发部	铁 立	1993-1-6	2000元	研究生	110109197210168932	1972/10/16	男	38	17	在岗
009	研发部	杨宝春	1971-2-1	1000元	研究生	110202198010188952	1980/10/18	男	30	39	在岗
010	研发部	陶春光	1995-10-9	1000元	本科	110106197207036721	1972/07/03	女	38	15	在岗
011	销售部	陈 鹏	1993-12-1	1200元	研究生	110108198011248652	1980/11/24	男	30	16	在岗

（a）页眉文字效果

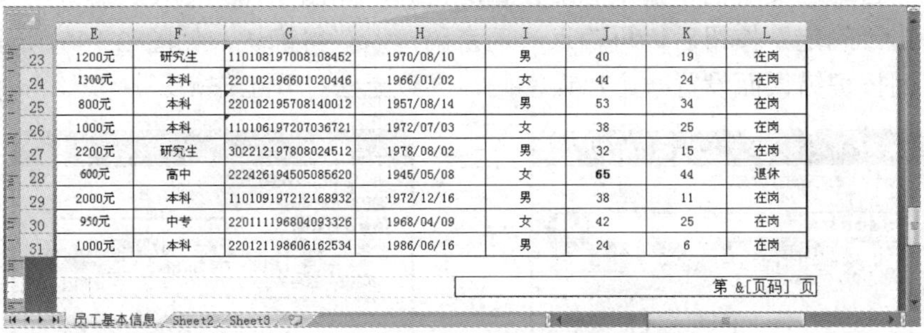

行	E	F	G	H	I	J	K	L
23	1200元	研究生	110108197008108452	1970/08/10	男	40	19	在岗
24	1300元	本科	220102196601020446	1966/01/02	女	44	24	在岗
25	800元	本科	220102195708140012	1957/08/14	男	53	34	在岗
26	1000元	本科	110106197207036721	1972/07/03	女	38	25	在岗
27	2200元	研究生	302212197808024512	1978/08/02	男	32	15	在岗
28	600元	高中	222426194505085620	1945/05/08	女	65	44	退休
29	2000元	本科	110109197212168932	1972/12/16	男	38	11	在岗
30	950元	中专	220111196804093326	1968/04/09	女	42	25	在岗
31	1000元	本科	220121198606162534	1986/06/16	男	24	6	在岗

（b）页脚文字效果

图 3.163 页眉/页脚文字效果

5）查看工作表中的数据

当工作表内容无法在窗口全部显示时，虽然可以用滚动条实现滚动显示，但往往看不到标题和表头，无法明确表中各部分所代表的含义。而利用拆分、冻结工作表，可以很好地查看表中数据。其具体操作如下。

单击 C3 单元格，单击“视图”→“窗口”→“冻结窗口”按钮，在下拉菜单中选择“冻结拆分窗格”命令。这样用户就可以自由地查看任意单元格，而不必担心无法查看标题行或名称列，如图 3.164 所示。

序号	部门	姓名	参加工作时间	工资	学历	身份证号	出生日期	性别	年龄	工龄	目前状况
001	员工食堂	李 红	1959-7-8	800元	初中	220302193910020247	1939/10/02	女	71	51	退休
002	营业部	张锦绣	1996-7-16	1500元	硕士	220102196607161820	1966/07/16	女	44	14	在岗
003	营业部	袁 强	1962-12-7	1200元	高中	220105194408082235	1944/08/08	男	66	47	退休
004	营业部	高 琳	1977-9-1	3000元	研究生	201220196507038325	1965/07/03	女	45	33	在岗
005	营业部	胡海涛	1998-10-1	1200元	本科	110103196803088657	1968/03/08	男	42	12	在岗
006	研发部	铁 跃	1995-9-1	1000元	本科	110108197611028921	1976/11/02	女	34	15	在岗
007	研发部	黎艳辉	1999-9-1	1000元	本科	110106197207036721	1972/07/03	女	38	11	在岗
008	研发部	铁 立	1993-1-6	2000元	研究生	110109197210168932	1972/10/16	男	38	17	在岗
009	研发部	杨宝春	1971-2-1	1000元	研究生	110202198010188952	1980/10/18	男	30	39	在岗
010	研发部	陶春光	1995-10-9	1000元	本科	110106197207036721	1972/07/03	女	38	15	在岗
011	销售部	陈 鹏	1993-12-1	1200元	研究生	110108198011248652	1980/11/24	男	30	16	在岗
012	销售部	黄瑞亨	1983-1-1	2000元	大专	110109197611123454	1976/11/12	男	34	27	在岗
013	销售部	王卫平	1969-12-1	1200元	本科	110108197008108452	1970/08/10	男	40	40	在岗

图 3.164　冻结拆分窗格

技能链接——多个窗口显示同一工作簿

用户可设置在多个窗口中显示一个工作簿的不同部分。拖动水平拆分框或垂直拆分框，直接对窗口拆分，垂直拆分框位于垂直滚动条上“▲”按钮上方，水平拆分框位于水平滚动条上“▶”按钮右侧。双击垂直拆分框和水平分拆分框的交叉处，可同时取消垂直和水平分隔。

步骤五：为工作表、工作簿添加保护。

为了防止别人浏览、修改或删除用户的工作簿，可以对工作簿进行加密，方法是在保存时给文件加上读写权限。为工作簿设定了读/写权限口令后，当再次打开文件时 Excel 会要求输入口令，若没有正确的口令，Excel 会拒绝执行打开文件或修改文件的操作。

1）保护工作簿

现在为“员工基本信表”文件添加密码，具体操作如下。

（1）单击“Microsoft Office”按钮，在下拉菜单中选择“准备”→“加密文档”命令，打开“加密文档”对话框。

（2）在“密码”文本框中输入想要设置的密码，如图 3.165 所示。

（3）单击“确定”按钮后，再输入一遍密码，以获得确认，如图 3.166 所示，这是为了避免用户因按键错误而设置一个错误密码，导致无法打开工作簿。

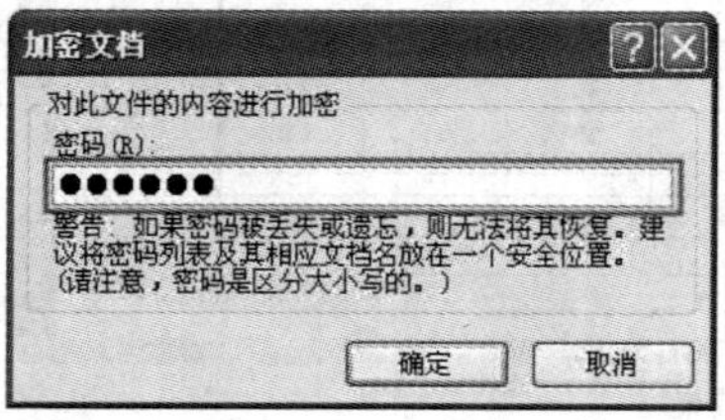

图 3.165　设置工作簿密码

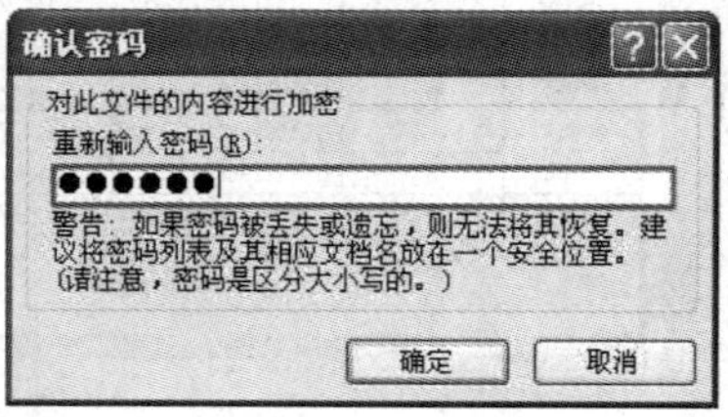

图 3.166　确认密码

（4）单击“确定”按钮即完成为工作簿添加密码。通过为工作簿加密，可极大增强文档的安全性。

> **提示：**如果要取消密码，只需要在刚才设置密码的文本框中删除输入的密码；设置密码后，如果密码遗忘，将无法打开该文件。密码区分大小写。

2）保护工作表

Excel 2007 提供了多层安全和防护，如果不需要对整个工作簿进行保护，可以为特定工作表和工作簿元素设定保护，使用密码或不使用密码均可。保护工作表和工作簿元素可以防止用户意外或恶意更改、移动或删除重要数据。

保护工作表时，默认情况下该工作表中的所有单元格都会被锁定，用户不能对锁定的单元格做任何修改。但是可以在保护工作表时指定允许用户更改的元素。

用户可以锁定工作表的窗口和结构，以禁止其他用户添加、删除或显示隐藏工作表，同时还可禁止更改工作表窗口的大小和位置。保护工作表元素操作方法如下。

（1）选择“员工基本信息表”的 D3:G33 单元格区域。

（2）单击“开始”→“单元格”→“格式”按钮，在下拉菜单中选择“设置单元格格式”命令，打开“自定义序列”对话框，如图 3.167 所示。

（3）在“自定义序列”对话框中，选择“保护”选项卡，选中“锁定”复选框，锁定所选单元格区域。

（4）单击“确定”按钮确认修改操作并返回工作表编辑区。

（5）单击“审阅”→“更改”→“保护工作表”按钮，打开“保护工作表”对话框，如图 3.168 所示。

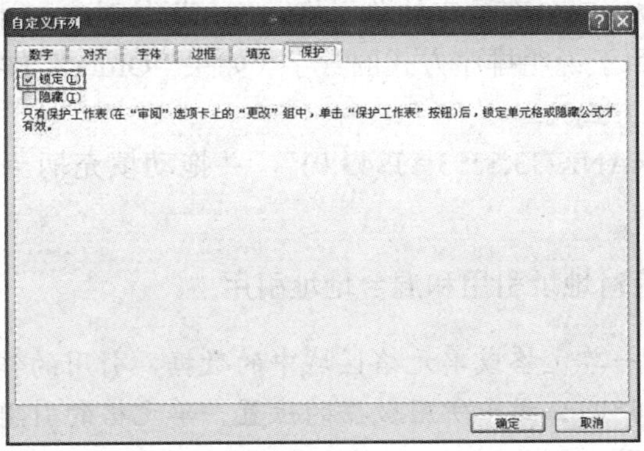

图 3.167　“自定义序列”对话框

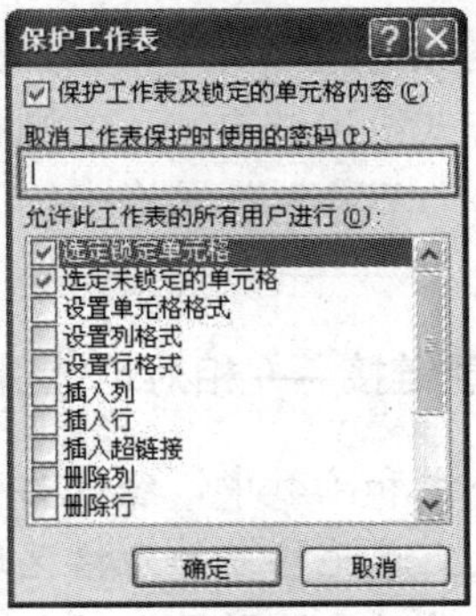

图 3.168　“保护工作表”对话框

（6）在“允许此工作表的所有用户进行”列表框中，单击选中需要设置的复选框。在“取消工作表保护时使用的密码”文本框中输入密码。

（7）单击“确定”按钮后，再输入一遍相同的密码，以获得确认。这样 D3:G33 数据区域用户将无法更改。

> **提示：**不应将工作簿和工作表元素保护与工作簿级别的密码安全相混淆。元素保护无法保护工作簿不受恶意用户的破坏。

13.1.2　应用函数实施相关统计

一、相关函数

1. 求和

求和主要用 SUM 函数，其语法格式为

```
SUM(number1, number2…)
```

其中"number1, number2…"为参与计算的单元格区域。

例如，"SUM(D3:I3)"是表示求 D3、E3、F3、G3、H3、I3 六个单元格内数字的和。在 J3 单元格中输入"=SUM(D3:I3)"，并拖动填充柄至 J43 的单元格。

2. 求平均值

求平均值用 AVERAGE 函数，其语法格式为

```
AVERAGE(number1, number2…)
```

其中"number1, number2…"为参与计算的单元格区域。

例如，"AVERAGE(F2:F50)"是求 F2:F50 区域内数字的平均值。在 K3 单元格中输入"=AVERAGE(D3:I3)"，并拖动填充柄至 K43 的单元格。

二、计算学生成绩单中名次

计算学生名次要用 RANK 函数，其语法格式为

```
RANK(Number,Ref,Order)
```

其中"Number"为参与计算的数字或含有数字的单元格，"Ref"是对参与计算的数字单元格区域的绝对引用，"Order"是用于说明排序方式的数字（如果"Order"为零或省略，以降序方式给出结果，反之则按升序方式）。

例如，在 L3 单元格中输入"=RANK(J3,$J$3:$J$43,0)"，并拖动填充柄至 L43 的单元格。

技能链接——相对地址引用、绝对地址引用和混合地址引用

在公式和函数中，经常要引用某一单元格或单元格区域中的数据，引用的作用在于标识工作表上单元格或单元格区域，并指明公式中所用数据的位置。单元格的引用有相对地址引用、绝对地址引用和混合地址引用。

相对地址引用是指公式或函数中所引用的单元格地址会随着结果单元格的改变而改变。

绝对地址引用是指公式或函数中所引用的单元格地址不会随着结果单元格的改变而改变。无论公式复制到哪里，都将引用同一单元格。绝对引用要在行号和列标前加一个"$"。

混合引用是相对地址与绝对地址的混合使用。例如，在"D$1"中，"D"（列号）是相对引用，"$1"（行号）是绝对引用。

提示：在计算的过程中，需要注意两点。一是当 RANK 函数中的"Number"不是一个数时，其返回值为"#VALUE!"，影响美观；二是 Excel 有时将空白单元格当成是数值"0"处理，造成所有成绩空缺者都是最后一名，看上去也很不舒服。此时，可将上面的公式"=RANK(J3,$J$3:$J$43,0)"改为"=IF(ISNUMBER(J3),RANK(J3,$J$3:$J$43,0), "")"其含义是先判断 J3 单元格里面有没有数值，如果有则计算名次，没有则空白。

三、突出显示不及格学生的成绩

使用条件格式将各科成绩不及格的学生成绩用红色、加粗并倾斜显示，效果如图 3.169 所示。

2009-2010第一学期计算机网络技术三年制成绩表											
序号	学生姓名	学号	大学英语	计算机专业英语	C程序设计基础	单片机与接口技术	企业实践2	网络组建与互联	总分	平均分	名次
1	任虹	8011001	98	91	86	87	89	92	543	91	1
2	冯晓旭	8011002	91	81	88	82	95	85	522	87	6
3	景玉红	8011003	93	88	88	79	91	87	526	88	4
4	黄旭	8011004	91	89	87	91	95	88	541	90	2
5	宗艳雪	8011005	92	91	87	87	95	89	541	90	2
6	李明刚	8011006	93	84	81	80	88	76	502	84	9
7	徐继祥	8011007	*58*	60	67	60	67	62	374	62	33
8	孙建伟	8011008	63	60	67	60	*54*	60	364	61	38
9	姜洪朝	8011009	60	63	63	60	75	*59*	380	63	31
10	陈安宁	8011010	63	63	64	60	66	60	376	63	32
11	孟宪平	8011011	69	84	71	61	86	66	437	73	16
12	宝音巴特	8011012	*57*	62	66	60	64	60	369	62	35
13	于欣瑞	8011014	67	61	60	60	65	60	373	62	34
14	王磊	8011016	*59*	*41*	66	60	72	60	358	60	41
15	于飞	8011017	67	60	66	60	72	60	385	64	28

图 3.169　不及格学生成绩突出显示效果

四、制作统计成绩表格

在该工作表中，从 A45 单元格开始制作如图 3.170 所示成绩统计表格。

38	曲金丽	8011042	88	74	85	82	93	86	508	85	7
39	刘俊芝	8011044	76	62	68	66	77	60	409	68	23
40	张信国	8011045	77	69	65	61	77	60	409	68	23
41	张超	8011046	66	*45*	66	60	62	60	359	60	39
各科平平均分											
各科优秀率											
各科及格率											
各科前两名											
各科后面名											
各分数段人数	0-59										
	60-69										
	70-79										
	80-89										
	90-100										

图 3.170　成绩统计表格

五、计算学生成绩单中的各科平均分、优秀率、及格率

1. 计算各科平均分

在 D45 单元格中输入“=AVERAGE(D3:D43)”，拖动填充柄至 I45 单元格计算出各科平均分。

2. 计算优秀率

优秀率即一个班级中某一科分数大于等于 80 分的比例，用大于等于 80 的人数除以考试总人数。

设置 D46 单元格式为数字百分数格式，小数位数为 0，在 D46 单元格中输入“=COUNTIF(D3:D43, ">=80")/COUNTA(D3:D43)”，拖动填充柄至 I46 单元格计算出各科的优秀率。

3. 计算及格率

及格率即一个班级中某一科分数大于等于 60 分的比例，用大于等于 60 的人数除以考试总人数。

设置 D47 单元格式为数字百分数格式，小数位数为 0，在 D47 单元格中输入“=COUNTIF(D3:D43, ">=60")/COUNTA(D3:D43)”，拖动填充柄至 I47 单元格计算出各科的及格率。

六、计算各科成绩前两名、后两名分数

1. 计算各科最高分和最低分

求最高分、最低分用 MAX 和 MIN 函数，语法格式分别为“MAX(Ref)”和“MIN(Ref)”。

在 D48 单元格中输入“=MAX(D3:D43)”，拖动填充柄至 I48 单元格计算每科第一名成绩。

在 D50 单元格中输入“=MIN(D3:D43)”，拖动填充柄至 I50 单元格计算每科最后一名成绩。

2. 计算各科第二名和后第二名的分数

用 LARGE 和 SMALL 函数可以求其他名次的学生。“LARGE(array,k)”的含义是返回数组中第 k 个最大值，“SMALL(array,k)”的含义是返回数组中第 k 个最小值。

在 D49 单元格中输入“=LARGE(D3:D43,2)”，拖动填充柄至 I49 单元格计算每科第二名成绩。

在 D51 单元格中输入“=SMALL(D3:D43,2)”，拖动填充柄至 I51 单元格计算每科后第二名成绩。

七、统计各科成绩的各分数段人数

在 D52 单元格中输入“=COUNTIF(D3:D43, "<60")”，拖动填充柄至 I52 单元格，计算每科“0～59”分数段人数。

在 D53 单元格中输入“=COUNTIF(D3:D43, ">=60")-COUNTIF(D3:D43, ">=70")”，拖动填充柄至 I53 单元格，计算每科“60～69”分数段人数。同理计算其他分数段人数，最后统计结果，如图 3.171 所示。

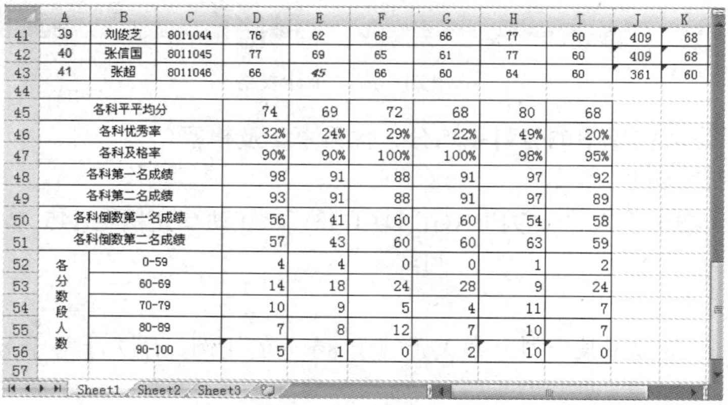

	A	B	C	D	E	F	G	H	I	J	K
41	39	刘俊芝	8011044	76	62	68	66	77	60	409	68
42	40	张信国	8011045	77	69	65	61	77	60	409	68
43	41	张超	8011046	66	45	66	60	64	60	361	60
44											
45	各科平平均分			74	69	72	68	80	68		
46	各科优秀率			32%	24%	29%	22%	49%	20%		
47	各科及格率			90%	90%	100%	100%	98%	95%		
48	各科第一名成绩			98	91	88	91	97	92		
49	各科第二名成绩			93	91	88	91	97	89		
50	各科倒数第一名成绩			56	41	60	60	54	58		
51	各科倒数第二名成绩			57	43	60	60	63	59		
52	各分数段人数	0-59		4	4	0	0	1	2		
53		60-69		14	18	24	28	9	24		
54		70-79		10	9	5	4	11	7		
55		80-89		7	8	12	7	10	7		
56		90-100		5	1	0	2	10	0		
57											

图 3.171　成绩统计结果

八、设置数据有效性

默认情况下，Excel 对单元格的输入是不加任何限制的，但为了保证输入数据的正确性，可以为单元格或单元格区域指定输入数据的有效范围。例如，设置工作表中“各科成绩”有效性条件为整数且取值范围为 0～100，其具体操作如下。

选中“D3:L3”数据区域，单击“数据”→“数据工具”→“数据有效性”按扭，在下拉菜单中选择“数据有效性”命令，在打开“数据有效性”对话框中按如图 3.172 所示进行设置。设置数据有效性后，当输入数据超出取值范围时会弹出如图 3.173 所示的提示框。

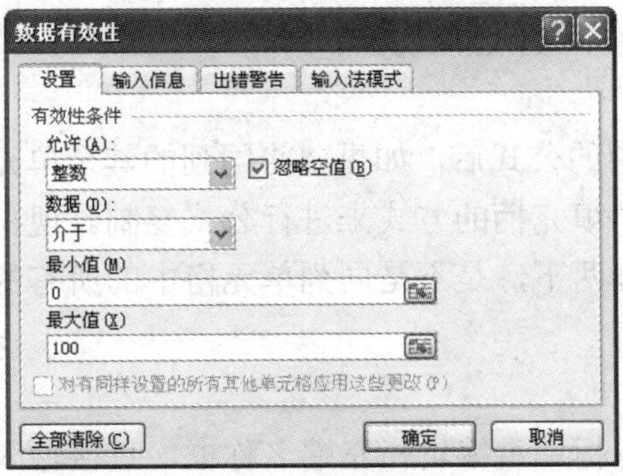

图 3.172　输入限制条件

图 3.173　输入非法值后弹出的提示框

九、显示警告信息

在上面的例子中，在“各科成绩”的“数据有效性”对话框中的“输入信息”选项卡设置完成后，可继续进行“出错警告”选项卡的设置，具体操作如下。

选择“出错警告”选项卡，选中“输入无效数据时显示出错警告”复选框，按如图 3.174 所示进行设置。这样输入无效的信息时会弹出“输入错误警告”提示框，如图 3.175 所示。

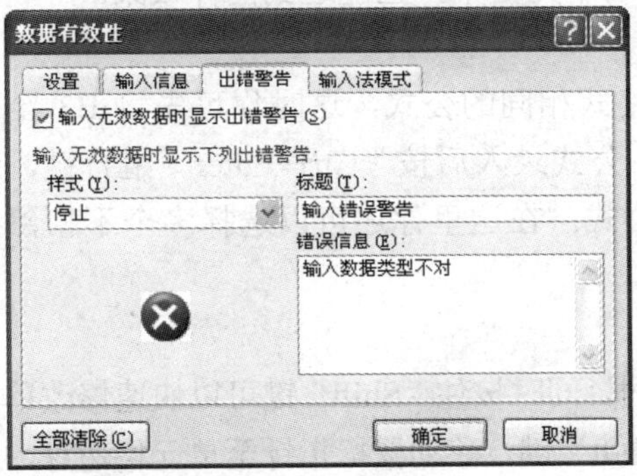

图 3.174　“出错警告”选项卡

图 3.175　输入错误警告提示框

十、更改工作表标签颜色

最后进行工作表标签设置，右键单击“Sheet1”工作表标签，在快捷菜单中选择“工作表标签颜色(T)”，在下拉菜单中设置自己喜爱的颜色即可。

任务总结评价

本任务主要学习了工作簿的基本操作，编辑、格式化、管理、打印工作表，用公式和函数计算工作表中的数据。重点掌握工作簿、工作表的基本操作，难点是公式与函数在实际中的应用，需要在实际操作中不断总结经验，不断体会 Excel 使用技巧，提高办公效率。

拓展与提高（Excel 使用小技巧）

1. 在相对引用、绝对引用和混合引用间快速切换

在 Excel 进行公式设计时，会根据需要在公式中使用不同的单元格引用方式，这时你可以用如下方法来快速切换单元格引用方式：选中包含公式的单元格，在编辑栏中选择要更改的引用，按 F4 键可在在相对引用、绝对引用和混合引用间快速切换。例如，选中“A1”

引用，反复按 F4 键时，就会在$A$1、A$1、$A1、A1 之间切换。

2. 快速复制公式内容

当我们在 Excel 工作表中修改某个单元格中的公式后，如果要将同列的其余单元格中的公式进行复制时，大多数情况下都是利用拖动填充柄的方式来进行公式复制。现在你试试在单元格右下角的小黑十字上用鼠标快速单击两下，是不是同列单元格中的所有的公式都复制好了，效果不错吧。

3. 快速命名单元格区域

先将需要命名的单元格区域选中，然后用鼠标单击编辑栏左端名称框，直接输入单元格名称即可。

4. 选择一个含有超链接的单元格

在 Excel 中选择含有超链接单元格是一件比较麻烦的事情。如果直接单击该单元格，就会跳转到超链接目标去了。若要在选择含有超链接单元格时不跳转到超链接目标上，你只要在单击单元格的同时按住鼠标左键直到光标变为空心十字形状，然后放开鼠标按钮就可选择这个含有超链接的单元格。此外，你也可以先选择含有超链接单元格旁边的单元格，然后利用键盘上方向键将活动单元格移动到含有超链接的单元格中，也能达到同样效果。

5. 快速输入公式

如果你需要在 B3 至 B20 单元格区域录入格式相同的公式，这时你可先将 B3 至 B20 单元格区域选定，然后按“F2”键再键入公式。公式录入后按“Ctrl+Enter”组合键，这样就可以在所选择区域内所有单元格中输入同一公式。在这里你还可以选择多个不相邻的单元格区域来进行此项操作。

6. “Shift + 拖放”的妙用

在拖放选定的一个或多个单元格至新的位置时，同时按住“Shift”键可以快速修改单元格内容的次序。具体方法为：选定单元格，按下“Shift”键，移动鼠标指针至单元格边缘，直至出现拖放指针箭头“?”，然后进行拖放操作。上下拖拉时鼠标在单元格间边界处会变为一个水平“工”状标志，左右拖拉时会变为垂直“工”状标志，释放鼠标按钮完成操作后，单元格间的次序即发生了变化。这种简单的方法节省了几个剪切和粘贴或拖放操作，非常方便。

实训

在学校的教学过程中，对学生成绩的处理是必不可少的，为了在教学中提高成绩，需要对学生的考试成绩进行认真的分析，这就要求计算出与之相关的一些数据，如每个学生的总分、班级名次，各科分数的平均分，各科的优秀率及其及格率等。利用“学生成绩单.xls”文件，在工作表中运用公式和函数对学生成绩进行分析。

任务 14　成绩分析

◆ 知识技能点：

（1）灵活运用数据的排序方法。

（2）明确掌握数据筛选的方法。

（3）熟练使用数据分类汇总的方法。

任务引入

班主任张老师交给王飞同学一份班里 5 月份指法竞赛成绩单，成绩单已经用 Excel 录入完成并算出了指法成绩，如图 3.176 所示。现需要完成三项工作：一是要按成绩排出名次；二是分别筛选出全班准确率前五名，成绩大于等于 100 且准确率超过 98%的同学；三是统计各学习小组的成绩情况。

技能竞赛成绩统计表

学号	班级	姓名	组别	速度	准确率	成绩
1	090102	吴洪波	1	102.96	98.40%	96.37
2	090102	吴健	2	137.6	96.58%	118.77
3	090102	夏民	2	104.8	98.52%	98.59
4	090102	邢福志	3	149.1	98.63%	140.92
5	090102	徐国彬	3	112.03	97.59%	101.23
6	090102	徐迦南	5	122.93	98.60%	116.04
7	090102	杨磊	4	104	97.28%	92.68
8	090102	姚鹏	1	75.73	95.54%	62.21
9	090102	殷培军	2	127.53	98.35%	119.11
10	090102	于浩	5	85.96	95.06%	68.97
11	090102	于鹤飞	4	155.06	98.93%	148.42

统计成绩　Sheet2　Sheet3

图 3.176　09 级 2 班指法成绩

任务分析

在 Excel 中，要按总分排名次，可使用“排序”功能完成；要完成筛选成绩的工作，可使用“筛选”功能进行操作；要比较各学习小组的学习成绩，可以通过小组平均分来进行比较，借助“分类汇总”功能可以实现。本任务所涉及的排序、筛选和分类汇总是 Excel 中进行数据统计的常用操作，可以非常方便地实现数据简单统计。

任务实施

步骤一：打开“指法成绩”工作簿，选定“成绩统计”工作表。

步骤二：按成绩排名次。

排名次，其实就是排序。在 Excel 中，为了便于对数据进行管理，以便更加直观观察数据的大小关系或先后顺序，经常要对数据进行排序处理。

1）了解排序原则

在 Excel 中，在对单元格区域进行排序时，根据单元格内数据类型的不同，有不同的默认的排序原则。

数据排序，有升序和降序两种相反的顺序。在按升序排序时，各种类型数据有如下默认顺序。

（1）数值。

按其所代表的数值大小从小到大排列。

（2）文本。

键面上的单个字符，按以下顺序排列：0 1 2 3 4 5 6 7 8 9 (空格) ! “ # $ % & ( ) * , . / : ; ?

@[\]^_ ‘{|}~+<=>ABCDEFGHIJKLMNOPQRSTUVWXYZ。

不区分字母的大小写，如 A 和 a 顺序相同。

多字符文本排序时，将按从左到右的顺序逐个字符按单字符顺序进行比较。如文本“a100”、“A1”和“A11”，它们的默认排列顺序为：A1，a100，A11。

所有汉字排在键面字符之后。

（3）空白单元格。

空白单元格默认排在最后。

（4）汉字。

汉字之间的排序顺序，默认为字典顺序，可以根据需要设置为“按笔画顺序”排序。

2）按“成绩”列数据排序（单列排序）

操作步骤如下。

（1）将“成绩统计”工作表内容复制到“Sheet2”中，重命名为“成绩排序”。

（2）选中“成绩排序”工作表中需要排序数据区域的任意单元格，单击“数据”→“排序和筛选”→“排序”按钮，打开“排序”对话框。

（3）在“排序”对话框中按如图 3.177 所示设置各选项。

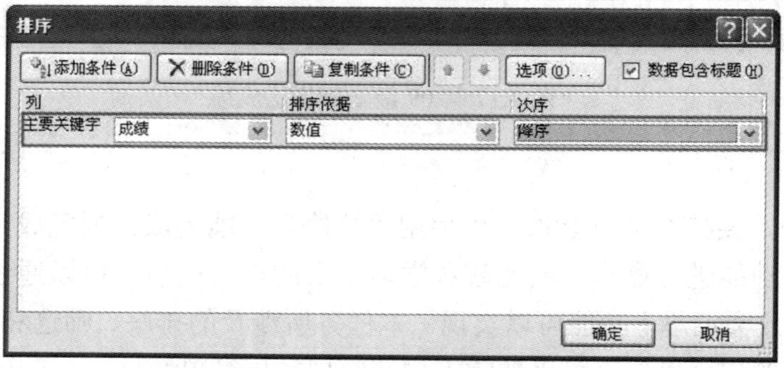

图 3.177 “排序”对话框

（4）单击“确定”按钮，排序结果如图 3.178 所示。

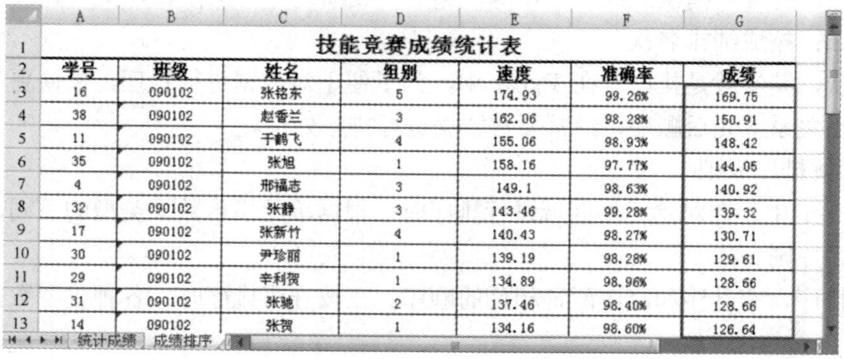

学号	班级	姓名	组别	速度	准确率	成绩
16	090102	张铭东	5	174.93	99.26%	169.75
38	090102	赵香兰	3	162.06	98.28%	150.91
11	090102	于鹤飞	4	155.06	98.93%	148.42
35	090102	张旭	1	158.16	97.77%	144.05
4	090102	邢福志	3	149.1	98.63%	140.92
32	090102	张静	3	143.46	99.28%	139.32
17	090102	张新竹	4	140.43	98.27%	130.71
30	090102	尹珍丽	1	139.19	98.28%	129.61
29	090102	辛利贺	1	134.89	98.96%	128.66
31	090102	张驰	2	137.46	98.40%	128.66
14	090102	张贺	1	134.16	98.60%	126.64

图 3.178 按“成绩”列排序结果

技能链接——使用“升序”和“降序”按钮进行单列排序

使用“数据”→“排序和筛选”面板组中“升序”按钮或“降序”按钮操作，可以比较容易地实现单列数据的简单排序。其操作步骤如下。

在要按其排序的列中选择任一数据单元格，根据排序要求，单击“数据”→“排序和筛选”面板组中“升序”按钮或“降序”按钮即可完成排序。

使用排序按钮进行排序时，最好不要选定该列数据，否则若操作不当，会造成工作表中数据的对应错误。

3）按“成绩”和“准确率”列数据排序（多列排序）

按照单列数据排序，有时该列会出现完全相同的数据。在如图 3.177 所示的排序结果中，单元格 G11 和 G12 的成绩相同，为了进一步区分这些相同数据，可以按多列数据排序。在此，可同时按“成绩”和“准确率”两项进行排序，操作步骤如下。

（1）将“成绩统计”工作表内容复制到“Sheet3”中，重命名为“多列排序”。

（2）选定“多列排序”工作表需要排序的数据区域的任意单元格，单击“数据”→“排序和筛选”→“排序”按扭，打开“排序”对话框。

（3）在“排序”对话框中，在“列”、“排序依据”、“次序”下拉列表中分别选择为“成绩”、“数值”、“降序”选项。

（4）单击“添加条件”按钮，在“列”、“排序依据”、“次序”下拉列表中分别选择为“准确率”、“数值”、“降序”选项。

（5）单击“确定”按钮，排序结果如图 3.179 所示。

技能链接——按行数据进行排序

在 Excel 中，除能按列数据排序外，还可根据行数据进行排序。操作步骤如下。

（1）选中需排序数据区域的任意单元格。

（2）打开“排序”对话框后，单击“选项”按钮，弹出“排序选项”对话框，如图 3.180 所示。

技能竞赛成绩统计表

学号	班级	姓名	组别	速度	准确率	成绩
16	090102	张铭东	5	174.93	99.26%	169.75
38	090102	赵香兰	3	162.06	98.28%	150.91
11	090102	于鹤飞	4	155.06	98.93%	148.42
35	090102	张旭	1	158.16	97.77%	144.05
4	090102	邢福志	3	149.1	98.63%	140.92
32	090102	张静	3	143.46	99.28%	139.32
17	090102	张新竹	4	140.43	98.27%	130.71
30	090102	尹珍丽	1	139.19	98.28%	129.61
29	090102	辛利贺	1	134.89	98.96%	128.66
31	090102	张驰	2	137.46	98.40%	128.66
14	090102	张贺	1	134.16	98.60%	126.64
42	090102	周晶	1	137.23	97.35%	122.68

图 3.179　按“成绩”和“准确率”的排序结果

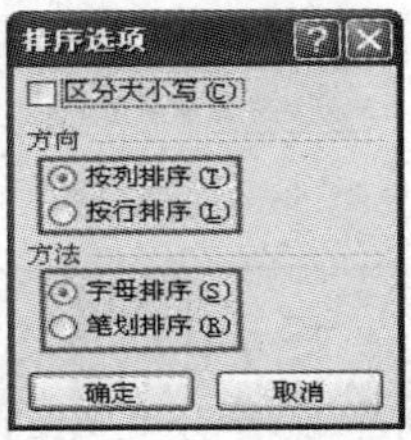

图 3.180　“排序选项”对话框

（3）在“排序选项”对话框的“方向”组中选择“按行排序”单选按钮。

（4）仿照按列排序的方法，确定排序关键字。

（5）单击“确定”按钮。

步骤三：筛选不同成绩的同学。

筛选就是从数据清单中找出满足条件的数据记录，并将其单独显示出来，而不符合条件的数据记录则暂时隐藏，有“自动筛选”和“高级筛选”两种。

1）利用“自动筛选前 10 个”命令筛选指法成绩前五名的同学

操作步骤如下。

（1）“多列排序”工作表右侧插入新工作表，将“成绩统计”工作表内容复制到新工作表中，重命名为“自动筛选”。

（2）选中“自动筛选”工作表要筛选数据区域中的任意单元格，单击“数据”→“排序和筛选”→“筛选”按钮，系统将在工作表的标题行中添加下拉式筛选按钮，如图 3.181 所示。

（3）从“成绩”筛选按钮的下拉列表中选择“数字筛选”→“十个最大值”命令，弹出“自动筛选前 10 个”对话框，如图 3.182 所示。在“显示”下拉列表中选择“最大”，设置筛选记录的个数为“5”。

技能竞赛成绩统计表

学号	班级	姓名	组别	速度	准确率	成绩
16	090102	张铭东	5	174.93	99.26%	169.75
38	090102	赵香兰	3	162.06	98.28%	150.91
11	090102	于鹤飞	4	155.06	98.93%	148.42
35	090102	张旭	1	158.16	97.77%	144.05
4	090102	邢福志	3	149.1	98.63%	140.92
32	090102	张静	3	143.46	99.28%	139.32
17	090102	张新竹	4	140.43	98.27%	130.71
30	090102	尹珍丽	1	139.19	98.28%	129.61
29	090102	辛利贺	1	134.89	98.96%	128.66
31	090102	张驰	2	137.46	98.40%	128.66

图 3.181　“自动筛选”窗口

图 3.182　“自动筛选前 10 个”对话框

（4）单击“确定”按钮，满足指定条件的记录便显示在工作表中，其他不满足条件的记录则被隐藏，如图 3.183 所示。

技能竞赛成绩统计表

学号	班级	姓名	组别	速度	准确率	成绩
4	090102	邢福志	3	149.1	98.63%	140.92
11	090102	于鹤飞	4	155.06	98.93%	148.42
16	090102	张铭东	5	174.93	99.26%	169.75
35	090102	张旭	1	158.16	97.77%	144.05
38	090102	赵香兰	3	162.06	98.28%	150.91

图 3.183　成绩为前五名同学的筛选结果

提示： 通过选择“自动筛选前 10 个”对话框中的“百分比”项，可以筛选出某一列中前百分之几的记录。例如，筛选某一数值列的“最大的 20%的记录”，可分别选择或输入“最大”、“20”和“百分比”。

2）利用“自定义筛选”命令筛选成绩在 60～80 分的同学

利用“自定义筛选”命令，可以完成较复杂条件的筛选，具体操作步骤如下。

（1）在“自动筛选”工作表右侧插入新工作表，将“成绩统计”工作表复制到新工作表中，重命名为“自定义筛选”。

（2）选定“自定义筛选”工作表要筛选数据区域中的任意单元格，单击“数据”→“排序和筛选”→“筛选”按扭，在“成绩”筛选按钮的下拉列表中选择“数字筛选”→“自定义自动筛选”命令，打开“自定义自动筛选方式”对话框，按如图 3.184 所示进行设置。

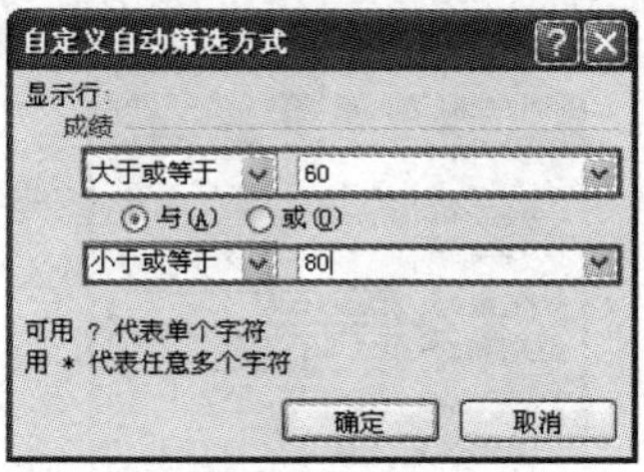

图 3.184　“自定义自动筛选方式”对话框

（3）单击“确定”按钮，满足指定条件的记录便显示在工作表中，其他不满足条件的记录则被隐藏，如图 3.185 所示。

（4）在“自定义筛选”工作表右侧插入新工作表，复制筛选结果，再粘贴在新工作表中，重命名为“原始成绩”。恢复“成绩统计”工作表数据。

3）利用“高级筛选”命令筛选“成绩”大于等于“130”且“准确率”大于等于“98%”的同学

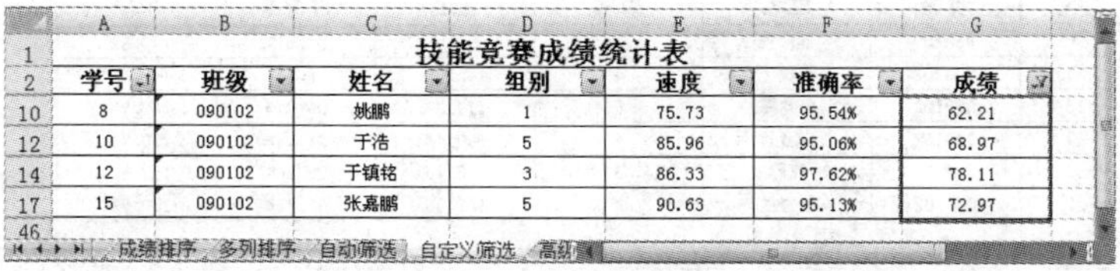

技能竞赛成绩统计表

学号	班级	姓名	组别	速度	准确率	成绩
8	090102	姚鹏	1	75.73	95.54%	62.21
10	090102	于浩	5	85.96	95.06%	68.97
12	090102	于镇铭	3	86.33	97.62%	78.11
15	090102	张嘉鹏	5	90.63	95.13%	72.97

图 3.185　成绩在 60～80 分同学的筛选结果

使用数据的高级筛选，可以对工作表进行更复杂的筛选和查询操作。要进行高级筛选，须先在工作表标题行插入一行作为条件区，并在条件区内输入高级筛选条件。

技能链接——“高级筛选”条件

“高级筛选”的成败关键就是输入查询的条件，要注意两点：第一，查询条件标题文件要与数据标题一致；第二，设置复杂多条件筛选时，多个条件一行是“与”的关系，必须同时满足才能筛选出结果，若多个条件在多行则是“或”的关系，只要满足一行的条件就可以筛选出结果。

操作步骤如下。

（1）在“自定义筛选”工作表右侧插入新工作表，将“成绩统计”工作表复制到新工作表中，重命名为“高级筛选”。

（2）在“高级筛选”工作表标题行（第 2 行）下插入一行作为条件区，并在条件区内的单元格中填写筛选条件“成绩>=130，准确率>=98%”，如图 3.186 所示。

技能竞赛成绩统计表

学号	班级	姓名	组别	速度	准确率	成绩
					>=98%	>=130
1	090102	吴洪波	1	102.96	98.40%	96.37
2	090102	吴健	2	137.6	96.58%	118.77
3	090102	夏民	2	104.8	98.52%	98.59
4	090102	邢福志	3	149.1	98.63%	140.92
5	090102	徐国彬	3	112.03	97.59%	101.23
6	090102	[illegible]	5	122.93	98.60%	116.04

图 3.186　填写筛选条件

（3）选定需要进行高级筛选的数据区域内的任意单元格，单击“数据”→“排序和筛选”→“高级”按扭，打开“高级筛选”对话框。

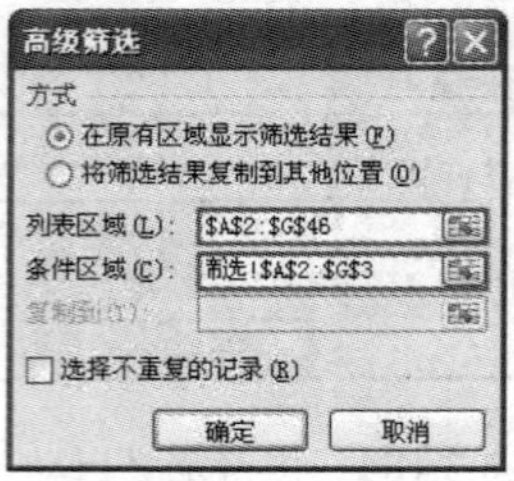

图 3.187 “高级筛选”对话框

(4) 在“高级筛选”对话框的“列表区域”栏中选定筛选的数据区域 A2:G46（要包含标题行），在“条件区域”栏中选定条件的单元格区域 A2:G3，如图 3.187 所示。

(5) 单击“确定”按钮，满足高级筛选条件的记录便显示在工作表中，其他未满足条件的记录则自动隐藏，筛选结果如图 3.188 所示。

(6) 在“高级筛选”工作表右侧插入新工作表，复制筛选结果，粘贴在新工作表中，重命名为“三科筛选”。恢复“成绩统计”工作表数据。

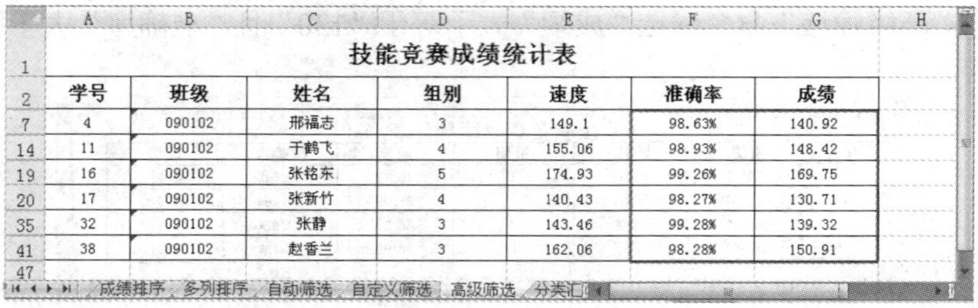

技能竞赛成绩统计表

学号	班级	姓名	组别	速度	准确率	成绩
4	090102	邢福志	3	149.1	98.63%	140.92
11	090102	于鹤飞	4	155.06	98.93%	148.42
16	090102	张铭东	5	174.93	99.26%	169.75
17	090102	张新竹	4	140.43	98.27%	130.71
32	090102	张静	3	143.46	99.28%	139.32
38	090102	赵香兰	3	162.06	98.28%	150.91

图 3.188 “成绩”大于等于“130”且“准确率”大于等于“98%”的同学筛选结果

提示： 若要取消筛选结果，重新显示工作表中所有的数据记录，可以使用以下几种方法。

(1) 在自动筛选结果中，若要取消对某列数据的筛选，可单击该列的下拉按钮，在下拉列表中选择“清除筛选”命令。

(2) 在自动筛选结果中，若要取消对所有列数据的筛选，可单击“数据”→“排序和筛选”→“筛选”按扭。

(3) 在高级筛选结果中，若要取消对数据列的高级筛选，可单击“数据”→“排序和筛选”→“清除”按扭。

步骤四：统计各学习小组的成绩情况——数据的分类汇总。

分类汇总就是按类别对数据进行求和、计数、求平均值、求最大值、求最小值、求方差等的统计运算。

技能链接——分类汇总中的类别

在分类汇总前要先将数据按类别排序，再进行汇总，这样数据才能正确汇总。

1）创建分类汇总统计小组指法成绩平均值

操作步骤如下。

(1) 在“高级筛选”工作表右侧插入新工作表，将“成绩统计”工作表复制到新工作表中，重命名为“分类汇总”。

(2) 选定“分类汇总”工作表中需要进行分类汇总的数据列“组别”中的任意单元格，单击“数据”→“排序和筛选”→“升序”按扭 A↓Z，对该列数据排序（降序也可）。

（3）选定准备进行分类汇总数据区域内的任意单元格，单击“数据”→“分级显示”→“分类汇总”按扭，打开“分类汇总”对话框，如图 3.189 所示。

（4）在“分类汇总”对话框的“分类字段”下拉列表框中选择要进行分类汇总的分类字段“组别”选项。在“汇总方式”下拉列表框中选择用来计算分类汇总的函数“平均值”选项。在“选定汇总项”列表框中，选择需要分类汇总的数据列“成绩”和“准确率”复选框。

（5）单击“确定”按钮完成分类汇总操作，单击分类汇总页面左上角级别符号“2”，显示第二级结果，结果如图 3.190 所示。

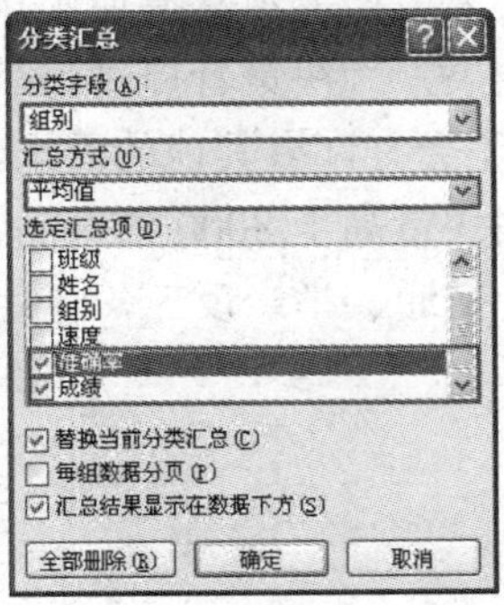

图 3.189　“分类汇总”对话框

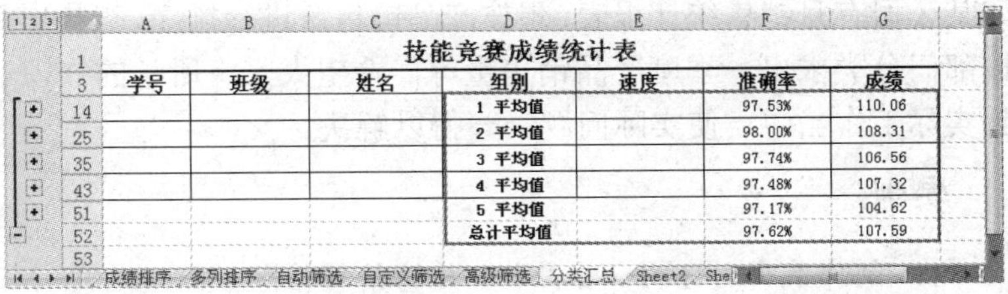

技能竞赛成绩统计表

学号	班级	姓名	组别	速度	准确率	成绩
			1 平均值		97.53%	110.06
			2 平均值		98.00%	108.31
			3 平均值		97.74%	106.56
			4 平均值		97.48%	107.32
			5 平均值		97.17%	104.62
			总计平均值		97.62%	107.59

图 3.190　分类汇总结果

2）汇总结果的显示与调整

分类汇总表具有分级显示分类汇总结果的功能，共分三级。

第一级只显示全部数据的总计结果，单击如图 3.190 所示“分类汇总”页面左上角级别符号“1”，显示第一级结果，如图 3.191 所示。

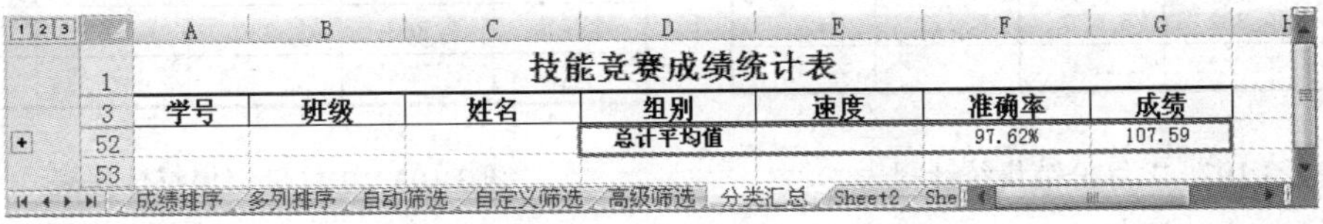

技能竞赛成绩统计表

学号	班级	姓名	组别	速度	准确率	成绩
			总计平均值		97.62%	107.59

图 3.191　分类汇总结果第一级显示

第二级只显示分类汇总结果和汇总的总计结果。

第三级显示全部原始数据、分类汇总结果和总的汇总结果。

如果要分级查看分类汇总表中的明细数据或汇总结果，只需单击对应的级别符号按钮即可。并可通过分级下方的显示明细数据符号按钮“+”和隐藏明细数据符号按钮“-”，决定是否显示明细数据。

提示：若要删除分类汇总，重新显示数据，操作步骤如下。

（1）在要清除分类汇总的数据区域中，选择任意单元格，单击“数据”→“分级显示”→“分类汇总”按扭，打开“分类汇总”对话框。

（2）在“分类汇总”对话框中，单击“全部删除”按钮，则现有的分类汇总被删除，“成绩统计”工作表数据恢复。

步骤五：保存并退出工作簿。

至此，统计“成绩表”的任务完成。

任务总结评价

本任务主要练习了如何排序、查询、统计和核算数据，使用排序的方法可以对数据进行从高到低或从低到高的排序，如本次任务中对指法成绩按成绩进行排序；使用筛选的方法可以查询出符合条件的数据，如本次任务中分别查找出全班准确率前五名，成绩大于等于 130 且准确率超过 98%的同学；使用分类汇总的方法可以对数据进行分类统计和核算，如本次任务中统计各学习小组的成绩情况。通过本任务的完成，大家应该灵活掌握使用排序、筛选、分类汇总等多种方法处理数据，得出正确的数据分析结果，为决策者提供可靠依据。除了本任务介绍的对这些数据表进行计算、统计、查询外，还会有许多其他的需求，如某公司有月销售统计报表，想按产品销售量进行排序、查找出月销售量高于 8000 的产品、按部门分类求出一季度产品销售量等，希望大家将所学的知识融会贯通、举一反三，运用到实际工作当中，使实际问题一一得以解决。

实训

1. 制作某公司 1 月、2 月、3 月的销售信息数据

各表数据分别如图 3.192 至图 3.194 所示。

1月份销售统计报表

产品名称	销售一部	销售二部	销售三部	合计
衬衣	7,105	8,502	9,810	
西裤	8,859	8,900	5,600	
牛仔衣	5,612	10,023	4,600	
牛仔裤	9,802	5,620	8,923	
合计				

图 3.192　1 月份销售统计报表

2月份销售统计报表

产品名称	销售一部	销售二部	销售三部	合计
衬衣	5,105	8,502	9,810	
西裤	7,809	8,500	8,600	
牛仔衣	6,687	9,023	12,321	
牛仔裤	5,862	8,920	6,897	
合计				

图 3.193　2 月份销售统计报表

2. 排序

（1）将 1 月份“销售一部”产品按销售量从高到低进行排序，效果如图 3.195 所示。

3月份销售统计报表

产品名称	销售一部	销售二部	销售三部	合计
衬衣	5,985	8,923	7,810	
西裤	7,820	6,520	7,856	
牛仔衣	6,689	9,859	9,856	
牛仔裤	10,862	6,921	8,897	
合计				

图 3.194　3 月份销售统计报表

1月份销售统计报表

产品名称	销售一部	销售二部	销售三部	合计
牛仔裤	9,802	5,620	8,923	
西裤	8,859	8,900	5,600	
衬衣	7,105	8,502	9,810	
牛仔衣	5,612	10,023	4,600	
合计				

图 3.195　1 月份销售排序报表

（2）将 2 月份“衬衣”按各部门的销售量从高到低进行排序，效果如图 3.196 所示。

3. 筛选

筛选出 1 月份“销售二部”产品销售量大于“8000”的产品，效果如图 3.197 所示。

2月份销售统计报表

合计	产品名称	销售三部	销售二部	销售一部
	衬衣	9,810	8,502	5,105
	西裤	8,600	8,500	7,809
	牛仔衣	12,321	9,023	6,687
	牛仔裤	6,897	8,920	5,862
	合计			

图 3.196　2 月份销售排序报表

1月份销售统计报表

产品名	销售一	销售二	销售三	合计
西裤	8,859	8,900	5,600	
衬衣	7,105	8,502	9,810	
牛仔衣	5,612	10,023	4,600	

图 3.197　1 月份销售筛选报表

4. 直接跨表引用生成“汇总 1”表数据

（1）利用求和 SUM 函数计算 1 月、2 月、3 月横向各个“产品”合计与纵向的各个“销售部门”合计。

（2）选择“汇总 1”工作表，选择 B3 单元格，在编辑栏输入公式“= 一月!B7”，表示“汇总 1”B3 单元格数据等于“一月”这个工作表的 B7 单元格数据，实现了跨表引用。

（3）用同样的方法引用“销售一部”的 2 月合计、3 月合计。利用“填充柄”填充右侧的“部门 2”和“部门 3”的数据。

（4）全部引用完成后，将所有数据选中，包含后面的“总计”列和下方的“总计”行，单击“公式”→“函数库”→“自动求和”按扭，在下拉列表中选择“求和”命令，会自动将横向的各个“月份”合计与纵向的各个“部门”合计算出来，效果如图 3.198 所示。

销售统计报表（一季度）汇总

产品名称	销售一部	销售二部	销售三部	总计
1月合计	31,378	33,045	28,933	93,356
2月合计	25,463	34,945	37,628	98,036
3月合计	31,356	32,223	34,419	97,998
总计	88,197	100,213	100,980	289,390

图 3.198　一季度销售统计汇总报表

5. 通过函数中的“相对地址引用”来计算“汇总 2”表的数据

（1）打开“汇总 2”工作表，选择“销售一部”中“衬衣”单元格（B3 单元格）。

（2）选择 B3 单元格，单击编辑栏旁“插入函数”按扭，打开“插入函数”对话框。

（3）在“插入函数”对话框中，设置“选择类别”下拉列表框为“常用函数”，在“选择函数”列表框中选择“SUM”命令，单击“确定”按钮插入函数并打开“函数参数”对话框，如图 3.199 所示。

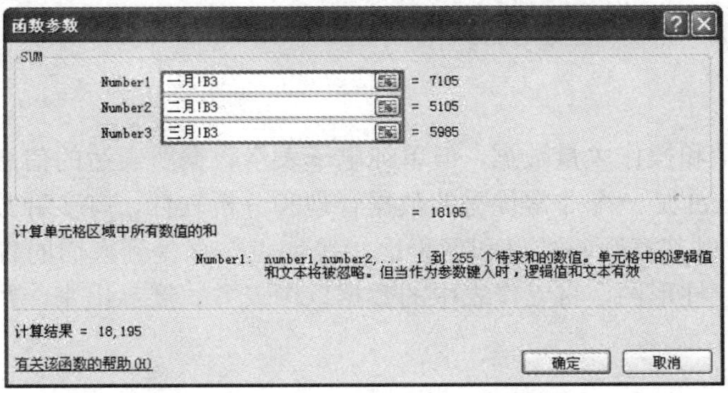

图 3.199　“函数参数”对话框

（4）在“函数参数”对话框中，单击第一个文本框后的折叠按钮，选择“一月”工作表的 B3 单元格，按同样方法分别选取第二个、第三个文本框里的数据区域，这样就将三个分表 B3 单元格数据设置为函数 SUM 的参数。

（5）拖动填充柄完成行、列数据的填充。

（6）将所有数据选中，包含后面的“总计”列和下方的“总计”行，单击“公式”→“函数库”→“自动求和”按钮，在下拉列表中选择“求和”命令，会自动将横向的各个“月份”合计与纵向的各个“部门”合计算出来，效果如图 3.200 所示。

销售统计报表（一季度）汇总

产品名称	销售一部	销售二部	销售三部	总计
衬衣	18,195	25,927	27,430	71,552
西裤	24,488	23,920	22,056	70,464
牛仔衣	18,988	28,905	26,777	74,670
牛仔裤	26,526	21,461	24,717	72,704
总计	88,197	100,213	100,980	289,390

图 3.200　一季度销售统计汇总报表

任务 15　销售图表

◆ 知识技能点：

（1）明确掌握图表的主要元素和常用类型。

（2）理解图表在表现数据方面的特点，制作能准确表达实际问题的精美图表。

（3）掌握图表的格式化方法和技巧。

任务引入

总部派市场调查员来苏州分公司考察某玩具产品制定的销售方案，为了更好地向市场调查员汇报情况，市场营销部的小李将每年的销售数据表进行了归纳整理，制定了近两年的营销计划。他还就市场调员所关心的几大问题，使用图表的方式进行了形象说明。本任务是帮小李制作一份营销决策分析图表，需要完成三项工作：一是分析数据确定图表类型；二是创建图表并对图表中的元素进行格式设置和编辑；三是根据图表预测两年后市场销售趋势。

任务分析

Excel 可以记录和操作大量数据，但单纯电子表格数据所表达的信息常常显得枯燥乏味，不易理解。Excel 是一个非常优秀的数据管理和分析软件，有多种数据分析方法，其中的图表分析功能以其直观、准确和便于比较等特点一直受到人们的青睐。本任务使用 Excel 图表功能创建柱形图，将工作表中的数据以图表方式展示出来，并给出数据的变化趋势。

任务实施

步骤一：打开“市场预测”工作簿，创建图表。

1）了解图表的结构

图表一般由标题、数据系列、图例、数据点、数据标签、坐标轴和绘图区等元素组成，如图 3.201 所示。

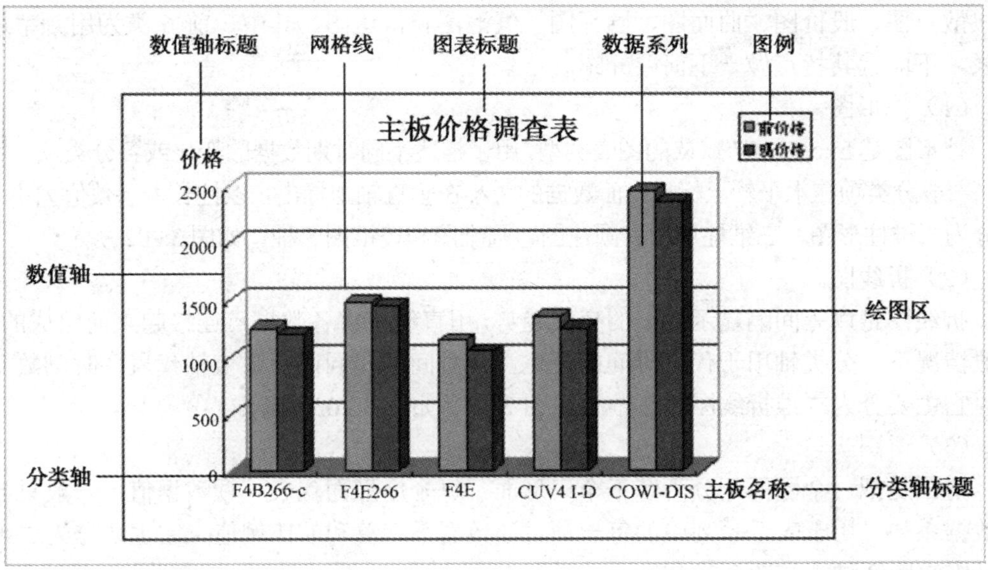

图 3.201　图表的结构

（1）标题。它包括图表标题和坐标轴标题，是用于表明图表内容的文字，可以自动与坐标轴对齐或在图表顶部居中。

（2）数据系列。这是在图表中绘制的相关数据点，这些数据源自数据表的行或列。图表中的每个数据系列具有唯一的颜色或图案，并且在图表的图例中表示。可以在图表中绘制一个或多个数据系列。饼图只有一个数据系列。

（3）图例。这是一个方框，用于标志图表中的数据系列，分类指定图案或颜色图例，可以位于图表的任何位置，表示每个系列所代表的内容。

（4）数据点。这是在图表中绘制的单个值，这些值由条形、柱形、折线、饼图或圆环图的扇面、圆点和其他被称为数据标记的图形表示。相同颜色的数据标记组成一个数据系列。

（5）数据标签。这是为数据标记提供附加信息的标签，数据标签代表源于数据表单元格的单个数据点或值。在默认情况下，数据标签链接到工作表中的值，在对这些值进行更改时它们会自动更新。

（6）坐标轴。这是界定图表绘图区的线条，用做度量的参照框架。Y 轴通常为垂直坐标轴并包含数据。X 轴通常为水平坐标轴并包含分类。

（7）绘图区。“绘图区”是指图表中绘图的整个区域。“图表区”是指包含绘制的整张图表及图表中包括元素的区域。移动和缩放整张图或绘图区时，要先选中图表区或绘图区。

2）了解图表的类型

Excel 2007 提供了强大的图表功能，可将数据图形化表示，使数据之间的对比关系和变化趋势一目了然，使数据的多面性和相关性得以最好地体现，从而更准确、直观地传递信息。

Excel 2007 内置的图表类型有 11 大类，分别为柱形图、折线图、饼图、条形图、面积图、散点图、股价图、曲面图、圆环图、气泡图和雷达图。其中，前 6 类为用频率最高的图表，下面就其特点做一下简要介绍。

（1）柱形图。

柱形图是 Excel 2007 默认的图表类型，用于描述不同时期数据的变化或各分类项之间的差异。一般分类项在水平轴上标出，而数据的大小在垂直轴上标出，以柱长表示数值大小。它主要分为二维柱形图、三维柱形图、圆柱图、圆锥图和棱锥图 5 种，如图 3.202 所示。

（2）折线图。

折线图是以等间隔显示数据的变化趋势，用直线段将各数据点连接起来而组成的图形。一般情况下，分类轴用于代表时间的变化，并且间隔相同，而数值轴代表各时刻数据的大小。它主要分为二维折线图和三维折线图 2 种，如图 3.203 所示。

（3）饼图。

饼图是把一个圆面划分为若干个扇形面，每个扇形面代表一项数据值，一般只显示一组数据系列，用于表示系列中的每一项占该数据系列总和的比例值。它主要分为二维饼图和三维饼图 2 种，如图 3.204 所示。

（4）条形图。

条形图有些像水平的柱形图，主要用来比较不同类别数据之间的差异情况，使用水平横条的长度来表示数据值的大小。它主要分为二维条形图、三维条形图、圆柱图、圆锥图、和棱锥图 5 种，如图 3.205 所示。

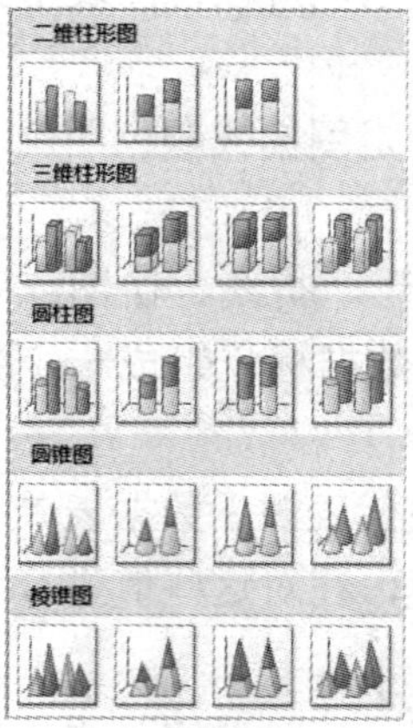

图 3.202　柱形图

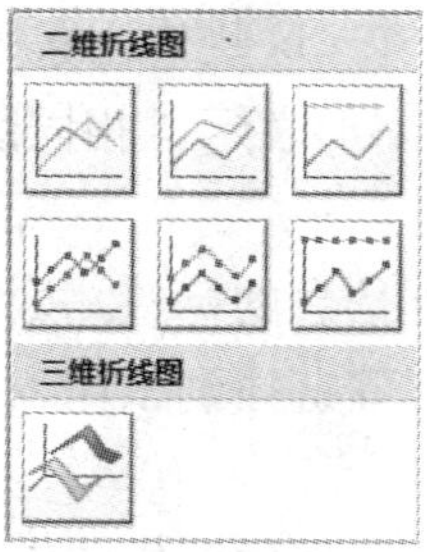

图 3.203　折线图

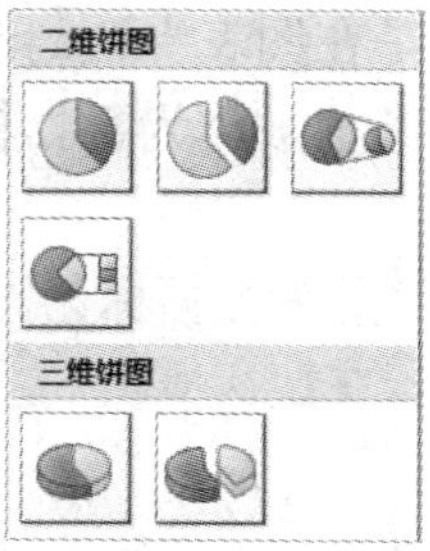

图 3.204　饼图

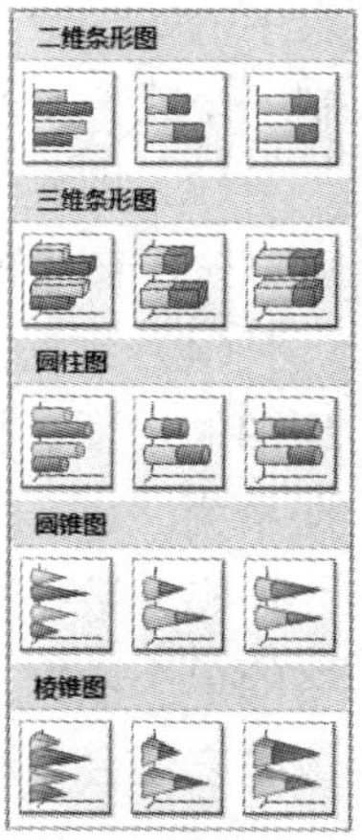

图 3.205　条形图

（5）面积图。

面积图使用折线和分类轴组成的面积，以及两条折线之间的面积来显示数据系列的值。

面积图强调幅度随时间的变化，通过显示绘制值的总和来展示部分与整体的关系。它主要分为二维面积图和三维面积图 2 种，如图 3.206 所示。

（6）散点图。

散点图与折线图相似，也是由一系列的点或线组成，在组织数据时，一般将 *X* 值置于一行或一列中，而将 *Y* 值置于相邻的行或列中。它利用散点图来比较若干个数据系列中数值，还可以以两组数值显示 *XY* 坐标中的一个系列，如图 3.207 所示。

（7）其他图表。

包括股价图、曲面图、圆环图、气泡图和雷达图等，分别用于不同类型的数据，如图 3.208 所示。

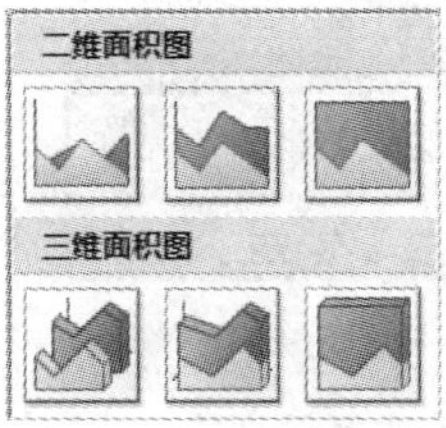

图 3.206　面积图

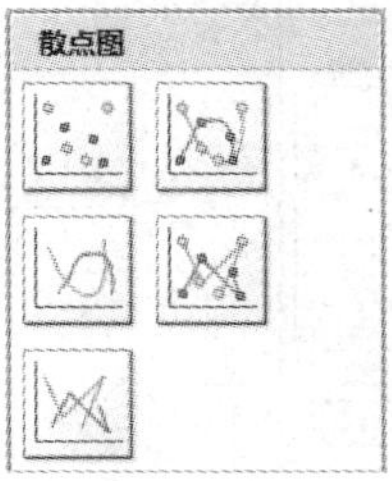

图 3.207　散点图

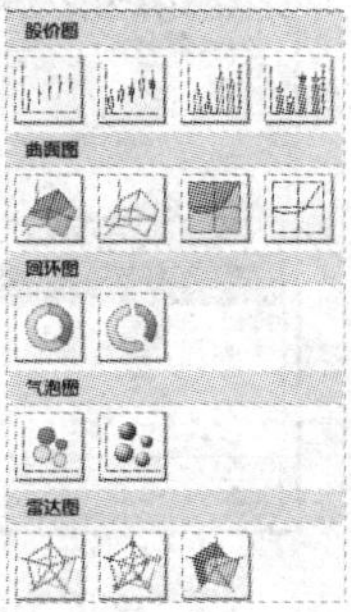

图 3.208　其他图表

3）创建柱形图表

Excel 2007 丰富的内置图表类型，可以使用户轻松创建专业级别的各类图表。使用时只需选择所需图表类型，然后进行简单的设置即可完成图表创建工作。其具体操作如下。

（1）打开“营销决策分析数据.xls”文件，单击下方“预测分析”工作表标签。

（2）选中空白元格，单击“插入”→“图表”→“柱形图”按钮，在下拉菜单中选择“二维柱形图”→“簇状柱形图”命令，插入空白柱形图表，并自动打开“图表工具”选项卡。

（3）单击“图表工具”→“设计”→“数据”→“选择数据”按钮，打开“选择数据源”对话框。

（4）单击“图表数据区域”文本框后的“单元格选择”按钮，选中“预测分析”工作表中如图 3.209 所示的方框单元格区域。然后再单击“单元格选择”按钮，打开“选择数据源”对话框。

（5）在“选择数据源”对话框中，单击“水平（分类）轴标签”栏中的“编辑”按钮，打开“轴标签”对话框，选择如图 3.210 所示 A4:B9 单元格区域后单击“确定”按钮，这样图表的纵坐标轴标签将以所选内容进行依次排列。

（6）在选择了“图表数据区域”文本框之后，“图例项（系列）”列表会自动添加两个数据系列，如图 3.211 所示。选择“系列 1”列表后，单击“编辑”按钮打开“编辑数据系列”对话框。

（7）在“编辑数据系列”对话框中，单击“系列名称”文本框后的“单元格选择”按钮，选择 C2 单元格区域，“系列值”默认，如图 3.212 所示。

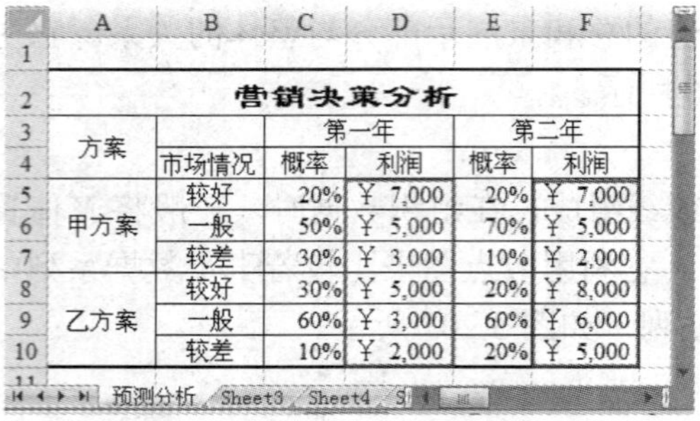

图 3.209 选择数据源

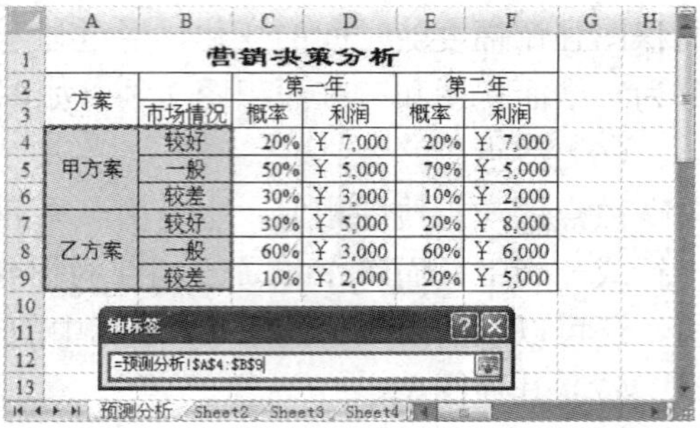

图 3.210 选择轴标签区域

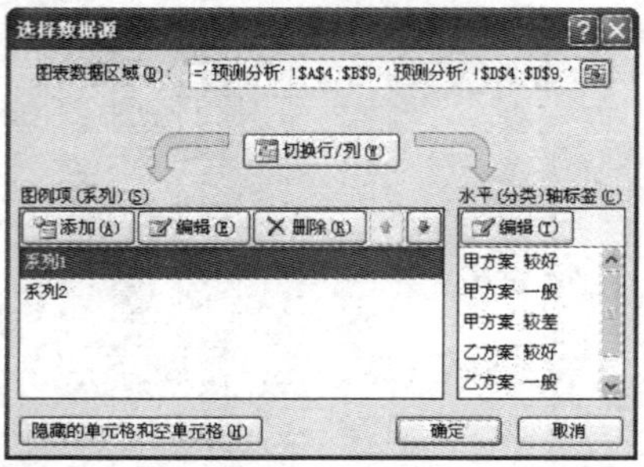

图 3.211 编辑数据系列

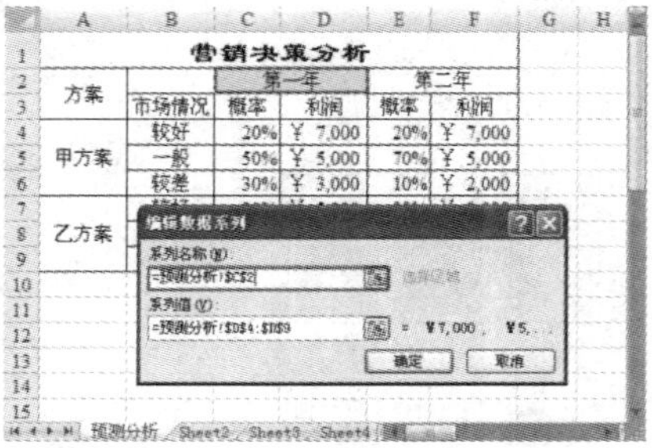

图 3.212 选择系列值

（8）单击“确定”按钮后选择“系列 2”列表，单击“系列名称”文本框后的“单元格选择”按钮，选择 E2 单元格区域，“系列值”默认，单击“确定”按钮后返回“选择数据源”对话框。

（9）再次“确定”按钮后，可完成数据源的选择，图表效果如图 3.213 所示。

步骤二：修改图表布局。

（1）在如图 3.213 所示的图表中，纵坐标轴的最小值为 0，为了使图表更加符合应用要求，可以将纵坐标轴最小值修改为“1000”。

（2）单击“图表工具”→“格式”→“当前所选内容”→“图表元素”下三角按钮，在下拉菜单中选择“垂直（值）轴”命令，选中“垂直（值）轴”选项。

提示：选中图表元素，可将鼠标指向要选择的图表元素，单击鼠标左键即可。

（3）单击“图表工具”→“布局”→“坐标轴”按钮，在下拉菜单中选择“主要纵坐标轴”→“其他主要纵坐标轴选项”命令，打开“设置坐标轴格式”对话框，单击“坐标轴选项”按钮，按如图 3.214 所示进行设置后，单击“关闭”按钮即可。

（4）如果要取消横坐标轴线条颜色，单击“图表工具”→“布局”→“坐标轴”按钮，在下拉菜单中选择“主要横坐标轴”→“其他主要横坐标轴选项”命令，打开“设置坐标轴格式”对话框。

（5）在“设置坐标轴格式”对话框中，单击“线条颜色”按钮，选中“无线条”单选按钮即可。

（6）如果能很清楚地查看数据，可以删除图表中的网格线。单击“图表工具”→“布局”→“坐标轴”按钮，在下拉菜单中选择“主要横网格线”→“无”命令，取消图表的横网格线。

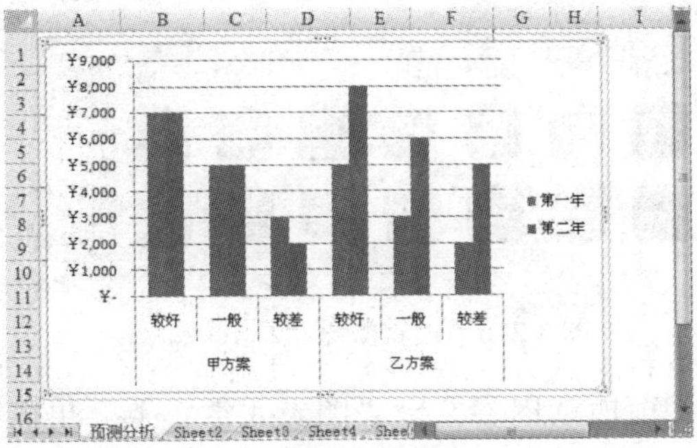

图 3.213　图表效果

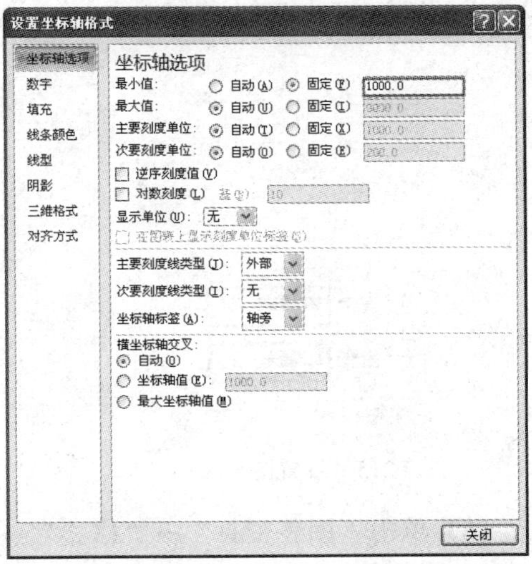

图 3.214　“设置坐标轴格式”对话框

（7）图表制作完成后要为图表添加标题，单击“图表工具”→“布局”→“标签”→“图表标题”按钮，下拉菜单中选择“居中覆盖标题”命令，在图表上方添加图表标题。

（8）在“图表标题”文本框内输入“营销决策分析图”。

技能链接——图表设计

创建好图表之后，通常为了更加符合使用要求，需要对其进行适当的外观设计，包括图表的类型、数据区域、图表布局、图表样式及图表位置的调整。具体操作方法如下。

（1）选中需要改修的图表，打开“图表工具”选项卡。

（2）打开“设计”功能区。

（3）可以对图表进行如下操作：更改图表类型、修改数据源、图表布局设置、图表样式选择、移动图表、保存为图表模板。

步骤三：设置图表格式。

图表格式化是通过对图表元素的格式进行设置来实现的，包括文字、数值的格式、颜色、外观和区域的填充等。可以对图表的标题、图表区、坐标轴、数据系列、图例进行格式化。本例就来更改图表的大小、修饰数据点和图表背景颜色。具体操作如下。

（1）单击图表边框，选中图表的图表区。

（2）设置“图表工具”→“格式”→“大小”选项组中的“高度”栏为“10 厘米”，“宽度”栏为“15 厘米”，如图 3.215 所示。

（3）单击“图表工具”→“格式”→“当前所选内容”→“图表元素”下三角按钮，在下拉菜单中选择“系列‘第一年’”命令，选择全部“第一年”数据系列的数据点。

（4）单击“图表工具”→“格式”→“形状样式”→“其他”按钮，在下拉菜单中选择“强列效果，强调颜色 5”命令，如图 3.216 所示。

（5）同理，重复上面两个步骤，将“第二年”数据系列数据点设为“强列效果，强调颜色 6”样式。

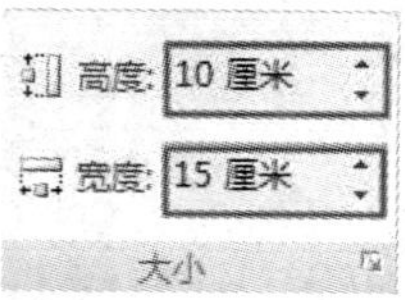

图 3.215　设置图表大小

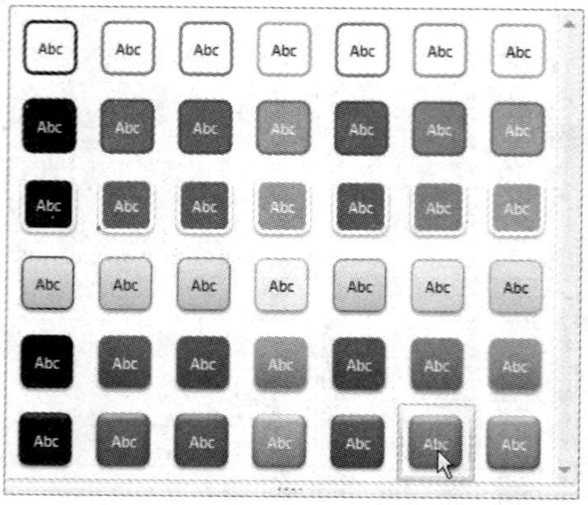

图 3.216　设置数据点样式

（6）单击“图表工具”→“格式”→“当前所选内容”→“图表元素”下三角按钮，在下拉菜单中选择“图表区”命令。

（7）单击“图表工具”→“格式”→“形状样式”→“其他”按钮，在下拉菜单中选择“细微效果，强调颜色 3”命令，为图表添加外框样式，效果如图 3.217 所示。

步骤四：为图表添加趋势线，分析数据变化。

趋势线是用图形的方式显示数据的预测趋势并可用于预测分析，也称为回归分析。利用回归分析可以在图表中扩展趋势，根据数据预测未来数据。Excel 2007 提供了 6 种不同的趋势预测/回归分析类型，在具体使用时要根据数据类型决定所用的趋势线类型。本例为如图 3.217 所示“第一年”数据点添加对数趋势线，具体操作如下。

（1）单击“图表工具”→“格式”→“当前所选内容”→“图表元素”下三角按钮，在下拉菜单中选择“系列‘第一年’”命令，选择全部“第一年”数据系列的数据点。

（2）单击“图表工具”→“布局”→“分析”→“趋势线”按钮，在下拉列表中选择“其他趋势线选项”，在打开的“设置趋势线格式”对框话中选中“对数”单选按钮即可，效果如图 3.218 所示。

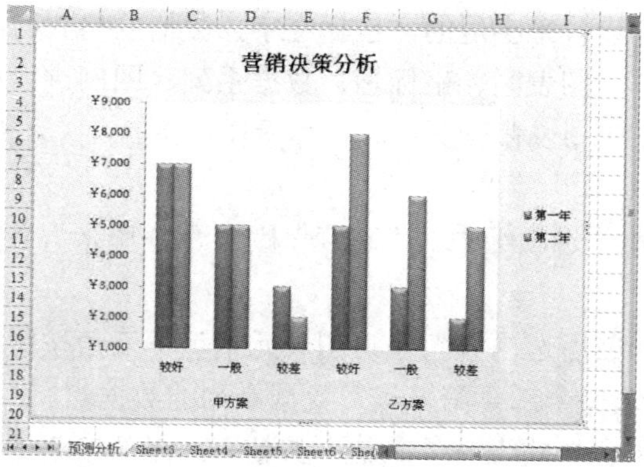

图 3.217　图表区添加外框样式效果

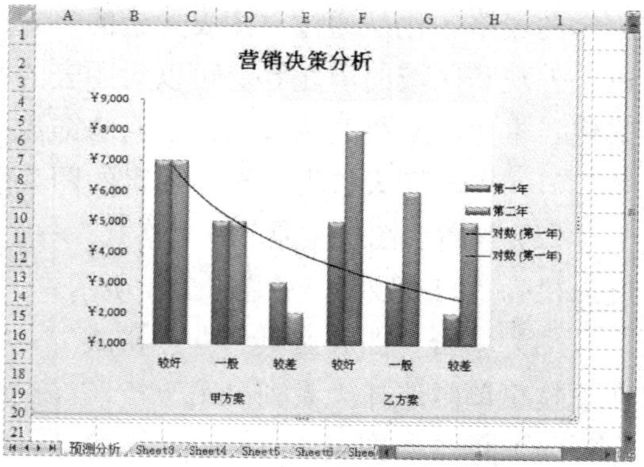

图 3.218　图表添加趋势线效果

提示：趋势线可以在非堆积型二维面积图、条形图、柱形图、折线图、股价图、气泡图和 XY 散点图中使用，但在三维图表、堆积型图表、雷达图、饼图或圆环图等图中不能使用。如果更改了图表类型或数据系列而使得图表不支持趋势线，则原有的趋势线将消失。

技能链接——图表的误差线

误差线是以图形的形式显示了与数据系列中每个数据标记相关的可能误差量。

可以在条形图、柱形图、折线图、二维面积图、XY（散点）图和气泡图的数据系列中使用误差线。对于 XY（散点）图和气泡图，可单独显示 X 值或 Y 值的误差线，也可同时显示两者的误差线。其具体操作如下。

（1）选中需要添加误差线的图表，打开“图表工具”选项卡，选中图表中需要添加误差线的数据系列。

（2）单击“图表工具”→“布局”→“分析”→“误差线”按钮，在下拉菜单中选定所需的误差线即可。

任务总结评价

本任务主要是使用图表工具制作了一个营销决策分析图表。通过本任务的学习，应能够根据实际需要创建图表及对图表进行设置，除了设置图表的快速布局和快速格式化外，还可以为图表添加或删除标题、图例、数据标签、趋势线和其他元素。要求充分理解图表在表现数据方面的特点，利用 Excel 2007 的强大图表功能制作能准确表达实际问题的专业水准外观的图表。

拓展与提高

家装施工因施工工艺不同、工期不同，各工种的施工时间不好把握，工种间的质量交接就更难，一旦先期施工项目出现问题，将导致后续工程无法进行，甚至影响整体工程的质量和进度，将造成工程无法进行和收尾。所以家装施工进度表的制定应充分考虑上述问题。本任务是制定准确的施工进度表以保证施工进度和工程质量，对每一环节每一工种的施工工艺做到心中有数，严格执行验收标准，出现问题及时解决。

1. 使用公式处理原始数据

（1）按如图 3.219 所示创建图表需要的原始的数据。

（2）选中 D4 单元格，在单元格中输入公式“=C4-B4”，计算每一项所用天数。

（3）选中工作表的 A3:E16 单元格区域，单击“开始”→“样式”→“套用表格样式”按钮，在下拉菜单中选择“表样式中等深浅 4”样式，为单元格快速设置相应的格式。

（4）选中 A3:E3 单元格区域，单击“数据”→“排序和筛选”→“筛选”按钮，取消其选中状态，可去掉在套用表格样式后列表题上的下三角按钮，效果如图 3.220 所示。

2. 创建堆积条形图表

（1）使用 A4:D16 单元格区域数据，在“施工进度表”中创建一个堆积条形图表。系列 1 的名称为“开工日期”，系列值为 B4:B16；添加系列 2，名称为“天数（天）”，系列值为 D4:D16；再添加系列 3，名称为“预计完工日期”，系列值为 C4:C16。水平分类轴数据区域为 A4:A16 单元格区域，如图 3.221 所示。

朗明家装施工进度表

客户姓名：李小燕 电 话：85978568 工程工期：72 天 工程施工地址：富贵花园5栋602

工程项目	开工日期	预计完工日期	天数（天）	工种
部分材料进场	2009年10月1日	2009年10月10日	9	业主
主体改拆	2009年10月6日	2009年10月11日	5	泥水工
采暖、水路改造	2009年10月12日	2009年10月22日	10	水暖工
电路改造	2009年10月25日	2009年10月28日	3	水电工
瓦工工程	2009年10月28日	2009年11月10日	13	泥水工
木工工程	2009年11月10日	2009年11月20日	10	木工
厨卫吊顶	2009年11月21日	2009年11月24日	3	木工
油漆工程	2009年11月25日	2009年12月2日	7	油漆工
安装橱柜、拉门	2009年11月28日	2009年12月2日	4	材料商
地板铺设	2009年12月4日	2009年12月6日	2	木工
安装木门	2009年12月8日	2009年12月10日	2	材料商
安装灯具洁具五金开关	2009年12月7日	2009年12月10日	3	材料商、电工
竣工验收	2009年12月10日	2009年12月11日	1	业主

注：施工队长必须严格按工程进度表进行施工，如有特殊情况及时通知客户并报告工程监察

图 3.219 原始数据源

朗明家装施工进度表

客户姓名：李小燕 电 话：85978568 工程工期：72 天 工程施工地址：富贵花园5栋602

工程项目	开工日期	预计完工日期	天数（天）	工种
部分材料进场	2009年10月1日	2009年10月10日	9	业主
主体改拆	2009年10月6日	2009年10月11日	5	泥水工
采暖、水路改造	2009年10月12日	2009年10月22日	10	水暖工
电路改造	2009年10月25日	2009年10月28日	3	水电工
瓦工工程	2009年10月28日	2009年11月10日	13	泥水工
木工工程	2009年11月10日	2009年11月20日	10	木工
厨卫吊顶	2009年11月21日	2009年11月24日	3	木工
油漆工程	2009年11月25日	2009年12月2日	7	油漆工
安装橱柜、拉门	2009年11月28日	2009年12月2日	4	材料商
地板铺设	2009年12月4日	2009年12月6日	2	木工
安装木门	2009年12月8日	2009年12月10日	2	材料商
安装灯具洁具五金开关	2009年12月7日	2009年12月10日	3	材料商、电工
竣工验收	2009年12月10日	2009年12月11日	1	业主

注：施工队长必须严格按工程进度表进行施工，如有特殊情况及时通知客户并报告工程监察

图 3.220 应用样式后的原始数据源效果

（2）图表的水平轴调用的数据源为日期格式，而 Excel 2007 图表默认从自动最小值（即数字“0”，对应时间为 1900 年 1 月 1 日）开始，而最大值默认为 90000（2046 年 5 月 29 日）。为了便于设置最小值和最大值，将“开工日期”和“预计完工日期”设置为数字格式，如图 3.222 所示。

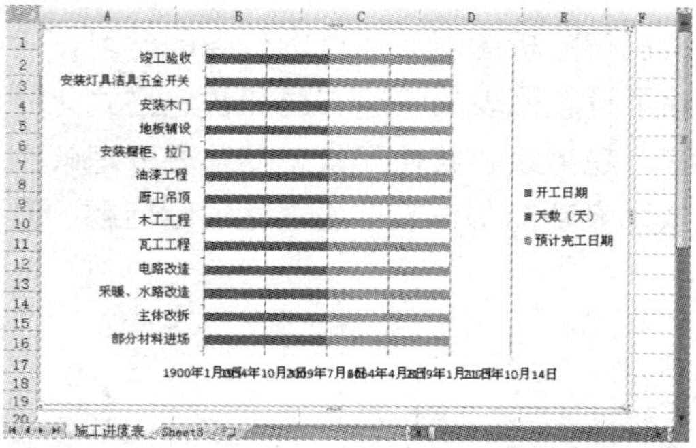

图 3.221 使用 A4:D16 数据区域创建图表

朗明家装施工进度表

客户姓名：李小燕 电 话：85978568 工程工期：72 天 工程施工地址：富贵花园5栋602

工程项目	开工日期	预计完工日期	天数（天）	工种
部分材料进场	40087	40096	9	业主
主体改拆	40092	40097	5	泥水工
采暖、水路改造	40098	40108	10	水暖工
电路改造	40111	40114	3	水电工
瓦工工程	40114	40127	13	泥水工
木工工程	40127	40137	10	木工
厨卫吊顶	40138	40141	3	木工
油漆工程	40142	40149	7	油漆工
安装橱柜、拉门	40145	40149	4	材料商
地板铺设	40151	40153	2	木工
安装木门	40155	40157	2	材料商
安装灯具洁具五金开关	40154	40157	3	材料商、电工
竣工验收	40157	40158	1	业主

注：施工队长必须严格按工程进度表进行施工，如有特殊情况及时通知客户并报告工程监察

图 3.222 设置日期数据值格式的数据源

（3）开始日期最早为“2009 年 10 月 1 日”，对应数字为“40087”；而最晚时间为“2009 年 12 月 11 日”，对应数字为“40158”。为了方便用户查看，此处设置水平分类轴最小值为“40068”，最大值为“40177”。

（4）设置水平分类轴数字格式为日期格式中“3-14”类型，效果如图 3.223 所示。

（5）设置所有“开工日期”数据系列点的填充为“无色”。

（6）选中所有的“开工日期”数据系列，单击“布局”→“标签”→“数据标签”按钮，在下拉菜单中选择“数据标签内”命令，使“开工日期”系列显示数据标签，设置数据标签格式为日期格式中“3 月 14 日”类型，图表效果如图 3.224 所示。

（7）同理，设置所有的“预计完工日期”的填充为“无色”，数据标签显示在“轴内侧”，使“预计完工日期”数据也显示标签，设置数据标签格式为日期格式中“3 月 14 日”类型，图表效果如图 3.225 所示。

（8）设置“天数（天）”数据系列的格式为“强调效果，强调颜色 6”，数据标签显示在“居中”，图表效果如图 3.226 所示。

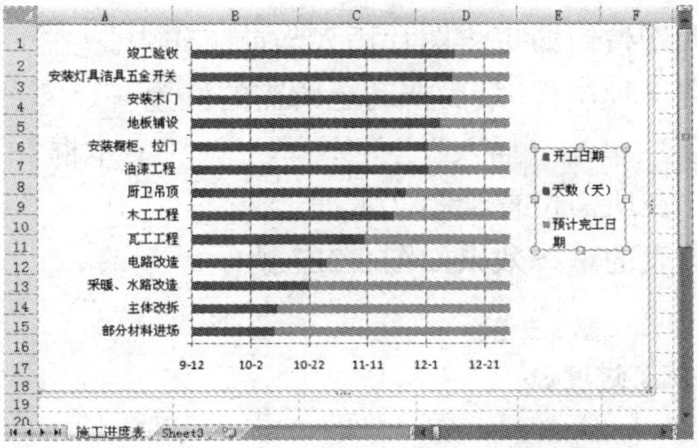

图 3.223　设置水平轴数字格式效果

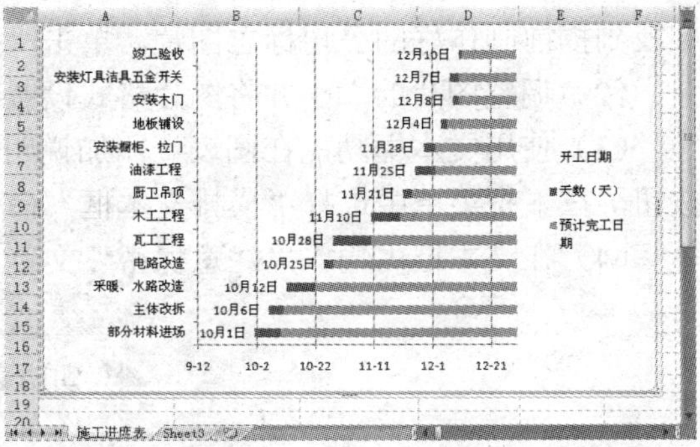

图 3.224　设置“开工日期”数据标签图表效果

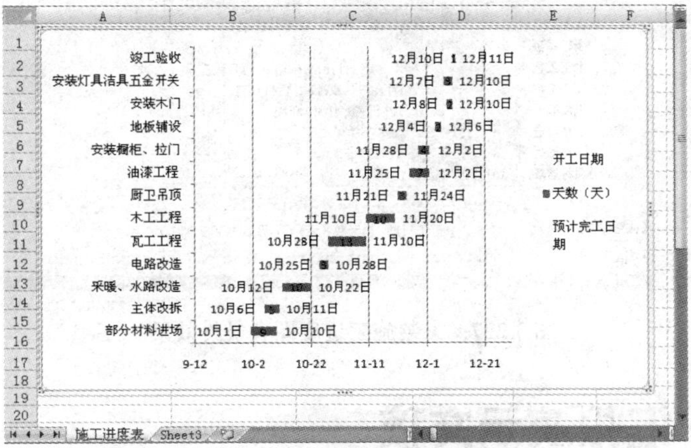

图 3.225　设置“预计完工日期”数据标签图表效果

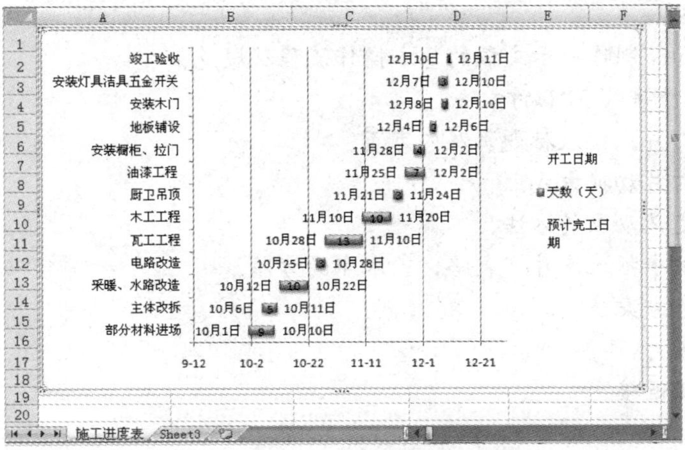

图 3.226　设置“天数（天）”数据标签图表效果

（9）将绘图区填充为“羊皮纸”纹理。

（10）插入图表标题为“朗明家装施工进度表”。

3. 插入文本框和外部图片

（1）作为一个公司的正规文件，一般需要添加公司的标志。本例通过引用外部图片的方式添加公司标志。单击“插入”→“插图”→“图片”按钮，在打开的“图片”对话框中找到提前制作好的公司标志图片，单击“插入”按钮即可将图片插入当前工作中。

（2）调整图片的大小并将图片格式设置“置于顶层”，最后拖动至所需的位置。

（3）使用文本框功能在图表上添加说明文字。单击“插入”→“文本”→“文本框”按钮，在下拉菜单中选择“横排文本框”命令，在所需位置绘制文本框。

（4）在文本框内输入“注意保密”文字。图表的最终效果如图 3.227 所示。

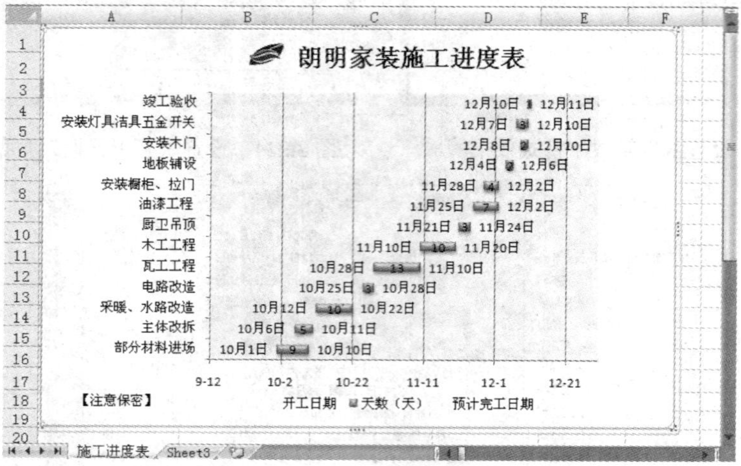

图 3.227　家装施工进度图表最终效果

任务 16　汇报演示文稿

◆ **知识技能点：**

（1）PowerPoint 制作演示文稿的基本操作流程及规范。

（2）Word 文件导入 PPT 的方法。

（3）插入幻灯片。插入标题页及内容页。

（4）设置幻灯片切换方式。

（5）设置自定义动画的方法。

（6）在幻灯片中插入图片、表格、艺术字的方法。

（7）设置配色方案。

（8）设置母版。

（9）设置超级链接。

任务引入

企事业单位在工作汇报、企业宣传、产品推介、项目竞标、管理咨询等方面要制作出集文字、图形、图像、声音以及视频剪辑等多媒体元素于一体的展示文稿，把自己所要表达的信息组织在一组图文并茂的画面中，用于介绍公司的产品、展示自己的学术成果。用户不仅可以在投影仪或者计算机上进行展示，还可以将展示文稿打印出来，制作成胶片，以便应用到更广泛的领域中。

任务分析

利用 PowerPoint 可以创建、制作所要求的展示文稿，其可以在互联网上召开的面对面会议，远程会议或在网上、在现场给观众进行展示。

PowerPoint 制作的演示文稿需要重点突出、风格严谨、结构清晰，采用必要的图片、表格来说明数据，采用艺术字突出理念及重点内容。

如果已有 Word 文稿，可以采用从 Word 生成演示文稿的方法，将 Word 文稿中的条目无一遗漏地导入演示文稿中。通过导入 Word 文稿中的元素，并将文中的数据生成 Excel 表格及图表，为不容易说明的问题绘制图片、插入多媒体等，使汇报工作的展示更加形象，使观看者更容易理解。对于需要强调的内容，可以采用设置自定义动画的方式，吸引观看者的注意力。为方便幻灯片的跳转浏览，设置合理的超级链接是个不错的办法。

任务实施

16.1.1　工作汇报用演示文稿

步骤一：企划书 Word 文档排版。

将专业企划书以大纲格式排版，一级标题设置为大纲的一级，二级标题设置为大纲的二级，正文文本设置为三级。因为 Word 文档如果不以大纲格式排版，则不能导入到 PPT 中。

步骤二：启动 PowerPoint。

若要使用 PowerPoint，请在“开始”菜单中找到 PowerPoint 图标并单击它。使用以下步骤启动 PowerPoint。

（1）打开“开始”菜单。单击“开始”按钮，则弹出开始菜单，如图 3.228 所示。

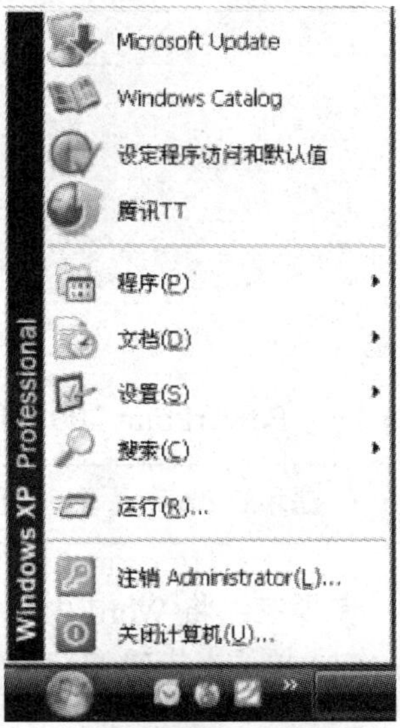

图 3.228　开始菜单

（2）找到 PowerPoint 图标。指向“所有程序”→“Microsoft Office”→“Microsoft Office PowerPoint 2007”选项，如图 3.229 所示。

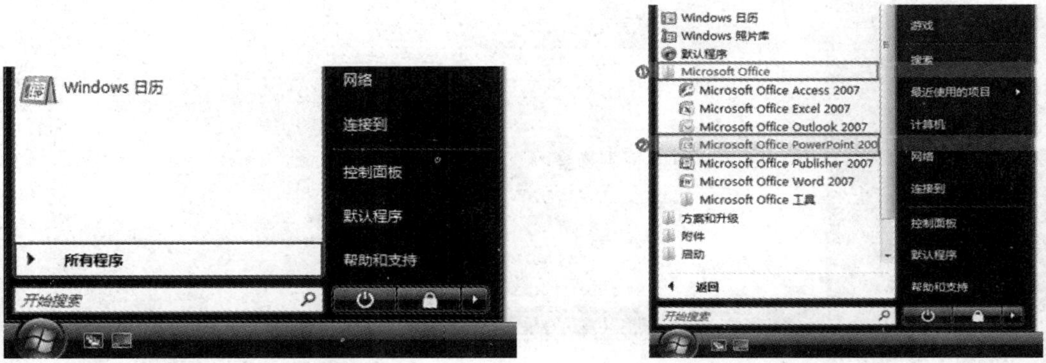

（a）　　（b）

图 3.229　PowerPoint 2007 图标

（3）PowerPoint 便被启动，如图 3.230 所示。

图 3.230　PowerPoint 2007 启动界面

（4）PowerPoint 2007 工作界面，如图 3.231 所示。

> 提示：此时显示的页面，称为标题页。

步骤三：将 Word 内容导入到 PPT 中。

（1）单击“新建幻灯片”按钮（如图 3.232 所示）的▾按钮，弹出下拉菜单，如图 3.233 所示。

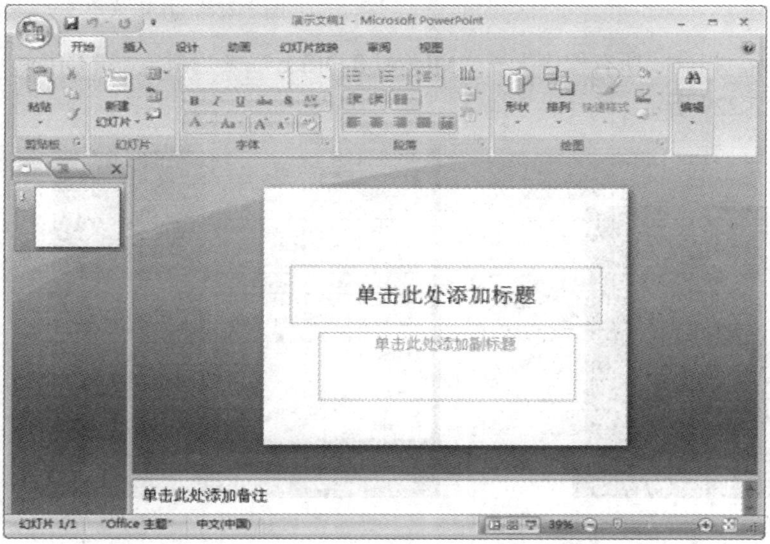

图 3.231　PowerPoint 2007 工作界面

图 3.232　“新建幻灯片”按钮

（2）单击 幻灯片(从大纲)(L)... 按钮，在弹出的“插入大纲”对话框中选择 Word 源文档，如图 3.234 所示。

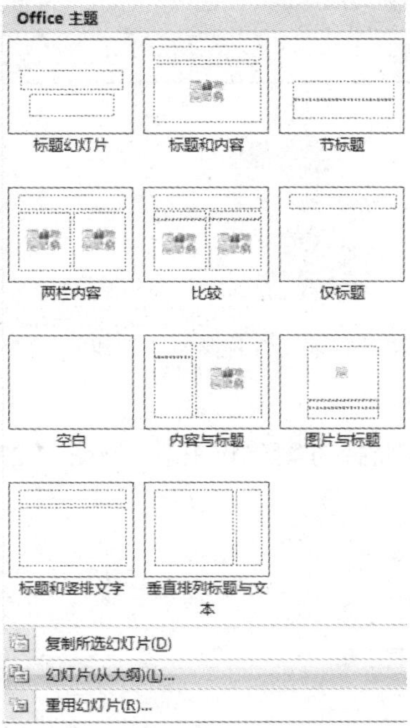

图 3.233　新建幻灯片下拉列表菜单

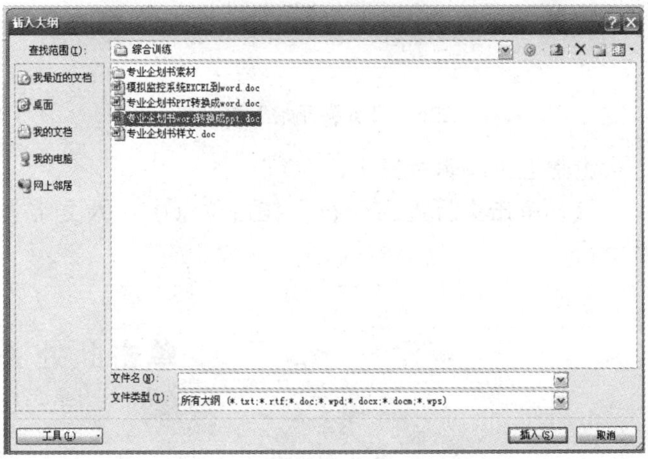

图 3.234　“插入大纲”对话框

（3）选择要导入的 Word 文档“专业企划书 word 转换成 ppt.doc”，单击“插入”按钮，将 Word 文档中的素材导入到当前演示文稿中。

步骤四：设置 PPT 主题。

单击“设计”按钮，在“主题选择框”中，选择一个满意的主题，如图 3.235 所示。

图 3.235　设置 PPT 主题

技能链接——PPT 主题

通过应用文档主题（主题：一组统一的设计元素，使用颜色、字体和图形设置文档的外观及切换动画等），可以快速而轻松地设置整个文档的格式，赋予它专业和时尚的外观。文档主题是一组格式选项，包括一组主题颜色、一组主题字体（包括标题字体和正文字体）和一组主题效果（包括线条和填充效果）。

提示：若想了解更多内容，可以按右上角的“Microsoft Office PowerPoint 帮助”按钮或按“F1”键，打开 PPT 的帮助文档，输入“主题”，搜索更多相关内容。

> **提示**：打开幻灯片放映选项卡，单击“从头开始”按钮（如图 3.236 所示）可以查看整个幻灯片放映效果，包括字体、颜色等外观以及动画效果等；也可单击“从当前幻灯片开始”按钮（如图 3.237 所示）查看放映效果。

图 3.236 “从头开始”按钮

图 3.237 “从当前幻灯片开始”按钮

步骤五：编辑标题页。

（1）单击主标题占位符，在占位符中输入文字“数字监控方案建议书”，如图 3.238 所示。

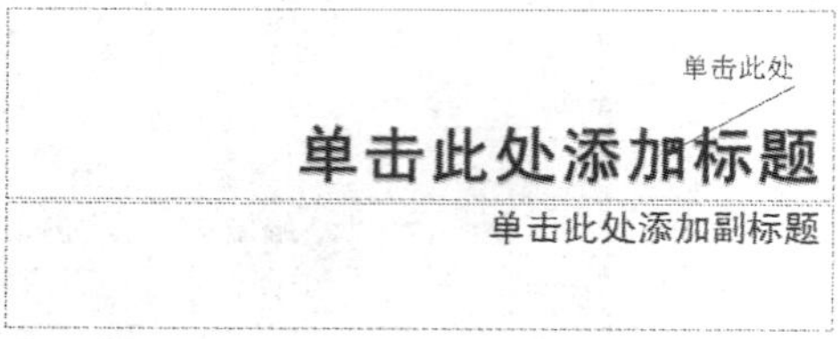

图 3.238 输入主标题

（2）单击副标题占位符，在占位符中输入文字“华康科技股份有限公司”，如图 3.239 所示。

技能链接——占位符

占位符是一种带有虚线边框的方框，所有幻灯片版式中都包含占位符。在这些方框内可以放置标题及正文或放置 SmartArt 图形、图表、表格和图片之类的对象。例如，如图 3.240 所示就是一个默认的标准幻灯片版式，它含有一个标题文本占位符和一个子标题占位符。

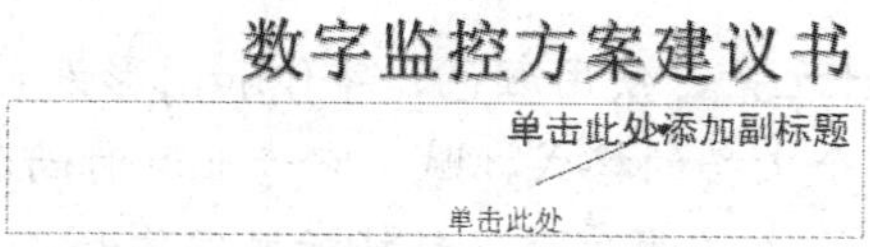

图 3.239 输入副标题

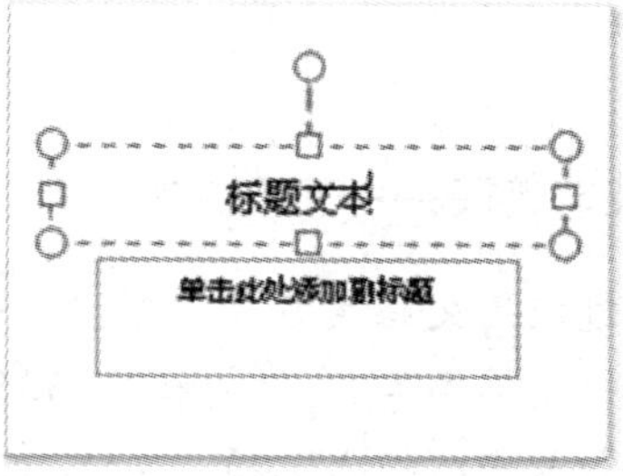

图 3.240 占位符

步骤六：将 Word 其他内容导入到 PPT 中。

参照示范文稿排版文档，在标题页输入标题，插入图片、艺术字和表格。单击“插入”按钮 插入 ，打开“插入”选项卡，如图 3.241 所示。

（1）插入图片。选中要插入图片的那张幻灯片，单击“插入图片”按钮（如图 3.242 所示），打开“插入图片”对话框，选择要插入的图片，则完成图片的插入。

图 3.241　“插入”选项卡

采用类似于 Word 中处理图片的方式，可以调整图片的大小、位置及旋转图片等。

（2）插入艺术字。单击“插入艺术字”按钮（如图 3.243 所示），在弹出的艺术字样式中，选择一个样式，插入艺术字。

图 3.242　“插入图片”按钮

图 3.243　“插入艺术字”按钮

选中艺术字，可以使用“艺术字样式”选项卡设置艺术字更丰富的样式，其方法类似于 Word 中的操作，如图 3.244 所示。

图 3.244　“格式”工具栏

（3）插入表格。参看示范文档，在“专业企划书.doc”文件中，复制表格，粘贴到幻灯片中，并设置表格格式。

步骤七：设置幻灯片切换方式。

选择标题幻灯片，单击“动画”按钮，打开“动画”选项卡，如图 3.245 所示。

图 3.245　“动画”选项卡

在“切换到此幻灯片”功能区，选择“切换动画”按钮，在“切换声音”下拉列表框中选择照相机选项，在“切换速度”下拉列表框选择中速选项，如图 3.246 所示。

图 3.246　设置切换效果

提示：单击右下角的 按钮，会弹出更多切换模式供用户选择。

步骤八：为幻灯片元素增加更多的动画效果。

单击自定义动画按钮，将任务窗格切换到“自定义动画”，选中第二页中的图片，在“自定义动画”任务窗格中，单击“自定义动画”列表中的动画效果右边的箭头，然后单击“添加效果”按钮，选择进入方式为“飞入”，开始时间为“之后”，方向为“自左侧”，速度为“快速”，如图 3.247 所示。

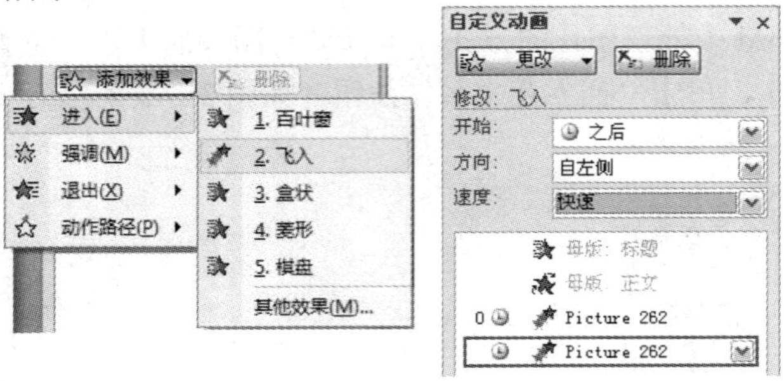

图 3.247 “自定义动画”任务窗格

其他元素可以参考此方法，设置动画效果。

提示：可以在“帮助”窗口中输入“动画”关键字，了解更多关于动画设置的方法与信息。

设计各张幻灯片中各对象的动画效果，要注意调整好每张幻灯片中各对象出现的先后顺序。

步骤九：保存文件。

单击“文件”→“保存”按钮，保存文件为“专业企划书.ppt”，如图 3.248 所示。

步骤十：生成放映文稿。

选择“文件”→“另存为”→“PowerPoint 放映”，将企划书保存成放映文件（如图 3.249 所示），可以直接双击放映文件，且文件内容不能被修改及复制。

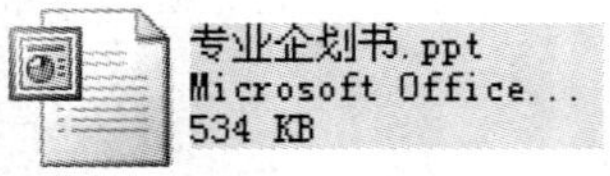

图 3.248 专业企划书.ppt

图 3.249 专业企划书.ppsx

16.1.2 公司产品宣传演示文稿

肯德基快餐店要宣传本企业的文化、产品，现已有公司简介（Word 文本）、公司商标图片、公司产品图片、公司店面照片等素材，均放在“实训篇 SC”文件夹中，制作效果可参看“肯德基.ppt”文件。现在需要完成的工作是制作肯德基公司形象及产品宣传演示文稿。

根据调查分析，肯德基拍了一系列广告，由于其幽默逗趣而令人印象深刻，所以制作的演示文稿定位于颜色清新、艳丽，采用卡通风格，采用丰富的切换效果，增加演示文稿的趣味性，引发观看者的兴趣。

本演示文稿需要插入标题页、幻灯片，为统一风格，需要设置母版，设置配色方案，为增加生动有趣的动态效果，还需要设置幻灯片切换效果。所有的设置，都是为了突出公司轻松愉快、幽默逗趣的特色。

步骤一：插入空白幻灯片。

参照图幻灯片 2 至幻灯片 9 再插入 8 张空白版式的幻灯片（可选择其他版式）。

选中“开始”→“新建幻灯片”按钮（如图 3.250 所示），插入新幻灯片。

图 3.250　“新建幻灯片”按钮

步骤二：设计各张幻灯片的背景。

技能链接——标题页样式选择

打开 PowerPoint 2007，会自动创建标题页，若想更改标题页样式，可以选择“开始”→“版式”选项，在弹出的列表中选择相应的样式。

（1）第 1 张幻灯片的背景填充“实训篇 SC”中的“网站广告”，在幻灯片上单击右键，在弹出的菜单中，选择“设置背景格式”选项，如图 3.251 所示。打开“设置背景格式”对话框，如图 3.252 所示。

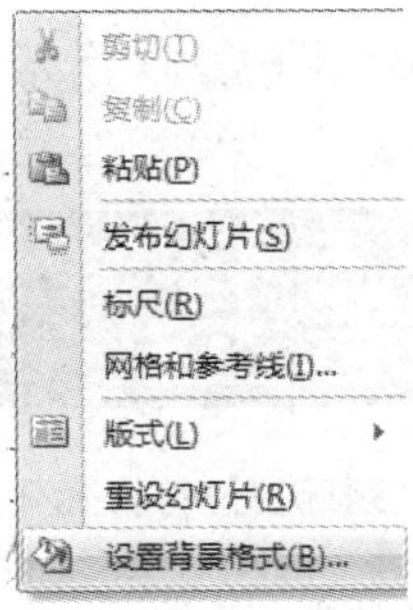

图 3.251　选择“设置背景格式”选项

图 3.252　“设置背景格式”对话框

单击“文件...”按钮，选择“实训篇 SC”中的“网站广告”作为背景图片。

（2）其他幻灯片设置背景填充“实训篇 SC”中的“背景 2”（也可自行设计或选用设计模板）。

步骤三：选择主题颜色。

可以设置主题颜色，统一演示文稿的字体颜色、占位符颜色的搭配风格。方法是单击 设计 按钮，打开“设计”选项卡，单击 颜色 按钮，在下拉列表中选择 默认设计模板 13 选项。

> **提示：**在“新建主题颜色”对话框（如图 3.253 所示），用户可以自行设置主题颜色。
>
> 对话框左侧可以设置颜色，右侧显示设置的效果。在“名称”栏中填入自定义的名称，如“我的配色方案”，就可以如同使用默认设计模板一样，使用用户自己设计的配色方案了。

步骤四：制作各张幻灯片的主题内容。

（1）设置第一张幻灯片样式。第 1 张选择“标题幻灯片”版式，选中并删除副标题占位符。

图 3.253　“新建主题颜色”对话框

选中主标题占位符 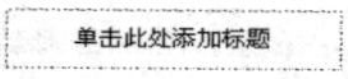

，在“字体设置”选项卡中，设置主标题的字体为黑体、120 磅、白色，并输入标题为“肯德基”，如图 3.254 所示。

设置占位符与幻灯片等宽，并将占位符填充为红色，效果如图 3.255 所示。

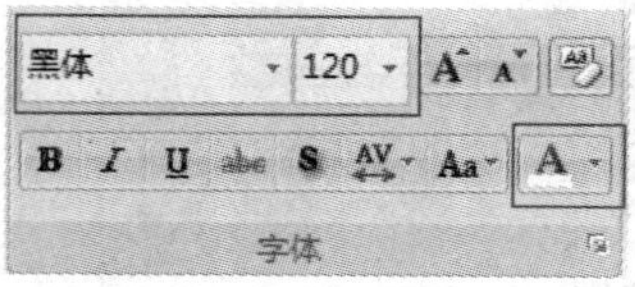

图 3.254　设置标题字体

图 3.255　设置主题标占位符格式效果

其方法是双击占位符，打开“格式”选项卡，如图 3.256 所示。

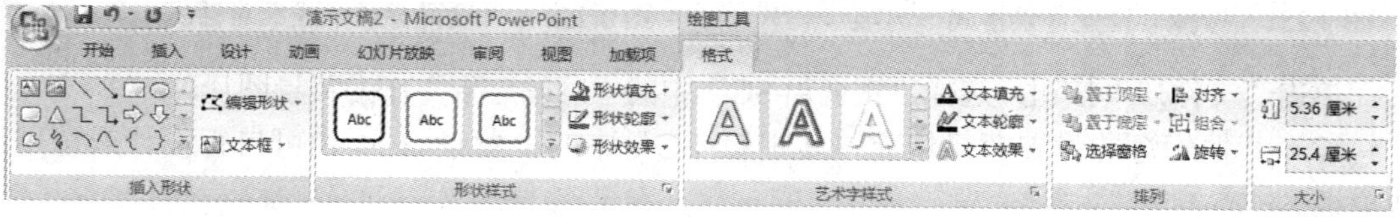

图 3.256　“格式”选项卡

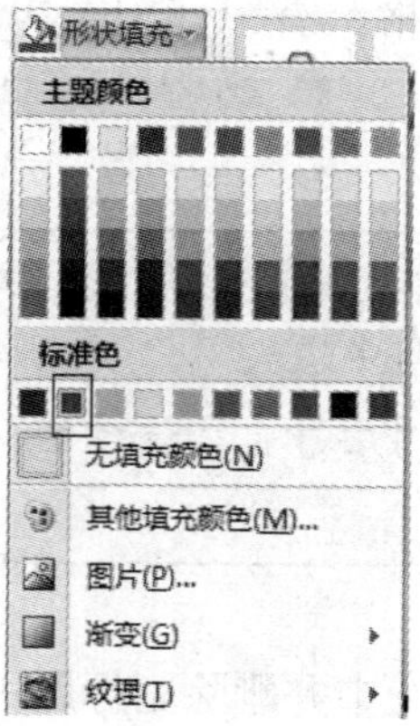

图 3.257　设置填充颜色

将占位符填充为红色，如图 3.257 所示。

（2）选中第 2 张幻灯片，单击“插入”→“艺术字”按钮，如图 3.258 所示。插入关于肯德基艺术字。

将文字方向设置为竖排，如图 3.259 所示。

单击“插入”→“图片”按钮，插入 4 个小图标，单击“插入”→“文本框”→“横排文本框”按钮，如图 3.260 所示。

插入对应的项目文本框，并输入文字，如图 3.261 所示。

（3）第 3、4 张幻灯片由艺术字及文本框组成，其中文本内容可复制“实训篇 SC\肯德基简介.doc”文件中的部分文字。

（4）第 5 张幻灯片由艺术字、图片及表格组成，两张图片要叠放在表格下面。

单击“插入”→“表格”按钮（如图 3.262 所示），选择 2 行 9 列（如图 3.263 所示），然后单击“插入表格”按钮，则插入表格。

图 3.258　“插入”选项卡

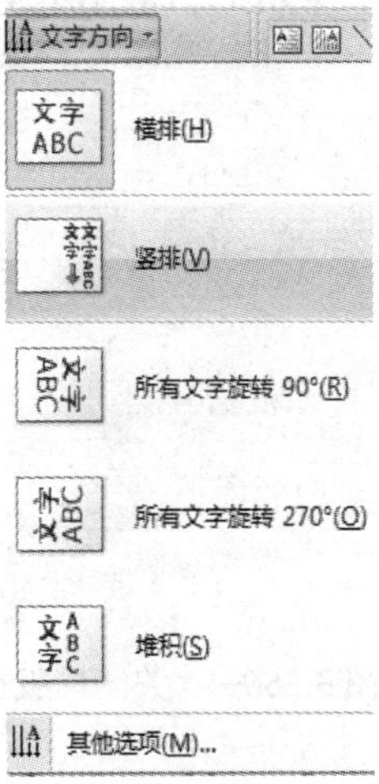

图 3.259　设置艺术字方向

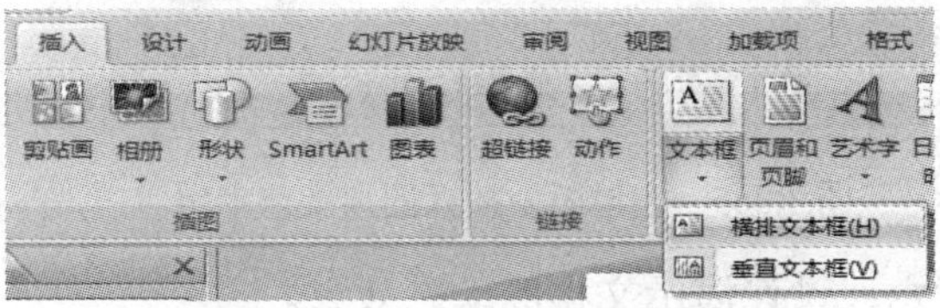

图 3.260　插入文本框

图 3.261　输入文本框文字

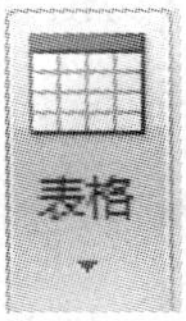

图 3.262　插入表格按钮

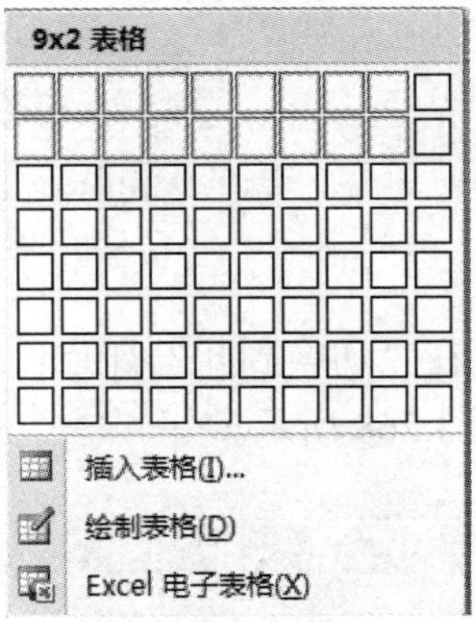

图 3.263　选择表格的行数和列数

在“肯德基简介.doc”文件中复制表格内容，粘贴到第 5 张幻灯片中，并设置表格格式。

（5）第 6～8 张幻灯片为图片组合，用户可根据“实训篇 SC”中的图片自行设计布局。

（6）第 9 张幻灯片为结束语幻灯片，用户可自行设计。

步骤五：为幻灯片母版插入图片及艺术字。

在幻灯片母版上插入“实训篇 SC”中的“标志 1”，位置可参考幻灯片 1 至幻灯片 9；在底部插入艺术字“有了肯德基，生活好滋味”。

（1）单击“视图”→“幻灯片母版”按钮，如图 3.264 所示，打开幻灯片母版。

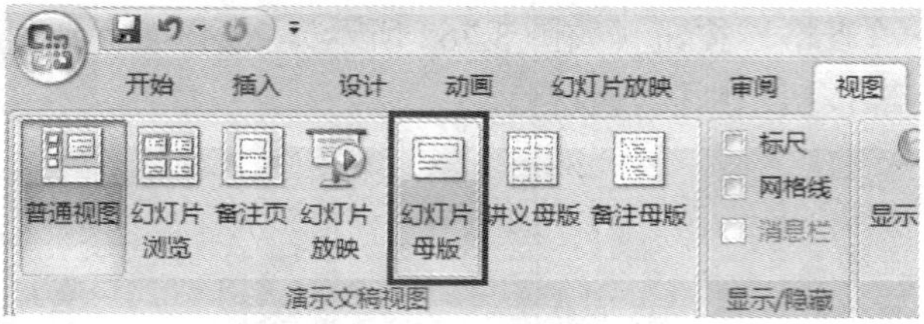

图 3.264 “幻灯片母版”按钮

（2）在母版中插入图片及艺术字，如图 3.265 所示。

（3）设置完毕后，单击“关闭母版视图”按钮（如图 3.266 所示），退出母版视图。

图 3.265 在母版中插入图片及艺术字

图 3.266 “关闭母版视图”按钮

步骤六：设计演示文稿的动态效果。

（1）选择标题幻灯片，单击“动画”按钮，打开“动画”选项卡，如图 3.267 所示。

图 3.267 “动画”选项卡

在“切换到此幻灯片”功能区，设置“切换动作”、“切换声音”、“切换速度”等项，如图 3.268 所示。

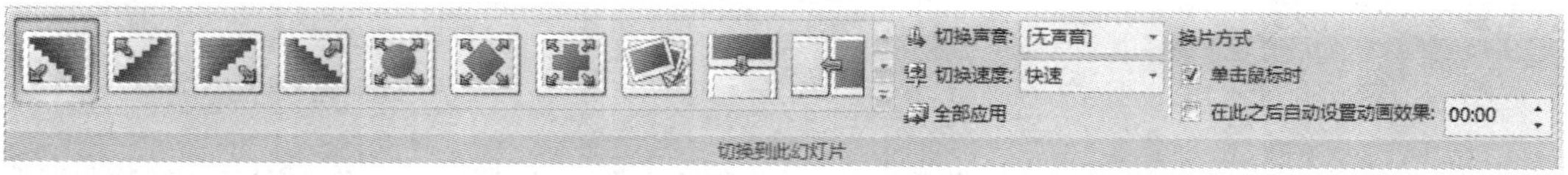

图 3.268 设置切换效果

（2）将任务窗格切换到“自定义动画”，参考示范文档设计各张幻灯片中各对象的动画效果，或自行设计动画效果，要注意调整好每张幻灯片中各对象出现的先后顺序。

步骤七：设置页面跳转超链接。

（1）在第 2 张幻灯片中，选中“肯德基品牌”文本或文本框，单击鼠标右键，在快捷菜单中选择“超链接”选项，如图 3.269（a）所示。在弹出的“编辑超链接”对话框中，设置链接到第 3 张“肯德基品牌”内容幻灯片，如图 3.269（b）所示。

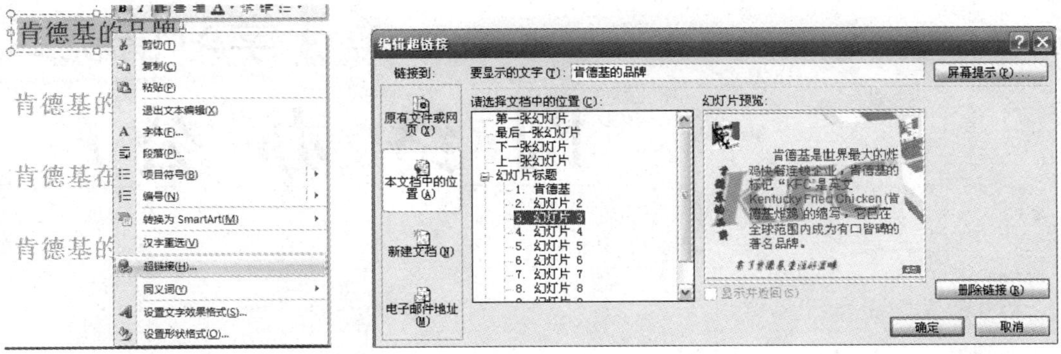

（a） （b）

图 3.269 设置超链接

（2）在第 3 张幻灯片上添加动作按钮 返回 （可自行设计效果），设置超链接，再返回到第 2 张幻灯片。用同样的方法，将第 2 张幻灯片上其他项目文本或文本框与其对应的内容幻灯片之间建立超链接。

步骤八：打包发布。

使用“开始”→“另存为”→“PowerPoint 放映”命令，将演示文稿保存为放映格式文档，如图 3.270 所示。

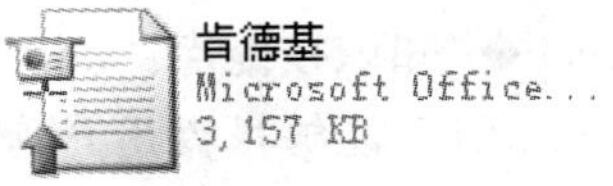

图 3.270 保存放映文档

任务总结评价

通过任务练习了如何将 Word 文档内容导入 PPT 文稿，并熟悉了在幻灯片中插入并设置图片、艺术字与表格的方法，以及设置幻灯片切换方式及动画效果。

学会了如何插入幻灯片、设置幻灯片格式；设置幻灯片母版及主题颜色，以统一演示文稿的风格；设置超级链接，以便设置幻灯片之间的跳转；设置幻灯片的切换效果和自定义动画，使幻灯片有丰富的动态变化效果。

拓展与提高

现已有某学校简介（Word 文本）、学校图片、资料等素材，放在“学校简介”下的“SC”文件夹中，参照“学校简介.ppt”效果，制作学校简介演示文稿。要求体现学校风貌，风格清新。

学习情境四

网络办公

任务17　搭建小型办公网络

◆ 知识技能点：

（1）能够根据用户需求进行网络规划方案设计。

（2）能够对选定设备进行网络配置，确保网络的畅通。

（3）掌握双绞线T568A和T568B线序、双绞线与网络设备的连接方法。

任务引入

飞腾公司租用了写字楼五楼的相邻两个房间，要组建一个网络办公环境。该公司现有员工19人，公司为每人配备了计算机设备。每台计算机设备需要能接入互联网开展业务，并要求便于笔记本等移动设备能随时接入办公网络，在网络中设置文件服务器和网络打印机，仅供公司办公内部使用。要求网络具有较好稳定性、可靠性和实用性。

任务分析

搭建一个网络，首先要清楚用户对网络的需求，明确网络的功能和用途，通过分析制订规划方案。

17.1.1　用户基本信息

飞腾公司现在有员工19人，下设有服务部和技术部，位于写字楼五楼的相邻两个房间，每个房间使用面积约 $100m^2$。目前公司的业务中，涉及了解市场商品信息、收发邮件等事务。为了方便内部传输资料和访问互联网络，需搭建一个适合员工使用的SOHO网络。具体信息如下。

（1）19个节点需要接入互联网，主要应用包含网络浏览、收发E-mail等。

（2）局域网内能进行网络打印、高速的文件传输等功能。

（3）两个部门（服务部和技术部）可以高速互相访问。

（4）公司网络建设预算有限，希望能以较低的成本，满足业务的需求。

17.1.2　网络搭建要点

目前，Internet 接入主要有 ADSL 接入、光纤宽带接入、专线接入等，具体接入参数及价格见表 4.1。

表 4.1　Internet 接入参数及价格一览表

序　　号	类　　型	带宽（bps）	接 入 介 质	费用（元/年）
1	ADSL	1M	电话线	2400
2		2M	电话线	4800
3	HDSL	2M	电话线	4800
4	光纤接入	2M	光纤	2800
5		4M	光纤	4800
6		10M	光纤	8800
7		20M	光纤	12800

本项目为一个小型办公室网络，由于公司的网上业务量较小，考虑到降低互联网接入的成本，以较低的投入满足日常办公的需要，采用适合家庭或小型 SOHO 办公等少量用户的 ADSL 宽带接入，组建 SOHO 办公网络。随着今后公司的发展，当网络业务需求较大时，可以考虑升级为光纤接入。

在内部局域网中，为了确保数据的传输，在网络主干采用六类双绞线实现千兆数据的传输，用户终端采用百兆到桌面。当公司的网上业务量需求扩大时，在接入方式上可以考虑带宽更大的光纤接入方式，但局域网内部的带宽也能够满足应用。该局域网设计完全能够满足公司未来 5 年的需要。

在这个办公网络中，总节点数为 21 个，其中 19 个节点为公司的用户计算机，1 个节点为服务器，1 个节点为网络打印机。

由于该公司员工数量较少，规划在一个子网内就可以满足实际的需要，所以局域网内 IP 地址可采用 C 类 IP 地址。

任务实施

17.1.3　网络规划设计

众所周知，在 Internet 和 Intranet 网络上，使用 TCP/IP 时每台主机必须具有唯一的 IP 地址，具有合法 IP 地址的主机之间才能进行相互通信。而一个局域网在搭建之前，首先要对局域网内的 IP 地址做出合理的规划。

一、相关知识

1. IP 地址分类

互联网中的每台计算机都通过其自身的 IP 地址而被唯一标识，每个网络也有自己的标识符，IP 地址由网络标识号+主机标识号组成，国际互联网代理成员管理局 IANA（Internet Assigned Numbers Authority）是在国际互联网中使用的 IP 地址、域名和许多其他参数的管理机构。只有经过 IANA 分配的地址才是合法的 IP 地址，才能够被路由至 Internet，并且在 Internet 中是唯一的，可以被 Internet 中的其他主机访问到。公司网络中的主机要想接入

Internet，就必须至少拥有一个合法的 IP 地址。

1）IP 地址分类

为了能够有效地利用有限的地址资源，IANA 将 IP 地址的 32 位地址空间划分为不同的地址级别，定义了 A、B、C、D、E 五类地址，IP 地址分类规则如图 4.1 所示。

0	网络号（7bit）	主机号（24bit）	A类地址

1	0	网络号（14bit）	主机号（16bit）	B类地址

1	1	0	网络号（24bit）	主机号（8bit）	C类地址

1	1	1	0	组播地址	D类地址

1	1	1	1	0	留做待用	E类地址

图 4.1　IP 地址分类规则

2）特殊用途的 IP 地址

在各类 IP 地址中，存在一些在特定情况下使用的，见表 4.2。

表 4.2　特殊的 IP 地址

网络号	主机号	地址类型	用途
Any	全“0”	网络地址	代表一个网段
Any	全“1”	广播地址	特定网段的所有节点
127	any	环回地址	环回测试
全“0”		本机地址/所有网络	启动时使用/通常用于指定默认路由
全“1”		广播地址	本网段所有节点

3）私用 IP 地址

IANA 将 A、B、C 类地址的一部分保留下来，作为私有 IP 地址空间，专门用于各类专有网络（如公司网、校园网等）的使用，私有 IP 地址段见表 4.3。在本地局域网中可以使用这些 IP 地址，互联网中的路由器或网关会自动将这些 IP 地址拦截在局域网络之内，而不会将其路由到公有网络中。所以即使在两个局域网中均使用相同的私有 IP 地址段，彼此之间也不会发生冲突。使用内部 IP 地址的计算机通过局域网访问 Internet 时，需要使用地址转换（NAT）才能实现。

表 4.3　私有 IP 地址使用范围

类别	地址	网络数	主机数	私用主机总量
A	10.0.0.0～10.255.255.255	1	16777214	16777214
B	172.16.0.0～172. 31.255.255	16	65534	1048544
C	192.168.0.0～192.168.255.255	256	254	65024

例如，IP 地址为 10.0.1.1、 172.16.1.1、192.168.1.1 等都是私有 IP 地址。

在局域网中可根据网络的规模选择私有地址，小型公司可以选择“192.168.0.0”地址段，大中型公司则可以选择“172.16.0.0”或“10.0.0.0”地址段。

2. 子网掩码

子网掩码是与 IP 地址结合使用的一种技术。它的主要作用有两个。

- 用于确定 IP 地址中的网络号和主机号；
- 用于将一个大的 IP 网络划分为若干小的子网络。

子网掩码以 4 个字节 32 位表示，默认子网掩码如图 4.2 所示。子网掩码中为 1 的部分代表网络号，为 0 的部分代表主机号。通过 IP 地址和子网掩码，可计算地址的网络号和主机号。

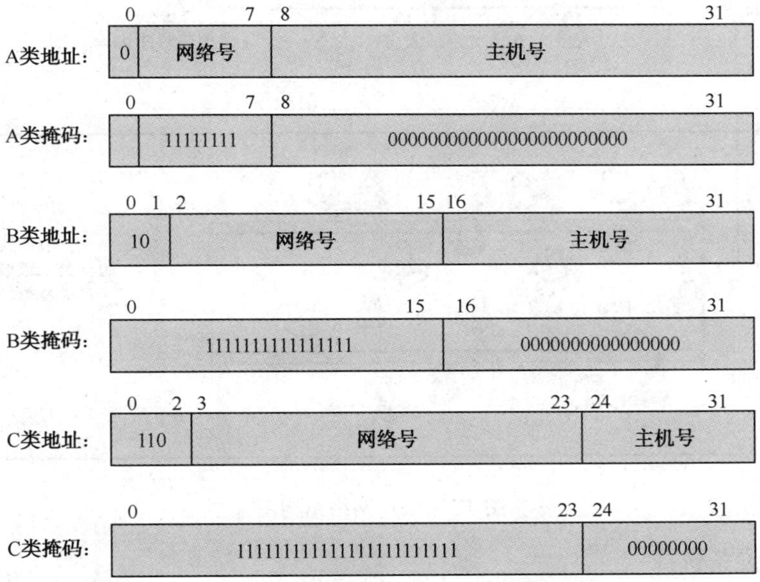

图 4.2　默认的子网掩码

如 IP 地址为 10.0.1.1，子网掩码为 255.0.0.0 时，网络号为 10.0.0.0；IP 地址为 172.16.1.1，子网掩码为 255.255.0.0 时，网络号为 172.16.0.0；IP 地址为 192.168.1.1 子网掩码为 255.255.255.0 时，网络号为 192.168.1.0。

二、公司 IP 地址规划

由于本公司的用户在 20 以内，根据其网络的规模和使用要求，在 IP 地址管理中需要注意如下事项：

- 选择一个适合几十个网络终端的 IP 地址分配范围。
- 每个终端设备具有网络中的唯一 IP 地址，确保在网络中实现通信。
- 分配内部每台终端的 IP 地址。
- 通过地址转换，将私有 IP 地址转换为互联网公有地址。
- 所有客户端要进行测试。

根据实际情况，ADSL 路由器的 WAN 接口可以使用 ADSL Modem 从 ISP 动态获取互联网公有 IP 地址。内部用户配置 C 类私有 IP 地址：192.168.1.0/24，即可满足需求。配置 ADSL 路由器实现对私有 IP 地址段（192.168.1.0/24）进行 NAT 转换，从 ISP 动态获取互联网公有 IP 地址，从而实现内部用户访问互联网。ADSL 路由器内部接口 IP 可设置为：192.168.1.1/24。

如图 4.3 所示是公司网络结构图的最终效果。

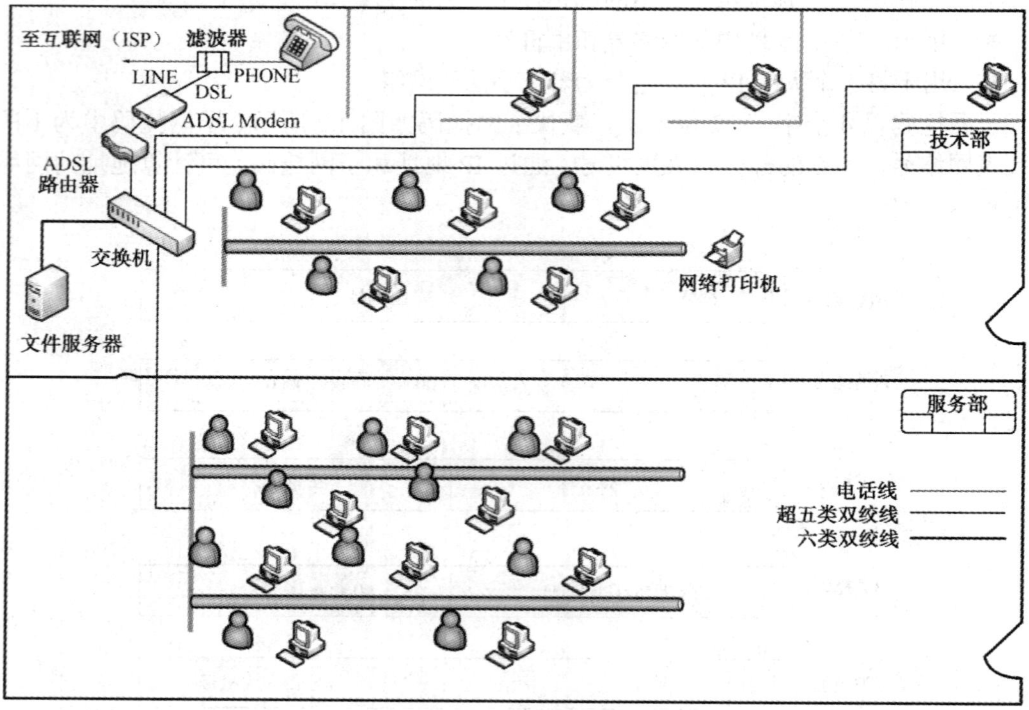

图 4.3 公司网络结构图

三、网络设备选择

要构建良好的 SOHO 环境，前提条件是搭建一个好的网络平台，而网络设备是整个平台的核心。对于用户而言，如何选择一套可靠稳定、功能齐全、并且具有较高的性价比的设备，是首先要考虑的问题。根据网络需求分析，本公司的网络采用“ADSL MODEM+宽带路由器+交换机+客户机”的组网模式。

1. 相关知识——xDSL 技术

xDSL 是数字用户线路 DSL（Digital Subscriber Line）的统称，是以铜电话线为传输介质的点对点传输技术。DSL 技术在传统的电话网络（POTS）的用户环路上支持对称和非对称传输模式，解决了经常发生在网络服务供应商和最终用户间的“最后一公里”的传输瓶颈问题。由于电话用户环路已经被大量铺设，所以充分利用现有的铜缆资源，通过铜质双绞线实现高速接入就成为运营商成本最小最现实的宽带接入网解决方案。DSL 技术目前已经得到大量应用，是非常成熟的接入技术。DSL 技术主要分为对称技术的 HDSL（高比特率 DSL）和非对称（ADSL）两大类。

对称 DSL 技术主要用于替代传统的 T1/E1 接入技术。与传统的 T1/E1 接入相比，DSL 技术具有对线路质量要求低、安装调试简单等特点，广泛地应用于通信、校园网互连等领域，通过复用技术，可以同时传送多路语音、视频和数据。非对称 DSL 技术非常适用于对双向带宽要求不一样的应用，如 Web 浏览、多媒体点播等，因此通常 SOHO 网络均采用此种接入方式。

1）ADSL 的定义

非对称数字用户线路 ADSL（Asymmetrical Digital Subscriber Line）技术是运行在原有普通电话线上的一种新的高速宽带技术，可在普通铜线电话用户线上传送电话业务的同时，向用户提供 1.5～8Mbps 速率的数字业务，在上行、下行方向的传输速率不对称。

2）ADSL 设备的安装

ADSL 安装包括局端线路调整和用户端设备安装。在局端方面，由服务商在用户原有的电话线中接入 ADSL 局端设备；用户端的 ADSL 安装也非常简易方便，只要将电话线连上滤波器，滤波器与 ADSL Modem 之间用一根两芯电话线连上，ADSL Modem 与计算机的网卡之间用一根交叉网线连通，即可完成硬件安装。再将计算机 TCP/IP 协议中的 IP、DNS 和网关参数项设置好，便完成了安装工作。

SOHO 网络中的 ADSL 安装与单机用户没有很大区别，只需再多加一个宽带路由器，用直通双绞线将宽带路由器与 ADSL Modem 连接起来即可。

3）ADSL 支持的业务

ADSL 可以为以中、小型商业用户和住宅用户为主的用户群提供多样化的宽带业务，包括高速 Internet 接入、远程 LAN 互联、交互视频、远程医疗/教育和 SOHO 等交互式业务。

2. 互联网接入设备

采用 ADSL 接入方式，需要使用 ADSL MODEM 设备，将电话线路的模拟信号转换为数字信号传入网络，同时也将网络中的数字信号转换成模拟信号发送出去。此设备在申请 ADSL 服务时，由 ISP 服务商提供。对于多用户还需要使用 ADSL 路由器，将 ADSL MODEM 从 ISP 服务商获得的公网 IP 地址与局域网内的私有 IP 地址进行转换，实现局域网内多用户访问 Internet，ADSL 路由器一般可支持 4～8 个用户。

3. 局域网接入交换设备

对于公司内部具有 8 人以上的用户，可以考虑添置一台交换机，以扩展网络用户的数量，实现多机共享上网。交换机的接口数量一般为 16～24。

四、设备选购

考虑到网络中信息点的数量，以及将来的发展、成本和级联接口速度瓶颈等因素，选择 H3C S1526 二层交换机［如图 4.4（a）所示］，此交换机具有 24 个 10/100Base-T 以太网端口，2 个 10/100/1000Base-T 以太网端口和 2 个 1000Base-X SFP 千兆以太网端口，支持网管 VLAN 划分，即使今后网络升级也可以继续使用，性价比高。

从公司的需求情况来看，无线网络设备的使用本着最低的投入，获得满意的效果，因此选择神州数码 DCWL-3000AP［如图 4.4（b）所示］，作为移动用户接入的 AP 产品。

（a）H3C S1526 产品外观图

（b）神州数码 DCWL-3000AP

图 4.4　交换机和无线 AP

各信息点与交换机相连接的线缆采用超五类非屏蔽双绞线（UTP CAT 5e），服务器与交换机之间采用六类非屏蔽双绞线（UTP CAT 6）连接到交换机 1000Base-T 以太网端口。

根据以上分析，结合各厂商技术实力、产品技术水平、市场占有率和性能价格比等情况，经过多方比较，本公司采用的网络设备见表 4.4。

表 4.4 网络设备统计

设 备 名 称	网络设备型号	数 量	地 点
互联网接入设备	H3C Aolynk BR104H	1	技术部
局域网接入交换机	H3C S1526	1	技术部
无线 AP	DCWL-3000AP	2	服务部，技术部

17.1.4 广域网接入配置

对于 20 多人的小型办公环境来说，最多的就是文件资料的传递和共享访问互联网的应用。而共享互联网，申请 ADSL 宽带就能够满足。目前宽带服务提供商针对小型办公网络为用户提供了多种资费可供选择，价格也相当实惠。根据项目所选互联网接入设备，结合产品配置手册，完成 ADSL 接入配置。

本项目中广域网接入采用的是 ADSL 接入方式，接入设备为一台 ADSL MODEM 和一台 ADSL 路由器，如图 4.5 所示。配置 ADSL 路由器时可以采用 Web 页面方式进行配置，配置的方法可以参考配置手册，不同的设备配置上大同小异。下面以 H3C Aolynk BR104H ADSL 路由器为例进行配置。其他型号参考使用手册，多数 ADSL 路由器的默认 IP 地址为 192.168.1.1。

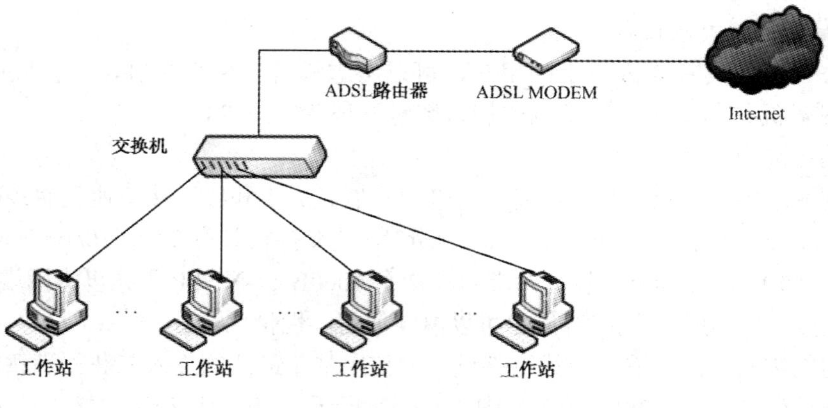

图 4.5 使用 ADSL 路由器实现共享上网

如果用户不希望购买 ADSL 路由器，也可以将一台服务器（配置有双网卡）的一个网卡与 ADSL Modem 的 RJ-45 接口相连，另一个网卡与局域网的交换机相连。然后将服务器配置为 NAT 服务器，网络内部主机通过 NAT 服务器的地址转换实现共享访问 Internet。

一、配置 ADSL 路由器

1. 基本互联网连接配置

（1）启动 IE 浏览器，在 IE 浏览器的地址栏中输入 http://192.168.1.1（ADSL 路由器 IP 地址），在 IE 浏览器中显示登录界面，如图 4.6 所示。

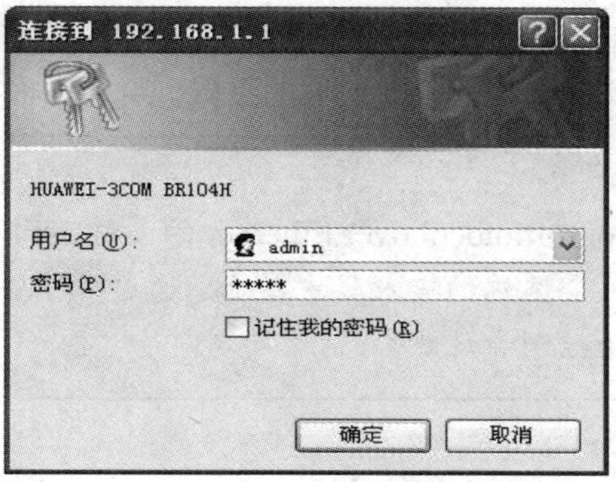

图 4.6　ADSL 路由器登录界面

（2）输入用户名和密码后（默认用户名和密码均为 admin），可进入 ADSL 路由器配置，对于初级用户，可考虑采用此过程的快速配置。

（3）在“连接到因特网”栏中单击“上网方式”下拉按钮，选择“PPPoE（大部分的宽带网或 xDSL）”选项，如图 4.7 所示。

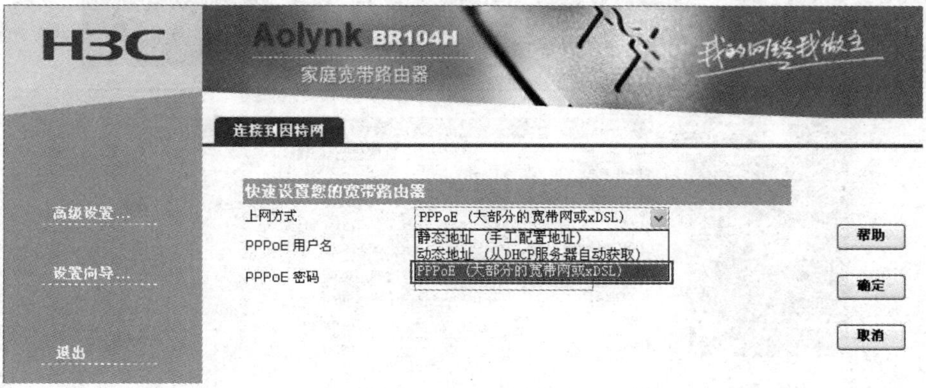

图 4.7　选择上网方式

（4）然后在下面的“PPPoE 用户名”和“PPPoE 密码”栏中，输入上网账号和上网密码，如图 4.8 所示，单击“确定”按钮，即完成了快速配置。

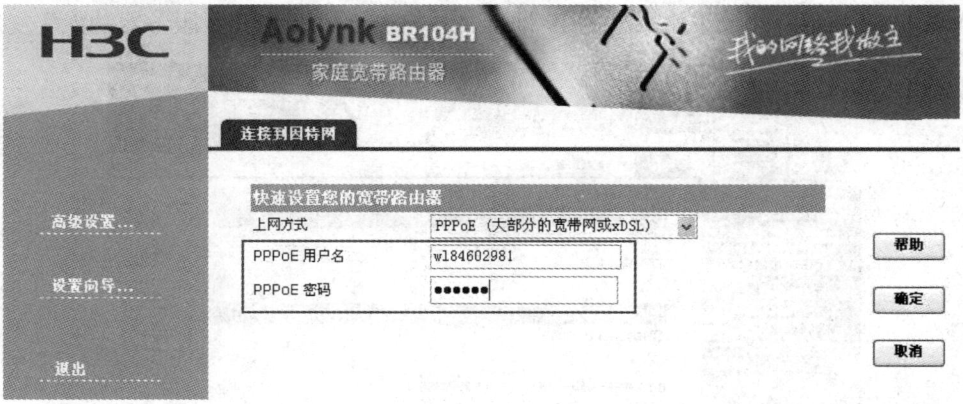

图 4.8　实现 WAN 的连接

（5）经过以上各步骤的设置，即可完成对 ADSL 路由器的快速设置。在快速设置中，对于其他各项的设置内容，系统采用了默认项的设置，用户可根据实际需要进行详细设置。

知识链接——PPPoE

PPPoE 是 Point-to-Point Protocol over Ethernet 的简称，可以使以太网的主机通过一个简单的桥接设备连到一个远端的接入集中器上。通过 PPPoE 协议，远端接入设备能够实现对每个接入用户的控制和计费。

2. 高级设置

如果用户对 ADSL 路由器的配置比较熟练，则建议直接采用高级设置对路由器进行配置，具体配置步骤如下。

（1）单击导航列表框中的“WAN 设置”按钮，在弹出的“WAN 设置”栏中输入上网账号和密码，如图 4.9 所示。“MTU”、“空闲自动挂断时间”、“主 DNS 服务器”、“辅 DNS 服务器”可根据本地网络要求填写。

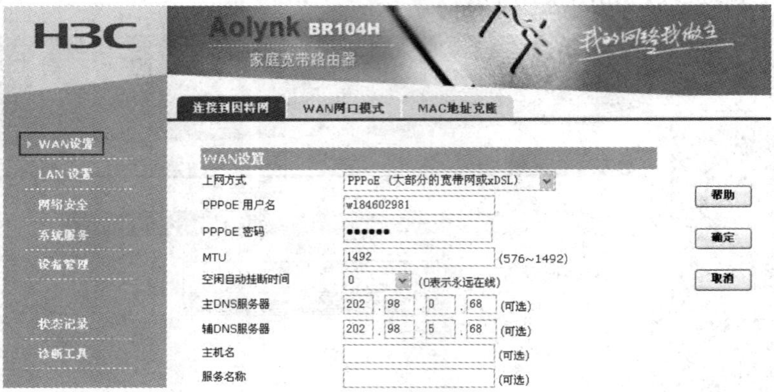

图 4.9　WAN 设置

（2）单击导航列表框中的“LAN 设置”按钮，如图 4.10 所示。在“IP 地址”文本框中输入所要设定的 ADSL 路由器连接局域网 LAN 的 IP 地址，然后单击“确定”按钮，即可完成此项的设定。如果修改了 LAN 的 IP 地址，在下次登录 ADSL 路由器进行配置时，要输入新的 IP 地址，建议采用默认的 IP 地址，并勾选“开启 DHCP 服务器功能”复选框。

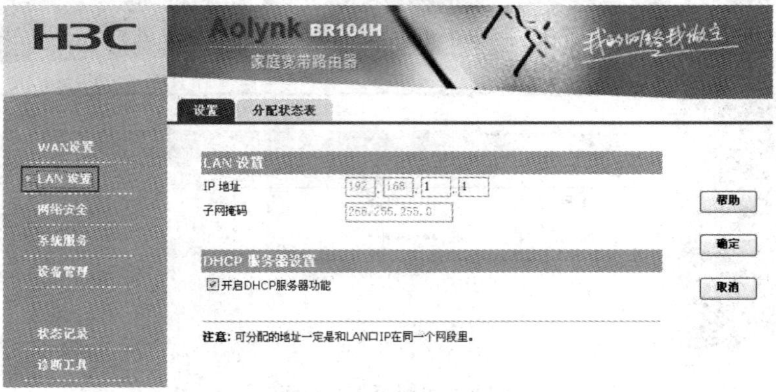

图 4.10　LAN 的 IP 地址设置

（3）单击导航列表框中的“网络安全”按钮，一般情况下采用默认设置即可，如图 4.11 所示。

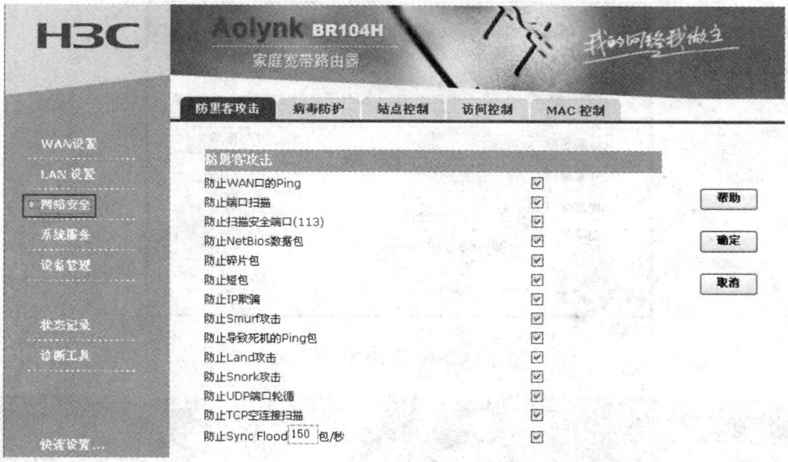

图 4.11　设置网络安全

（4）系统服务配置，如果只进行局域网的配置，可略过此步骤，直接执行第（5）步。

如图 4.12 所示，单击导航列表框中的“系统服务”按钮，当局域网中的服务器（如 Web 服务器、FTP 服务器）需要提供给 Internet 访问时，首先需要保证 ADSL MODEM 可以在 Internet 获得固定的 IP 地址。可单击导航列表框中的“虚拟服务器”，在“虚拟服务器”栏中，Internet 广域网选择启用，常用端口号设置为 80（可以为 1024～65535 之间的任意端口号），局域网内已经搭建的 Web 服务器 IP 地址为 192.168.1.5（如图 4.13 所示），然后单击“新建”按钮。如果还有其他服务器（如 FTP 服务器），可继续设置常用端口号为 2048，局域网内已经搭建的 FTP 服务器 IP 地址为 192.168.1.4，然后再单击“添加”按钮，这样 Internet 用户就可以访问局域网的服务器了。

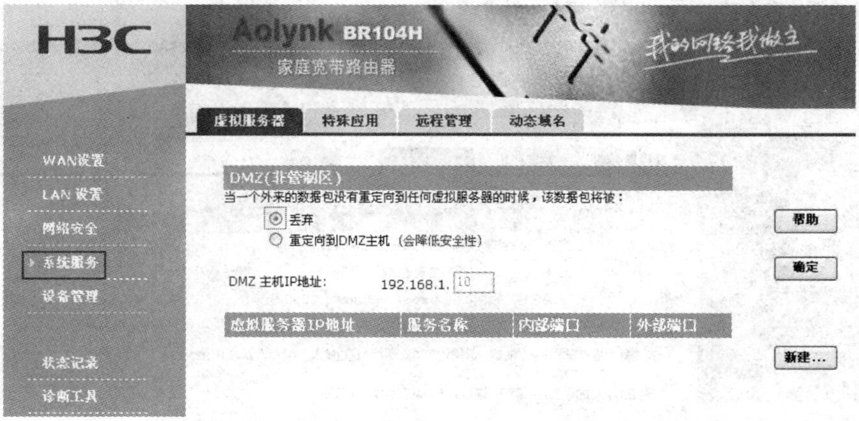

图 4.12　配置系统服务

添加完成后，可在如图 4.14 所示中看到虚拟服务器相关信息。当 Internet 用户访问局域网的 Web 服务器资源信息时，在本地计算机的 IE 地址栏中输入“http:// 216.35.18.82:80”就可以实现。当 Internet 用户访问局域网的 FTP 服务器资源信息时，在本地计算机的 IE 地址栏中输入“ftp:// 216.35.18.82:21”，然后输入局域网管理员所提供的用户名及密码，就可以登录 FTP 服务器了。

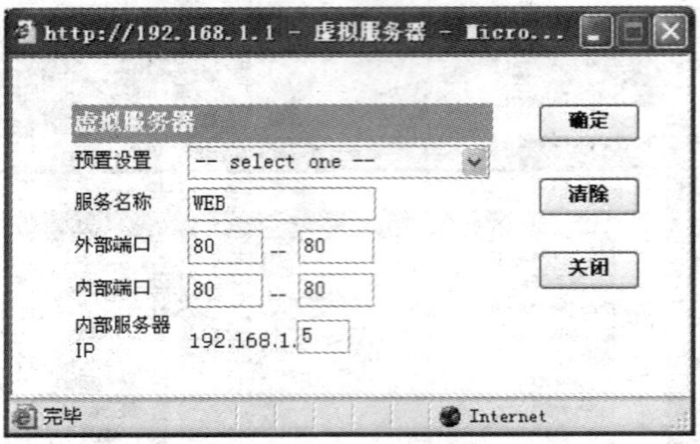

图 4.13　配置虚拟服务器

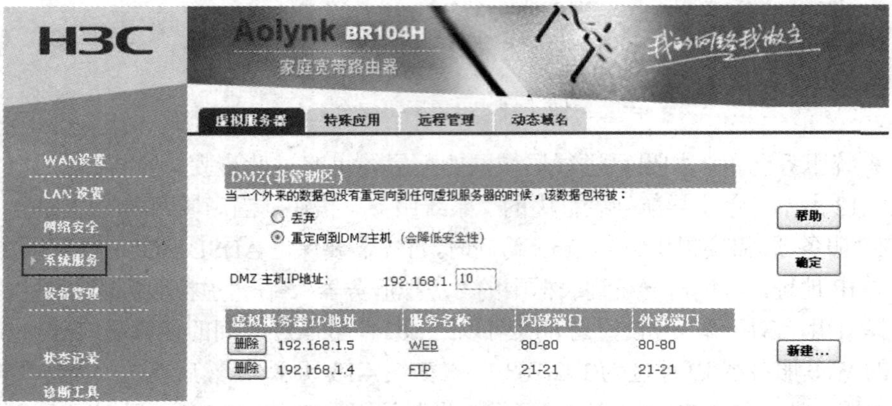

图 4.14　配置虚拟服务器 IP 地址

当需要通过 WAN 口远程管理配置本设备时，在“远程管理”选项卡中选择“允许”单选按钮，并指定端口号，如图 4.15 所示。

图 4.15　远程管理设置

（5）单击导航列表框中的“设备管理”按钮，当进行以上设置完成后，可以在“重启动”选项卡，单击“重启动”按钮，使 ADSL 路由器重新启动。

在“设置信息”选项卡中，可以根据需要进行备份、恢复和恢复到出厂配置，按提示信息操作即可。

如果要升级软件，在“升级”选项卡中，首先单击“Huawei-3Com 的技术支持网站”超链接，到网站下载最新的升级软件到本地硬盘，然后单击“浏览”按钮选择升级文件即可，如图 4.16 所示。

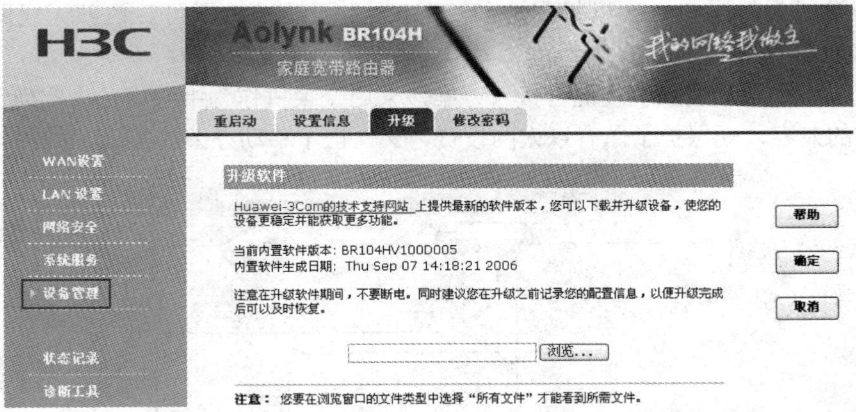

图 4.16　系统软件升级

（6）用户开始使用 ADSL 路由器后，为了防止非法用户登录路由器修改配置，一定要更改登录口令，如图 4.17 所示。更改完成后单击“确定”按钮。

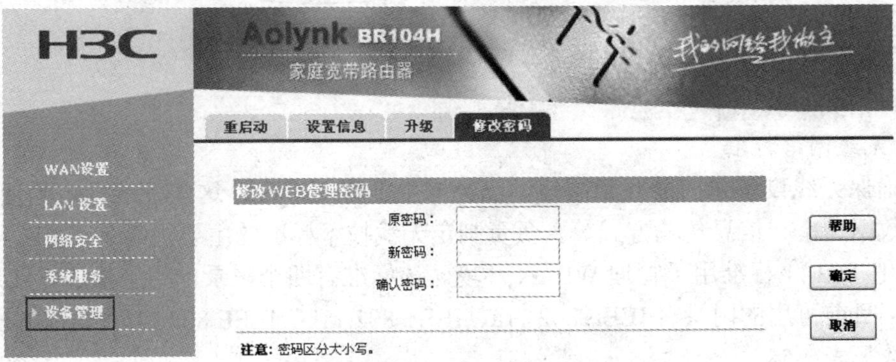

图 4.17　设置 ADSL 路由器的登录口令

二、工作站的配置

由于 ADSL 路由器配置了 DHCP 服务，工作站只需将 TCP/IP 协议属性设置为自动获取 IP 地址和 DNS 服务器地址即可。

通过以上的操作，就完成了对 ADSL 路由器的设置，可满足用户的需要，实现连接在局域网内的计算机访问 Internet。

17.1.5　无线网络搭建

目前组建网络类型包括有线和无线两种，无线网络已经越来越多地应用于小型办公和家庭环境中，无须布线，用户就可以随时随地连接到网络中。公司可以根据业务和规模的实际情况和发展需要，灵活选择不同的接入方式。移动 PC、笔记本计算机或掌上电脑则无须网线连接，通过配置无线 AP+无线网卡，就可以实现网上业务。

飞腾公司要求在两个部门的办公室内覆盖无线，这样可满足办公人员笔记本计算机等移动设备的无线上网等应用。

在设计两个部门的办公室组建 SOHO 型无线局域网 WLAN 时，由于目前笔记本计算机都内置了无线网卡，所以只需选购 SOHO 型无线 AP 即可。内部无线网络可达到 54Mbps 数据传输。

该无线方案为无线与有线混合接入方案，采用交换机作为中心设备，实现无线网络与有线网络的兼容，既保护了原有以太网投资，又保证了移动办公的需求，如图 4.18 所示。

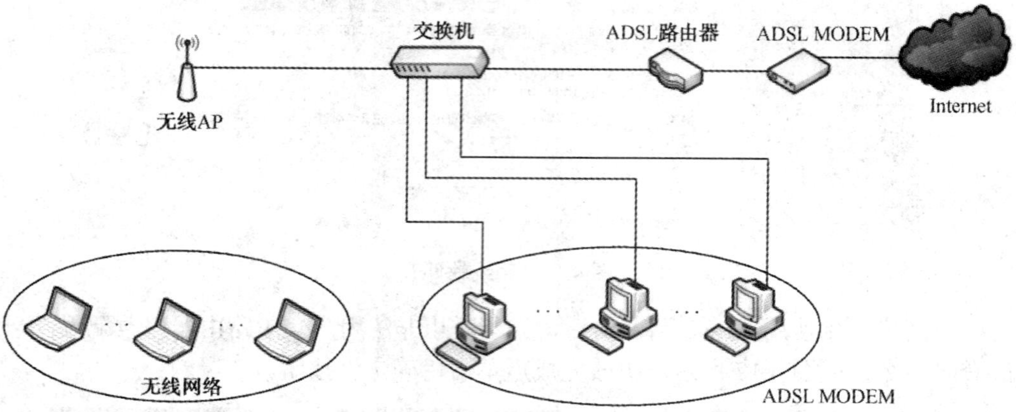

图 4.18 “无线 AP+宽带路由器”方案

一、相关知识

1. 无线网络标准

为确保无线设备之间能互相通信，已经产生了许多标准。这些标准规定了使用的 RF 频率、数据速率、信息传输方式等。负责制定无线技术标准的主要组织是 IEEE。

IEEE 802.11 标准用于管理 WLAN 环境。该标准有四个附录，用于描述无线通信的不同特征。目前可用的附录有 IEEE 802.11a、IEEE 802.11b、IEEE 802.11g 和 IEEE 802.11n，具体参数见表 4.5。

表 4.5 常用 IEEE WLAN 标准

标 准	发 布 日 期	频率（Hz）	最高数据速率（Mbps）	最大传输距离（m）
IEEE 802.11a	1999.10	5G	54	50
IEEE 802.11b	1999.10	2.4G	11	100
IEEE 802.11g	2003.6	2.4G	54	100
IEEE 802.11n	2007.4（草案通过）	2.4G 或 5G	540	250

由于目前 ADSL 的接入速率通常为 2Mbps，建议采用 IEEE 802.11b/g 标准的产品。相对而言，该标准所提供的 11～54Mbps 传输速率已经绰绰有余了。同时，该标准的产品价格更便宜，技术更成熟，更具性价比。

无线网卡和无线 AP 必须采用同一标准，以确保相互之间的兼容，获得最好的通信效果，并实现对无线网络的安全管理。

2. 服务集标识符 SSID

在构建无线网络时，需要将无线组件连接到适当的 WLAN。这可以通过使用服务集标识符 SSID（Service Set Identifier）来完成。

SSID 是一个区分大小写的字母数字字符串，最多可以包含 32 个字符。它包含在所有帧的报头中，并通过 WLAN 传输。SSID 用于标识无线设备所属的 WLAN 以及能与其相互通信的设备。无线网卡设置了不同的 SSID 就可以进入不同网络。SSID 通常由 AP 或无线路由器广播出来，通过 Windows 7 自带的扫描功能可以相看当前区域内的 SSID。出于安全考虑可以不广播 SSID，此时用户就要手工设置 SSID 才能进入相应的网络。

无论是哪种类型的 WLAN，同一个 WLAN 中的所有设备必须使用相同的 SSID 配置才能进行通信。

3. MAC 地址过滤

无线网络的一个主要优点是连接简便，但是正由于连接简便性，再加上信息通过空间传输，使无线网络容易遭受拦截和攻击。

通过无线连接，攻击者不需要物理连接到用户计算机或其任何设备即可访问其网络。攻击者可以接收用户无线网络的信号，就像收听广播电台一样。他们一旦进入网络，就可以免费使用 Internet 服务，并访问网络中的计算机以破坏文件或窃取个人的机密信息。

限制访问网络的方法之一是精确控制哪些设备可以访问网络。这可以通过 MAC 地址过滤来实现。

MAC 地址过滤是使用 MAC 地址来分辨可以连接到无线网络的设备。当某个无线客户端尝试连接 AP 时，就会发送 MAC 地址信息。如果启用了 MAC 过滤，无线路由器或 AP 会在预配置的列表中查找其 MAC 地址。只有设备的 MAC 地址已预先记录在路由器数据库中，才允许其连接。如果在数据库中找不到其 MAC 地址，则会禁止该设备连接无线网络或通过无线网络通信。

这种安全保护方法也存在一些问题。例如，所有应该访问网络的设备在尝试连接之前，必须将其 MAC 地址加入数据库中，否则就无法连接。此外，攻击者也可以使用其设备克隆其他具有访问权限的设备的 MAC 地址。

为了避免非授权用户接入无线网络，可以在无线 AP 上设置 MAC 地址过滤，并设置 SSID 拒绝其他用户访问。

4. 无线网络基本形式

1）对等模式（Ad-Hoc）

在点对点网络中，将两台或两台以上的客户端连接到一起，就可以创建最简单的无线网络。以这种方式建立的无线网络称为对等网络，其中不含 AP。在对等网络中的所有客户端是平等的，此网络覆盖的区域称为独立的基本服务集（IBSS）。

2）基础架构模式（Infrastructure）

这是家庭和企业环境中最常用的无线通信模式，由 AP 控制可以通信的用户及通信时间。以这种方式建立的无线网络称为基础架构模式。为了进行通信，每台设备都必须从 AP 获得许可，单个 AP 覆盖的区域称为基本服务集（BSS）或单元。

二、无线办公所需设备分析

- 无线网卡：实现移动设备之间的无线连接。
- 无线接入点 AP：实现无线客户端通过无线网卡与 AP 的通信。
- 一个有线网络接入点：为 AP 提供，实现无线网络接入有线网络及 Internet。

三、无线设备配置

组建 SOHO 型 WLAN 虽然简单，但在部署时需要注意细节配置的问题。另外，市场上有很多 SOHO 型无线 AP，选择性价比较高的设备能更好地满足客户需求。

1. 无线设备连接

当准备工作做好以后，就可以开始硬件连接，其安装步骤如下。

（1）将无线接入点（AP）安放在事先规划好的环境中的固定位置上，使其能覆盖目标区域。

（2）将无线接入点（AP）通过双绞线与有线网络接入点相连。

（3）调整好天线的方向。

（4）进行现场测试。

主要是测试覆盖范围及信号强度是否满足要求，可根据测试的情况对 AP 的位置进行适当的调整。在 AP 的面板上有 4 个 LED 灯，如果安装正确的话，PWR（电源）与 LNK（以太网络）会亮起，且 IEEE 802.11a 和 IEEE 802.11b/g（无线网络）会以每秒至少十次的速率闪烁。

2. 无线接入点配置

无线 AP 分为瘦 AP（Fit AP）和胖 AP（Fat AP）两种。Fit AP 一般是与无线控制器组合使用，其配置信息由无线控制器下载到 AP 中。对于这种 AP，一般只对无线控制器进行配置。而 Fat AP 则可以直接使用，比较典型的 Fat AP 有 DCWL -3000AP 或 H3C WA2210-AG 产品。

3. Windows 7 系统无线网络连接配置

无线网卡上有 Link 指示灯。在 Ad-Hoc 模式下，指示灯将始终处于慢闪状态；在 Infrastructure 模式下，指示灯在正常时是常亮的，慢闪则表示异常。这里就不详细讲解安装无线网卡的步骤了。

因为微软自 Windows 7 系统开始提供对无线局域网技术的支持，所以一般的无线局域网产品都可以通过 Windows 7 系统来实现无线局域网的配置，当然也可以采用厂商提供的专门配置程序。但如果是 Windows 2000 及以前版本的 Windows 系统，则必须借助厂商产品自带的配置程序。本节仅就 Windows 7 系统自带的无线网络配置方法进行介绍。

在 Windows 7 系统中，安装了无线网卡后，把鼠标移到无线网络连接项就会在状态栏显示如图 4.19 所示提示，表明当前的无线网络连接还不可用。

在 Windows 7 系统中，利用自身的功能配置无线网络有两种可行的方法：网络向导法和手动配置法。手动配置方法介绍如下。

（1）打开开始菜单，选择“控制面板”，如图 4.20 所示。

（2）在控制面板对话框中选择“网络和 Internet”，单击“网络和共享中心”，如图 4.21 和图 4.22 所示。

图 4.19　无线网络连接状态提示

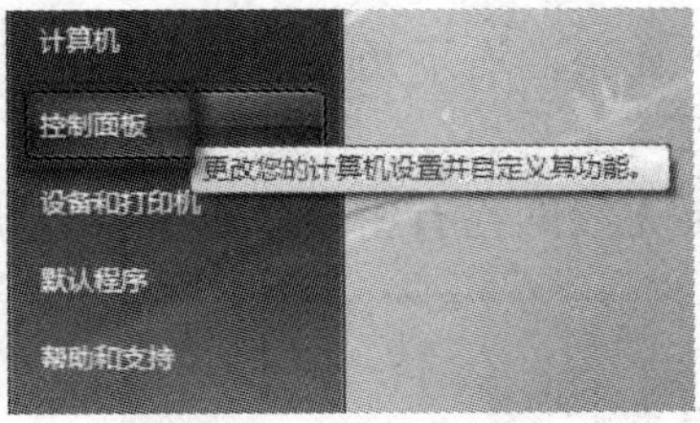

图 4.20　控制面板选择

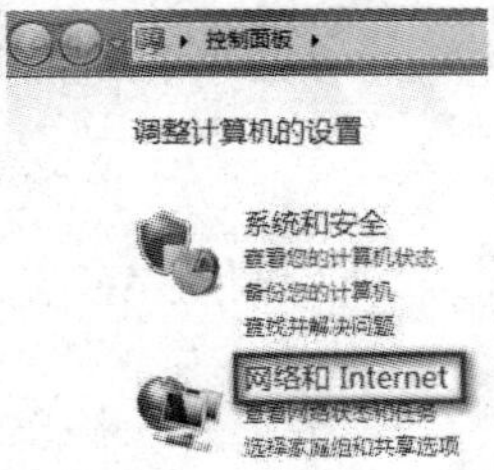

图 4.21　网络和 Internet

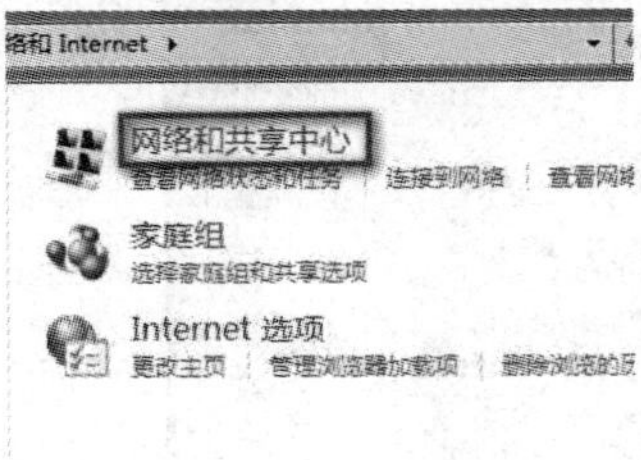

图 4.22　网络和共享中心

（3）单击“设置新的连接或网络”，如图 4.23 所示。

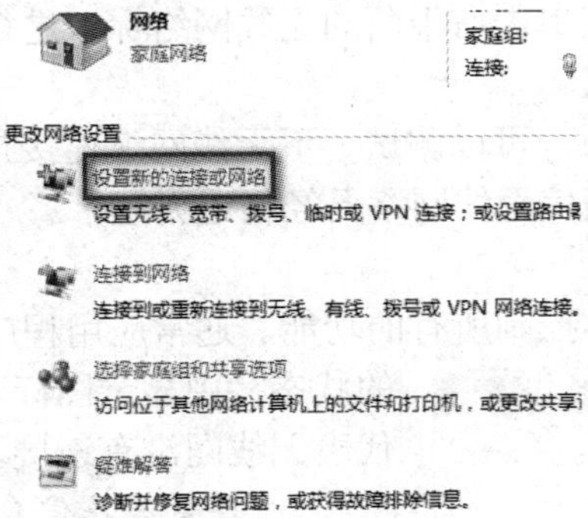

图 4.23　设置新的连接或网络

（4）选择“连接到 Internet“，单击“下一步”按钮，如图 4.24 所示。

（5）单击“无线”按钮，如图 4.25 所示。

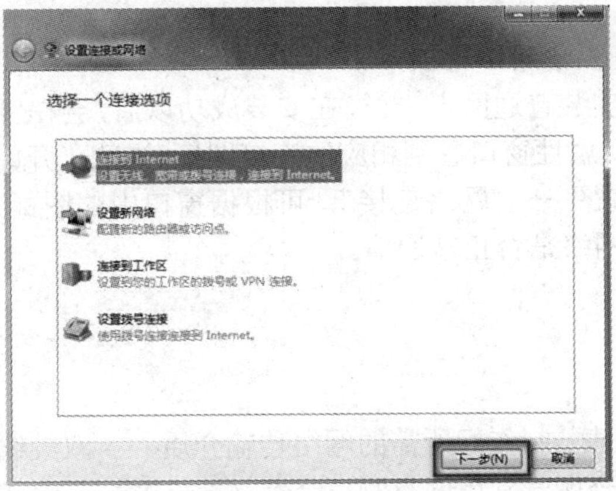

图 4.24　连接到 Internet

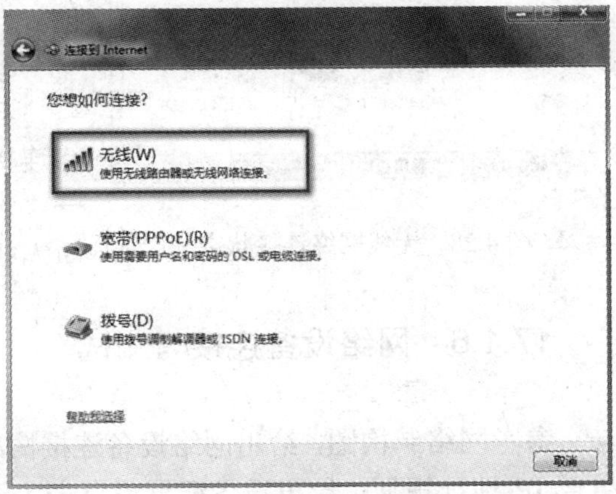

图 4.25　选择无线

（6）在桌面右下角出现搜索到的无线网络，选择要连接的无线网络，点击“连接”，如图 4.26 所示。

如果无线网络有密码，则输入密钥后连接即可，如图 4.27 所示。

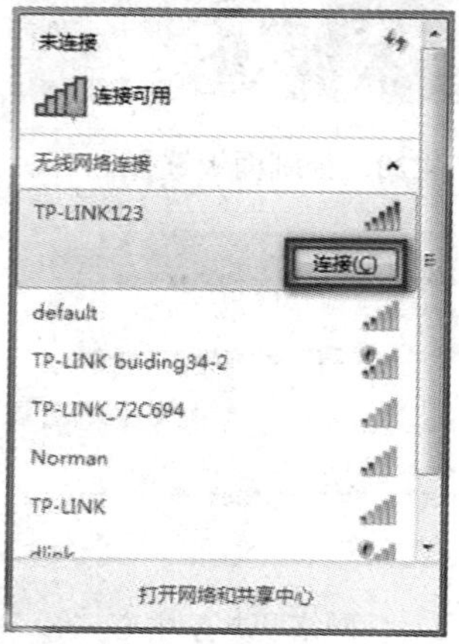

图 4.26　选择所要连接的无线网络

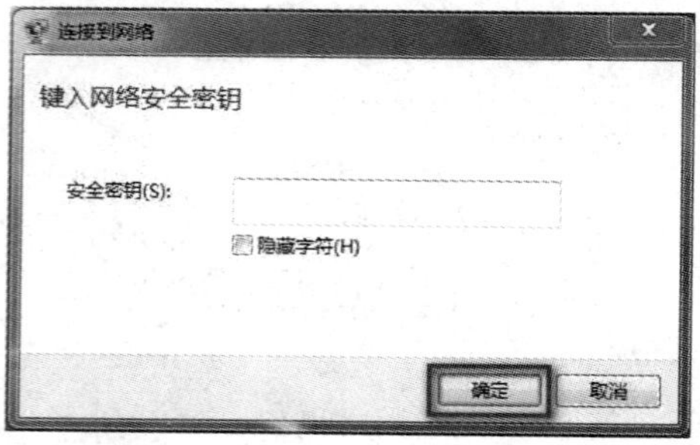

图 4.27　输入密钥

注：无线网络可以直接单击右下角的无线网络标识进行连接。

四、无线网络连接测试

无线网卡安装完成之后，可以测试一下无线网卡连接是否正常。按照以下“三看”方法，如果无误的话，那么相信无线网络已经畅通无阻了。

1. 查看连接图标

在应用程序中，用户可控制所有的功能。通常应用程序会自动开启，并在屏幕右下角的状态栏中显示图标。如果图标被标示为红“×”，则代表无线网没有连接。

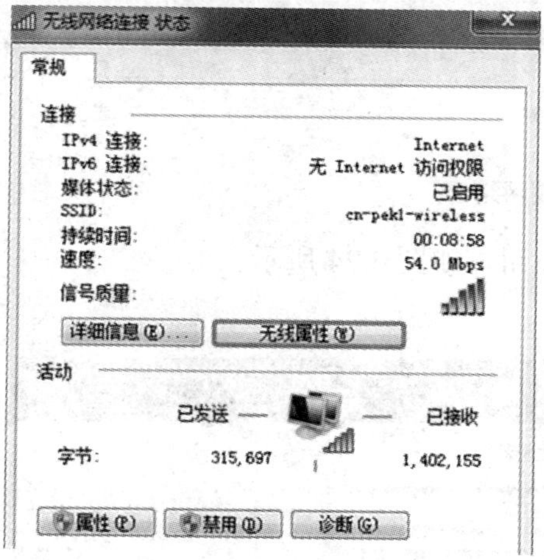

图 4.28　无线网络连接状态

2. 查看连接信息

双击无线连接图标，则会出现如图 4.28 所示的窗口，说明已经正确连接无线网络了。

当然，如果操作系统或无线网卡不同，那么连接状态的信息也会有所不同，但基本信息都是相似的。

3. 查看网络连接

与安装普通网卡一样，在安装成功以后，会在“网络连接”属性窗口看到相应的连接图标。打开“开始”→“设置”→“网络连接”，可根据窗口中的图标判断无线网络是否正常通信。

17.1.6　网络设备连接与测试

参考网络结构图，给出网络设备连接情况表；制作好所需的网络传输介质——双绞线；结合 IP 地址规划，给出设备配置信息表；结合所学常用网络测试命令（ipconfig、ping 及 tracert 等），实现对网络环境的测试。

一、双绞线的制作及测试

1. 双绞线的线序标准

1）T568A 标准

1	2	3	4	5	6	7	8
白/绿	绿	白/橙	蓝	白/蓝	橙	白/棕	棕

2）T568B 标准

1	2	3	4	5	6	7	8
白/橙	橙	白/绿	蓝	白/蓝	绿	白/棕	棕

在同一网络中，要求必须采用统一的双绞线制作标准。目前，双绞线的制作主要采用EIA/TIA568B 标准。

2. 双绞线的制作

（1）双绞线制作工具及材料：RJ-45 压线钳；旋转剥线刀；RJ-45 接头；双绞线。

（2）网线的制作（如图 4.29 所示）：剥皮；剥线；排序；剪齐；插入；压制。

注意：在制作双绞线时，插头的 8 个针脚接触点将穿过导线的绝缘层，分别和 8 根导线紧紧压接在一起，所以在压制阶段要用力压紧。

（3）利用测线器检测网线是否正常，如图 4.30 所示。

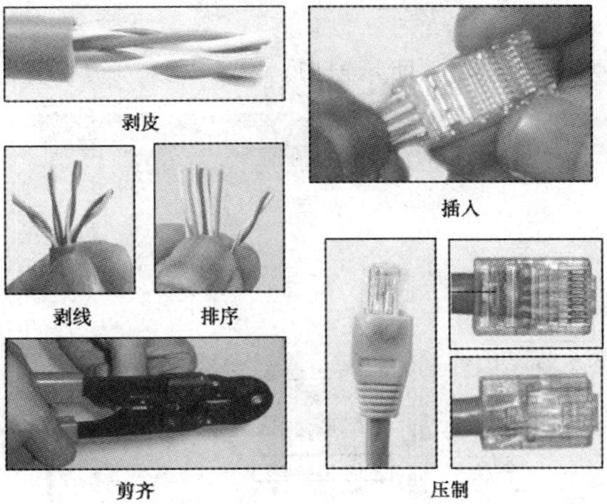

图 4.29　双绞线制作示意图

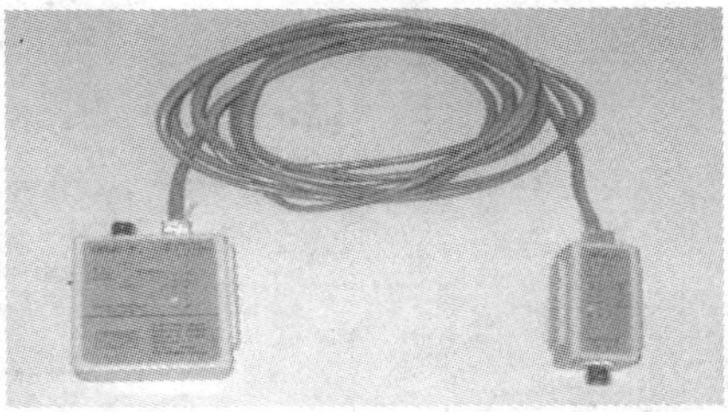

图 4.30　双绞线连通性测试

3. 直通双绞线与交叉双绞线的应用

（1）CAT 5e UTP 超五类直通双绞线 20 条：交换机到 PC 与打印机 19 条，到 ADSL 路由器 1 条。

（2）CAT 6 UTP 六类直通双绞线 1 条。

> **提示：** 如果被测试的网线是直通线，测试仪上的 8 个指示灯应该依次闪烁。如果被测试的网线是交叉线，测试仪上一侧同样是依次闪烁，另一侧按 3、6、1、4、5、2、7、8 的顺序闪烁。如果线芯顺序一致，但测试仪仍显示红灯或黄灯，则表示其中肯定存在对应芯线接触不良的情况，此时需要重做网线水晶头。

二、网络设备连接

网络设备之间的连接方式为：

- 互联网接入设备与交换机之间采用 CAT 5e UTP 直通双绞线连接。
- 交换机与计算机/打印机之间采用 CAT 5e UTP 直通双绞线连接。
- 交换机与文件服务器之间采用 CAT 6 UTP 直通双绞线连接。

按照网络结构图，结合网络设备及网络通信介质的选择，完成网络设备的具体连接，见表 4.6。

表 4.6　交换机端口连接设备统计

序　　号	交换机端口	下　　联	下联设备端口	备　　注
1	GigabitEthernet1/1/1	服务器	10/100/1000M	千兆连接
2	Ethernet1/0/1～9	技术部 PC	以太网接口	9 口为打印机
3	Ethernet1/0/10～23	服务部 PC	以太网接口	
4	Ethernet1/0/24	ADSL 路由器	内部以太网接口	

三、网络环境测试

根据 IP 规划方案完成以上网络连接与配置后，测试过程中需要考虑到客户端是否获得 IP 地址信息，完成之后要测试网络的连通性，可以利用“ipconfig”、“ping”、“tracert”等命令实现。

首先要查看网络的 TCP/IP 参数，显示 IP 协议的具体配置信息，有如下两种方法。

1. 方法一：利用本地连接属性

双击任务栏上的“本地连接”图标，弹出如图 4.31 所示窗口。

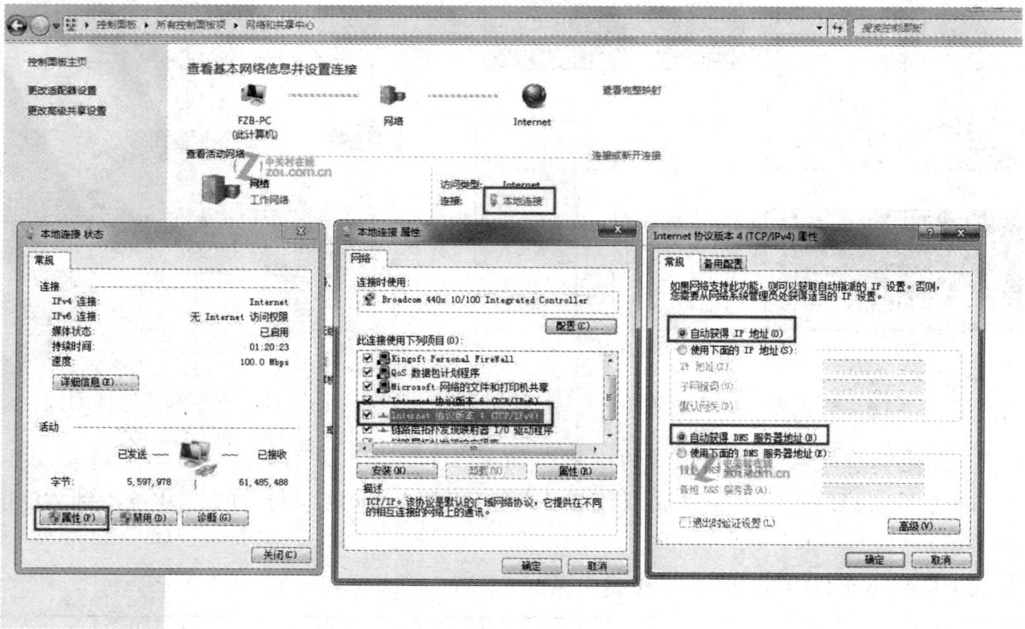

图 4.31　“本地连接 状态”的“常规”选项卡

2. 方法二：使用测试命令

1）“ipconfig”命令

（1）格式。

```
ipconfig  [/? ] [/all]
```

（2）参数含义。

```
/all 显示所有的有关 IP 地址的配置信息；
/release 释放网络适配器，清除 IP 地址信息；
/renew  复位网络适配器，重新获取 IP 地址信息。
```

（3）应用实例。

在计算机的 CMD 命令行下输入“C：\> ipconfig /all”，查看是否获取到 IP、网关和 DNS 地址。利用“ipconfig /release”命令和“ipconfig /renew”命令可以重新获取 IP 等相关参数，如图 4.32 所示。

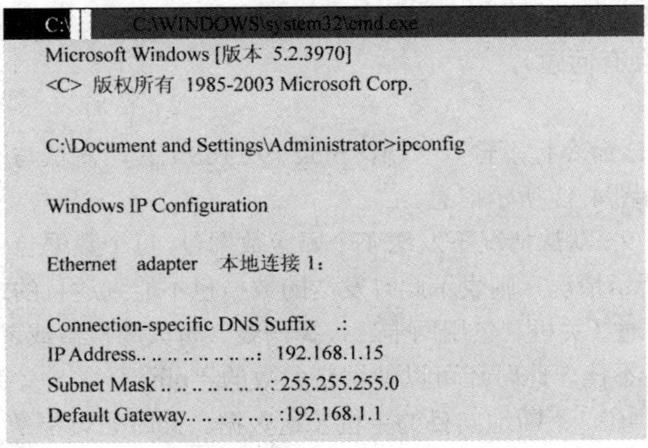

图 4.32　运行“ipconfig”命令

对于刚组建的网络，在查看完 TCP/IP 参数后，接着要进行网络连通性测试。查看能否与网络中的另一台计算机通信、能否正常访问 Internet，从而可以对哪里出现问题做出正确的判断，发现问题并及时加以解决。

2）“ping”命令

下面利用“ping”命令进行网络连通性检测。

（1）格式。

```
ping IP 地址或主机名 [-t] [-a] [-n count] [-l size]
```

（2）参数含义。

```
-t  连续地向目标主机发送数据
-a  以 IP 地址格式来显示目标主机的网络地址
-n count 指定要 Ping 多少次，具体次数由 count 来指定
-l size  指定发送到目标主机的数据包的大小
```

（3）通过“ping”命令检测网络故障的典型次序。

正常情况下，当使用“ping”命令来查找问题所在或检验网络运行情况时，需要使用许多“ping”命令，如果所有运行都正确，就可以相信基本的连通性和配置参数没有

问题；如果某些“ping”命令出现运行故障，它也可以指明到何处去查找问题。下面就具体说明一下。

ping 127.0.0.1

测试 TCP/IP 的安装或运行是否存在某些基本的问题

ping 本机 IP

测试主机网卡是否存在问题

ping 局域网内其他 IP

测试本机 IP 地址设置或网卡参数配置是否错误或电缆系统是否存在问题

ping 网关 IP

测试网关路由器运行是否工作正常

ping 远程 IP

验证能否通过路由器进行通信，对于拨号上网用户则表示能够成功地访问 Internet（但不排除 ISP 的 DNS 会有问题）。

（4）应用实例。

在计算机的 CMD 命令行下输入“C:\> ping 192.168.1.1”，测试与网关的连通性。如果网络正常，会返回如图 4.33 所示信息。

对于每个发送报文，默认情况下发送 4 个回应数据包，每个数据包包含 32 字节的数据，如果出现如图 4.34 所示情况，则表示此时发送的数据包不能到达目的地。此时可能有两种情况：一种是网络不通（关机、禁用网卡、拔掉网线、防火墙拦截或者网关设置错误）；另一种是网络连通状况不佳。此时还可以使用带参数的“ping”命令来确定是哪一种情况，如“ping 192.168.1.1 –t”，不断地向目的主机发送数据。此时如果都是显示“Request timed out”，则表示网络之间确实不通；如果不是全部显示“Request timed out”，则表示此网站还是通的，只是响应时间长或通信状况不佳。

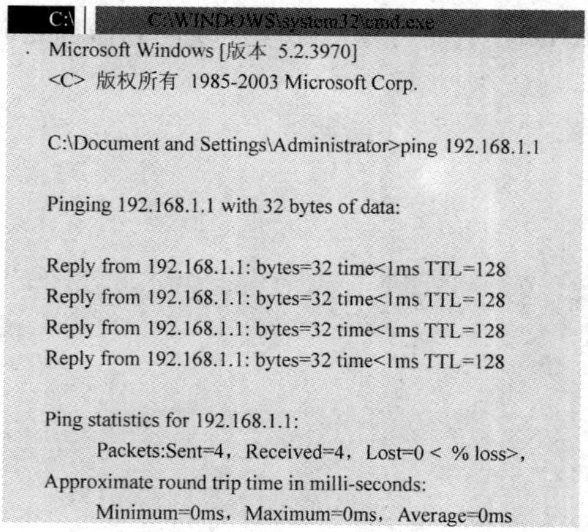

图 4.33 运行“ping”命令返回路由器的信息

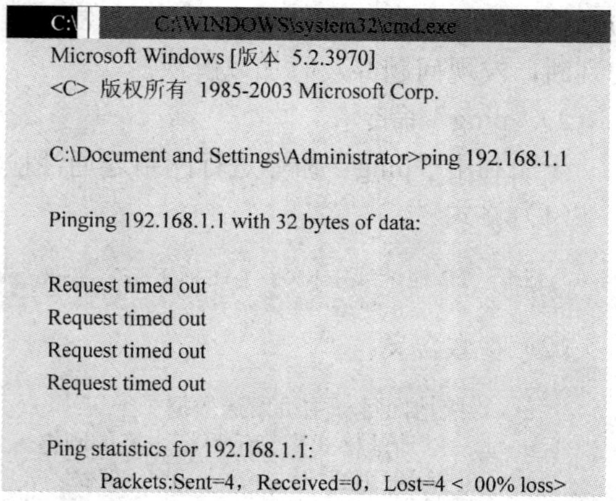

图 4.34 运行“ping”命令的超时信息

可以通过观查“ping –t”命令的返回值中的 time 的大小来观查网络的响应时间，一般的局域网这个值为 time<1ms。可以进一步检查到 ISP 的网络响应时间。

任务总结评价

1. 子网划分注意事项

（1）理解子网划分的关键是明白子网掩码意义和使用方法，合理的子网划分具体方案须根据网络使用需求条件计算得出。由于点分十进制和二进制的区别，计算的过程不是很直观，需要多做练习以熟练掌握。

（2）子网划分时所作的设置，都是在企业内部。换句话说，远端的网络或路由器并不知道，也不需要知道公司内部是如何划分子网的。因此，可保持互联网上路由结构的简单性。

（3）本任务介绍的是最早出现的常规子网划分技术，而且划分情况也很简单，在实际工作中往往会碰到更复杂的子网划分要求，如将子网进一步划分成更小的子网等。随着 IPv4 地址的紧张、网络管理维护要求的提高，现在已经出现了更加灵活的变长子网掩码、无类别域间路由 CIDR（Classless Inter-Domain Routing）等技术，感兴趣的读者可以参阅有关资料。

2. 双绞线制作

制作双绞线时应根据客户需求和环境条件选择合适的双绞线、水晶头等材料，并根据客户需求和现有条件，选择适当的网络设备，如网卡、集线器、交换机等。如果客户现有网卡等设备达不到客户提出的网络性能要求，可考虑更换这些设备。

3. 网线制作时的注意事项

（1）根据不同的设备连接要求制作合适的网线，如直通线或者交叉线。

（2）制作的网线应该比较美观，避免色线裸露、接头松动等情况，必要时可考虑使用护套。

（3）测试网线的连通性时一定要确保线序的正确，按照 T568A 或 T568B 的规定将线整齐排列。

4. 网络连接时应考虑的问题

（1）双绞线连接网络时要遵循“5-4-3 原则”，这里没有叙述，可利用课外时间查找相关资料了解。线路布置应整洁，尽量做到隐蔽，遵循综合布线的规则。

（2）直通线和交叉线的使用不要混淆，避免错误的连接使用造成网络故障。

拓展与提高

针对个人现有设备，利用 ADSL 路由器或无线路由，规划并完成室内小型局网的搭建，使之均能访问互联网，并满足笔记本计算机等移动设备随时接入的要求，使其具有较高的稳定性和可靠性。

任务 18　搭建 FTP 服务器

◆ 知识技能点：

（1）能够根据需要添加 IIS 服务。

（2）能够熟练进行 FTP 站点的创建和属性设置。

（3）学会测试 FTP 站点的方法。

任务引入

飞腾公司为了方便员工对公司内部资源的共享、办公资料上传/下载，同时避免在公司内部使用移动储存设备造成的病毒传播。由于 FTP 服务器效率较高，而且对权限控制较为严格，所以公司拟架设一个 FTP 服务器，供员工上传、下载共享资源及相互交流使用。

任务分析

目前一般只是利用 Windows 系统集成的 FTP 服务实现普通的文件共享，但这种方式对于共享的文件安全还存在隐患。为了使平台的使用更安全、方便、快捷，可采用 Serv-U FTP Server 专业 FTP 服务器软件架设文件服务器，并可为各个部门及员工分配不同的账号和权限上传/下载资料。

任务实施

18.1.1 相关知识——FTP 服务相关知识

1. FTP 协议

FTP 是英文 File Transfer Protocol 的缩写，中文意思是文件传输协议。用户通过 FTP 协议能够在两台联网的计算机之间相互传递文件，它是局域网及互联网上传输文件最主要的方式。

2. FTP 服务器

FTP 服务器是网络上提供一定存储空间的计算机，它可以是专用服务器，也可以是个人计算机。当它提供这项服务后，用户可以连接到服务器下载文件，也允许用户把自己的文件传输到 FTP 服务器中。

FTP 服务器有两种方式登录：一种是匿名登录，另一种是使用授权账号与密码登录。

一般匿名登录只能下载 FTP 服务器的文件，且传输速率相对要低一些。当然，这需要在 FTP 服务器上进行设置。对这类用户，FTP 需要加以限制，不宜开启过高的权限，在带宽方面也尽可能地小。

授权用户需用授权账号与密码进行登录，由管理人员对账号与密码进行管理及设置，如使用者能访问到哪些资源，下载与上传速率等。同样，管理员需要对此类账号进行限制，并尽可能地把权限调低，如不是十分必要，一定不要赋予账号有管理员的权限。

3. 搭建 FTP 服务器的方式

搭建 FTP 服务器的软件有多种，其中较常用的是 Windows 自带 IIS 服务中的 FTP 功能与使用第三方软件。

IIS 中的 FTP 功能属于非专业的 FTP 软件，但由于它集成在 Windows 系统中，所以熟悉的人比较多。

第三方软件以 Serv-U FTP Server 为例，其是一款共享软件，未注册可以使用 30 天。它是专业的 FTP 服务器软件，利用它可以搭建一个专业级 FTP 服务器，现在互联网专用的 FTP 服务一般采用此软件，它具有以下功能。

（1）符合 Windows 标准的用户界面友好亲切，易于掌握。

（2）支持实时的多用户连接，支持匿名用户访问。

（3）通过限制同一时间最大的用户访问人数确保计算机的正常运转。

（4）安全性能出众。在目录和文件层次都可以设置安全防范措施。

（5）能够为不同用户提供不同设置，支持分组管理数量众多的用户。

（6）可以基于 IP 对用户授予或拒绝访问权限。

（7）支持文件上传和下载过程中的断点续传。

（8）支持拥有多个 IP 地址的多宿主站点。

（9）能够设置上传和下载的比率、硬盘空间配额、网络使用带宽等，从而能够保证用户有限的资源不被大量的 FTP 访问用户所消耗。

（10）可作为系统服务后台运行。

（11）可自用设置在用户登录或退出时的显示信息，支持具有 UNIX 风格的外部链接。

18.1.2　利用 IIS 搭建 FTP 服务器

为了在不同计算机之间进行文件传输，可以通过搭建 FTP 来实现。具体搭建的方法如下。

1．在“控制面板”的“程序”中，单击“打开或关闭 Windows 功能”，如图 4.35 所示。

2．在出现“Windows 功能”窗口中，选择 FTP 服务器项，单击“确定”，如图 4.36 所示。

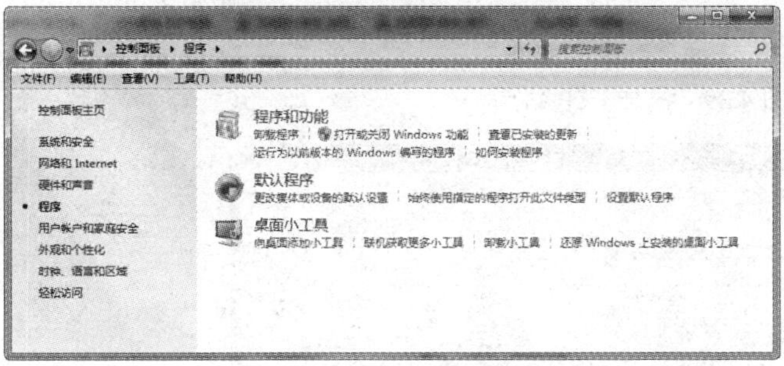

图 4.35　控制面板

图 4.36　Windows 功能

3．打开“Internet 信息服务(IIS)管理器”项，如图 4.37 所示。

4．出现“Internet 信息服务(IIS)管理器”窗口，如图 4.38 所示，右键单击“网站”，选择“添加 FTP 站点…”，出现“添加 FTP 站点”窗口，填写 FTP 名称，选择好 FTP 的访问目录即物理路径，单击“下一步”按钮，如图 4.39 所示。

5．在“绑定和 SSL 设置”中，IP 地址选择“全部未分配”，选中“自动启动 FTP 站点”复选框，SSL 选择“允许“，单击“下一步”按钮，如图 4.40 所示。

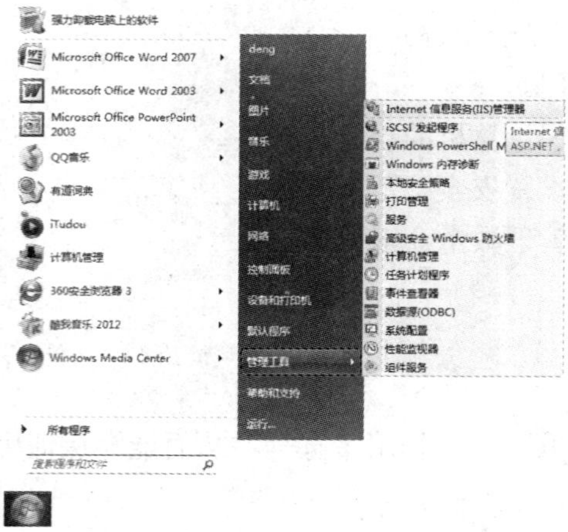

图 4.37　选择 Internet 信息服务管理器

图 4.38　Internet 信息服务管理器

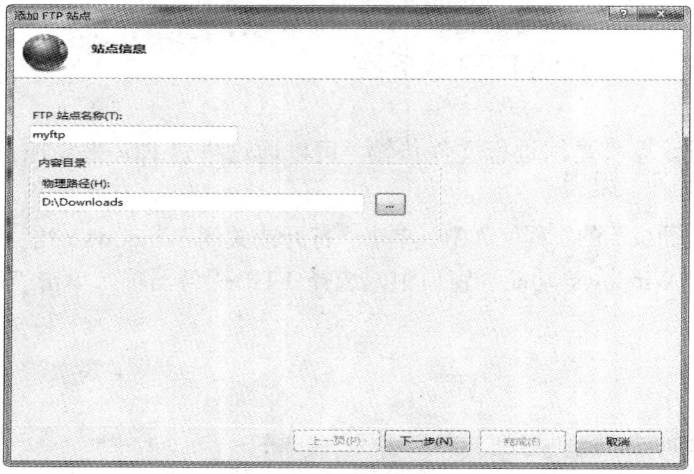

图 4.39　添加 FTP 站点

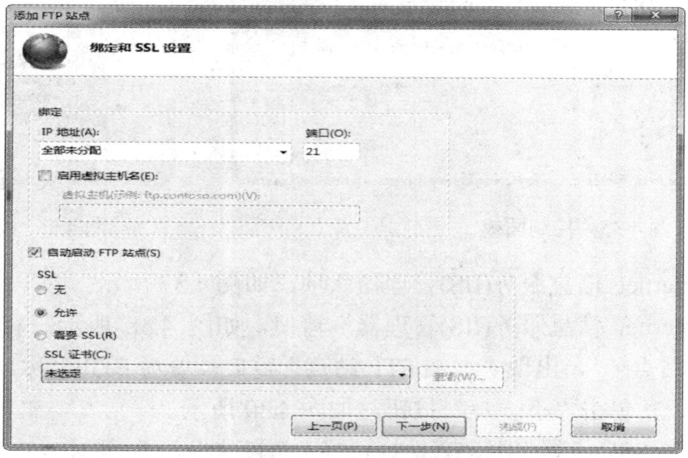

图 4.40　绑定和 SSL 设置

6．在“身份验证和授权信息”中，身份验证选择“匿名”，单击“完成”按钮，如图 4.41 所示。

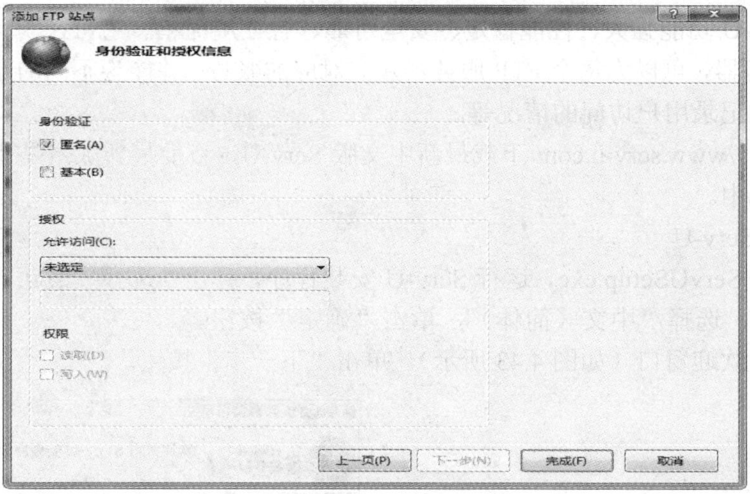

图 4.41　身份验证和授权信息

到此 FTP 搭建完成，找个计算机试着登录一下吧。

知识链接——IIS

IIS（Internet Information Services，互联网信息服务），是由微软公司提供的基于 Microsoft Windows 的互联网基本服务。最初是 Windows NT 版本的可选包，随后内置在 Windows 2000、Windows XP Professional、Windows Server 2003 和 Windows 7 一起发行，但在 Windows XP Home 版本上并没有 IIS，各个版本说明见表 4.7。

表 4.7　IIS 版本说明

IIS 版本	Windows 版本	备注
IIS 1.0	Windows NT 3.51 Service Pack 3s@bk	
IIS 2.0	Windows NT 4.0s@bk	
IIS 3.0	Windows NT 4.0 Service Pack 3	开始支持 ASP 的运行环境
IIS 4.0	Windows NT 4.0 Option Pack	支持 ASP 3.0
IIS 5.0	Windows 2000	在安装相关版本的. Net Framework 的 RunTime 之后，可支持 ASP. NET 1.0/1.1/2.0 的运行环境
IIS6.0	Windows Server 2003 Windows Vista Home Premium Windows XP Professional x64 Editions@bk	
IIS 7.0	Windows Vista Windows Server 2008s@bkIIS Windows 7	在系统中已经集成了 .NET 3.5。可以支持 .NET 3.5 及以下的版本。

18.1.3　利用第三方软件 Serv-U 搭建 FTP 服务器

Serv-U FTP Server（以下简称 Serv-U）是一款专业的 FTP 服务器软件。与其他同类软件相比，Serv-U 功能强大、性能稳定、安全可靠、且使用简单。它可在同一台机器上建立多个 FTP 服务器，可以为每个 FTP 服务器建立对应的账号，并能为不同的用户设置不同的权限，能详细记录用户访问的情况等。

可从 http://www.serv-u.com 下载最新中文版 Serv-U，目前最新版本是 10.1，然后把它安装到计算机中。

1. 安装 Serv-U

（1）双击 ServUSetup.exe，运行 Serv-U 安装程序，弹出“选择安装语言”对话框（如图 4.42 所示），选择“中文（简体）”，单击“确定”按钮。

（2）弹出欢迎窗口（如图 4.43 所示），单击“下一步”按钮。

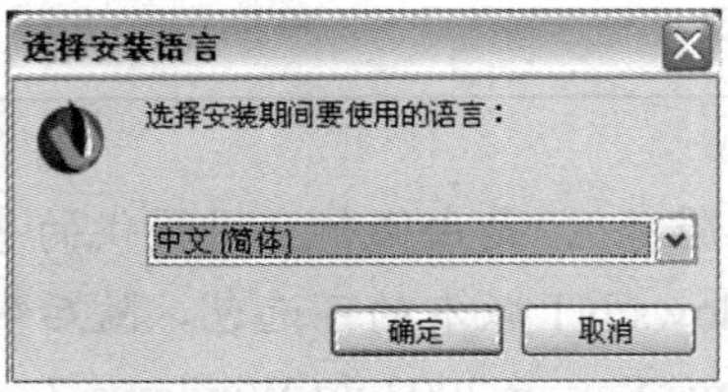

图 4.42 选择“安装语言”对话框

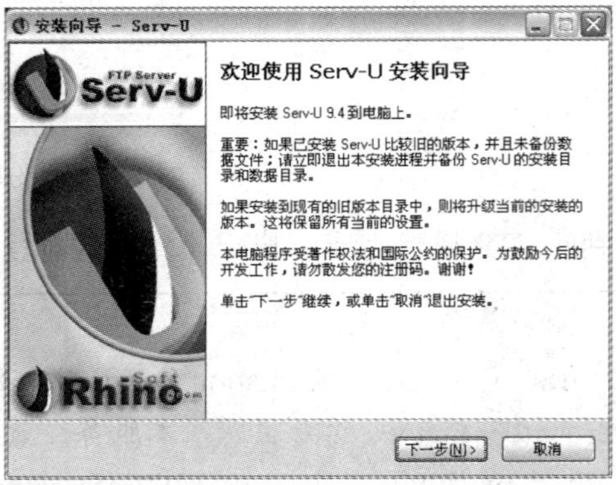

图 4.43 欢迎窗口

（3）接着弹出“许可协议”对话框，与大多数软件一样，安装之前必须同意软件安装的许可协议，选择“我接受协议”单选按钮，如图 4.44 所示，单击“下一步”按钮。

（4）弹出选择“选择目标位置”对话框（如图 4.45 所示）。

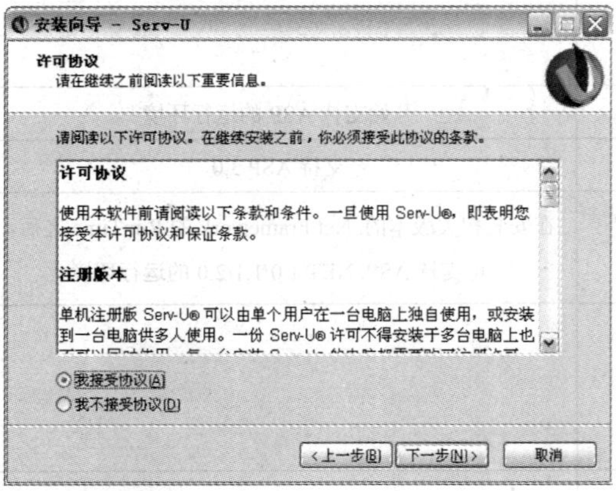

图 4.44 “许可协议”对话框

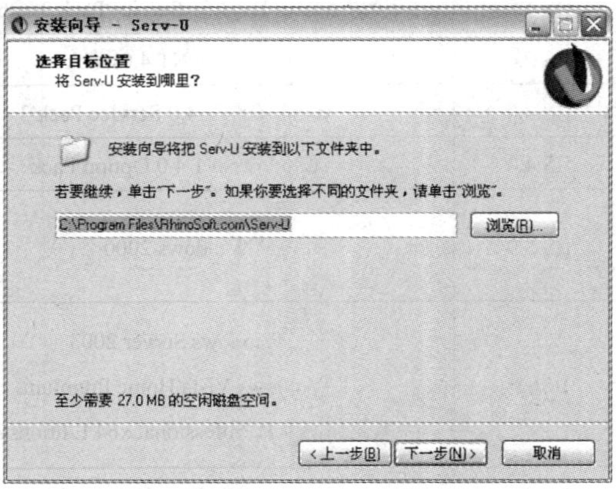

图 4.45 “选择目标位置”对话框

（5）在“选择目标位置”对话框中，单击“浏览”按钮，选择安装 Serv-U 的路径，默认安装路径为 C:\Program Files\RhinoSoft.com\Serv-U，建议不要安装到系统盘，修改安装路径后，单击“下一步”按钮。

（6）弹出“选择开始菜单文件夹”对话框（如图 4.46 所示），如不采用默认设置，在这里可以单击“浏览”按钮，指定 Serv-U 快捷方式在“开始”菜单中的名称及位置，或禁止在“开始”菜单中创建文件夹，设置完成后单击“下一步”按钮。

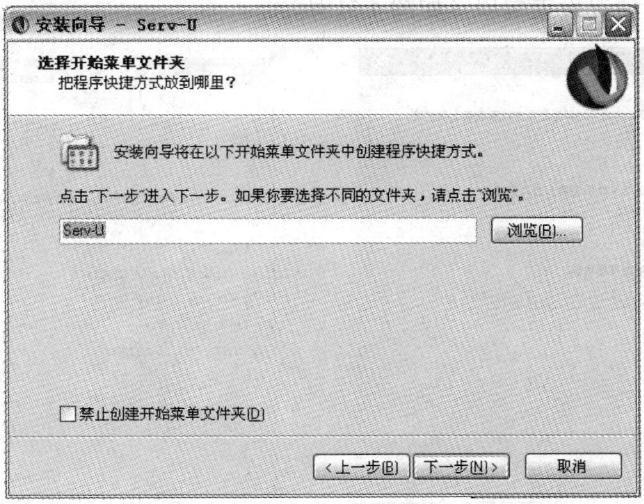

图 4.46　“选择开始菜单文件夹”对话框

（7）弹出“选择附加任务”对话框，如图 4.47 所示。根据实际情况勾选相应选项后，单击“下一步”按钮。

（8）这时弹出“准备安装”对话框（如图 4.48 所示），确认后单击“安装”按钮开始安装 Serv-U。

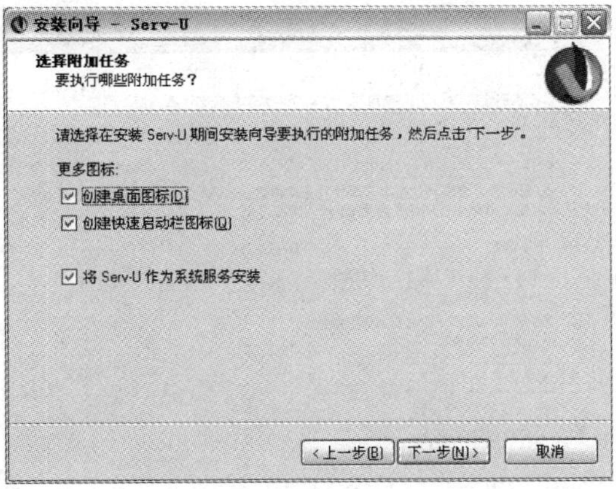

图 4.47　“选择附加任务”对话框

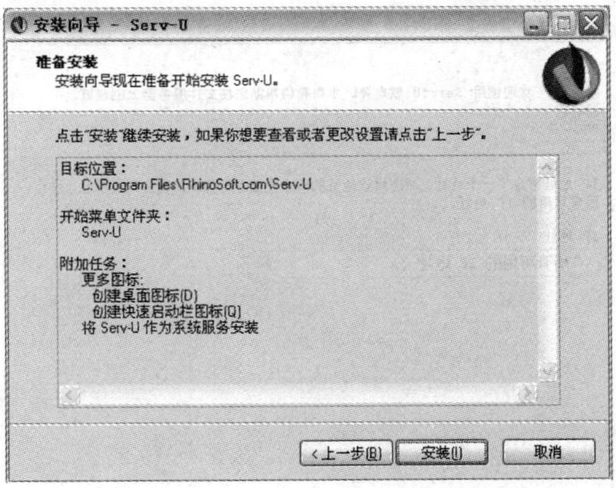

图 4.48　“准备安装”对话框

（9）安装完成之后，会显示相关产品的信息。最后程序安装完毕，单击“完成”按钮结束安装。

2. 定义域

（1）当安装完成时，会弹出一个提示框（如图 4.49 所示），询问是否定义域？单击“否”按钮则直接进入 Serv-U 管理控制台主页；在这里单击“是”按钮。

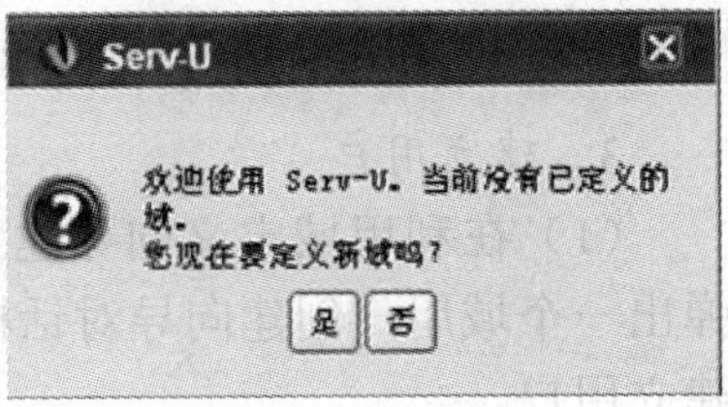

图 4.49　确认对话框

（2）首先会要求输入域名和域信息，这里输入“www.xx-lan.com”作为域名，其他信息可根据需要输入（如

图 4.50 所示），然后单击“下一步”按钮。

（3）根据实际情况设置端口（如图 4.51 所示）。

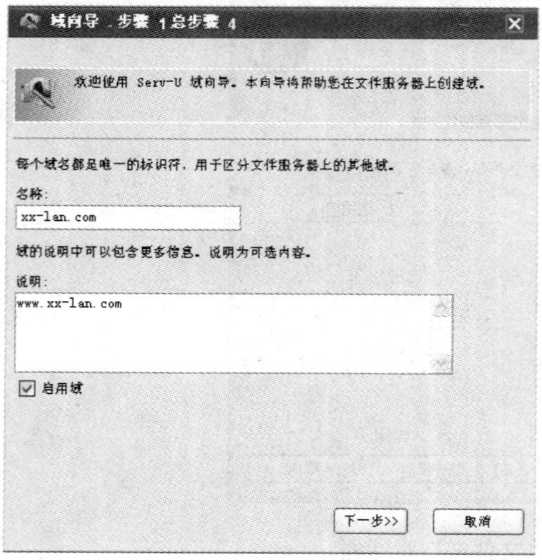

图 4.50　域名定义

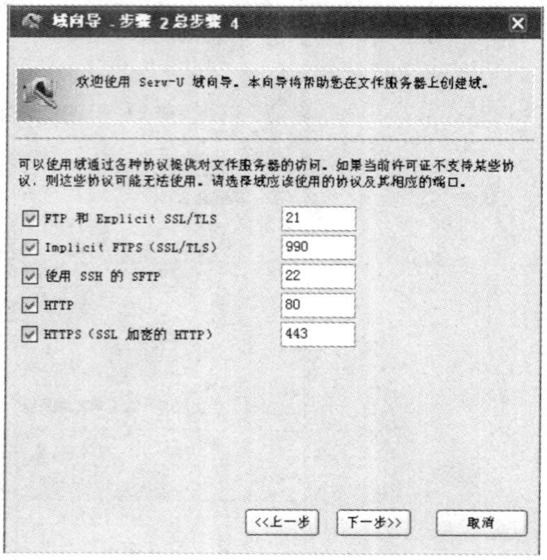

图 4.51　端口设置

（4）填写服务器的 IP 地址，如果是动态就不填（如图 4.52 所示）。

（5）设置密码加密模式（如图 4.53 所示），然后单击“完成”按钮结束域定义。此时域也就建好了。

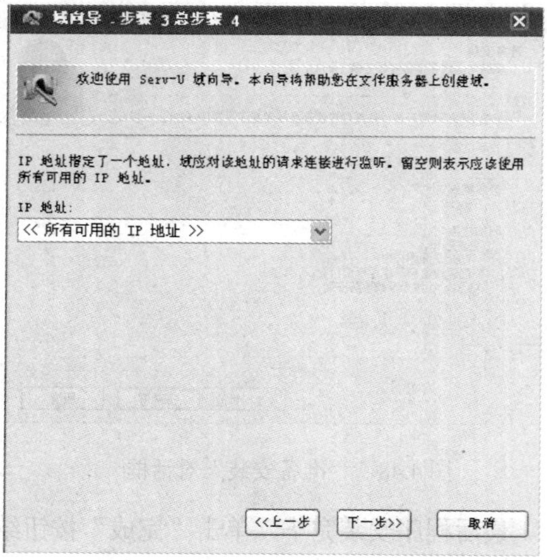

图 4.52　IP 地址设置

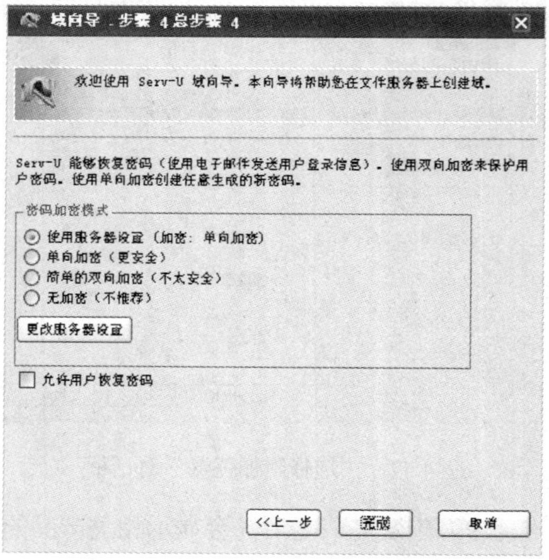

图 4.53　设置密码加密模式

3. *建立用户*

（1）在利用域定义向导建立好域后，现在域内暂无用户，需添加一个用户。这时会弹出一个域用户创建向导对话框（如图 4.54 所示），单击“是”按钮，直接跟着用户向导建立用户。

（2）设置用户登录 ID 和登录密码，分别如图 4.55 和图 4.56 所示。

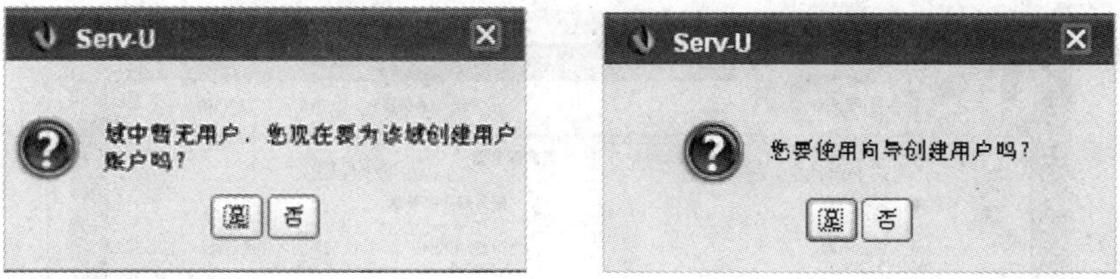

图 4.54　“创建用户”对话框

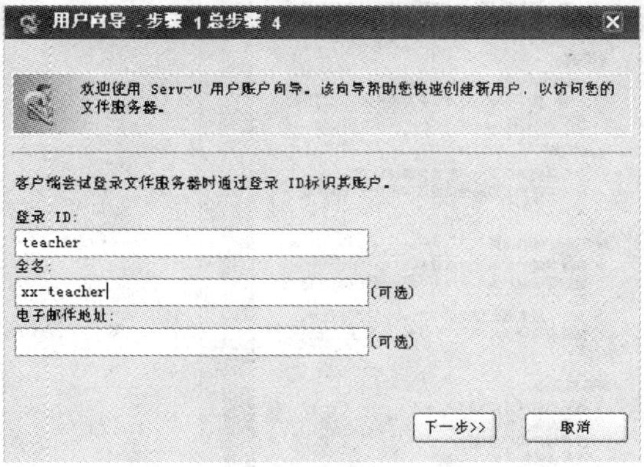

图 4.55　设置用户登录 ID

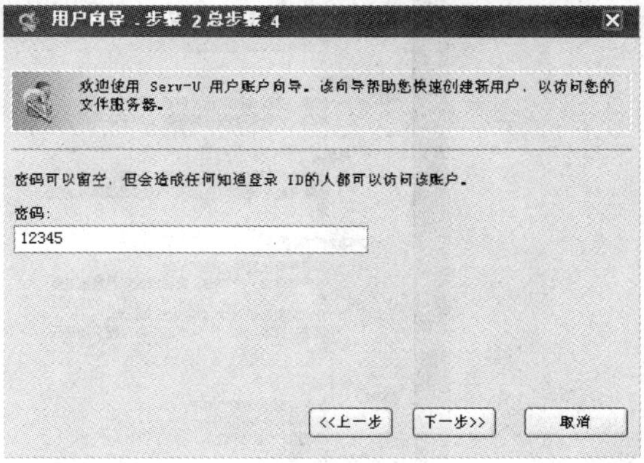

图 4.56　设置用户登录密码

注意：如果对于某一用户登录 ID，其登录密码未设，则任何知道该登录 ID 的人都可以访问该账户，所以应对每个用户登录 ID 均要设置相关的密码。

（3）设置共享资源的根目录，如图 4.57 所示。

（4）设置用户的访问权限，如图 4.58 所示。

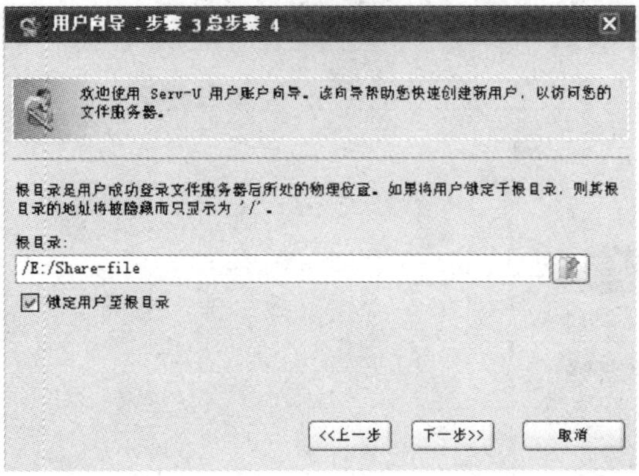

图 4.57　设置共享资源的根目录

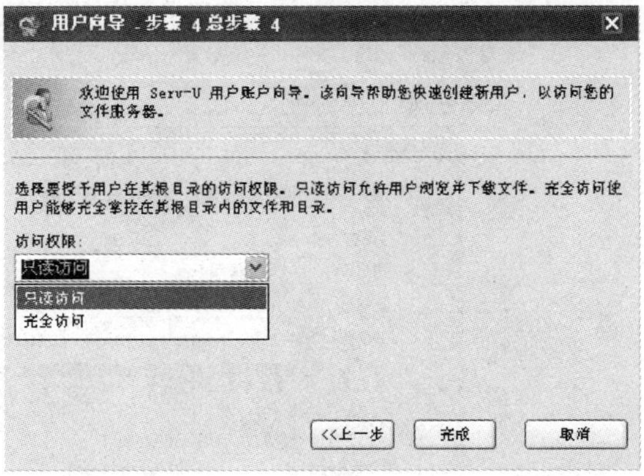

图 4.58　设置用户的访问权限

至此，利用 Serv-U 就完成了 FTP 服务器的架设，用 IE 浏览器登录，就可以看到 FTP 服务器上的共享文件了。利用 Serv-U 管理控制台主页（如图 4.59 所示），可对其进行相应的管理及设置。

4. 利用 FTP 服务器实现文件资源共享

在 IE 浏览器的地址栏中，输入 FTP 服务的 IP 地址，并按要求输入用户登录 ID 及登录密码即可访问共享的文件资源，如图 4.60 所示。

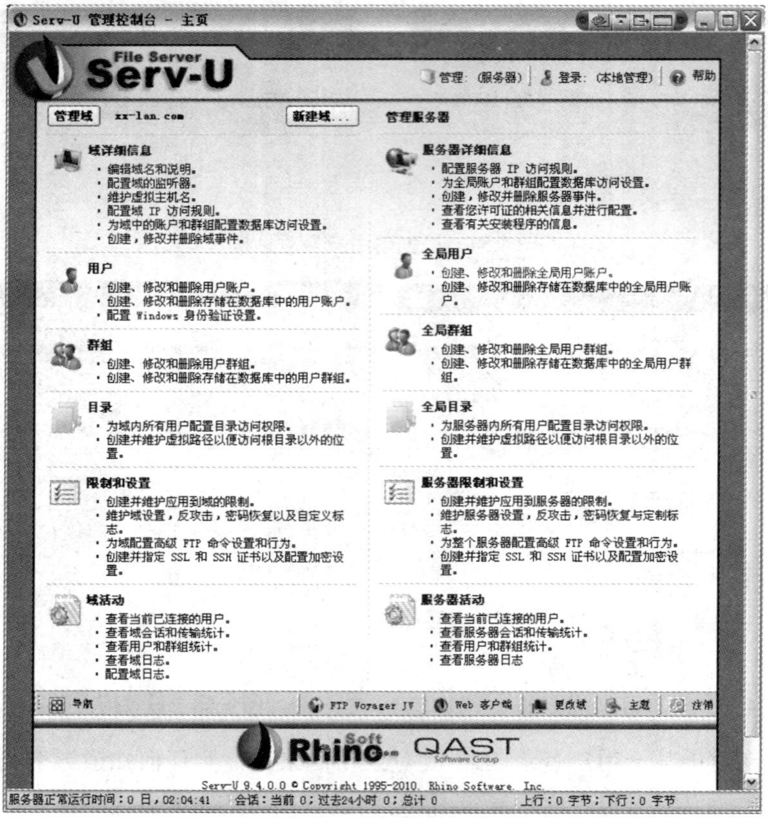

图 4.59 Serv-U 管理控制台主页

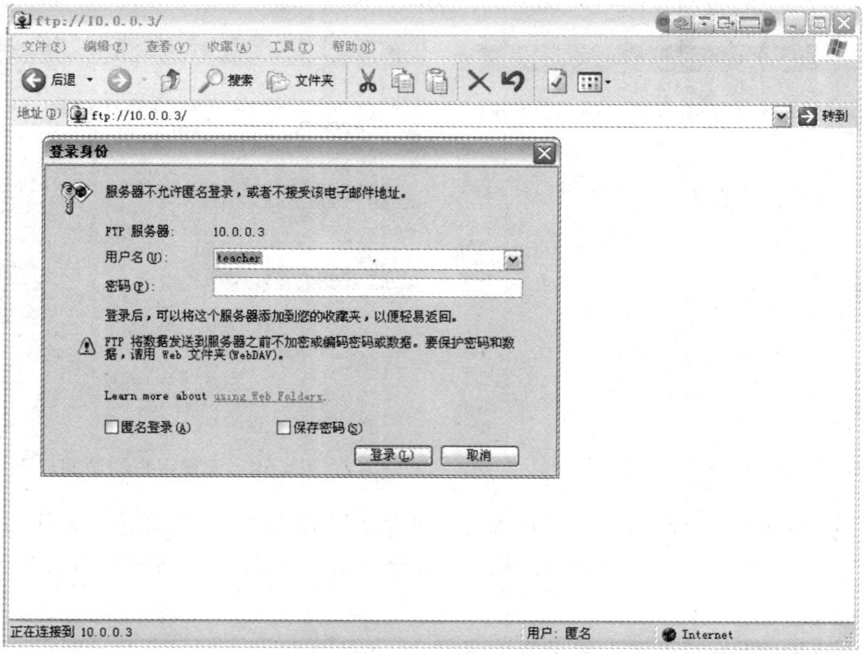

图 4.60 利用 FTP 服务器访问共享文件资源

任务总结评价

FTP 文件服务器的主要用途就是提供文件存储的空间，让用户可以上传或下载所需要的文件。在企业中，往往会给客户提供一个特定的 FTP 空间，以方便一些大型文件的交流。同时，FTP 还可以作为企业文件的备份服务器，如把数据库等关键应用在 FTP 服务器上实现异地备份等。本任务介绍了利用专业 FTP 服务器软件 Serv-U 架设 FTP 服务器的方法。IIS 是 Windows 自带的一个 FTP 服务组件，较为简单。Serv-U 是第三方专门架设 FTP 服务器的软件，其专业性、安全性都比 IIS 强。希望通过学习，能掌握 FTP 服务器的方法及测试 FTP 服务器的常用方式。

由于 FTP 服务器在企业中的应用非常广泛，所以，很多黑客、病毒也开始“关注”它了。他们企图将 FTP 服务器变为他们传播木马、病毒的源头。同时，由于 FTP 服务器上存储着企业不少有价值的内容，在经济利益的诱惑下，FTP 服务器也就成为了别人攻击的对象。因此，架设了 FTP 服务器以后，一定还要想办法对 FTP 服务器进行正确的设置，以保证 FTP 服务器安全有效地正常运转，如尽量不要采用匿名类型的账户等。因为他们在没有授权的情况下，就可以访问 FTP 服务器。虽然其访问的资源受到一定的限制，但是，这种访问仍然具有危险性。所以在没有特殊需要的情况下，最好把匿名类型账户禁用掉。

拓展与提高

利用现有的计算机设备搭建一个小型局域网，架设 FTP 服务器，选择配置较高计算机作为 FTP 服务器，规划好该服务器的 IP 地址。利用 IIS 服务和 Serv-U 软件架设 FTP 服务器，实现资源共享。

任务 19　远程桌面管理

◆ **知识技能点：**

（1）了解远程控制技术。

（2）能够利用 Windows 7 的远程桌面连接功能进行远程管理。

（3）能够利用第三方软件实施远程管理。

任务引入

飞腾公司设备管理人员小王，由于公司内部员工对软件及系统使用、管理知识技能比较欠缺，所以要经常在工作中往返于各部门之间进行设备维护。诸如系统设置、软件安装、病毒处理等，都需要他进行指导和帮助。尤其是公司中 Web、FTP 等应用服务器的管理与维护，更是离不他。

任务分析

由于公司内部需要维护的设备比较多时，尤其是应用服务器的管理与维护，这时小王可以通过“远程桌面连接”来管理应用服务器及需要进行帮助的多台计算机，而不必跑来跑去，这给他的工作提供了很大的便利。

可采用两种方式实现远程管理：

1. 利用 Windows 7 的远程桌面连接功能进行远程管理。
2. 利用第三方软件实施远程管理。

任务实施

19.1.1 相关知识——远程控制技术

1. 远程控制技术

远程控制是在网络上由一台计算机（主控端 Remote/客户端）远距离去控制另一台计算机（被控端 Host/服务器端）的技术。电脑中的远程控制技术，始于 DOS 时代，只不过当时由于技术上没有什么大的变化，网络不发达，市场没有更高的要求，所以远程控制技术没有引起更多人的注意。但是，随着网络的高度发展，计算机的管理及技术支持的需要，远程操作及控制技术越来越引起人们的关注。远程控制一般支持下面的这些网络方式：LAN、WAN、拨号方式、互联网方式。此外，有的远程控制软件还支持通过串口、并口、红外端口来对远程机进行控制（不过，这里说的远程计算机，只能是有限距离范围内的计算机了）。传统的远程控制软件一般使用 NETBEUI、NETBIOS、IPX/SPX、TCP/IP 等协议来实现远程控制，不过，随着网络技术的发展，目前很多远程控制软件提供通过 Web 页面以 Java 技术来控制远程计算机，这样可以实现不同操作系统下的远程控制。

2. 远程控制技术的作用

1）远程办公

通过远程控制功能我们可以轻松地实现远程办公，这种远程的办公方式新颖，轻松，从某种方面来说可以提高员工的工作效率和工作兴趣。

2）远程技术支持

通常，远距离的技术支持必须依赖技术人员和用户之间的电话交流来进行，这种交流既耗时又容易出错。但是有了远程控制技术，技术人员就可以远程控制用户的计算机，就像直接操作本地计算机一样，只需要用户的简单帮助就可以得到该机器存在的问题的第一手材料，很快就可以找到问题的所在，并加以解决。

3）远程教育

利用远程技术，商业公司可以实现和用户的远程交流，采用交互式的教学模式，通过实际操作来培训用户，使用户从技术支持专业人员那里学习示例知识变得十分容易。而教师和学生之间也可以利用这种远程控制技术实现教学问题的交流，学生可以不用见到老师，就得到老师手把手的辅导和讲授。学生还可以直接在计算机中进行习题的演算和求解，在此过程中，教师能够轻松看到学生的解题思路和步骤，并加以实时的指导。

4）远程维护和管理

网络管理员或者普通用户可以通过远程控制技术为远端的计算机安装和配置软件、下载并安装软件修补程序、配置应用程序和进行系统软件设置。

19.1.2 利用 Windows 7 远程桌面连接功能实现远程管理

本例主要实现由 Windows 7 远程管理 Windows XP 系统。

1. 打开 Windows 7 远程桌面连接功能

Windows 7 默认是关闭远程桌面连接功能的，所以我们要手动打开，首先鼠标右键单击“计算机”，然后选择“属性”，接着单击“远程设置”，如图 4.61 所示。

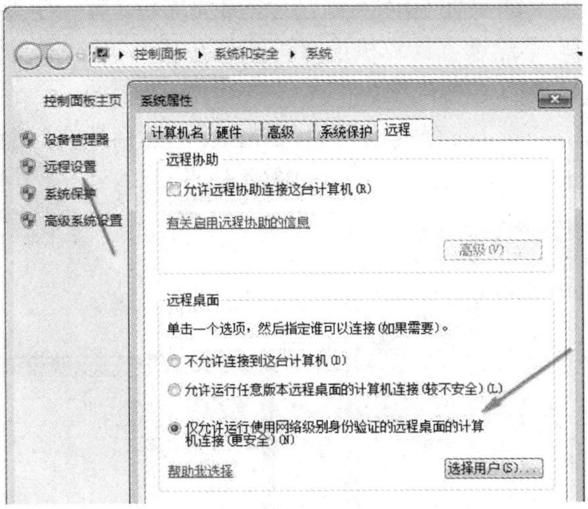

图 4.61　打开远程桌面连接功能

在上图中有三个选项，分别是：

- 不允许连接到这台计算机。选择此项则关闭远程连接功能，别人将无法连接到您的计算机。
- 允许运行任意版本远程桌面的计算机连接。如果您不确定对方计算机操作系统是哪个版本的，则选择此项，不过此项安全性较低。
- 仅允许运行带网络级别身份验证的远程桌面的计算机连接。该项允许使用运行带网络级别身份验证的远程桌面或 RemoteApp 版本计算机的人连接到您的计算机，目前 Vista 以上 Windows 版本都支持网络级别身份验证，Windows XP 等则可以通过修改注册表等方法支持，具体修改方法可到网络上搜索一下。

系统是否支持网络级别身份验证查看方法：鼠标单击远程桌面连接左上角的小图标，单击“关于”即可查看，如图 4.62 所示。

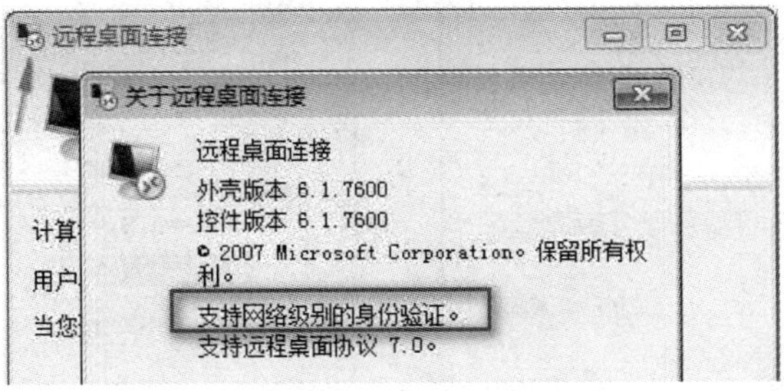

图 4.62　查看系统是否支持网络级别身份验证

2. 打开 Windows XP 远程桌面连接功能

首先鼠标右键单击“我的电脑”，然后选择“属性”，接着单击“远程”，如图 4.63 所示。

勾选“允许用户远程连接到此计算机”，管理员才有此项操作权限，远程桌面登录需要输入对应的账户和密码，如果你只打算让某个用户远程访问，可以在“远程用户”里添加。设置完成后单击应用即可。默认的端口是3389，设置后，Windows XP或Windows 2003都会默认为防火墙添加此规则，但是如果你手动修改了远程桌面端口，就一定要把防火墙中的端口号修改或单独添加许可规则，不然远程计算机连接可能都会被Windows 防火墙阻止。

3. Windows 7远程桌面连接设置

（1）首先单击开始菜单，在查找框内输入mstsc，然后单击运行mstsc.exe（远程桌面连接程序，位于C:\windows\system32\），如图4.64所示。

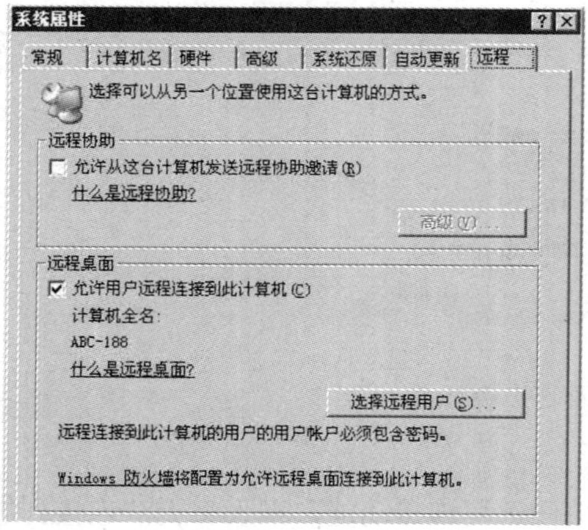

图4.63 打开Windows XP远程桌面连接功能

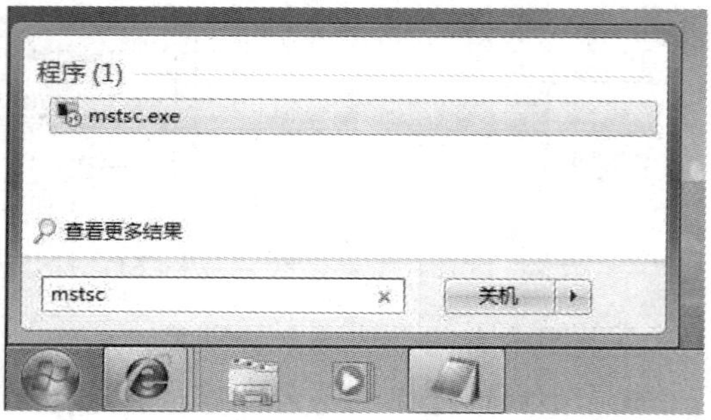

图4.64 运行mstsc

（2）单击运行后出现远程桌面连接窗口，打开后该程序默认只显示摘要设置，如果需要进行其他设置，单击左下角的“选项”以展开更多设置选项，如图4.65所示。

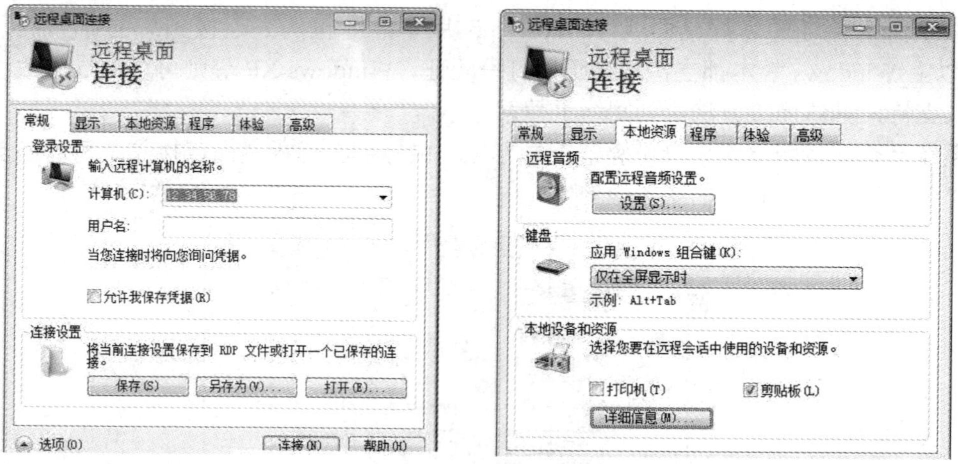

图4.65 远程连接设置

（3）远程连接时，如果需要和远程计算机进行交互传输文件或互相访问粘贴板数据，请单击“本地资源”，然后在里面设置，如图4.66所示。

（4）如果需要访问本地粘贴板，则勾选剪贴板，如果需要拷贝文件，则单击详细信息，需要从哪个驱动器复制或拷贝文件就选择哪个驱动器。

（5）根据自己的需要设置后，单击“连接”，这时可能会弹出防火墙提示，单击确定即可，如图 4.67 所示。

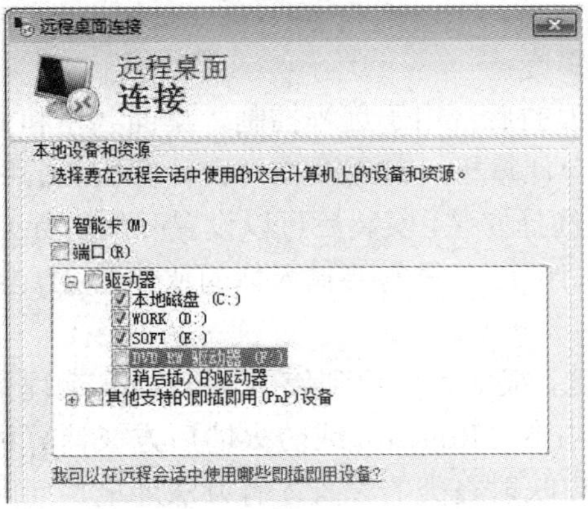

图 4.66　设备和资源设置

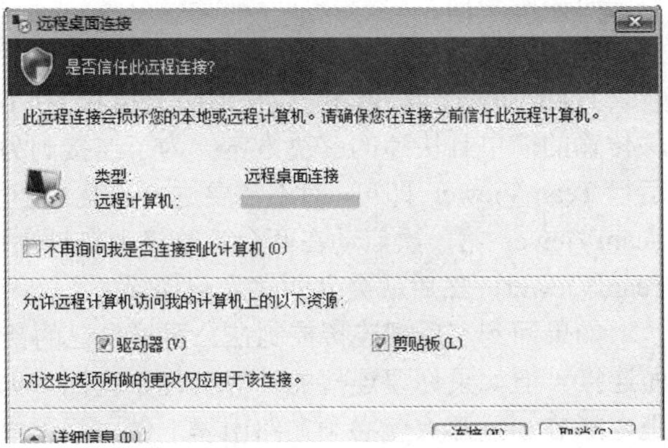

图 4.67　是否信任此选择连接

（6）如图 4.68 所示是 Windows 7 连接到 Windows XP 的远程桌面连接，在登录界面里输入登录用户和密码即可登录，要关闭连接单击右上角的关闭即可。

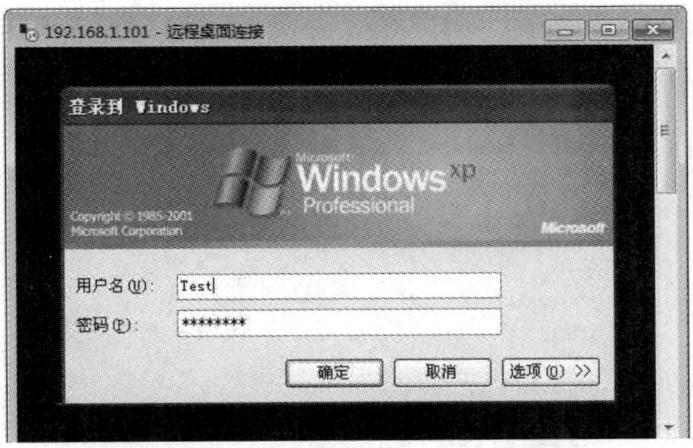

图 4.68　Windows 7 连接到 Windows XP 的远程桌面连接登录界面

由于远程桌面连接是双方的，所以一方要设置连接，另一方也要设置接受连接，不然肯定是无法连接的。以上介绍的是 Windows 系统内的远程桌面连接设置方法，如果要和其他系统（像 Mac、Linux 等）进行远程连接的话，则需另外进行设置。

19.1.3　利用第三方软件进行远程桌面连接

1. 利用 QQ 进行远程连接

如果您觉得以上的设置有点复杂，不想去设置，这时您可使用像 QQ 这样的第三方软件进行远程桌面连接，方法如下。

运行 QQ 软件，打开要连接的好友聊天窗口，单击“应用”图标，选择“远程协助”，如图 4.69 所示。

图 4.69　利用 QQ 的远程协助功能

单击远程协助后，等待好友的回应，好友接受后会出现确认窗口，单击“确定”按钮。

这样对方就可查看您的桌面窗口了，如果您还需好友控制您的计算机进行相关操作，可单击聊天窗口右侧的“申请受控”，好友接受后即可控制你的计算机，当然期间你也可以随时中断受控。

2. 利用远程控制工具软件 TeamViewer 进行远程连接

TeamViewer 是一个能在任何防火墙和 NAT 代理的后台用于远程控制，桌面共享和文件传输的简单且快速的解决方案。为了连接到另一台计算机，只需要在两台计算机上同时运行 TeamViewer 即可，而不需要进行安装（也可以选择安装，安装后可以设置开机运行）。TeamViewer 第一次启动在两台计算机上自动生成伙伴 ID。只需要输入你的伙伴的 ID 到 TeamViewer，然后就会立即建立起连接。

如果回到家后想连接控制在公司里自己的计算机，很多人会想到使用 Windows 远程桌面连接。但如果你要连接的计算机位于内网，即路由器（Router）或防火墙后方（计算机是内部 IP），那么就必须在路由器上做一些设定端口映射之类的设置才有办法连上，而网管也不太可能帮您设定的。 这时 TeamViewer 无疑就是最佳的解决方案了。

1）Teamviewer 安装

首先要从其官方网站 http://www.teamviewer.com 上下载最新版本的 TeamViewer。本文以 TeamViewer 8.0 为例。

在安装时第一步要注意选择“安装”、“个人/非商务用途”，还要务必选中“显示高级设置”，如图 4.70 所示，然后单击“下一步”按钮继续。

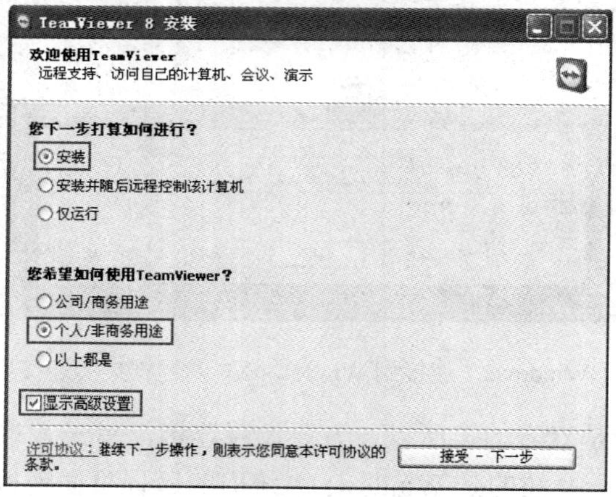

图 4.70　安装选择项

第二步选择安装路径，按需要勾选3个选项，缺省为“使用适用于 Outlook 的 TeamViewer 会议插件”，单击“完成”并开始安装，如图 4.71 所示。

安装完成后，可以查看一下 TeamViewer 的特性，如图 4.72 所示，不看可以单击关闭。

2）TeamViewer 远程连接

启动 TeamViewer 时，会出现远程控制连接对话框。这里会自动生成你本地计算机远程控制所需要“您的 ID”和密码。如果你想远程控制另外一台计算机，那么你需要在“伙伴 ID”中输入对方计算机 TeamViewer 生成的“您的 ID”。然后选择是“远程控制”还是“文件传输”，即远程连接的目的。确定之后单击“连接到伙伴”，如图 4.73 所示。

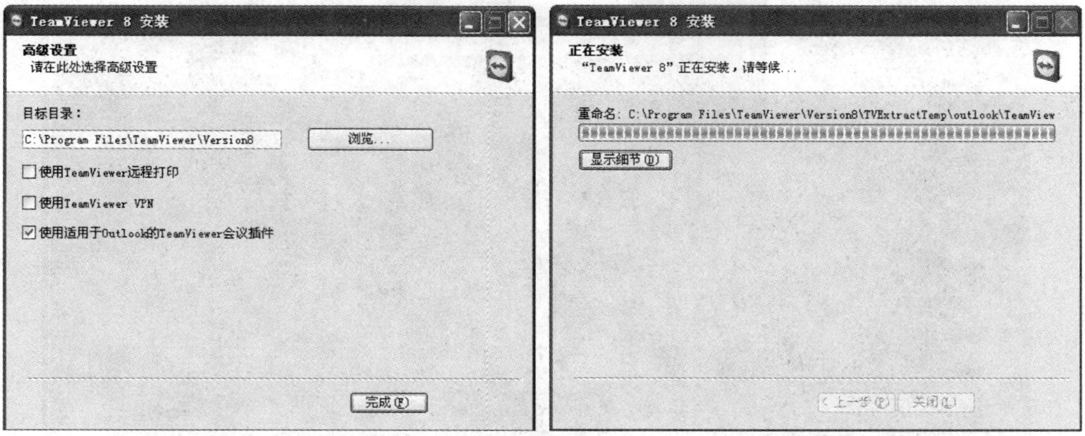

图 4.71　选择安装路径并开始安装

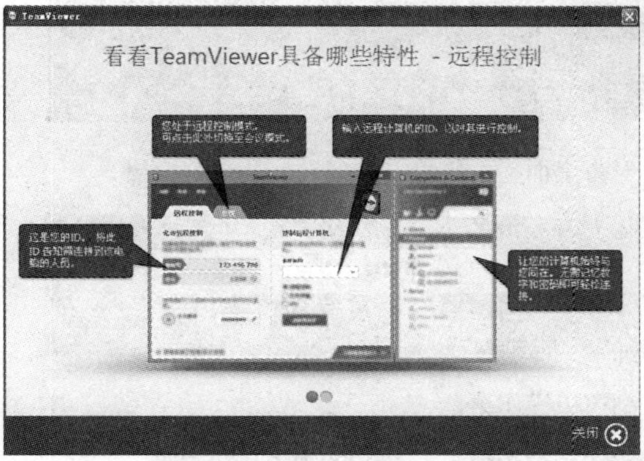

图 4.72　安装完成后 TeamViewer 特性浏览

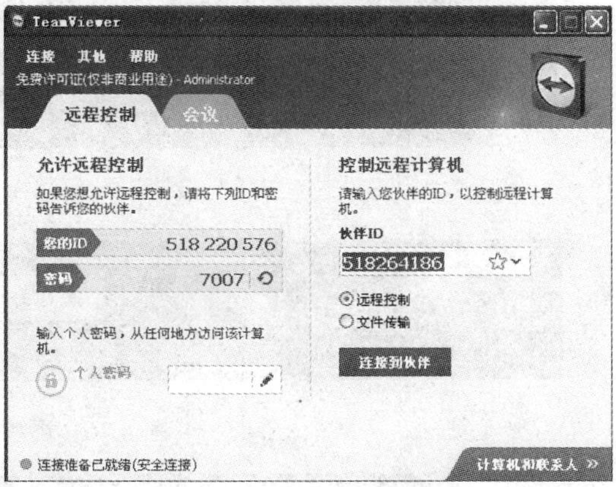

图 4.73　远程控制对话框

再稍等一会，会弹出密码验证对话框（如图 4.74 所示），若密码验证通过且网络正常，则可看到对方的桌面了（如图 4.75 所示）。

在显示的对方桌面窗口的上方，有一个远程控制的操作菜单，其中包括：动作、查看、音频/视频、文件传输、其他菜单项，如图 4.76 所示。

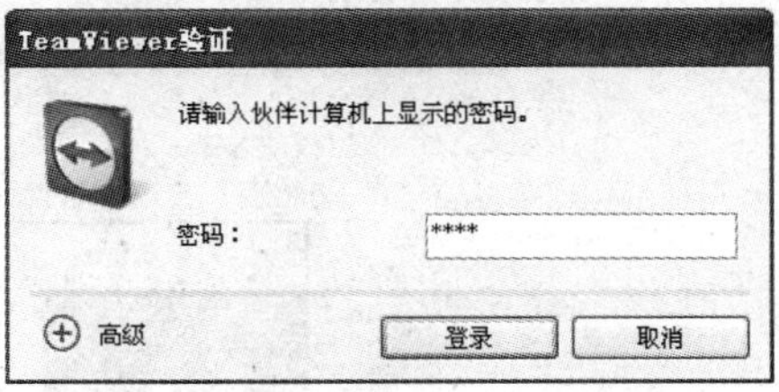

图 4.74　远程控制密码验证对话框

菜单项说明如下。

（1）“动作”菜单。

可利用“与伙伴互换角色”实现由你远程控制对方，变为由对方远程控制你的本地计算机，如图 4.77 所示。

（2）“查看”菜单。

可设置远程控制显示质量、显示窗口的大小、显示分辨率，以及是显示单个窗口还是显示整个桌面、是否显示对方的墙纸、是否显示对方的光标等，如图 4.78 所示。

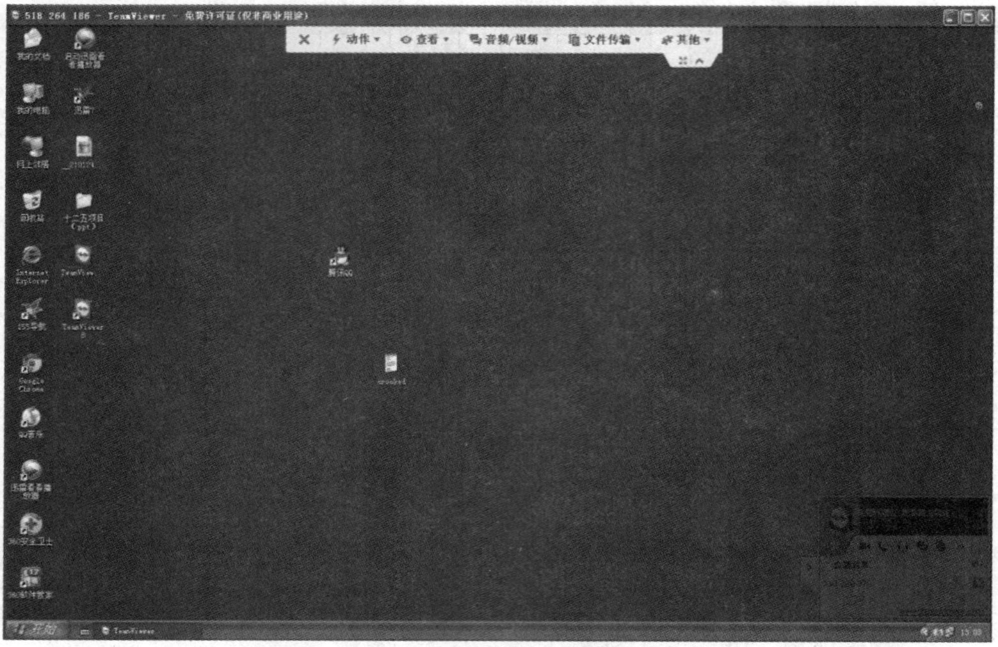

图 4.75　对方桌面

图 4.76　远程控制窗口操作菜单

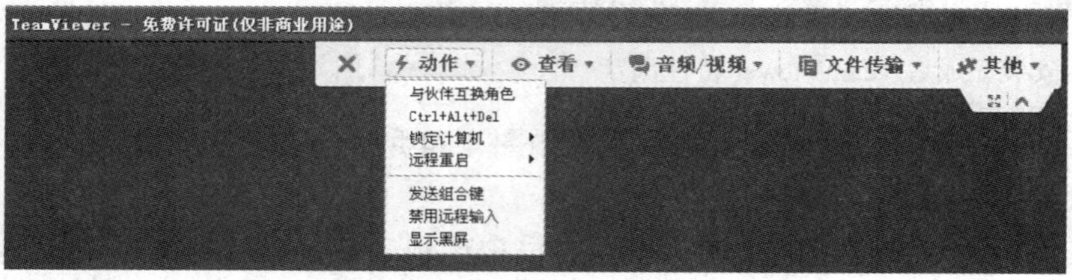

图 4.77　“动作”菜单

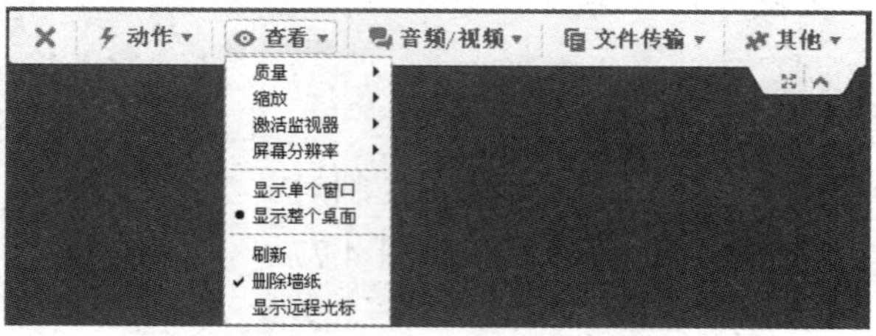

图 4.78　“查看”菜单

（3）“音频/视频”菜单。

可进行聊天、音频/视频等的实时通信，便于相互之间的实时沟通、信息交互，如图 4.79 所示。

（4）“文件传输”菜单。

可实现本地与远程进行文件传输，如图 4.80 所示。

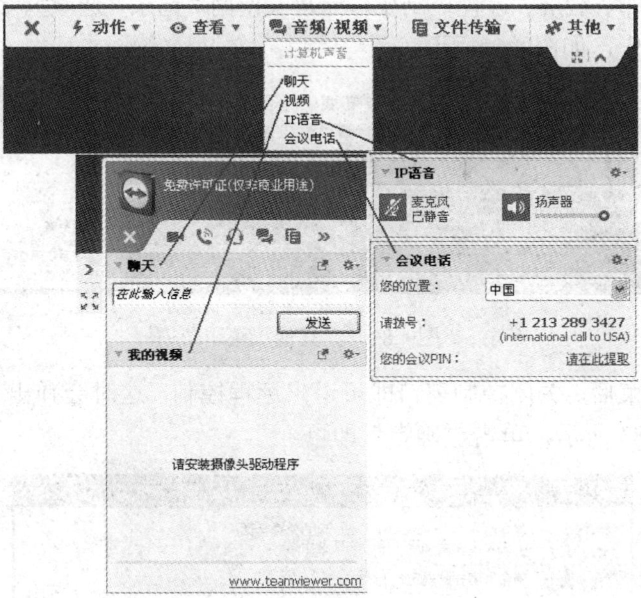

图 4.79　“音频/视频”菜单及相应的功能对话框

图 4.80　文件传输菜单

当进行文件传输时，选取“文件传输”菜单项，会弹出如图 4.81 所示的对话框，在此对话框中选取相应文件，即可进行异地传输。

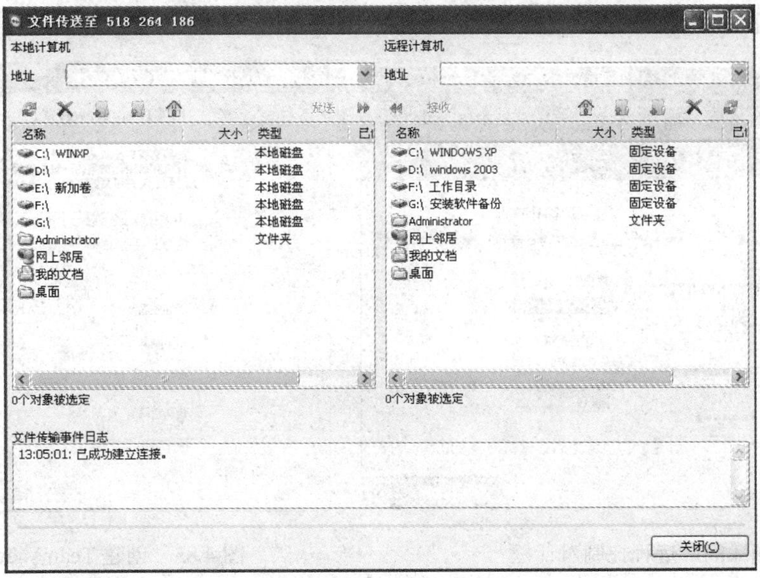

图 4.81　文件传输对话框

（5）“其他”菜单

可实现远程打印、截屏、远程控制操作录屏（使用“记录”选项）、远程系统信息查看、连接信息查看等操作，如图 4.82 所示。

图 4.82　“其他”菜单

当远程控制结束后，关闭控制窗口即可退出远程控制，这时会弹出 “非商业用途”提示对话框，如图 4.83 所示，单击“确定”即可。

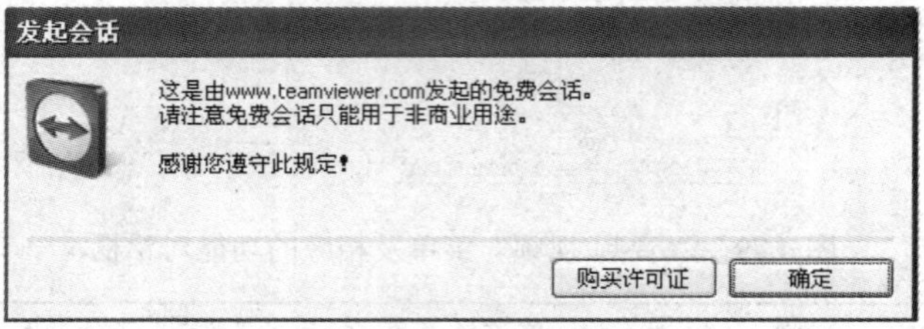

图 4.83　非商业用途提示对话框

3）计算机和联系人的建立

当你管理的计算机设备较多时，或者需要你提供帮助的人较多时，为了便于管理及操作，你可以建立自己管理的计算机列表及联系人列表。

单击如图 4.84 所示中远程控制对话框右下角的“计算机和联系人”，创建 TeamViewer 账户，如图 4.85 所示。

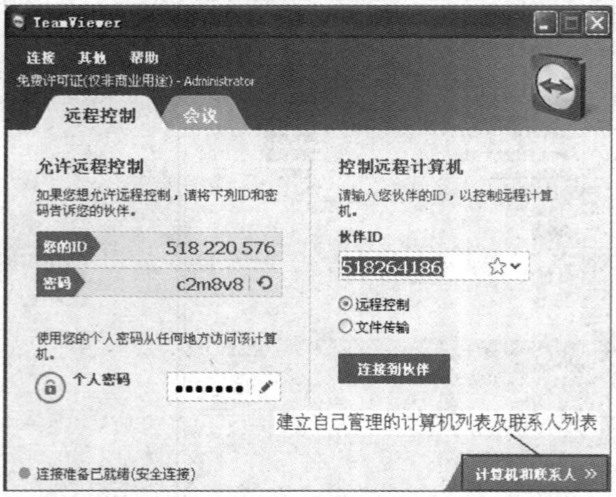

图 4.84　远程控制对话框

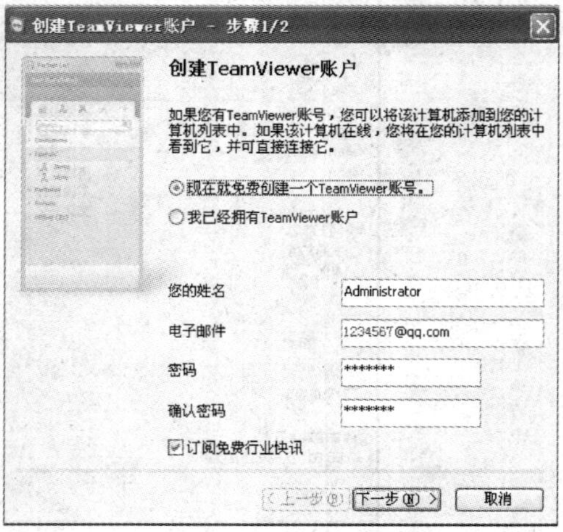

图 4.85　创建 TeamViewer 账户

然后定义个人密码，如图 4.86 所示。

最后单击完成，如图 4.87 所示。

图 4.86　定义个人密码

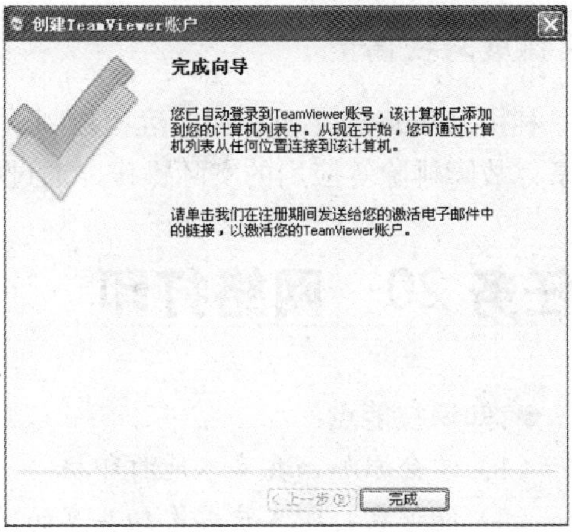

图 4.87　完成向导

设置完成后会打开一个“计算机和联系人”管理对话框，如图 4.88 所示，在这里你可以添加需要进行管理和维护的远程计算机、添加你帮助或帮助你的联系人，也可以为这些设备和人建立不同的管理组，以方便管理。

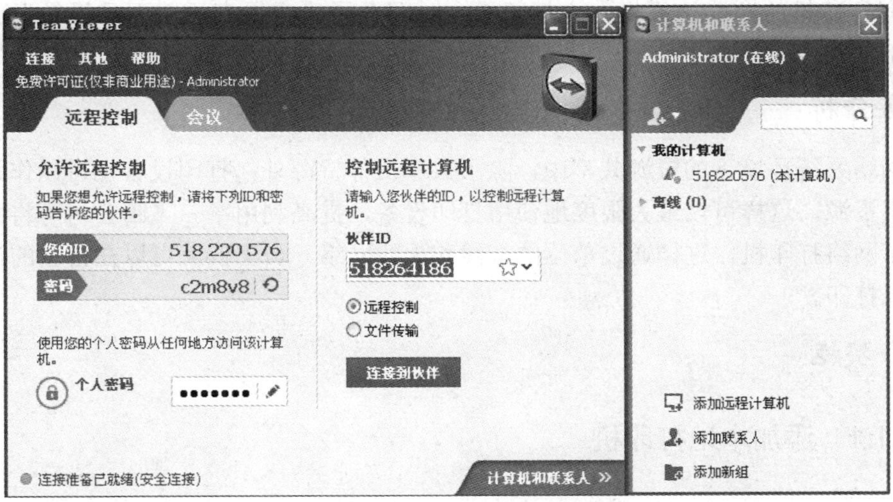

图 4.88　“计算机和联系人”管理对话框

任务总结评价

本任务以 Windows 7 远程连接 Windows XP 桌面实施远程管理为例，介绍了如何利用 Windows 7 自带的远程桌面连接功能以及如何利用第三方软件进行远程连接的方法，具体的远程技术的其他应用操作细节留给读者自己查找相关资料。

远程控制在服务器管理、远程资源共享、网吧机器管理、远程办公、远程教育、排除故障、远程监控等多种应用场合，应用得非常广泛，这方面的国内、国外第三方优秀软件非常多，大家可以根据工作需要选择相应的软件，但其远程控制的技术原理是相同的。

拓展与提高

利用 Windows 7 及相关的远程控制软件对个人使用的计算机设备进行远程协助、资源共享、故障排除等应用的实际操作，通过操作理解远程控制技术及其工作原理。

任务 20　网络打印

◆ 知识技能点：

（1）学会添加、共享本地打印机。

（2）能够在打印客户端添加共享的网络打印机。

（3）能够运用计算机管理手段对用户、权限、优先级等进行打印设置及管理。

任务引入

飞腾公司在工作中需要打印的文件不少，而单位的打印机数量仅 1～2 台，这样为员工们打印带来了诸多不便，尤其是使用笔记本的员工，同事们只有使用闪存将文件复制到连接有打印机的台式计算机上去打印了，时间久了确实很麻烦，而且极易造成病毒在公司内部的传播。

任务分析

在网络系统环境下的资源共享中，除了共享文件资源外，打印设备也可以作为网络客户的共享资源，这样可以最大限度地使用打印设备，提高利用率。飞腾公司可将打印机设置为共享网络打印机，这样通过单位的有线和无线网络，员工们就可以在自己的计算机上实现共享打印。

任务实施

20.1.1　添加本地打印机

（1）在“控制面板 ”中，选择“添加打印机”项，出现“添加打印机”窗口，如图 4.89 所示。

（2）单击“添加本地打印机”项，出现“选择打印机端口”窗口，如图 4.90 所示。

（3）选择“LPT1:（打印机的端口）”项，单击“下一步”，出现“安装打印机驱动程序”窗口，选择与你的计算机相连的打印机型号，单击“下一步”；如图 4.91 所示。

（4）在出现“键入打印机名称”窗口中，输入一个名称，也可以不更改就用默认的名称，单击“下一步”，如图 4.92 所示。

（5）出现“正在安装打印机”窗口，等候安装一会儿，如图 4.93 所示。

（6）出现“打印机共享”窗口，这里的选择原则是：如果有其他计算机也需要使用该打印机，就选择“共享”，若这只是唯一要用来打印的计算机，就可以“不共享”，单击“下一步”按钮，如图 4.94 所示。

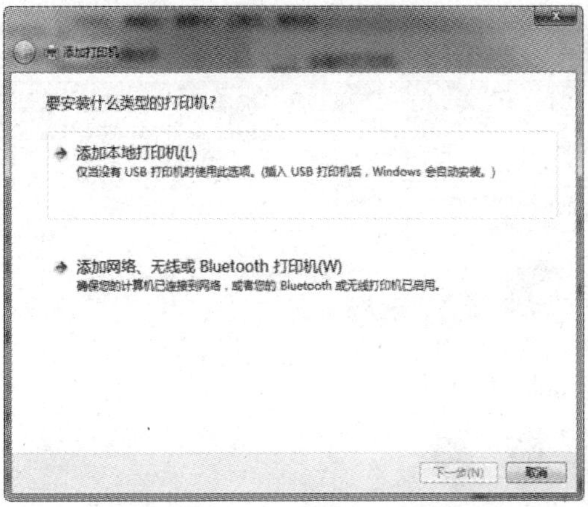

图 4.89　添加打印机

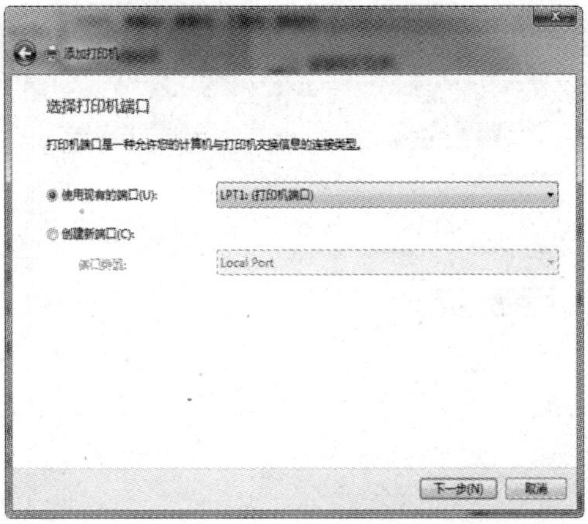

图 4.90　选择打印机端口

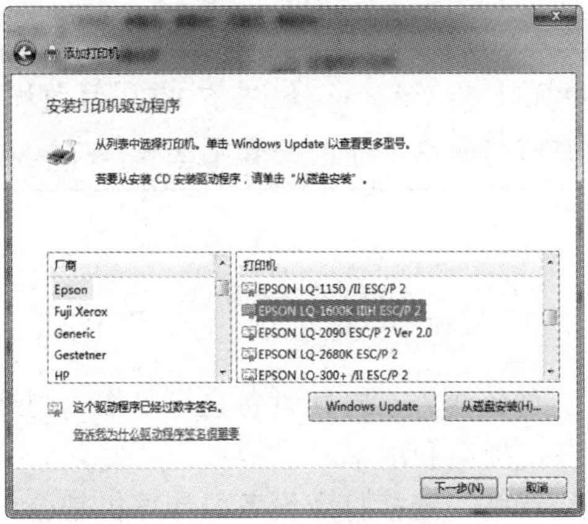

图 4.91　安装打印机驱动程序

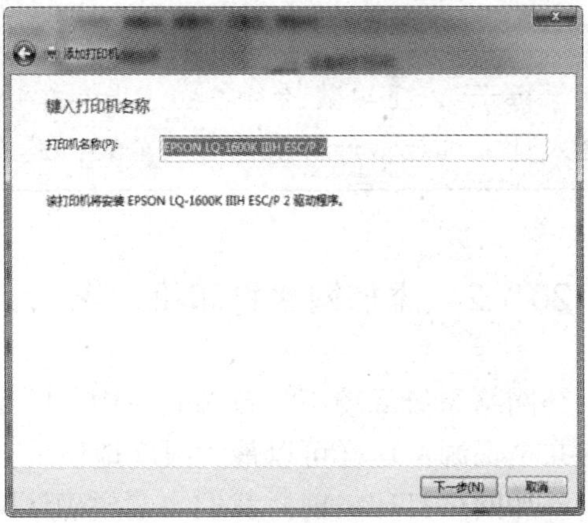

图 4.92　输入打印机名称

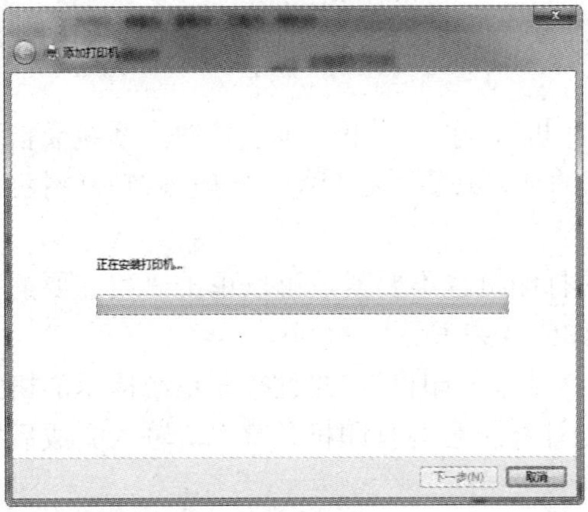

图 4.93　正在安装打印机

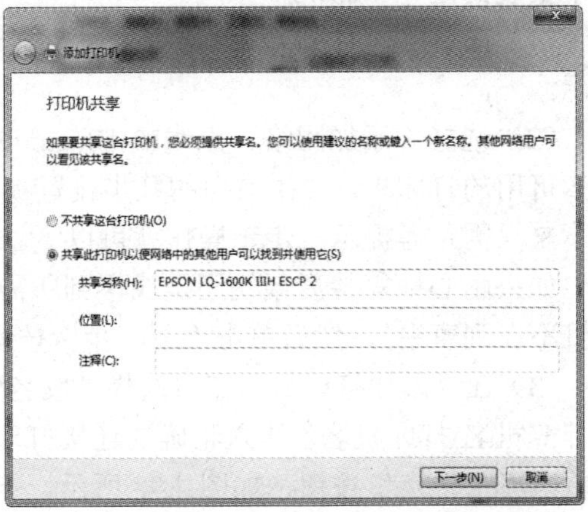

图 4.94　共享打印机

（7）出现“您已成功添加”窗口，这里可以打印测试页来检查你的打印机是否安装成功，单击“完成”，完成任务，如图 4.95 所示。

（8）在“设备和打印机”中可以看到我们刚刚添加的打印机型号，可以用它来打印了，如图 4.96 所示。

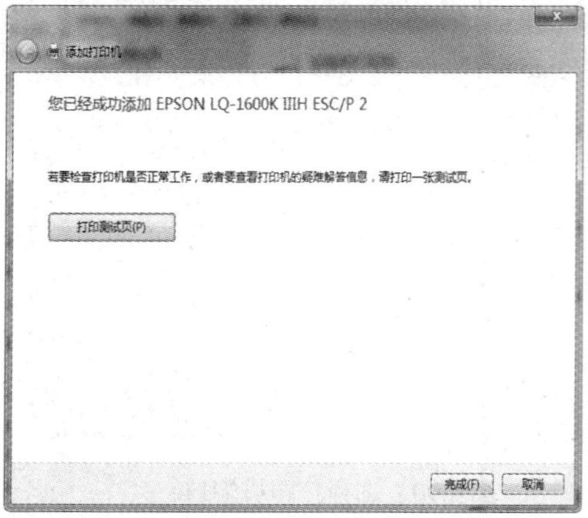

图 4.95　成功添加

图 4.96　添加的本地打印机

> **提示：**以上安装的打印机是指没有 USB 打印机时可以做的选择，若有 USB 打印机，插入计算机后，计算机会自动安装，或者使用打印机驱动程序的安装光盘进行安装。

20.1.2　添加网络打印机

在网络系统环境下的资源共享中，除了共享文件资源外，打印设备也可以作为网络客户的共享资源，这样可以最大限度地使用打印设备，提高利用率。

添加网络打印机前，我们一定要确认网络是否通畅，连接打印设备的计算机是否正确安装设备驱动与设置共享，如无问题，我们就可以进行相关操作了。这里我们使用的计算机中安装的是 Windows 7 系统。

（1）在“控制面板”中，选择“添加打印机”项，出现“添加打印机”窗口，如图 4.89 所示。

（2）选择“添加网络、无线或 Bluetooth 打印机”，单击“下一步”按钮，系统会自动搜索可用的打印机。如果前面的几步设置都正确的话，只要耐心等待，一般系统都能找到，接下来只需跟着提示一步步操作就可以了。

如果耐心地等待后系统还是找不到所需要的打印机也不要紧，可以单击“我需要的打印机不在列表中”，然后单击“下一步”按钮，如图 4.97 所示。

（3）在“添加打印机”窗口选择“按名称选择共享打印机”，并且按照系统提示的格式“\\计算机名\打印机名”输入正确的连接打印机的计算机名与打印机共享名。输入完成后接着单击“下一步”按钮，如图 4.98 所示。

（4）接着系统会给出提示，告诉用户打印机已成功添加，直接单击“下一步”按钮，如图 4.99 所示。

（5）至此，打印机已添加完毕，如有需要用户可单击“打印测试页”，测试一下打印机是否能正常工作，也可以直接单击“完成”按钮退出此窗口，如图 4.100 所示。

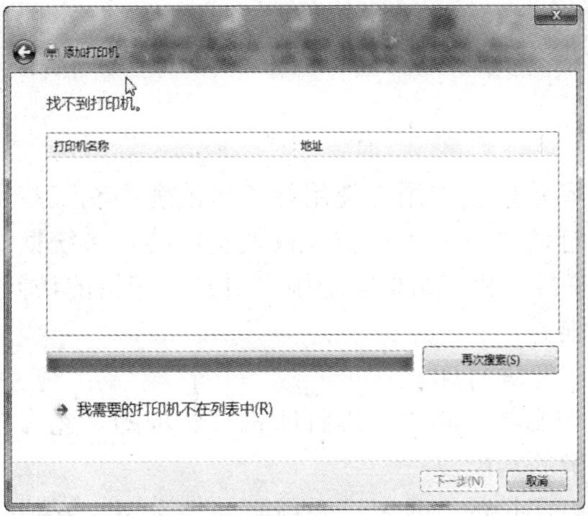

图 4.97　搜索打印机

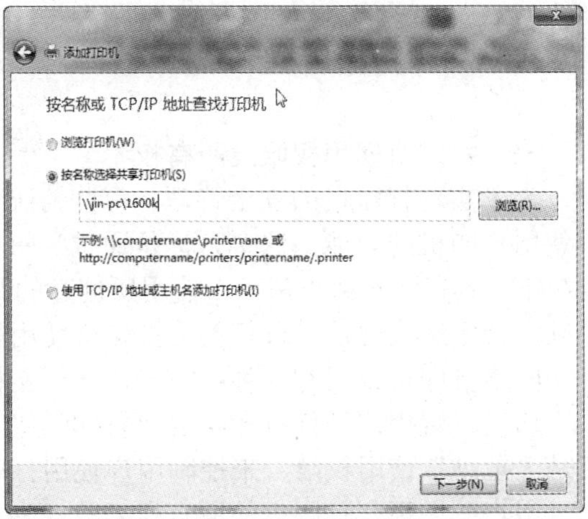

图 4.98　按名称或 TCP/IP 地址查找打印机

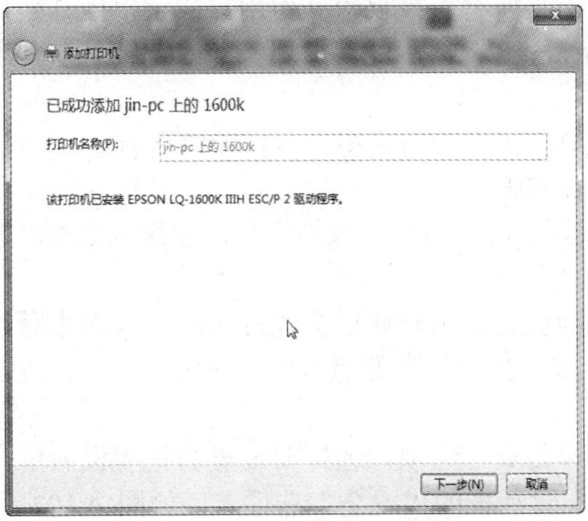

图 4.99　成功添加打印机

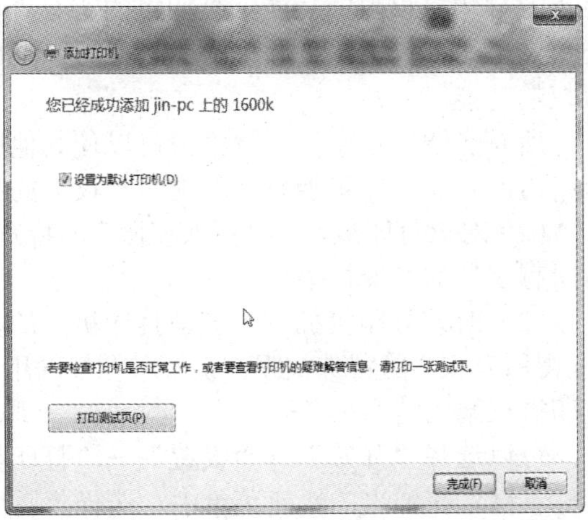

图 4.100　完成添加网络打印机

（6）我们可以在控制面板中的“设备与打印机”中，查看添加完成的打印机型号与属性。如图 4.101 所示。

图 4.101　在“设备与打印机”中查看添加的网络打印机

20.1.3 打印管理

一、打印机使用权限及所有权

为了实现打印机的安全管理，有些情况下不希望某些用户使用打印机或者限制某些用户使用打印机的功能，这个目标是通过为每台打印机设置用户访问权限实现的。系统默认情况下，所有网络用户都可以使用所创建的共享打印机。如果限制用户对某打印机的访问，必须为特定组或用户设置相关的打印机使用权限。

网络打印机权限有 3 种：打印、管理文档、管理打印机。

通过设置用户访问打印机的“打印”、“管理文档”和“管理打印机”选项的“允许”还是“拒绝”使用权限，来控制用户使用打印机的功能。

用户如果拥有打印机的所有权，就成为了打印机的管理者。系统默认情况下，安装打印机的用户拥有打印机的所有权。打印机的所有者，不论其对打印机的权限是什么，都具有更改打印机权限的功能。打印机的所有者可以将所有权授权给其他用户或组，由其他用户决定是否需要取得打印机的所有权。“Administrators”组中的用户无论何时都拥有获得所有权的功能。

所有者通过授予下列权限，可以使其他用户或组有能力获得一台打印机所有权。

（1）对该打印机拥有“取得所有权”的特殊权限。

（2）对该打印机拥有“更改权限”的特殊权限。这样通过更改打印机的权限来获得“取得所有权”的特殊权限。

（3）对该打印机拥有“管理打印机”的标准权限。这样通过更改打印机的权限来获得“取得所有权”的特殊权限。获得所有权的用户成为打印机新的所有者，从而具有了更改该打印机权限的能力。

可以选择“开始”→“设置”→“打印机和传真”选项，选择要设置的打印机后单击鼠标右键，在弹出的快捷菜单中，选择“属性”对话框的“安全”选项卡，如图 4.102 所示，指定用户的打印权限。从图 4.102 中可知，任何一台添加的打印机，默认为“Everyone”组都有“打印”的权限。可以添加、更改用户的权限，其方式与文件权限的指派是相同的。

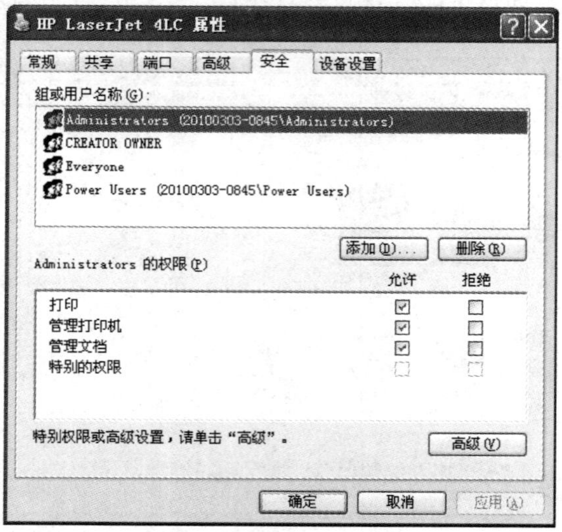

图 4.102　打印机属性“安全”选项卡

二、打印文件管理

当打印服务器内的打印机收到打印文件后，这些文件会在打印机内排队等待打印，而用户也可以管理这些文件（必须有适当的权限），如暂停打印、继续打印、重新开始打印和取消打印等操作。

1. 暂停、继续、重新开始或取消打印文件

如果某份文件在打印时出了问题，则可以先暂停打印，待问题解决后再重新打印或者取消打印。选择“开始”→“设置”→“打印机和传真”选项，然后双击“打印机”图标，选定要处理的文件，最后选择上方的“文档”菜单，将出现如图 4.103 所示的画面。

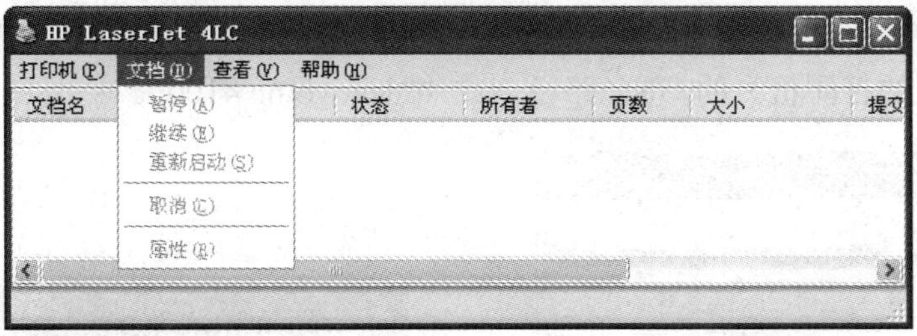

图 4.103　“文档”菜单

如果打印设备或者打印机出了问题，则可以暂停打印所有的文件，待问题解决后再重新打印或者取消打印。通过选择“开始”→“设置”→“打印机和传真”选项，然后双击“打印机”图标，选定要处理的文件，选择上方的“打印机”菜单，如图 4.104 所示，可根据需要选择相应选项。

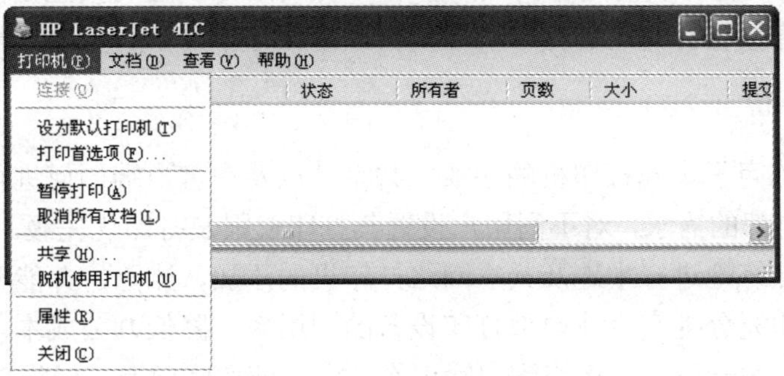

图 4.104　“打印机”菜单

选择“暂停打印”（该命令左侧出现对勾）后会暂停打印所有的文件，再次选择该命令后会继续打印。

“取消所有文档”是指取消打印所有在该打印机排队等待打印的文件，这些文件都会被删除。也可以单击“打印机”图标，单击鼠标右键，在弹出的快捷菜单中选择“脱机使用打印机”来暂停打印。暂停后，即使打印服务器关机再重新启动，那些正在等待打印的文件也不会被删除。

2. 打印文件重定向

打印文件重定向是指如果因为打印设备出现故障，造成正在打印机内排队等待打印的文件无法使用该台打印设备打印时，可以将这些文件转到网络上其他打印机来打印，以避

免用户必须自行将文件重新送到其他打印机打印，不过必须将文件转到安装了相同打印机驱动程序的打印机（也就是其打印设备是相同或兼容的）。

> **提示**：无法只将某个文件重定向，而是必须将正在等待打印的所有文件全部一起重定向。

可以通过以下的途径将文件重定向，选择“开始”→“设置”→“打印机和传真”选项，选择要被重定向的打印机，单击鼠标右键，在弹出的快捷菜单中选择“属性”→“端口”选项，单击左下角“添加端口”按钮，出现如图 4.105 所示的对话框，选择“Local Port”选项，然后单击“新端口”按钮，将出现如图 4.106 所示的对话框，输入目的地打印机（接收被重定向文件的打印机）的 UNC 路径，如“\\lenovo\hp 4100”。

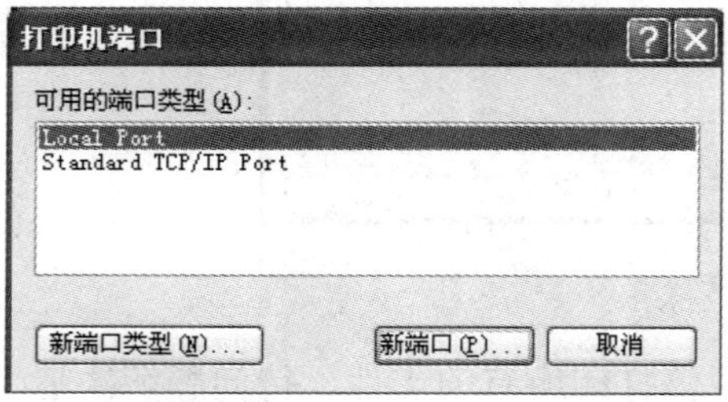

图 4.105 “打印机端口”对话框

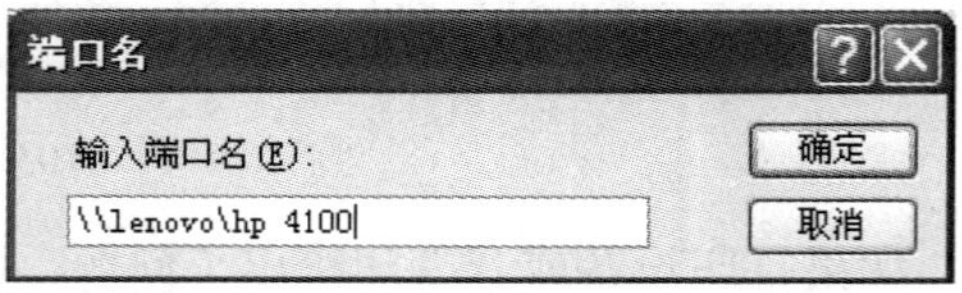

图 4.106 “端口名”对话框

事实上，只要在这台打印服务器上还有其他打印设备，并且所安装的打印机驱动程序是相同的（也就是说打印设备是相同或兼容的），则可以不需要将其重定向到网络上的其他打印机。只需要直接将有问题的打印机端口更改为此打印设备的端口即可。

任务总结评价

本任务主要练习了本地打印机的添加、共享，以及在客户端如何进行共享打印机的添加，可根据企业内部的需求，对不同用户设置其打印权限及打印优先级。通过完成本任务，用户应该能够较熟练地进行本地及共享网络打印机的添加、删除，并能够胜任打印管理工作，利用网络打印充分提高企业内部打印设备的利用率，降低办公成本。希望大家将所学的知识融会贯通、举一反三，运用到实际工作当中，使实际问题一一得以解决。

拓展与提高

1．添加 lenovo 3500 和 HP4100 两台打印机，不打印测试页，将其设置为共享的网络打印机，共享名为“lenovo3500”和“HP4100”。

2．设置“lenovo3500”供管理人员使用，“HP4100”供普通员工使用，管理人员用户在本地组“admin”中，普通员工用户在本地组“employee”中，并要求对管理人员提供优先打印权限。

3．设置打印机属性为优先级为 50，打印的时间为 8:00～18:00。

4．在客户端安装已共享的网络打印机。

实训

1. 配置并连通有三台机器组成的局域网络并搭建无线网络环境。
2. 建立办公文件 FTP 服务器。
3. 为局域网内的计算机添加共享网络打印机。
4. 利用互联网收集有关局域网技术的相关资料，整理作为内部培训材料。

任务 21　计算机安全技术

◆ 知识技能点：

（1）对计算机病毒的特点、类型及防治方法进行学习与理解。

（2）学会瑞星杀毒软件 2010 版、瑞星卡卡的安装及使用。

（3）学会特定病毒的查杀方法。

任务引入

公司文秘小杨刚刚为总经理处理好一份重要文件，当他准备将文件复制到 U 盘时，发现 U 盘内的文件及文件夹都变成了.exe 的形式。他不知所措，马上找来技术人员大刘问个究竟。

任务分析

通过对此类事件的资料查阅及分析，发现多数情况是由于计算机蠕虫病毒、木马、文件型病毒等造成的，应以安装病毒防治软件、查杀计算机病毒以及采取主动防御等措施来提高对计算机病毒的防范。

任务实施

21.1.1　相关知识——了解计算机病毒

1. 什么是计算机病毒

我国正式颁布实施的《中华人民共和国计算机信息系统安全保护条例》第二十八条中明确指出：“计算机病毒，是指编制或者在计算机程序中插入的破坏计算机功能或者毁坏数据，影响计算机使用，并且能够自我复制的一组计算机指令或者程序代码。”此定义具有法律性和权威性。

广义来说，诸如蠕虫、木马后门程序和攻击程序等都可以称为计算机病毒。依据此定义，凡能够引起计算机故障、破坏计算机数据的程序均可称为计算机病毒。

目前，全球已知的计算机病毒约 7 万余种。

2. 计算机病毒的类型

（1）按传染方式分为：引导型病毒、文件型病毒和混合型病毒三种。

（2）按连接方式或侵入方式分为：源码型病毒、入侵型病毒、操作系统型病毒、外壳型病毒 4 种。

（3）按破坏性分为：良性病毒和恶性病毒。

（4）按程序运行平台分为：DOS 病毒、Windows 病毒等。

3. 计算机病毒的发展阶段

计算机病毒经历了 DOS 引导阶段，DOS 可执行阶段，伴随、批次型阶段，幽灵、多形阶段，生成器、变体机阶段，网络、蠕虫阶段，视窗阶段，宏病毒阶段，互联网阶段，Java、邮件炸弹阶段。目前计算机病毒以网络蠕虫、木马后门程序居多，并以盗取用户个人信息为主。

4. 计算机病毒的特征

计算机病毒的主要特征表现为传染性、隐蔽性、潜伏性、破坏性和不可预见性等。

5. 计算机病毒的主要传播方式

计算机病毒的传播方式有通过文件系统传播；通过电子邮件传播；通过局域网传播；通过互联网即时通信软件和点对点软件等常用工具传播；利用系统、应用软件的漏洞进行传播；利用系统配置缺陷传播，如弱口令、完全共享等；利用欺骗等社会工程的方法传播。

计算机病毒的传播过程简略示意如图 4.107 所示。

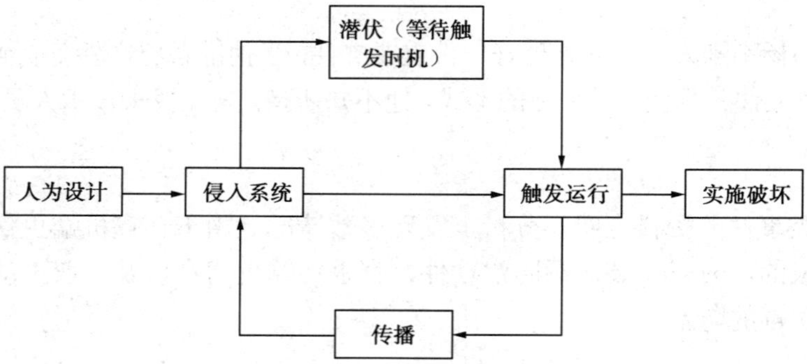

图 4.107 计算机病毒的传播过程

6. 计算机病毒的触发方式

计算机病毒的触发方式主要有日期触发、时间触发、键盘触发、感染触发、启动触发、访问磁盘次数触发、调用中断功能触发、CPU 型号/主板型号触发等。病毒中有关触发机制的编码是其敏感部分。剖析病毒时，如果弄清楚病毒的触发机制，可以修改此部分代码，使病毒失效，从而获得没有潜伏性的极为外露的病毒样本，供反病毒研究使用。

7. 计算机感染病毒后的现象和计算机病毒的破坏行为

计算机病毒发作后的现象主要有：系统空间变小、异常的磁盘访问、系统引导变慢，死机现象增多（或俗称的蓝屏现象）、硬盘无法启动、数据丢失、系统文件丢失或被破坏、打印速度变慢或打印异常字符、系统出现异常动作、计算机屏幕出现异常画面、IE 浏览器被修改、主页被改为某个网站、无法运行注册表编辑工具、网络速变慢或瘫痪、无法提供正常的访问服务、U 盘或硬盘分区下多了自动运行文件、启动运行项中加入了未知的程序等。

计算机病毒的破坏行为是破坏系统数据区、侵占系统内存资源、破坏文件、攻击磁盘、扰乱系统运行、干扰打印机、使系统速度变慢、扰乱屏幕显示及键盘输入、破坏 BIOS、干扰网络运行等。

8. 防病毒要清楚的事实

就当前的防病毒技术来说，还无法处理未知的病毒，也不能处理所有已经存在但未被发现的病毒；查杀病毒后不能确保恢复被病毒感染破坏的文件；一般的防、查杀病毒软件和硬件，仅能处理 70%的已知病毒，因为杀毒软件编写的复杂性，对一些病毒只能进行查找但不进行处理；杀毒软件存在误报和漏报问题；杀毒软件需要经常更新、升级。因此查杀计算机病毒应遵循的原则是以防范为主、定期进行查杀、不断进行更新、设置有效的备份机制、采用安全的方法进行处理。

9. 防病毒及网络攻击的建议

（1）安全使用机器的方法与措施

- 用户应养成及时下载最新系统安全漏洞补丁的习惯，从根源上杜绝黑客利用系统漏洞攻击用户计算机。同时，升级杀毒软件、开启病毒实时监控应成为每日防范病毒的必修课。开启杀毒软件“系统漏洞检查”功能，全面扫描操作系统漏洞，及时更新 Windows 操作系统，安装相应补丁程序，以避免病毒利用系统漏洞攻击计算机，造成损失。
- 请定期做好重要资料的备份，以免造成重大损失。
- 选择具备“网页防火墙”功能的杀毒软件，经常升级杀毒软件病毒库，定时对计算机进行病毒查杀，上网时开启杀毒软件全部监控。
- 请勿随便打开来源不明的 Office 文档和 EXE 文件，并且要及时升级病毒库，开启实时监控，以免受到病毒的侵害。
- 上网浏览时，一定要开启杀毒软件的实时监控功能，以免遭到病毒侵害。
- 上网浏览时，不要随便打开不安全的陌生网站，以免遭到病毒侵害。
- 及时更新计算机的防病毒软件，安装防火墙，为操作系统及时安装补丁程序。
- 在上网过程中要注意加强自我保护，避免访问非法网站，这些网站往往嵌入了恶意代码，一旦用户打开其页面，即会被植入木马与病毒。
- 利用 Windows Update 功能打全系统补丁，避免病毒以网页木马方式入侵系统。
- 将应用软件升级到最新版本，包括各种 IM 即时通信工具、下载工具、播放器软件、搜索工具条等。

（2）即时通信工具的预防措施

- 查看通过即时通信工具等途径接收的文件前，请先进行病毒查杀。
- 用户提高网络安全意识，不要轻易接收来历不明的文件，即便是好友发来的文件也要谨慎，尤其是扩展名为“.zip”，“.rar”等格式的文件。
- 用户一定要提高警惕，切勿随意打开即时通信工具中给出的链接，确认消息来源，并克服一定的好奇心理。

（3）蠕虫类病毒的预防措施

- 建议用户在打开邮件附件或链接前，首先确定邮件来源，并确认文件后缀名是否正确，以免被虚假后缀名欺骗。
- 设置网络共享账号及密码时，尽量不要使用空密码和常见字符串，如“guest”、“user”、“administrator”等。密码最好超过 8 位，尽量复杂化。
- 在运行通过网络共享下载的软件程序之前，建议先进行病毒查杀，以免中毒。
- 在打开通过局域网共享及共享软件下载的文件或软件程序之前，建议先进行病毒查杀，以免导致中毒。

（4）利用U盘进行病毒传播的预防措施

- 在使用移动介质（如U盘、移动硬盘等）之前，建议先进行病毒查杀。
- 禁用系统的自动播放功能，防止病毒从U盘、移动硬盘、MP3等移动存储设备侵入计算机。
- 尽量不要使用双击打开U盘，而是单击右键，选择快捷菜单中的“打开”选项。

（5）网上银行、在线交易的防范措施

- 在登录电子银行实施网上查询交易时，尽量选择安全性相对较高的USB证书认证方式。不要在公共场所，如网吧，登录网上银行等金融机构的网站，防止重要信息被盗。
- 网上购物时也要选择注册时间相对较长、信用度较高的店铺。
- 不要随便打开不安全陌生网站。如果遇到银行系统升级要求更改用户密码或输入用户密码等情况，一定要提前确认。如果用户不幸感染了病毒，除了用相应的措施查杀病毒外，还要及时和银行联系，冻结账户，并向公安机关报案，把损失减少到最低。
- 在登录一些金融机构，如银行、证券类的网站时，应直接输入其域名，不要通过其他网站提供的链接进入，因为这些链接可能导入虚假的银行网站。

21.1.2 利用工具及软件查杀计算机病毒

新安装的操作系统由于存在较大的安全漏洞，如果不加以防护，很容易感染上病毒或木马，会对计算机产生较大的安全隐患，因此安装防护软件显得非常必要。

杀毒软件有很多，像360、瑞星、卡巴斯基等，这里以360杀毒软件为例进行说明。

360杀毒软件目前支持下面的操作系统：

Windows XP SP2以上(32位简体中文版)

Windows Vista (32位简体中文版)

Windows 7 (32位简体中文版)

Windows Server 2003/2008

1. 安装360杀毒软件

（1）下载360杀毒安装程序。

要安装360杀毒软件，首先请通过360杀毒官方网站下载最新版本的360杀毒安装程序；

（2）双击运行下载好的安装包，弹出360杀毒安装向导。选择您的安装路径，建议您按照默认设置即可，也可以单击“浏览”按钮选择安装目录，如图4.108所示。

（3）接下来安装开始，如图4.109所示。

（4）如果您的计算机中没有360安全卫士，会推荐同时安装360安全卫士以获得更全面的保护，如图4.110所示。

（5）完成安装。

安装完成之后您就可以看到全新的智巧版界面，如图4.111所示。

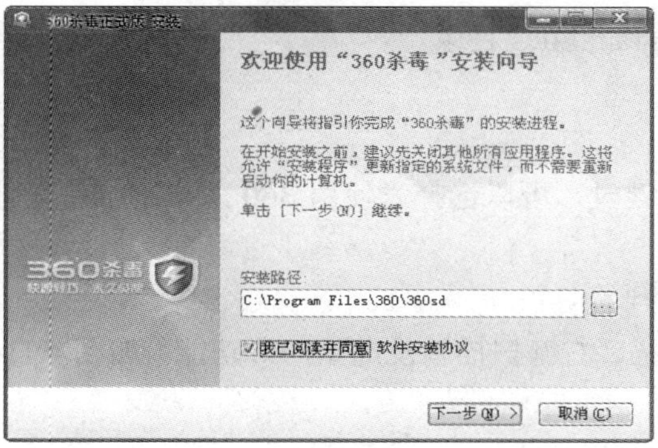

图 4.108　360 杀毒安装程序 1

图 4.109　360 杀毒安装程序 2

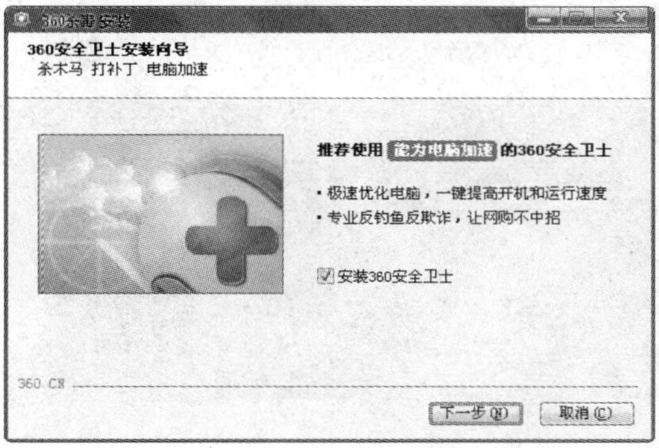

图 4.110　360 杀毒安装程序 3

图 4.111　360 杀毒安装程序 4

单击右下角的提示的地方，可以切换到专业模式进行更多的操作，如图 4.112 所示。

图 4.112　360 杀毒界面

2. 病毒查杀

360 杀毒具有实时病毒防护和手动扫描功能，为操作系统提供全面的安全防护。

实时防护功能在文件被访问时对文件进行扫描，及时拦截活动的病毒。在发现病毒时会通过提示窗口警告您，如图 4.113 所示。

360 杀毒提供了四种病毒扫描方式，新增“电脑门诊”功能。

快速扫描：扫描 Windows 系统目录及 Program Files 目录。

全盘扫描：扫描所有磁盘。

指定扫描：扫描指定的目录。

右键扫描：在文件或文件夹上单击鼠标右键时，可以选择“使用 360 杀毒扫描”对选中文件或文件夹进行扫描。

电脑门诊：帮助用户解决计算机上经常遇到的问题。

在智巧模式下可以使用快速扫描、全盘扫描、右键扫描以及电脑门诊功能，如图 4.114 所示。

图 4.113　发现病毒时提示窗口警告

图 4.114　360 杀毒界面

如果要使用“指定位置扫描”功能，需要切换到专业模式进行，如图 4.115 所示。

启动扫描之后，会显示扫描进度窗口，如图 4.116 所示。

图 4.115　指定位置扫描

图 4.116　显示扫描进度

（1）在这个窗口中可看到正在扫描的文件、总体进度以及发现问题的文件。

（2）如果用户希望 360 杀毒在扫描完计算机后自动关闭计算机，请选中“扫描完成后关闭计算机”选项，只有在将发现病毒的处理方式设置为“自动清除”时，此选项才有效。如果选择了其他病毒处理方式，扫描完成后不会自动关闭计算机。

3. 普通计算机病毒发作的症状

- 程序安装运行缓慢，用时比正常时间长，安装有异常。
- 屏幕显示的不是正常程序产生的画面或字符。
- 异常信息有规律地出现。
- 磁盘空间、内存空间突然变小。
- 数据和文件突然丢失，文件名为乱码或不能辨认。
- 计算机经常死机或者不能正常启动。
- 可执行文件的字节数发生变化。
- 硬盘里出现不知来源的隐藏文件。
- 系统引导时间变长，访问磁盘速度缓慢，程序或文件运行速度缓慢

【案例】一台计算机最近出现以下现象：莫名其妙地死机或重新启动计算机；IE 浏览器不能正常地打开链接；不能复制粘贴；有时出现应用程序异常，比如 Word；网络变慢；最重要的是，在任务管理器里有一个叫“msblast.exe”的进程在运行！

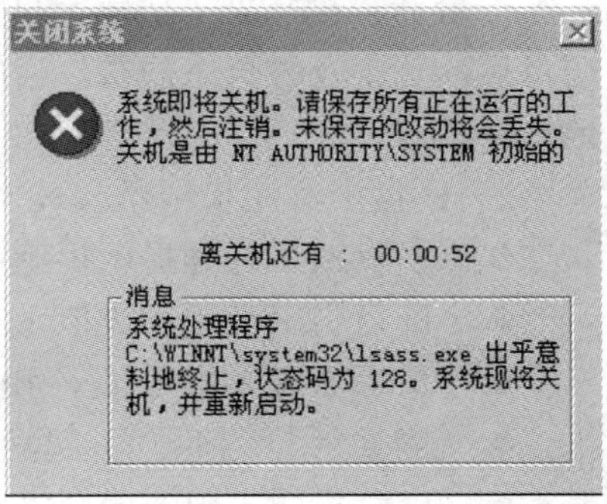

图 4.117　冲击波病毒发作现象

故障分析：上述现象是典型的冲击波等病毒症状，发作时还会提示系统将在 60 秒后自动启动，如图 4.117 所示。

冲击波病毒详细说明如下。

病毒运行时会将自身复制到 window 目录下，并命名为 msblast.exe，同时在内存中建立一个名为“msblast.exe”的进程，病毒运行时会在系统中建立一个名为“BILLY”的互斥量，目的是保证病毒在内存中只有一份病毒体，避免用户发现；病毒会修改注册表，以便每次启动系统时病毒都会运行；病毒会以 20 秒为间隔，每 20 秒检测一次网络状态，当网络可用时，攻击网络并借助网络传播；当病毒攻击失败时，可能会造成没有打补丁的 Windows 系统 RPC 服务崩溃，Windows 7 系统可能会自动重启计算机。

解决方案如下。

1）DOS 环境下清除该病毒

（1）当用户中招出现以上现象后，用 DOS 系统启动盘启动进入 DOS 环境下，进入 C 盘的操作系统目录。

操作命令集：

```
C:
CD C: \windows (或 CD  C: \winnt)
```

（2）查找目录中的“msblast.exe”病毒文件。

命令操作集：

```
dir msblast.exe /s/p
```

（3）找到后进入病毒所在的子目录，然后直接将该病毒文件删除。

```
Del msblast.exe
```

2）在安全模式下清除病毒

如果用户手头没有 DOS 启动盘，还有一个方法，就是启动系统后进入安全模式，然后搜索 C 盘，查找 msblast.exe 文件，找到后直接将该文件删除，然后再次正常启动计算机即可。

3）利用工具解决方案

（1）利用杀毒软件（如瑞星专杀工具）清除病毒；

（2）使用防火墙禁止病毒端口。

随着网络的发展，系统感染病毒或木马的情况越来越多，平时要及时更新杀毒软件，不要轻易打开未知邮件或是浏览陌生网页，养成良好的使用习惯。遇到这类问题时，属于病毒导致计算机重启的情况，我们可以使用最新版的杀毒软件进行杀毒。有些木马程序不容易被根除，建议重新安装操作系统。

4. U 盘病毒

1）U 盘病毒的传播过程

一台计算机感染了病毒，只要 U 盘连接 USB 端口就会被迅速感染上病毒。U 盘感染病毒后，若不及时查杀病毒，当此 U 盘连接到另一台未中毒的计算机时，引发病毒感染本地计算机。

2）U 盘中毒症状判断

- U 盘双击打开提示拒绝访问；
- U 盘中出现名称类似于 Autorun 的隐藏文件；
- 鼠标右键单击 U 盘，弹出的菜单中出现“自动播放”等选项；
- 当插入 U 盘时，引起操作系统崩溃，开机自检后直接或反复重启；
- U 盘里面出现了一个“RECYCLER”的文件夹；
- U 盘中出现了名称与一些常见软件名称类似的程序；
- 计算机运行缓慢，系统资源无故被占用。

3）U 盘病毒的防治措施

- 修改注册表，将各个磁盘的自动运行功能都禁止；
- 打开 U 盘时最好使用鼠标右键单击 U 盘，在弹出的快捷菜单中选择“打开”命令；
- 长时间按住“Shift”键，将 U 盘连入 USB 端口，用鼠标右键单击 U 盘，在弹出的快捷菜单中选择“资源管理器”命令；
- 打开 U 盘之前先使用杀毒软件对整个 U 盘进行病毒扫描；
- 打开 WinRAR 压缩软件，在该软件中浏览 U 盘文件；
- 设置“显示所有文件和文件夹”和“已知文件类型的扩展名”；
- 文件名称类似于回收站名称、瑞星文件名称等，在弄清其确为病毒文件后删除该文件。

知识链接——当心 explorer.exe 进程

1. explorer.exe 进程是操作系统的程序管理器（资源管理器），用于管理操作系统的图形界面。

2. explorer.exe 进程容易被假冒成 EXEPLORER.EXE、Iexplorer.exe，expl0rer.exe 或 exp1orer.exe（o 换成数字 0，l 换成数字 1）。

21.1.3　防火墙的应用

一、相关知识——了解防火墙

近年来，随着普通计算机用户群的日益增长，“防火墙”一词已经不再是服务器领域的专署，大部分家庭用户都知道为自己的计算机安装各种“防火墙”软件了。但是，并不是所有用户都对“防火墙”有所了解的，一部分用户甚至以为“防火墙”是一种软件的名称。

1. 防火墙的定义和作用

古代构筑使用木制结构房屋时为防止火灾的发生和蔓延，人们将坚固的石块堆砌在房屋周围作为屏障，这种防护建筑物就被称为“防火墙”（FireWall）。随着计算机和网络的发展，各种攻击入侵手段也相继出现，为了保护计算机的安全，人们开发出一种能阻止计算机之间直接通信的技术，并沿用了古代类似这个功能的名字——“防火墙”名称来源于此。用专业术语来说，防火墙是一种位于两个或多个网络间，实施网络之间访问控制的组件集合。对于普通用户来说，所谓“防火墙”，就是指一种被放置在自己的计算机与外界网络之间的防御系统，从网络发往计算机的所有数据都要经过它的判断处理后，才会决定能不能把这些数据交给计算机。一旦发现有害数据，防火墙就会拦截下来，实现对计算机的保护功能。

防火墙技术从诞生开始，就在一刻不停地发展着，各种不同结构、不同功能的防火墙，构筑成网络上的一道道防御大堤。

2. 防火墙的分类

为了更有效率地对付网络上各种不同攻击手段，防火墙也派分出几种防御架构。根据物理特性，防火墙分为两大类：硬件防火墙和软件防火墙。软件防火墙是一种安装在负责内外网络转换的网关服务器或者独立的个人计算机上的特殊程序。它是以逻辑形式存在的，防火墙程序跟随系统启动，把防御机制插入系统，它处于网络的处理部分和网络接口设备驱动之间，形成一种逻辑上的防御体系。

在没有软件防火墙之前，系统和网络接口设备之间的通道是直接的，网络接口设备通过网络驱动程序接口（Network Driver Interface Specification，NDIS）把网络上传来的各种报文都忠实地交给系统处理。例如，一台计算机接收到请求列出机器上所有共享资源的数据报文，NDIS 直接把这个报文提交给系统，系统在处理后就会返回相应数据，在某些情况下就会造成信息泄漏。而使用软件防火墙后，尽管 NDIS 接收到的仍然是原封不动的数据报文，但是在提交到系统的通道上多了一层防御机制，所有数据报文都要经过这层机制根据一定的规则判断处理，只有它认为安全的数据才能到达系统，其他数据则被丢弃。因为有规则提到“列出共享资源的行为是危险的”，所以在防火墙的判断下，这个报文会被丢弃，这样一来，系统接收不到报文，则认为什么事情也没发生过，也就不会把信息泄露出去了。

软件防火墙工作于系统接口与 NDIS 之间，用于检查过滤由 NDIS 发送过来的数据，在无须改动硬件的前提下便能实现一定强度的安全保障，但是由于软件防火墙自身属于运行于系统上的程序，不可避免地需要占用一部分 CPU 资源维持工作，而且由于数据判断处理需要一定的时间，在一些数据流量大的网络里，软件防火墙会使整个系统工作效率和数据吞吐速度下降，甚至有些软件防火墙会存在漏洞，导致有害数据可以绕过它的防御体系，给数据安全带来损失。因此，许多企业并不会考虑用软件防火墙方案作为公司网络的防御措施，而是使用看得见摸得着的硬件防火墙。

硬件防火墙是一种以物理形式存在的专用设备，通常架设于两个网络的驳接处，直接从网络设备上检查过滤有害的数据报文，位于防火墙设备后端的网络或者服务器接收到的是经过防火墙处理的相对安全的数据，不必另外分出 CPU 资源去进行基于软件架构的 NDIS 数据检测，可以大大提高工作效率。

硬件防火墙一般是通过网线连接于外部网络接口与内部服务器或企业网络之间的设备。这里又另外分为两种结构：一种是普通硬件级别防火墙，它拥有标准计算机的硬件平台和一些功能经过简化处理的 UNIX 系列操作系统和防火墙软件，这种防火墙措施相当于专门拿出一台计算机安装了软件防火墙，除了不需要处理其他事务以外，它毕竟还是一般的操作系统，因此有可能会存在漏洞和不稳定因素，安全性并不能做到最好；另一种是所谓的“芯片”级硬件防火墙，它采用专门设计的硬件平台，在上面搭建的软件也是专门开发的，并非流行的操作系统，因而可以达到较好的安全性能保障。但无论是哪种硬件防火墙，管理员都可以通过计算机连接上去设置工作参数。由于硬件防火墙的主要作用是把传入的数据报文进行过滤处理后转发到位于防火墙后面的网络中，所以它自身的硬件规格也是分档次的。尽管硬件防火墙已经足以实现比较高的信息处理效率，但是在一些对数据吞吐量要求很高的网络里，档次低的防火墙仍然会形成瓶颈，所以对于一些大企业而言，芯片级的硬件防火墙才是他们的首选。

有人也许会这么想：既然 PC 架构的防火墙也不过如此，那么购买这种防火墙还不如自己找技术人员专门腾出一台计算机来做防火墙方案了。虽然这样做也是可以的，但是工作效率并不能和真正的 PC 架构防火墙相比，因为 PC 架构防火墙采用的是专门修改简化过的系统和相应防火墙程序，比一般计算机系统和软件防火墙更高度紧密集合，而且由于它的工作性质决定了它要具备非常高的稳定性、实用性和系统吞吐性能，这些要求并不是安装了多网卡的计算机就能简单替代的，所以 PC 架构防火墙虽然是与计算机差不多的配置，价格却相差很大。

现实中人们往往会发现，并非所有企业都架设了芯片级硬件防火墙，而是用 PC 架构防火墙甚至前面提到的计算机替代方案支撑着，为什么？这大概就是硬件防火墙最显著的缺点了：它太昂贵了！购进一台 PC 架构防火墙的成本至少都要几千元，高档次的芯片级防火墙方案更是在十万元以上，这些价格并非是小企业所能承受的，而且对于一般家庭用户而言，自己的数据和系统安全也无须专门用到一个硬件设备去保护，何况为一台防火墙投入的资金足以让用户购买更高档的计算机了，因而广大用户只要安装一种好用的软件防火墙就够了。

为防火墙分类的方法很多，除了从形式上把它分为软件防火墙和硬件防火墙以外，还可以从技术上分为“包过滤型”、“应用代理型”和“状态监视型”3 类；从结构上又可分为单一主机防火墙、路由集成式防火墙和分布式防火墙 3 种；按工作位置可分为边界防火墙、个人防火墙和混合防火墙；按防火墙性能可分为百兆级防火墙和千兆级防火墙两类……虽然看似种类繁多，但这只是因为业界分类方法不同罢了。例如，一台硬件防火墙就可能由于结构、数据吞吐量和工作位置而被规划为“百兆级状态监视型边界防火墙”。因此这里主要介绍的是技术方面的分类，即“包过滤型”、“应用代理型”和“状态监视型”防火墙技术。

那么，那些所谓的“边界防火墙”、“单一主机防火墙”又是什么概念呢？所谓“边界”，就是指两个网络之间的接口处，工作于此的防火墙就被称为“边界防火墙”；与之相对的有

“个人防火墙”，它们通常是基于软件的防火墙，只处理一台计算机的数据而不是整个网络的数据，现在一般家庭用户使用的软件防火墙就是这个分类。而“单一主机防火墙”呢，就是最常见的硬件防火墙了。一些厂商为了节约成本，直接把防火墙功能嵌进路由设备里，就形成了路由集成式防火墙。

二、防火墙的应用

我们一般使用的均是个人防火墙软件，在个人防火墙产品中，国内的产品有很多，下面以 360 安全卫士为例进行说明。个人防火墙是为解决网络上黑客攻击问题而开发的个人信息安全产品，具有比较完备的规则设置，能够有效地监控大多数网络连接，保护网络不受黑客的攻击。

360 安全卫士的安装与 360 杀毒的安装类似，这里不再赘述，只详细说明它的使用。

1．体检

（1）什么是体检？

体检功能可以全面地检查计算机的各项状况。体检完成后会提交一份优化计算机的意见，用户可以根据需要对计算机进行优化。也可以便捷地选择一键优化。

（2）为什么要体检？

体检可以让用户快速全面地了解用户的计算机，并且可以提醒对计算机做一些必要的维护。如木马查杀、垃圾清理、漏洞修复等。定期体检可以有效地保持计算机的健康。

（3）如何进行体检？

点开 360 安全卫士的界面，体检会自动开始进行，如图 4.118 所示。

图 4.118　360 安全卫士的界面

2．木马查杀

（1）什么是木马查杀？

利用计算机程序漏洞侵入后窃取文件的程序被称为木马。木马查杀功能可以找出计算机中疑似木马的程序并在取得用户允许的情况下删除这些程序。

（2）为什么要查杀木马？

木马对计算机危害非常大，可能导致包括支付宝，网络银行在内的重要账户密码丢失。木马的存在还可能导致用户隐私文件被拷贝或删除，所以及时查杀木马对安全上网来说是十分重要的。

（3）如何进行木马查杀？

单击进入木马查杀的界面后，您可以选择“快速扫描”、“全盘扫描”和“自定义扫描”来检查计算机里是否存在木马程序。扫描结束后若出现疑似木马，可以选择删除或加入信任区，如图 4.119 所示。

图 4.119　木马查杀

3. 清理插件

（1）什么是清理插件？

插件是一种遵循一定规范的应用程序接口编写出来的程序。很多软件都有插件，例如，在 IE 中，安装相关的插件后，Web 浏览器能够直接调用插件程序，用于处理特定类型的文件。过多的插件会拖慢你的计算机的速度。清理插件功能会检查你计算机中安装了哪些插件，我们可以根据网友对插件的评分以及你自己的需要来选择清理哪些插件，保留哪些插件。

（2）为什么要清理插件？

过多的插件会拖慢计算机的速度。而很多插件可能是在我们不知情的情况下安装的，用户有可能并不了解这些插件的用途，也并不需要这些插件。通过定期的清理插件，可以及时地删除这些插件，保证计算机运行的正常速度。

（3）如何清理插件？

单击“常用”中的“清理插件”进入清理插件界面，单击“开始扫描”，360 安全卫士就会开始检查计算机，如图 4.120 和图 4.121 所示。

4. 修复漏洞

（1）什么是系统漏洞？

系统漏洞是特指 Windows 操作系统在逻辑设计上的缺陷或在编写时产生的错误。

（2）为什么要修复漏洞？

系统漏洞可以被不法者或者计算机黑客利用，通过植入木马、病毒等方式来攻击或控制整个计算机，从而窃取计算机中的重要资料和信息，甚至破坏系统。

（3）如何修复？

可单击右下方的“重新扫描”以查看是否有需要修补的漏洞，如图 4.122 所示。

图 4.120　清理插件

图 4.121　清理插件结果

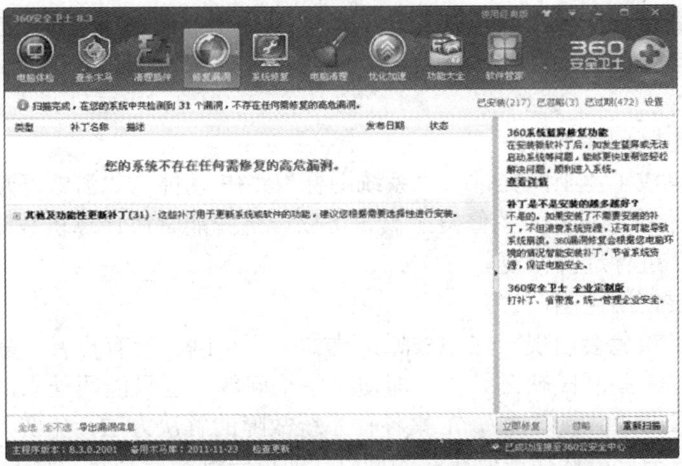

图 4.122　修复漏洞

5. 系统修复

（1）系统修复能做什么？

系统修复可以检查计算机中多个关键位置是否处于正常的状态。

（2）遇到什么问题时可以用系统修复？

当遇到浏览器主页、开始菜单、桌面图标、文件夹、系统设置等出现异常时，使用系统修复功能，可以帮助用户找出问题出现的原因并修复问题，如图 4.123 所示。

图 4.123　系统修复

6. 电脑清理

（1）什么是垃圾文件？

垃圾文件，指系统工作时所过滤加载出的剩余数据文件，虽然每个垃圾文件所占系统资源并不多，但是有一定时间没有清理时，垃圾文件会越来越多。

（2）为什么要清理垃圾文件？

垃圾文件长时间堆积会拖慢你计算机的运行速度和上网速度，浪费硬盘空间。

（3）如何清理垃圾？

可以勾选需要清理的垃圾文件种类并单击“开始扫描”。如果不清楚文件是否该清理，可单击“推荐选择”，让 360 安全卫士来做合理的选择，如图 4.124 所示。

7. 电脑门诊

（1）什么是电脑门诊？

电脑门诊是集成了“上网异常”、“系统图标”、“IE 功能”、“游戏环境”、“常用软件”、“系统综合”6 大系统常见故障的修复工具，可以一键智能解决计算机故障。我们可以根据自己遇到的问题，进行选择修复。

（2）为什么要使用电脑门诊？

计算机用久了难免会出现一些小故障，比如上不了网、没有声音、软件报错、乱弹广告等现象。而往往一些网民缺乏经验，即便是些小问题，也只能四处求助，甚至花金钱来维修。为此 360 推出“电脑门诊”，汇集各种系统故障的解决方法，免费为广大网民提供便捷的维修服务。网民只需选择需要解决的问题，即可一键智能修复。对于不愿意多花钱的，或者对计算机不是太了解的用户，360 电脑门诊可以说是最好的选择，即使不懂计算机，也能轻松解决计算机大部分的疑难杂症。

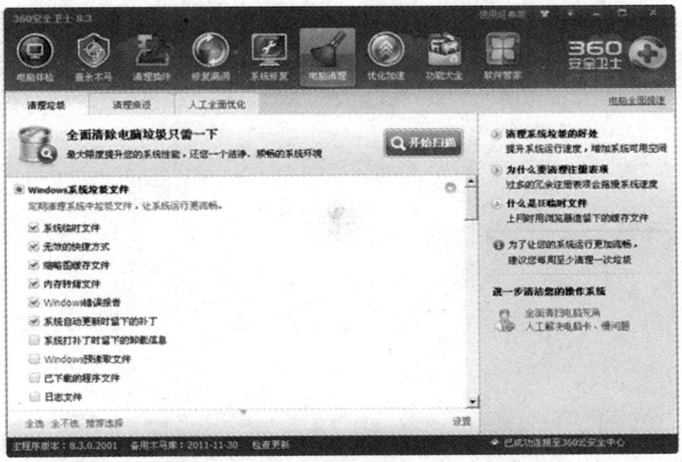

图 4.124　电脑清理

（3）如何使用电脑门诊？

电脑门诊内置在 360 安全卫士中，在查杀木马和系统修复页面均可找到，进入后只需找到遇到的问题，单击“点此解决”即可一键修复，如图 4.125 所示。

图 4.125　电脑门诊

8. 优化加速

帮助用户全面优化系统，提升计算机速度，更有专业贴心的人工服务，如图 4.126 所示。

9. 木马防火墙

（1）木马防火墙的功能？

全方位地保护计算机不被木马入侵。

（2）为什么要开启木马防火墙？

木马的入侵会造成计算机被控制、隐私资料被窃取等很严重的后果。开启木马防火墙可以保证计算机不被木马侵害。

（3）如何使用木马防火墙？

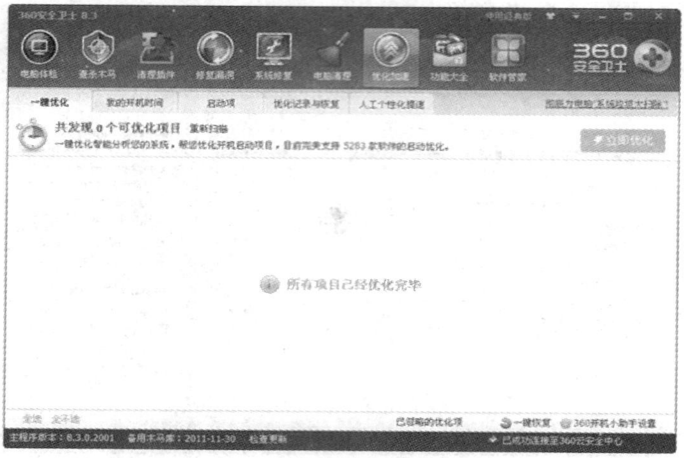

图 4.126　优化加速

安装 360 安全卫士之后 360 木马防火墙会根据你计算机的需要和网络环境自动为用户开启需要的防护。也可以根据我们的需要选择关闭全部或者其中的一部分防护功能。并可以设置计算机遭遇木马风险时的提示模式，如图 4.127 所示。

图 4.127　木马防火墙

任务总结评价

本任务以一个局域网为例介绍了如何应用最常用的安全防护措施，这里只简单说明该软件的安装、设置的方法，操作细节留给读者自己查找相关资料。

网络化带来了病毒传染的高效率，病毒的传播途径越来越广，传播速度越来越快，造成的危害也越来越大。企业在建立了一个网络平台之后，急需一个规范的、完美的病毒防护管理体系，以保证整个企业的数据不受到病毒的破坏，日常工作不受病毒的侵扰。对于小型企业网络来说，由于受企业经费等方面的制约，应着重从个人使用的计算机入手，做好病毒的防范工作。这里只介绍了一些常见的病毒防范的方法与手段，而对于一些无法判断为何种的病毒，可通过不断升级病毒防范软件或查找相关资料进行解决。

需要注意的是，网络安全涉及的范围极其广泛，要真正保障目标网络安全也绝不是一件简单的事情，不能仅凭个别技术或工具软件，必须根据网络实际状况和安全需求，综合使用多种安全措施，并结合网络管理等手段才会取得较好的效果。另外，网络安全也是一个发展非常迅速的领域，随着网络尤其是Internet的飞速发展，网络面临的威胁的形式、安全防范技术和安全需求都在变化之中，所以也需要网络管理人员紧跟形势，跟踪技术发展，尽量使用最新、最合适的防护措施有效地保护网络安全。

拓展与提高

利用360系列软件对个人使用的计算机设备进行病毒防范策略的制定、网络安全方案总体设计、制定安全策略，并进行相应的配置，以提高个人计算机设备防病毒能力，以增强个人计算机设备网络访问的安全性。